Tempestade perfeita

Tempestade perfeita

*Sete visões da crise do
jornalismo profissional*

Caio Túlio Costa, Cristina Tardáguila,
Luciana Barreto, Helena Celestino,
Marina Amaral, Merval Pereira
e Pedro Bial

© 2021 Caio Túlio Costa, Cristina Tardáguila, Luciana Barreto, Helena Celestino, Marina Amaral, Merval Pereira, Pedro Bial

PREPARAÇÃO
Kathia Ferreira

REVISÃO
Mariana Rimoli
Eduardo Carneiro

DIAGRAMAÇÃO
Equatorium Design

DESIGN DE CAPA
Celso Longo

CIP-BRASIL. CATALOGAÇÃO NA PUBLICAÇÃO
SINDICATO NACIONAL DOS EDITORES DE LIVROS, RJ

T279

    Tempestade perfeita : sete visões da crise do jornalismo profissional / Caio Túlio Costa ... [et al.] ; [apresentação de Roberto Feith]. - 1. ed. - Rio de Janeiro : História Real, 2021.

    368 p. ; 23 cm.

    ISBN 978-65-87518-13-8

    1. Jornalismo. 2. Comunicação de massa. 3. Mídia social. I. Costa, Caio Túlio. II. Feith, Roberto.

21-71076   CDD: 070.4
                                       CDU: 070

Leandra Felix da Cruz Candido - Bibliotecária - CRB-7/6135

[2021]
Todos os direitos desta edição reservados a
História Real, um selo da Editora Intrínseca Ltda.
Rua Marquês de São Vicente, 99, 3º andar
22451-041 – Gávea
Rio de Janeiro – RJ
Tel./Fax: (21) 3206-7400
www.historiareal.intrinseca.com.br

Sumário

Apresentação do editor 7

1. Desinformação / *Fact-checking*
   Cristina Tardáguila 31

2. Politização, polarização e o futuro do jornalismo profissional
   Caio Túlio Costa 85

3. Jornalismo antirracista
   Luciana Barreto 163

4. Não mintam para nós: público se une a jornalistas em busca da verdade
   Marina Amaral 179

5. O estado da profissão, ou... Dos males, o melhor
   Pedro Bial 227

6. Diversidade na pauta e nas redações
   Helena Celestino 271

7. Jornalismo: ética e responsabilidade
   Merval Pereira 349

Apresentação do editor
Tempestade perfeita — sete visões da crise do jornalismo profissional

Roberto Feith

UM VELHO AMIGO, jornalista experiente, vaticinou que hoje a imprensa profissional está para a democracia como a vacina para um planeta ameaçado pela pandemia. Achei a metáfora hiperbólica, além de autocongratulatória. Exageros à parte, a tirada expressa duas ideias pertinentes. A primeira, que a democracia liberal enfrenta uma ameaça existencial, de alcance global. A segunda, que a imprensa profissional terá um papel vital nessa contenda e no seu desenlace.

Se a democracia está em crise, o jornalismo também está. Sob determinados aspectos a crise é uma só, gerada pelo crescimento vertiginoso das mídias sociais e suas consequências — entre estas, a relativização do conceito de verdade, da informação baseada em evidências. Estamos redescobrindo a importância de algo que, até há pouco, parecia tão óbvio que beirava a irrelevância: que sem um sentido compartilhado do que constitui um fato não há futuro nem para a democracia nem para a imprensa.

O jornalismo profissional não está inerte em face das transformações que o ameaçam. Talvez tardiamente — o tempo há de dizer —, a reação começou. Um exemplo de importe histórico foi a decisão das redes de TV americanas de cortar a fala do ex-presidente Donald Trump na noite da eleição que levou Joe Biden à Casa Branca. As TVs se recusaram a transmitir o discurso de Trump porque ele alardeava uma monumental mentira. Sem a mais tênue base factual, declarou que havia vencido de lavada uma eleição que perdeu por 8 milhões de votos e larga margem no Colégio Eleitoral. Como fez em outras ocasiões, quando os fatos não se encaixavam à sua vontade, inventou "fatos alternativos".

Em outros tempos, as TVs teriam transmitido o desvario de Trump e, a seguir, a reação do candidato vitorioso, Joe Biden; os dois com, rigorosamente, o mesmo tempo, dentro do figurino tradicional da imparcialidade jornalística. Mas, após quatro anos de Trump na Casa Branca, durante os quais, segundo levantamento do *Washington Post*, ele postou 30.573 mentiras no Twitter, os diretivos das televisões compreenderam que vivemos uma turbulenta e inusitada realidade que demanda novos critérios na formulação da cobertura jornalística.

O repórter e colunista Leão Serva em artigo recente observou que "cobrir uma administração disruptiva e caótica como se fosse outra qualquer corresponde a normalizar o inaceitável. Mas trata-se de um desafio sem paradigmas desde que a imprensa se tornou o primeiro meio de comunicação de massa, no século 19".[1] De fato, não há antecedentes para balizar a atuação da imprensa diante de líderes populistas legitimamente eleitos e que sistematicamente erodem as fundações da democracia. Abdicar de uma postura crítica incisiva pode ser um equívoco de consequências existenciais, mas mantê-la suscita o risco do abandono da imparcialidade. Lutar pela liberdade de expressão enquanto se combate a desinformação é o complexo desafio destes novos tempos, aponta Merval Pereira em seu texto nesta coletânea, porém o paradoxo, ele alerta, não deve se traduzir em inação: "Não é possível aceitar campanhas organizadas, orquestradas em todas as redes sociais contra a própria democracia e suas instituições, como o Congresso e o Supremo."

A percepção de que as mentiras de Trump representavam uma ameaça às instituições foi tragicamente confirmada pela invasão do Capitólio por milhares de seguidores do ex-presidente, empunhando bandeiras e cartazes, quebrando portas e janelas, agredindo policiais e fazendo selfies em cenas inesquecíveis e desconcertantes que demonstraram cabalmente o poder da informação falsa. O drama de Washington repercutiu no planeta. Teve significado particular em países governados por líderes autoritários que habitualmente agridem a imprensa e divulgam suas próprias versões fraudulentas dos fatos. Populistas na Turquia, Rússia, Venezuela, Filipinas, Hungria, Nicarágua, Polônia, Egito e, é claro, no Brasil.

Aqui, onde canta o sabiá, o presidente Bolsonaro não só ataca imprensa e jornalistas, como incentiva seus seguidores a fazê-lo. O questionamento do jornalismo profissional não é exclusividade da direita bolsonarista. O ex-presidente Lula criticou a imprensa com veemência, especialmente depois que eclodiu a Lava-Jato. Mas com o capitão as agressões alcançam um nível sem precedentes. Segundo a organização Repórteres sem Fronteiras, o presidente Bolsonaro, seus filhos, ministros e assessores foram responsáveis por 580 ofensas a profissionais da imprensa só em 2020.

O golpe frustrado de Trump e as agressões de Bolsonaro são apenas dois exemplos das intricadas questões que confrontam o jornalismo profissional. Não à toa, Caio Túlio Costa observa, em seu ensaio nesta coletânea, que o jornalismo enfrenta o seu momento mais complicado em mais de cinco séculos de vida. Essa tempestade perfeita e os desafios e oportunidades que ela traz são o tema deste livro.

Autores e questões

Não se pretende aqui uma abordagem acadêmica. Ao contrário. A ideia foi provocar uma reflexão de pessoas com a mão na massa, que encontraram no jornalismo vocação. Profissionais que atuaram em diferentes veículos, exerceram funções distintas e têm em comum uma trajetória rica e bem-sucedida. Propus que escrevessem sobre os problemas do jornalismo a partir da própria experiência. Sugeri temas, mas tiveram liberdade para escolher os aspectos que mais os interessavam em um universo multifacetado. Só houve uma regra imexível: que escrevessem para o leigo — para um leitor que nunca pôs os pés numa redação. Caio Túlio Costa, Cristina Tardáguila, Helena Celestino, Luciana Barreto, Marina Amaral, Merval Pereira e Pedro Bial generosamente aceitaram o convite. Cada um à sua maneira, demonstrando a diversidade de pensamento e o compromisso com o ofício que atestam o vigor do jornalismo praticado por estas partes.

Ao se debruçarem sobre os problemas do jornalismo, não se limitaram àqueles que surgem fora das redações. Voltaram um olhar crítico para a própria imprensa, seus conceitos e formas de trabalho. Identificaram deficiências, comprovando que, embora sintonizado com o pulso da vida coletiva, o jornalismo também tem dificuldade em acompanhar o passo das transformações. A tempestade perfeita que sacode os alicerces da imprensa traz com ela a necessidade premente de renovação.

Luciana Barreto, Helena Celestino e Marina Amaral coincidem na observação de que, desde sua gênese, a pauta dos principais veículos de imprensa brasileiros é definida majoritariamente por jornalistas do sexo masculino, brancos, de classe média. Os temas escolhidos e a forma como são tratados refletem, inevitavelmente, a visão desses profissionais. Luciana, em seu vigoroso texto sobre a luta contra o racismo no jornalismo brasileiro, lembra que, "de acordo com o IBGE, negros são cerca de 56% da sociedade brasileira". Entretanto, ela prossegue, "o Departamento Intersindical de Estatística e Estudos Socioeconômicos, o Dieese, mostrou que em 2015 apenas 22% dos jornalistas com carteira assinada no país eram negros. [...] Os anos em que convivo em redações embranquecidas me permitem dizer que há um impacto imediato da ausência de diversidade no conteúdo que produzimos: falta perspectiva do nosso olhar sobre a notícia. Os ambientes jornalísticos brasileiros são uma espécie de bolha branca com pontos de vista e experiências semelhantes. Vivências parecidas que nem sequer conduzem a uma autocrítica. Foi intrigante acompanhar uma colega de apresentação, economista com décadas de experiência, admitir em um programa de TV em rede nacional que 'nunca teve uma fonte negra'".

O problema da falta de um olhar diverso sobre a pauta suscita outro, igualmente complexo: existem temas que só uma pessoa de determinado gênero ou minoria, ou oriunda de uma situação econômica específica, será capaz de plenamente compreender? Em uma sociedade marcada pela desigualdade e a exclusão de imensas parcelas da população, essa é uma questão que a imprensa precisa decifrar, um novo caminho que ela precisa construir. Está posta, entretanto, a necessidade da contratação e promoção de mais mulheres, negros e membros de minorias. Se uma das funções da imprensa é atuar como espelho da sociedade, ela deve refletir, na sua composição, essa sociedade. Como escreve Marina Amaral, "[...] ouvir os invisíveis — os indígenas, as mulheres, os negros, os funcionários públicos com baixos salários e alto valor social, como garis, merendeiras, policiais, professoras e enfermeiras, as vítimas de violência policial ou de conflitos fundiários, os adolescentes em confronto com a lei — é fundamental para qualquer tentativa de transmitir uma visão mais completa e coerente da realidade".

O modelo de negócios

Os meios de comunicação ainda têm um longo caminho até a implementação de pautas e equipes plenamente diversas, mas a direção, ao menos, está sinalizada. Não se pode dizer o mesmo do desafio criado pela perda de publicidade e de leitores dos meios tradicionais para as plataformas digitais. O derretimento do modelo de negócios e a busca por novas soluções que viabilizem a continuidade do jornalismo independente perpassam esta coletânea.

Caio Túlio Costa informa que no ano 2000 o *New York Times* faturou 3,5 bilhões de dólares. Em 2019, 1,8 bilhão de dólares, uma impressionante queda de 48% em dezenove anos. "Enquanto isso, aquela empresinha que em 1988 obteve uma receita de 86 milhões de dólares, o Google, em 2020 faturou 182,5 bilhões de dólares." Ou seja, noventa vezes mais que o *New York Times*. A maior parcela desse tsunami de grana veio da publicidade. Parte relevante da publicidade é gerada pelo tráfego de usuários que buscam conteúdo jornalístico através do Google. Conteúdo pelo qual o engenho de busca não desembolsa um único centavo.

A imprensa no Brasil também sofre essa hemorragia de publicidade e de leitores em direção às plataformas digitais e, como consequência, um gradual estrangulamento econômico. Caio Túlio cita uma pesquisa do Instituto para o Desenvolvimento do Jornalismo (Projor) segundo a qual entre 2011 e 2018 nada menos do que 81 empresas jornalísticas brasileiras fecharam publicações. Em dez anos, 78% dos veículos de imprensa cortaram a quantidade de páginas e 83% reduziram pessoal. Números acachapantes, replicados por todo o planeta, atestando a profundidade da crise. É um desafio sem precedentes, para o qual algumas das melhores cabeças do universo jornalístico buscam soluções. Em seu capítulo Caio Túlio oferece um plano detalhado, dividido em seis pilares, para a construção de um modelo de negócios eficaz em um mundo digital.

Vários autores da coletânea apontam veículos que, em plena tempestade, têm conseguido atrair leitores e encontrar novas fontes de receita. Um exemplo é o já citado *New York Times*, pioneiro, desde 2011, na cobrança pelo conteúdo digital. No segundo trimestre de 2020, a parcela de sua receita produzida por formatos digitais foi, pela primeira vez, maior do que a receita gerada pela edição impressa. O *Times* terminou 2020 com 7 milhões de assinantes digitais, tendo conquistado 2,3 milhões só no decorrer daquele tumultuado ano. Meredith Kopit Levien, que assumiu a gestão financeira do jornal em 2019, reconhece que 2020 foi um ano fora da curva, mas afirma que o número de assinantes digitais poderá quase quadruplicar, chegando a 25 milhões ao longo das próximas décadas.[2] O *Wall Street Journal* também cresceu, alcançando 2,5 milhões de assinaturas digitais em 2020. "O que está claro é que jornalismo diferenciado, de alta qualidade, é capaz de atrair assinantes digitais", avalia Gordon Crovitz, até há pouco o principal executivo do jornal. "E esse é o modelo de negócio mais sustentável que o jornalismo já teve."[3] O otimismo superlativo de Crovitz parece um tanto hipertrofiado; *New York Times* e *Wall Street Journal* aumentaram as assinaturas digitais e se mantêm rentáveis, mas não solucionaram a queda ininterrupta de receita publicitária que migra para o digital.

Se hoje praticamente todos os veículos jornalísticos investem na atração de assinantes dispostos a pagar por conteúdo on-line, nem sempre foi assim. Há cerca de uma década, pretensos papas da comunicação garantiam que a ideia de cobrar por acesso ao conteúdo jornalístico na web era não só arcaica, como fadada ao fracasso. Aqueles que a defendiam, vaticinavam esses especialistas, eram dinossauros que simplesmente não haviam compreendido o bravo novo mundo digital. Hoje, com exceção do britânico *The Guardian*, não há jornal de peso sem uma política de assinaturas digitais. Imprensa e leitores reconheceram o óbvio: informação de qualidade é vital e insubstituível, tem custo e haverá quem pague por ela.

Os resultados do *New York Times* e do *Wall Street Journal* sinalizam uma admirável resiliência, mas só se aplicam a um segmento estreito: os chamados veículos de referência, que, pela qualidade, credibilidade e abrangência de seus conteúdos, são capazes de atrair leitores além dos seus limites geográficos analógicos. O *New York Times* tem milhões de assinantes digitais não só fora de Nova York, como dos Estados Unidos. O mesmo acontece com o *Wall*

Street Journal, Financial Times e, em grau menor, El País e Le Monde. No digital, a localização física não é barreira, a dinâmica da concorrência é acelerada e a tendência é à concentração. No segmento das buscas, impera o Google; no intercâmbio de informações, Facebook, Instagram e Twitter; nas compras, Amazon e alguns poucos concorrentes. Mantidas as proporções, processo de concentração similar tende a ocorrer com publicações de referência. Poucas alcançam esse status e sua atuação não é delimitada pela localização geográfica, e sim pelo idioma e segmento de notícias no qual atuam.

Cabe lembrar uma importante exceção à dificuldade que boa parte da imprensa enfrenta no esforço de ampliar seu alcance: o jornalismo televisivo há muito conquistou uma distribuição que transcende limites regionais. O *Jornal Nacional*, da TV Globo, teve uma média diária acima de 40 milhões de espectadores em 2020 e desfruta a categoria de veículo de referência nacional, com o potencial de venda de publicidade que ela traz. O desafio do jornalismo na TV aberta é outro: a migração de espectadores e publicidade para os canais de assinatura e de *streaming*. Essa, porém, é uma questão que se aplica tanto ao entretenimento quanto ao jornalismo televisivo e extrapola os limites desta coletânea, voltada unicamente para a imprensa.

Os veículos que nasceram no formato impresso precisam aumentar sua escala para se manterem viáveis no pós-digital, o que explica os esforços dos grandes jornais brasileiros — *O Globo*, *Folha de S.Paulo* e *O Estado de S. Paulo* — para gerar conteúdo capaz de atrair leitores fora de suas cidades de origem e, assim, disputar o espaço de publicação de referência nacional. Essa possibilidade não se aplica aos milhares de veículos regionais em todo o mundo. Estes raramente são capazes de atrair assinantes digitais fora de suas fronteiras e vêm sendo dizimados. A dinâmica de concentração que impulsiona a construção de publicações de referência infelizmente tende a reduzir a diversidade da imprensa regional. Ainda assim, o crescimento das assinaturas digitais de jornais de referência não deixa de ser uma mostra de vitalidade em plena tempestade perfeita. É parte de um cenário no qual diferentes formatos e soluções terão que atuar de forma complementar para assegurar a continuidade do jornalismo profissional no século XXI.

Outro exemplo de inovação discutido na coletânea são os veículos que já nascem exclusivamente digitais. Muitos se especializam em determinado segmento e praticam um jornalismo engajado. Marina Amaral informa no seu capítulo que, "no Brasil, o Mapa do Jornalismo Independente, lançado em 2016 pela Agência Pública, computava 79 veículos digitais. Hoje, com a contribuição do público, registramos quase duzentos veículos de DNA digital não ligados a empresas ou instituições". Marina e Helena Celestino perscrutam o universo do jornalismo digital no Brasil, mostrando os diversos modelos de financiamento e a impressionante diversidade de conteúdo que produzem — quase sempre substancialmente diferente daquele gerado pela grande imprensa.

Um desdobramento recente, até certo ponto contraintuitivo, foi identificado por mais de um autor da coletânea: a imprensa tradicional, minada pela perda de publicidade, atacada por populistas e seus seguidores, cercada de perigos por todos os lados, teve, recentemente, um forte aumento de público. Helena Celestino escreve que "os sentimentos fortes despertados pela polarização política e pela pandemia de covid-19 nos levaram à busca incessante por informação. Isso fez de 2020 um ano de revitalização do jornalismo e das mídias no Brasil, tanto as tradicionais quanto as startups. Prova são os recordes de audiência e o aumento do número de assinantes. A GloboNews exibiu o melhor desempenho dos seus 25 anos de existência, com 30 milhões de espectadores ligados no canal por assinatura, segundo informações do Grupo Globo. A audiência do *Em Pauta*, programa de análise de notícias do canal, aumentou 43%; e o *Jornal Nacional*, da TV Globo, foi visto por 44,2 milhões de pessoas, o maior público diário em catorze anos".

As duas pandemias, a das *fake news* e a da covid-19, criaram uma brutal demanda por informação consistente e confiável. E, na hora do sufoco, avalia Merval Pereira, as pessoas sabem onde encontrar informação confiável: "Não é coincidência que os sites e blogs mais acessados tanto nos Estados Unidos quanto no Brasil, em meio a situações extremas como a pandemia que atravessamos, são aqueles que pertencem a companhias jornalísticas profissionais, já testadas na árdua tarefa de selecionar e hierarquizar a informação."

Os efeitos da covid-19 e do noticiário turbinado pela polarização política são transitórios. Demonstram o valor da informação baseada em evidências, mas nem de longe representam a solução para o problema estrutural criado pela perda de publicidade e de leitores para as plataformas digitais. A imprensa não pode depender do crescimento momentâneo de público gerado por eventuais crises; precisa encontrar soluções mais longevas. O que nos traz de volta aos temas mencionados no início deste texto: as plataformas digitais e o populismo.

Meios e algoritmos

Há cerca de duas décadas, quando ficou evidente que a internet alcançaria a maior parte dos habitantes do planeta, futurólogos concluíram que estava aberto o caminho para a democratização da informação e a quebra das barreiras que separavam as pessoas. Hoje, é possível argumentar que as plataformas digitais, ao invés de estreitarem nossa conexão com o mundo, nos distanciam dele. Essa dura realidade foi apontada por Barack Obama no seu discurso de despedida da Presidência, em janeiro de 2017: "Nos tornamos tão seguros em nossas bolhas que começamos a aceitar apenas as informações, verdadeiras ou falsas, que se encaixam nas nossas opiniões, em vez de basearmos as nossas opiniões nas evidências que encontramos. Com todas as suas extraordinárias possibilidades, o fato é que a internet tende a amplificar o estridente e desconsiderar o complexo."[4]

Matthew D'Ancona, autor do notável ensaio *Pós-verdade: a nova guerra contra a verdade e como resistir*, avalia que "a web corre o risco de se tornar — já pode ter se tornado — um trem descontrolado, atropelando a privacidade e as normas da democracia. A internet se transformou no grande motor da desinformação".[5] As plataformas digitais não foram concebidas como ferramentas de propaganda e luta política. Terminaram por exercer essa função com avassaladora potência por causa dos algoritmos que as impelem. Estes foram desenvolvidos para nos compelir a ficar o maior tempo possível ligados às plataformas; quanto mais navegamos por suas páginas, links e posts, mais dados as plataformas extraem e mais publicidade faturam. Com a eficácia implacável dos cálculos alfanuméricos, os algoritmos detectaram que emoções fortes atraem nossa atenção mais e melhor do que argumentos ponderados, e que aquilo que nos agrada retém mais do que o que nos inquieta. Engenhos de inteligência artificial hipervelozes registram nossos interesses, preferências e hábitos, calculam as possibilidades e nos alimentam com conteúdo que prenda nossa atenção — frequentemente, imagens e informações inflamatórias.

Assim, observa Cristina Tardáguila no seu texto na coletânea, "os militantes da esquerda se unem entre si, acessando apenas conteúdos progressistas. Os da direita, por outro lado, se encerram no mundo das postagens conservadoras, alijando o diferente. Resultado: o diálogo se esgarça. Surgem ódio, falta de compreensão e violência, nem sempre restrita ao campo virtual". Esse ciclo pernicioso tem sido explorado por políticos oportunistas que percebem, no ambiente polarizado, campo fértil para a conquista e mobilização de seguidores. Personagens que surgiram em várias partes do planeta, mas com pontos comuns. Entre eles, a falta de respeito pela ciência e o conceito da expertise, a tendência a fazer da política espetáculo e as tentativas de instigar a opinião pública contra indivíduos e instituições que proveem informação independente.

Os autores desta coletânea foram virtualmente unânimes em apontar as sérias implicações dos virulentos ataques do presidente Bolsonaro e seus seguidores contra a imprensa e jornalistas. A maioria das agressões a indivíduos, coincidentemente ou não, foi dirigida a repórteres e comentaristas do sexo feminino. Cristina Tardáguila viveu o fenômeno lamentável na pele: "Para quem precisa de exemplos materiais para entender a gravidade do problema, conto que, em 18 de maio de 2018, a Lupa recebeu por Twitter a seguinte mensagem: 'Assim que @jairbolsonaro tomar posse, vamos meter ferro em vocês.' Dias depois, por mensagem direta encaminhada também por Twitter, veio o seguinte texto: 'Bando de vagabundos filhos da puta. Vocês não vão censurar ninguém, escória imunda. A casa de vocês vai cair esse ano ainda. E, quando a hora chegar, vamos buscar um por um.'"

É vital que essas ameaças sejam punidas com todo o rigor da lei, mas talvez não sejam sequer o aspecto mais grave do assédio à imprensa. Como comenta um dos personagens do genial texto ficcional que Pedro Bial criou para a coletânea: "E, mais assustador que tudo, hoje há desacordo a respeito dos fatos mais básicos da vida. No mundo virtual, e fora dele, imperam meias verdades, mentiras inteiras e propaganda. Nosso sistema de notícias se queda assoreado." De fato, tão perigoso, ainda que às vezes despercebido, é o cerco à própria ideia da notícia. Nestes tempos em que basta ter uma conta no Twitter para se tornar uma fonte, em que políticos como Trump, grão-mestre das informações fraudulentas, sistematicamente acusam a imprensa de publicar *fake news*, e em que cada indivíduo pode escolher a verdade que lhe é mais conveniente, fica um bocado mais difícil separar o verdadeiro do falso. É como se tivéssemos atravessado o espelho de Alice no País das Maravilhas e adentrado um mundo onde tudo é de ponta-cabeça, e, nas palavras de outro personagem de Pedro Bial, exponentes da Nova Direita agem como disciplinados leninistas, acusando seus opositores do crime que deveras cometem.

A vencedora do Prêmio Pulitzer e crítica literária Michiko Kakutani, em seu ensaio *A morte da verdade*, lembra que o questionamento do conceito da verdade não é novo: "O relativismo está em ascensão desde o início das guerras culturais, na década de 1960. Naquela época, foi abraçado pela Nova Esquerda, ansiosa para expor os preconceitos do pensamento ocidental, burguês e primordialmente masculino; e por acadêmicos que pregavam o evangelho do Pós-Modernismo, que argumentava que não existem verdades universais, apenas pequenas verdades pessoais — percepções moldadas pelas forças sociais e culturais de um indivíduo. Desde então, o discurso relativista tem sido usurpado pela direita populista, incluindo os criacionistas e os negacionistas climáticos, que insistem que suas teorias sejam ensinadas junto com as teorias 'baseadas na ciência'."[6]

Quais as consequências da disseminação do relativismo disfarçado de argumentação política? No século XX o mundo viveu fenômenos aterradores, inimagináveis, produzidos pela negação da verdade, ou melhor, pela construção de uma verdade inventada. "O historiador sabe quão frágil é a tessitura dos fatos no cotidiano em que vivemos", escreveu Hanna Arendt em 1971, no ensaio "A mentira na política".[7] "Fatos necessitam de testemunhos para serem lembrados, e de testemunhas confiáveis para serem oficializados, de modo a encontrar um lugar seguro para habitar no domínio dos interesses humanos." A justa compreensão da importância da nossa capacidade de distinguir entre fato e falsidade, da existência do lugar seguro para o fato mencionado por Arendt, resultou em uma das mais importantes inovações do jornalismo no século XXI: as organizações de *fact-checking*, ou de verificação de notícias.

A defesa do fato

No seu capítulo, Cristina Tardáguila, criadora da primeira agência de verificação de notícias do Brasil, tece um relato fascinante de como o *fact-checking* nasceu e evoluiu no Brasil e no mundo. Nele, fica claro que o impacto da verificação de notícias vai muito além do cotidiano do labor jornalístico. Nas eleições municipais de 2020, Cristina participou de uma equipe de checadores que atuou em convênio com o Tribunal Superior Eleitoral, presidido pelo ministro Luís Roberto Barroso, para identificar e desmentir, assim que surgissem, informações falsas sobre a apuração dos votos. E não foram poucas.

Considerando antecedentes como a tentativa de Donald Trump de levar as eleições presidenciais americanas no grito e as insistentes declarações de Jair Bolsonaro questionando a lisura do nosso sistema de apuração de votos, os verificadores de notícias podem ser chamados a exercer papel vital na continuidade da nossa democracia. Cristina prevê tal necessidade: "Essa enxurrada segmentada de notícias falsas me fez pensar na eleição de 2022 no Brasil. [...] Se o Brasil parece estar sofrendo o que ocorre nos Estados Unidos com dois anos de diferença, nossa próxima eleição presidencial será repleta de questionamentos relativos a fraudes. Melhor começar a atuar contra isso imediatamente."

Diante dos danos que causam às normas da convivência democrática e das crescentes demandas para que assumam a responsabilidade por seus atos, as plataformas digitais tardia e relutantemente passaram a implementar políticas para a retirada de informações falsas que instiguem a violência ou atentem contra as instituições. O exemplo mais contundente foi a suspensão pelo Twitter da conta de Donald Trump, providência que alguns compararam a colocar um cadeado depois da porta arrombada.

A suspensão de Trump suscita questões delicadas. O jornal *O Globo*, em editorial a respeito da retirada de conteúdo pelas plataformas, alertou: "Regular o discurso não é uma tarefa trivial. De todo modo, há uma distância enorme entre a permissividade, que deu a Trump, Bolsonaro e outros líderes a oportunidade de comandar impunes movimentos extremistas, e a proibição de acesso pura e simples. A liberdade de expressão deve justamente proteger as opiniões mais estapafúrdias. Ninguém precisa de proteção para falar aquilo com que todos concordam. Em qualquer meio, portanto, só é razoável restringi-la quando houver violação clara da lei: incitação à violência, conspiração criminosa, calúnia, injúria, difamação etc."[8]

Um dos problemas da nova postura das plataformas é a falta de transparência dos processos que resultam na exclusão de um conteúdo ou na redução de seu alcance ao público. Uma segunda questão é que não se trata simplesmente da opção binária — deixar ou tirar. Tão relevante quanto ela é a forma como os algoritmos fazem um conteúdo circular. A socióloga Zeynep Tufekci destaca o fato de que as disputas sobre liberdade de expressão e censura no ambiente digital estão se transformando em "batalhas de atenção". O que as plataformas precisam informar é como o conteúdo viaja e por quê.

São problemas que demandam novas ideias e soluções, mas a questão de fundo existe desde sempre e não vai desaparecer graças a um novo e genial algoritmo. Como lembra um dos personagens de Bial: "A discussão sobre a liberdade de expressão se parece com a discussão sobre os limites do humor: não tem fim, nem devemos esperar sua conclusão. *Livre pensar é só pensar*, vale-nos o gênio da raça Millôr Fernandes."

A retirada de conteúdo falso, ilegal ou inflamatório pelas plataformas tem consequências que transcendem a discussão sobre a liberdade de expressão. Ela impacta a própria definição do que é uma rede social. As redes insistem, há décadas, que são empresas de tecnologia; ambientes neutros que comportam todos os conteúdos e que não são responsáveis por eles. Mas, ao definirem o que pode, ou não, ser veiculado, as plataformas inevitavelmente se transformam em curadoras da informação. Passam a ser editoras, tal como qualquer veículo jornalístico.

A distinção é importante. Se as plataformas são editoras, como justificar que se apropriem da informação produzida por outros editores, faturem centenas de milhões de dólares com o tráfego gerado por esse conteúdo e nada paguem por ele? Essa prática, que colocou em xeque a estrutura do jornalismo profissional, parece ter chegado a um ponto de inflexão. Em todo o planeta governos, parlamentos e órgãos de regulação da concorrência começam a entender o tamanho do problema e as consequências da inércia. Após anos de discussões e negociações frustradas, a União Europeia e a Austrália finalizam leis que obrigam os gigantes digitais a negociar acordos para remunerar as empresas jornalísticas pela reprodução do conteúdo noticioso que incluem nas suas redes. Caso plataformas e publicações não cheguem a um entendimento, a solução será definida por um órgão arbitral criado pela nova legislação.

Aqui no Brasil, o Conselho Administrativo de Defesa Econômica (Cade) conduz um inquérito administrativo proposto pela Associação Nacional de Jornais (ANJ), requerendo que plataformas digitais remunerem os veículos de comunicação pelo uso de seus conteúdos.

Shoshana Zuboff, professora de Harvard e autora do excepcional *A era do capitalismo de vigilância*, alertou que "essas empresas que floresceram nas últimas duas décadas, com quase nenhum impedimento legal, agora têm um poder profundo e inexplicável: controlar de forma absoluta os sistemas e infraestruturas de informação dos quais a nossa civilização atual, a civilização da informação, depende. Por isso, as iniciativas de diversos países para adequar a atuação das redes sociais às práticas democráticas têm uma importância transcendente".[9]

Neutralidade e clareza moral

Normas que regulem o uso pelas plataformas digitais da informação produzida pela imprensa podem ser o primeiro passo para um modelo de negócios que permita ao jornalismo profissional não só perdurar, mas manter-se fiel aos seus valores. Embora um avanço, esses mecanismos de financiamento, *per se*, não garantem que a imprensa prospere no século XXI. Ela também precisa atender às demandas, às vezes contraditórias, de um tempo polarizado e no qual seu papel como mediadora do debate social é duramente questionado por mais de um segmento do espectro de opinião.

No cerne desse questionamento está o conceito da neutralidade jornalística; a ideia de que a função da imprensa é apurar e relatar os acontecimentos da forma mais objetiva possível, sem viés ideológico ou posição partidária. Nos Estados Unidos ganha corpo a chamada "clareza moral" — a proposição de que a imprensa tem a obrigação moral de ir além da simples publicação de um acontecimento. Ela precisa inserir esse fato no seu contexto histórico e social e transmitir aos leitores uma perspectiva informada por esse contexto.

Pedro Bial cita uma eloquente defesa do exercício da "clareza moral" — em muitos sentidos, idêntica à reflexão de Luciana Barreto neste livro — por parte de Wesley Lowery, jornalista americano ganhador do Prêmio Pulitzer, negro, atualmente na rede CBS: "O que é considerado verdade objetiva é decidido quase exclusivamente por repórteres brancos e seus chefes brancos. E essas verdades seletivas são calibradas para não ofender as sensibilidades de leitores brancos. Durante anos estive no coro de jornalistas da mídia convencional, que vêm apelando para que nossa indústria abandone a aparência de objetividade como meta de padrão jornalístico, e para que, em vez disso, repórteres foquem em ser justos e dizer a verdade, tão bem quanto puderem, baseados em contexto e fatos disponíveis. [...] Nenhum processo jornalístico é objetivo. E nenhum jornalista individualmente é objetivo, porque nenhum ser humano é. A objetividade neutra insiste em eufemismos esfarrapados como 'tiroteio com policiais envolvidos'. Clareza moral e uma aderência fiel à gramática e à sintaxe exigiriam que usássemos palavras que mais precisamente significassem o que estamos tentando comunicar: 'A polícia atirou em alguém.'"

Bial cita também o conceituado crítico da mídia americana Tom Rosenstiel, que manifesta seu apoio às ideias de Lowery, mas faz um alerta: "Se jornalistas, no lugar de uma compreensão fracassada de objetividade, buscarem refúgio na subjetividade e pensarem que suas opiniões têm mais integridade que a genuína investigação, o jornalismo estará perdido."

O ponto vital dessa discussão, às vezes ignorado pelos adeptos de perspectivas reducionistas, é que a prática da "clareza moral" não é antípoda à ideia de que existe uma verdade passível de ser identificada pelo tirocínio humano, e que esta verdade deve ser retratada pelo bom jornalismo. Ao contrário, o exercício da "clareza moral" propõe a busca de uma informação mais completa e rigorosa, fundamentada na convicção de que a imprensa tem a obrigação de ir além da simples reprodução das correntes de opinião ou dos lados de uma determinada questão.

Embora muito em voga, a questão é antiga. Ela me faz voltar quase quatro décadas, até a única vez que discordei dos critérios editoriais da cobertura internacional da TV Globo nos oito anos que servi à emissora como correspondente. Foi durante a Guerra das Malvinas, que cobri de Londres, em 1982. Visando a uma cobertura rigorosamente neutra, o jornalismo da TV Globo decidiu dar o mesmo espaço às informações oficiais emitidas pelos dois lados do conflito, Argentina e Grã-Bretanha. Essa postura teve seu impacto ampliado pelo fato de a Argentina, que havia assumido o controle das ilhas, não permitir o acesso de jornalistas ao arquipélago. Ou seja, a cobertura, que atraía enorme interesse no Brasil e no mundo, dependia quase exclusivamente dos boletins emitidos pelos dois governos.

Reportar com precisão o andamento de conflitos militares é notoriamente difícil. Seja pela natureza multifacetada e imprevisível dos acontecimentos no campo de batalha, seja em virtude das imensas pressões exercidas pelos combatentes para moldar o relato jornalístico aos seus objetivos. No caso das Malvinas, a dificuldade de se produzir uma cobertura consistente ganhou corpo quando a esquadra enviada pela então primeira-ministra, Margaret Thatcher, para retomar as ilhas chegou ao teatro de operações, no Atlântico Sul. O governo argentino passou a anunciar incursões diárias de seus caças e bombardeiros e o afundamento de inúmeros navios inimigos. Parte desses informes era confirmada pela Marinha britânica, mas a maioria era enfaticamente negada. Criou-se uma situação na qual, dependendo do boletim oficial em que a pessoa acreditava, ou a Força Aérea argentina havia destruído boa parte da força-tarefa britânica e bloqueado sua ofensiva, ou havia afundado quatro embarcações, porém não conseguira impedir o avanço da esquadra inimiga.

Crescia a audiência e me pediam informes não só para os telejornais desde o início da manhã até tarde da noite, como para entradas frequentes durante a programação. Poucas vezes trabalhei tanto como naquelas dez semanas, de 2 de abril a 14 de junho. Em que pesem a adrenalina e a certeza de que estava contribuindo para um noticiário que mobilizava o país, sentia um crescente desconforto. Minha preocupação era simples. O governo argentino era uma ditadura militar que havia tomado o poder por meio de um golpe de Estado, impunha a censura total aos meios de comunicação e não permitia o funcionamento de partidos de oposição. O governo inglês, por sua vez, fora eleito, era obrigado a prestar contas a um Parlamento com uma oposição ativa, assim como a uma imprensa livre. Essas diferenças significavam que eram igualmente díspares para os dois governos os custos de mentir sobre o andamento do conflito.

Eu me esforçava para não ser influenciado pelo fato de estar baseado em Londres, mas parecia cada dia mais claro que a decisão de dar peso idêntico aos informes de Buenos Aires e de Londres não resultava em um relato confiável sobre o que estava acontecendo nas águas em torno das Malvinas. Comecei a pensar que não só era possível apresentar um relato mais consistente, como era nossa obrigação fazê-lo. Diante de versões mutuamente excludentes, cabia à imprensa profissional contextualizar essa diferença com as informações disponíveis sobre o nível de credibilidade dos boletins conflitantes.

A questão chegou ao clímax no dia 28 de abril, quando Buenos Aires anunciou que havia atingido com um letal míssil Exocet o porta-aviões *Invincible*, um dos navios mais importantes da esquadra britânica. A notícia ganhava contornos dramáticos porque entre os tripulantes do porta-aviões estava o príncipe Andrew, filho da rainha Elizabeth e, na época, terceiro na linha de sucessão ao trono. O afundamento do *Invincible* com a provável perda de Andrew teria um enorme impacto sobre a evolução do conflito e o ânimo dos combatentes.

Assim que anunciado, o afundamento foi desmentido pelo Almirantado britânico. A redação do Rio imediatamente ligou pedindo que eu repercutisse a destruição do porta-aviões. Expliquei que, com o desmentido oficial, não havia grande repercussão. A resposta surpreendeu. Procurei argumentar que o boletim do Almirantado deveria ser levado a sério, não por causa de um suposto compromisso moral da liderança britânica com a verdade, mas em virtude de um cálculo puramente pragmático. Para os mandarins britânicos, mentir sobre o afundamento do *Invincible* seria suicídio político. O porta-aviões tinha cerca de 1.100 tripulantes. A verdade não tardaria a surgir, Parlamento e imprensa cobrariam a fatura da fraude e os líderes da Marinha e do governo muito provavelmente perderiam seus empregos. No caso de uma mentira de parte do regime militar argentino, argumentei, esse risco não existia, ou era extremamente mitigado pela censura e pela inexistência de uma oposição.

Meus argumentos não convenceram. Os telejornais da TV Globo continuaram a divulgar os comunicados oficiais de Buenos Aires e de Londres com rigorosamente o mesmo espaço e destaque, sem comentário ou contextualização. Uma das consequências dessa formulação foi que boa parte do público brasileiro pensava que a Argentina havia consolidado uma sólida posição defensiva. Essas pessoas foram surpreendidas com a notícia de que tropas britânicas haviam retomado as Malvinas. Penso que se o conflito fosse hoje não só o jornalismo da TV Globo, mas a maior parte da imprensa brasileira, tarimbada pelas tentativas de manipulação por parte de governos populistas, não hesitaria em atribuir diferentes graus de credibilidade a uma ditadura militar e a um governo democrático.

No artigo citado no início desta Apresentação, Leão Serva relata como Ruy Mesquita, diretor de redação do *Estado de S. Paulo*, sempre defendeu a tese de que o jornal tem o dever de expor sua opinião sobre qual seria a versão mais verossímil de um fato disputado. Serva conclui sua análise afirmando que a postura defendida pelo diretor do *Estadão* é particularmente oportuna em momentos de polarização. "Tendo a concordar com o modelo defendido por Ruy Mesquita como sendo o mais apropriado para o momento atual do cenário político em todo o mundo: com o entrechoque radical entre as divisões políticas na sociedade e a multiplicação de fontes de informação, as referências jornalísticas tradicionais têm a missão urgente de apontar sínteses."[10]

Leão Serva tem razão. No momento em que proliferam notícias fraudulentas a serviço do populismo redivivo e em que instituições e mecanismos da democracia parecem perder efetividade, aumenta a importância de uma postura vigilante de parte do jornalismo profissional, tão vilipendiado. Na formulação precisa de Merval Pereira, "é o jornalismo, seja em que plataforma se apresente, que continua sendo o espaço público para a formação de um consenso em torno do projeto democrático. [...] É por isso que o papel da imprensa profissional é ser o cão de guarda da sociedade, segundo definição clássica do presidente dos Estados Unidos Thomas Jefferson, que dizia que, para cumprir essa missão, a imprensa deve ter liberdade para criticar e condenar, desmascarar e antagonizar".

A função da imprensa como contrapeso e fiscal do poder não é fundamentada numa posição ideológica particular, mas na crença de que o ser humano é imperfeito, seja qual for a sua visão de mundo. Que o poder corrompe e que a sociedade no seu todo se beneficia de uma perspectiva crítica sobre o imenso poder do Estado moderno e daqueles que buscam dirigi-lo.

Em longo artigo publicado em 2019, A.G. Sulzberger, presidente do conselho do *New York Times*, escreveu: "Em face de pressões cada vez maiores, a imprensa precisa se manter fiel aos valores do melhor jornalismo — equilíbrio, acurácia, independência — ao mesmo tempo que se abre para que o público possa compreender melhor o nosso trabalho e o nosso papel na sociedade. Temos que continuar a buscar as histórias que contam, independentemente de elas estarem bombando no Twitter. Não podemos nos deixar influenciar por provocações ou por elogios, precisamos resistir às pressões para nos tornarmos adversários ou apoiadores de uma facção. Nossa lealdade deve ser aos fatos e não a um partido ou a um líder. Temos que seguir a verdade seja aonde for que ela nos leve, sem temor e sem favor."[11]

É um desafio e tanto e nem sempre a imprensa está à altura dele. Os meios de comunicação e os jornalistas erram, ou não percebem corretamente determinadas questões. São capazes, porém, de se corrigir, se não por convicção, por instinto de sobrevivência. Sem credibilidade, eles perdem leitores. E, sem leitores, não sobrevivem. Ao menos nas sociedades democráticas.

Os sete profissionais que compõem esta coletânea têm trajetórias e perspectivas variadas. Veem o mundo de forma distinta. Ainda assim, encontramos nos seus textos uma convicção compartilhada: o jornalismo profissional enfrenta uma crise econômica e existencial, mas está correndo atrás, se adaptando, buscando novos modelos de atuação, tentando se renovar, ciente de que é um dos fundamentos de uma sociedade democrática.

Essa última responsabilidade tem sido duramente posta à prova. Abrimos este texto citando o frustrado golpe de Estado de Donald Trump. No Brasil, assistimos aos virulentos ataques do presidente Bolsonaro e sua milícia digital contra o jornalismo, o Supremo Tribunal Federal e o equilíbrio entre os Poderes. Vimos suas tentativas de subverter a função de Estado das Forças Armadas e transformá-las em instrumento de apoio às suas aventuras personalistas e autoritárias. Em cada uma dessas instâncias a imprensa profissional tem se mantido firme, apurando os fatos, informando a sociedade, alertando-a quando necessário, sem medo e sem exagero, cumprindo sua tarefa cardeal.

A julgar pelas pesquisas mencionadas nesta coletânea, a maioria dos brasileiros reconhece o valor dessa imprensa independente e atuante. Por isso, tal como os autores deste livro, me permito um ponderado otimismo. Novos modelos de financiamento serão construídos, formas eficazes de combater as notícias fraudulentas, encontradas. A tempestade perfeita será superada. Nesta era, na qual a informação de qualidade é o valor maior, a imprensa não vai perecer.

Notas

1. Leão Serva, "Rashômon na era da pós-verdade: como ouvir o outro lado no jornalismo depois de Trump? Uma investigação entre Otavio Frias Filho e Ruy Mesquita", *Folha de S.Paulo*, 1º fev. 2021.
2. *Financial Times*, 5 fev. 2021.
3. Idem.
4. A íntegra do discurso de Barack Obama pode ser lida no *Estadão*, 11 jan. 2017: <https://internacional.estadao.com.br/blogs/eua-2016/leia-integra-do-discurso-de-despedida-de-barack-obama/>.
5. Matthew D'Ancona, *Post-Truth: The New War on Truth and How to Fight Back* (London: Ebury Press, 2017, p. 49).
6. Michiko Kakutani, *A morte da verdade: notas sobre a mentira na era Trump* (Rio de Janeiro: Intrínseca, 2018).
7. Hannah Arendt, "A mentira na política: considerações sobre os documentos do Pentágono", in: *Crises da República*, Coleção Debates 85 (São Paulo: Perspectiva, 1973, pp. 9-48).
8. Editorial de *O Globo*, 12 jan. 2021.
9. Shoshana Zuboff, *A era do capitalismo de vigilância* (Rio de Janeiro: Intrínseca, 2021).
10. Leão Serva, op. cit.
11. *The New York Times*, 23 set. 2019.

Desinformação / Fact-checking
Cristina Tardáguila

CRISTINA TARDÁGUILA é fundadora da Agência Lupa, a primeira agência de notícias especializada em *fact-checking* do Brasil. Formada em jornalismo pela UFRJ, fez pós-graduação em jornalismo na Universidad Rey Juan Carlos, em Madri, e MBA em marketing digital na Fundação Getulio Vargas, no Rio de Janeiro. Trabalhou como repórter e editora na agência EFE, nos jornais *O Globo* e *Folha de S.Paulo* e na revista *piauí*. É autora dos livros *A arte do descaso*, sobre roubo de arte, e *Você foi enganado*, sobre mentiras presidenciais. De 2019 a 2021 foi diretora adjunta da International Fact-Checking Network e coordenou o maior projeto colaborativo de checagem do mundo: a aliança #CoronaVirusFacts.

"Esse negócio de *fact-checking* é uma bobagem. Uma grande babaquice."

OUVI A FRASE ACIMA no início de 2015. Num papo a dois. Estávamos eu e um renomado executivo de jornal, ambos de pé, num corredor de tapete azul. Numa mistura de ódio e pena, permaneci estática. Preferi calar a rebater. Mas fato era: o colega à minha frente não tinha entendido nada do que vinha acontecendo no jornalismo brasileiro.

Poucas semanas antes dessa conversa, a petista Dilma Rousseff tinha sido empossada presidente do Brasil e seu principal oponente nas eleições de outubro do ano anterior, o então senador do PSDB Aécio Neves, já começara a esbravejar contra o resultado das urnas. Aquela não havia sido uma campanha simples. Em agosto, o país assistira à dramática morte do ex-governador de Pernambuco Eduardo Campos, que também concorria ao Palácio do Planalto, pelo PSB, como uma espécie de terceira via. Em seu lugar, entrara na disputa a ex-ministra Marina Silva, fundadora do novíssimo Rede. A polarização entre PT e PSDB, no entanto, latejava. E, nos meses seguintes à eleição, adicionaria mais drama à crise econômica que, em 2016, desembocaria no impeachment da presidente.

Entre agosto e outubro de 2014, eu havia trabalhado como uma máquina, cobrindo a campanha eleitoral. Dedicara dias e noites — às vezes sob forte enxaqueca — a transcrever frases e avaliar a veracidade do que os políticos diziam em busca de voto. Por 82 dias consecutivos, gravei todos os horários eleitorais de rádio emitidos no começo da manhã para ouvi-los por volta das dez horas. Almoçava vendo a campanha de TV, alternando garfo e caneta. E recheava minhas tardes com as entrevistas que os diversos candidatos davam a canais de YouTube e a portais de notícias.

Assisti também a todos os debates de TV realizados com os candidatos à Presidência e com os que disputavam o governo do Rio de Janeiro, estado onde eu morava. Os encontros começavam em torno das dez da noite, e o trabalho de verificação se arrastava noite adentro. Hoje em dia, toda vez que falo da eleição de 2014 sinto o sabor de pizza de pepperoni com Red Bull. Um jantar corriqueiro devorado na frente do computador.

Eu era editora-assistente de Política do jornal *O Globo*, cargo com o qual tinha sonhado por muito tempo. Batia ponto no número 15 da rua Irineu Marinho, no Centro do Rio, orgulhosa do crachá que carregava como um colar. Adorava cruzar a catraca daquele prédio cinzento e sentir a vibração das TVs ligadas em quase todas as paredes. Achava (e acho) lindo ouvir repórteres falando ao telefone, apurando e dedilhando textos. Nossa equipe era liderada pelos jornalistas Fernanda da Escóssia e Antônio Góis. Consistia num grupo que trabalhava em grande sintonia. E digo logo: não fosse por esse time, a checagem de fatos não teria entrado na cobertura eleitoral daquele ano. O blog Preto no Branco nunca teria existido.

Sem repórteres fixos nem orçamento próprio, o blog nasceu em agosto de 2014 como fruto de uma viagem minha à Colômbia, meses antes, para participar do festival de jornalismo promovido pela Fundación para el Nuevo Periodismo Iberoamericano, criada pelo Nobel de Literatura Gabriel García Márquez. Em Medellín vi brilhar no palco do evento o poderoso portal Chequeado, site de verificação argentino que, desde 2009, oferecia checagem de fatos a partir de Buenos Aires. Quando voltei ao Brasil, convidei Fernanda da Escóssia para um café, contei o que havia visto e propus que *O Globo* lançasse algo semelhante o quanto antes: uma plataforma com um time de jornalistas disposto a avaliar, em tempo real, o grau de veracidade do que era dito por políticos. Fernanda topou de imediato. E assim surgiu o Preto no Branco, como uma cópia abrasileirada do Chequeado.

Primeiro blog de *fact-checking* do Brasil, o Preto no Branco nasceu pequeno, mas ousado. Esticava o dedo na direção dos presidenciáveis e dos candidatos ao governo de Rio de Janeiro, São Paulo, Minas Gerais, Rio Grande do Sul e Distrito Federal para apontar erros factuais em seus discursos. Era um projeto que exigia uma mistura de inocência e coragem. Minha sorte foi conseguir convencer jovens repórteres do jornal, entre eles Raphael Kapa e Leticia Fernandes, da relevância da proposta. Kapa e Leticia fizeram muitas horas extras a fim de dar uma força para o Preto no Branco. Ouviram dezenas de entrevistas e encontraram centenas de bases de dados para sustentar suas apurações.

Fact-checking é um anglicismo difícil de traduzir para o português. Não é só checagem de fatos. Não é apenas checagem de dados. Não é só verificação do discurso. É tudo isso junto e misturado — de preferência ao vivo, e quase sempre enfrentando o ódio de algum tipo de militância. É a análise não só de frases, como também de fotos, vídeos, áudios, memes, infográficos… Tudo que possa conter uma informação falsa. Em *Deciding What's True: the Rise of Political Fact-Checking in American Journalism* ("Decidindo o que é verdade: o crescimento da checagem política no jornalismo americano", livro sem tradução para o português), o professor Lucas Graves, da Universidade de Wisconsin-Madison, diz que *fact-checking* é "um estilo jornalístico que busca revitalizar a tradicional busca pela verdade, obrigando as figuras públicas a serem responsáveis por aquilo que dizem". Aprecio essa definição, mas ressalto que por figuras públicas entendo qualquer um. Do zé-ninguém que tuíta bobagens do sofá de casa ao presidente da República. Esse, porém, é um debate que podemos deixar para outra oportunidade.

Li a obra de Graves, uma das bíblias sobre a checagem mundial, enquanto estruturava o Preto no Branco, e gosto de dizer que essa leitura foi definitiva para que o blog saísse do papel. Ao fazer um relato histórico de um movimento jornalístico que já havia percorrido boa parte do planeta e que, até 2014, não chegara ao Brasil, *Deciding What's True* me encorajou a dar esse passo. Uma nação continental como a nossa estava ficando para trás — e isso não era bacana.

Lembro-me de avançar pelas páginas do livro buscando entender o surgimento, o modelo de negócios e o dia a dia do trabalho dos checadores do FactCheck.org, do PolitiFact e do The Washington Post Fact Checker, as três grandes potências americanas do setor. Mas também me recordo de sentir uma pontada de vergonha. Não era possível que a cobertura política no Brasil ainda não oferecesse *fact-checking* de forma sistemática depois de tudo que os americanos tinham feito até ali. Não falo de checagem editorial, aquela executada a fim de garantir a qualidade do que o repórter (ou o autor do livro) apurou antes de o texto ir para a gráfica. Falo do *fact-checking* feito para fora — para o grande público saber onde há um dado incorreto.

Não me parecia possível que o Brasil também não tivesse visto nessa prática uma grande oportunidade de negócio. Foi essa angústia que me fez seguir em frente. Percebi que, em vez de reclamar da cegueira e do provincianismo do jornalismo nacional, era hora de eu mesma empreender. Se o Brasil não tinha sido capaz de acompanhar o que estava acontecendo de melhor e de mais inovador dentro da própria indústria, eu estava. E me parecia uma minirrevolução.

Enganam-se aqueles que pensam que *fact-checking* é um movimento novo, ligado à popularização das redes sociais. Segundo Lucas Graves, em 1992 "mais da metade dos grandes jornais dos Estados Unidos publicaram pelo menos um texto checando conteúdos divulgados em anúncios de campanhas eleitorais". Repito: em 1992! Naquele ano a CNN, por exemplo, expôs em seu horário nobre o resultado do trabalho do Ad Police (A Polícia da Publicidade, em tradução livre), o primeiro time de *fact-checking* formalmente constituído de que se tem notícia. Sob o comando do jornalista Brooks Jackson, na época alocado no escritório da empresa em Washington D.C., o canal avaliava o grau de veracidade do que era dito pelas campanhas do então presidente americano, o republicano George H.W. Bush, que tentava a reeleição, e do democrata Bill Clinton, que acabou vencendo. Tudo com o intuito de ajudar o eleitor a tomar decisões mais bem informado.

Jackson tinha uma metodologia enxuta e simples — algo que até hoje é repetido em mais de sessenta países. Ouvia as informações veiculadas pelos políticos e por seus apoiadores, contrastava-as com o conteúdo das bases públicas de dados e, em seguida, etiquetava-as como "verdadeiras" ou "falsas". Jackson era, nas palavras de seu chefe, uma espécie de "crítico teatral de Nova York que nunca fica satisfeito com o que vê", sempre buscando erros factuais aqui e ali.

Em novembro, num evento realizado pelo Colby College, no estado do Maine, com a intenção de debater o trabalho da mídia durante a eleição presidencial naquele 1992, Jackson explicou como sua equipe havia atuado e recebeu uma salva de palmas. Sentado a uma mesa ao lado de homens engravatados, disse que, ao iniciar o Ad Police, no ano anterior, esperava passar a ser profundamente odiado pelas duas campanhas à Casa Branca, a republicana e a democrata, mas que o resultado fora exatamente o oposto. "Fiquei impressionado com o baixíssimo número de reclamações. Praticamente nenhuma", disse, ao microfone. "Parece que o mundo político estava mesmo precisando que alguém impedisse aquelas pessoas ali de mentir copiosamente. Aparentemente as campanhas apreciaram o fato de, afinal, terem um árbitro em campo." A plateia riu.

E foi assim que Brooks Jackson foi elevado à condição de pai do *fact-checking*, conforme o conhecemos hoje em dia, e é por isso que merece todo o respeito. Em 2014, quando o conheci, em Buenos Aires, ele se surpreendeu com o fato de sua forma de fazer jornalismo ter chegado até o Brasil. Num jantar que reunia dezenas de checadores latino-americanos, ele quis saber como o Preto no Branco funcionava e sugeriu estratégias para os anos seguintes. Queria, por exemplo, que os *fact-checkers* se juntassem para analisar declarações feitas sobre os Jogos Olímpicos que o Rio de Janeiro sediaria em 2016. Jackson respirava — e respira — jornalismo. Tornou-se um ídolo. Mas não foi com ele que a checagem de fatos atingiu o ápice.

Em 2009, foi a turma do PolitiFact que recebeu um Prêmio Pulitzer pelo *fact-checking* apresentado aos eleitores ao longo da campanha presidencial americana do ano anterior. Fundado pelo jornalista Bill Adair como uma seção dentro do jornal *The St. Petersburg Times*, na Flórida, o PolitiFact provou que não só sabia fazer verificações contundentes, como distribuí-las no ambiente correto: as redes sociais. Com uma equipe restrita, Adair e a bibliotecária Angie Holan (hoje diretora do PolitiFact) verificaram mais de 750 frases proferidas pelo democrata Barack Obama e pelo republicano John McCain. Também conseguiram difundir seu trabalho com brilhantismo no Twitter, rede social que se revelou um dos pilares da vitória de Obama. Adair é o tipo do jornalista que curte inovação e que não descansará enquanto não encontrar uma forma definitiva de aproximar inteligência artificial e checagem.

Em 2019, Adair e eu fomos convidados a dar uma palestra sobre checagem de fatos na cidade de El Escorial, perto de Madri, e viajamos juntos para a Espanha. Diante de uma plateia que mal acreditava ver à sua frente um Prêmio Pulitzer de verdade, Adair relatou com detalhes o trabalho desenvolvido pelo PolitiFact na campanha presidencial de 2008 e pediu aos participantes que pensassem em formas ainda mais inteligentes de distribuir verificações. A checagem, dizia ele, precisa estar na forma e no local certos para ser devidamente consumida e repercutir. Em 2021, Adair trabalhava para oferecer checagens ao vivo, na TV, durante um debate eleitoral. Também se articulava para ver o YouTube oferecendo verificações junto com seus vídeos. Chegou a sugerir abertamente que o governo do presidente Joe Biden montasse um comitê especial para lidar com desinformação.

Entretanto, como disse antes, a imprensa brasileira não viu nem a semente plantada por Brooks Jackson na década de 1990 nem o brilho reluzente do PolitiFact nos anos 2000. Não acompanhou o sucesso dos checadores franceses do Le Monde/Les Décodeurs, dos italianos da Pagella Politica, dos britânicos do Full Fact e dos argentinos do Chequeado. Ficou para trás. É bem verdade que em 2002 o site brasileiro e-Farsas, hoje uma das potências na luta contra a desinformação, entrou no ar. Mas a plataforma nasceu para verificar mitos urbanos — não frases de políticos e poderosos. Era um espaço que eu costumava acessar para rir da loucura das redes. Um lugar que informava, por exemplo, que misturar refrigerante com pastilhas sabor hortelã não faz mal à saúde.

Também é verdade que, em 2009, o jornal *Extra*, dentro do Grupo Globo, usou uma conta de Twitter para fazer frente a informações falsas que circulavam na cidade do Rio de Janeiro no período que rondou a ocupação, pelos militares, do conjunto de favelas do Complexo do Alemão. O projeto É Boato/É Verdade, liderado pelo jornalista Fábio Gusmão, carimbava com selos informações enviadas pelos leitores via Twitter. Buscava responder se ônibus haviam sido queimados como protesto e se o tráfico havia determinado o fechamento de lojas em partes do estado, entre outros assuntos ligados à violência fluminense. Numa entrevista recente, Gusmão falou sobre a primeira vez que sentiu o impacto que um comentário de celebridade pode ter em iniciativas assim. "A escritora Glória Perez nos retuitou, elogiando o projeto. E aquilo virou uma loucura. Toda a redação passou a se dedicar à checagem", contou.

O É Boato/É Verdade, porém, ficou segmentado, não só geograficamente, como também tematicamente. Não cresceu para fora do Rio de Janeiro nem resistiu à virada do ano. Nova leva de notícias veio, tomando espaço e recursos humanos, e a equipe do *Extra* preferiu ir descontinuando a iniciativa.

Outra experiência próxima ao *fact-checking* foi o "promessômetro" que o jornal *Folha de S.Paulo* lançou em 2010. Tratava-se de um sistema que visava avaliar a possibilidade de execução de promessas feitas em campanha. Mas as etiquetas aplicadas não davam conta da veracidade dos conteúdos, apenas variavam entre "possível", "há limitações" e "difícil de cumprir". Algo bem diferente daquilo que hoje se conhece como *fact-checking*.

Assim, em 2014, quando coloquei o Preto no Branco na praça, trabalhei pesado para que a checagem de fatos se enraizasse de vez na grande imprensa nacional — e acho que a luta continua.

Quem checa o checador?

Para entender em profundidade o universo da checagem profissional, é indispensável conhecer a International Fact-Checking Network (IFCN), que nasceu com uma proposta simples em 2015 dentro do Instituto Poynter, organismo especializado em cobertura de mídia e localizado em St. Petersburg, no coração da Flórida. "Esta rede informal, este fórum para checadores dos cinco continentes, surge do desejo de estudarmos e discutirmos *fact-checking* como um instrumento a serviço do jornalismo em todo o mundo", escreveu o italiano Alexios Mantzarlis no primeiro post sobre a IFCN.

Mantzarlis foi o primeiro diretor da IFCN e liderou essa rede mundial de checadores até o fim de 2018. Aproveitando o conhecimento que trazia da Pagella Politica, criada por ele na Itália, lançou o site da IFCN e sua newsletter, fundou seu conselho consultivo e inseriu na rotina dos *fact-checkers* a Global Fact, a maior conferência do planeta sobre checagem.

Desde 2019, quem dirige a IFCN é o turco Baybars Örsek, um dos fundadores do site de checagem Doğruluk Payi. Até março de 2021, Örsek e eu nos sentávamos diariamente no segundo andar do prédio do Poynter para pensar maneiras de defender a checagem de fatos. Nesses dois anos, trabalhei como diretora adjunta da rede mundial de checadores. Em linhas gerais, a IFCN continua funcionando como descrito por Mantzarlis em 2015. É um ponto de encontro para os *fact-checkers* de todos os países, um local onde eles podem compartilhar dúvidas, trocar informações, debater questões espinhosas sobre o seu cotidiano e estabelecer as boas práticas da profissão.

Em seus primeiros cinco anos de vida, a IFCN cresceu de forma vertiginosa, seguindo o *boom* de organizações interessadas em fazer verificações em todo o mundo. Censo feito pelo Duke Reporters' Lab, da Universidade Duke, na Carolina da Norte, mostrou que, em abril de 2014, havia 44 unidades de checagem ativas no planeta. Em outubro de 2020, o número saltara para 304. Por isso, com o passar dos anos, também virou função da IFCN monitorar a saúde financeira de seus membros e pensar em formas de apoiá-los. A iniciativa tem funcionado. Ao contrário do enxugamento que tritura a indústria jornalística, no universo da checagem de fatos as palavras de ordem têm sido "crescer", "expandir" e "contratar". Ao que tudo indica, trabalhar em rede tem proporcionado bem-estar coletivo e contribuído para o fortalecimento de todos.

A partir de 2017, a IFCN começou a produzir um relatório anual, o "State of Fact Checkers" ("Estado dos checadores", em português), em que busca avaliar a saúde financeira e as condições de trabalho das organizações-membros. A participação nessa pesquisa é voluntária, mas seus resultados costumam retratar o dia a dia da maioria dos integrantes da rede e servir de base para o planejamento de estratégias globais de enfrentamento à desinformação. Na edição publicada em julho de 2020, o relatório revelou que o mundo da checagem vai bem e que esta havia se transformado numa prática passível de lucro. Se em 2018 o levantamento mostrou que somente 28% das organizações entrevistadas tinham fins lucrativos, em 2020 o total já subira para 46%. E não havia indícios de que esse movimento fosse desacelerar.

Entre as décadas de 1990 e 2020, o *fact-checking* foi visto como um trabalho de ONGs e de acadêmicos. Um serviço do tipo "Business to Consumer" (B2C), ou seja, do produtor direto para o cidadão, o consumidor final. Em 2020, no entanto, o cenário indicava alterações. Iniciativas que visavam ao lucro surgiam em várias partes e tentavam, inclusive, desbravar possibilidades de atuação em projetos de combate à desinformação voltados para empresas, num modelo "Business to Business" (B2B), ou seja, entre pessoas jurídicas. Também era comum ver checadores oferecendo treinamentos e apostando na educação midiática, temas que chamavam a atenção não apenas de escolas e universidades, mas também de governos.

E não se pode falar da IFCN sem destacar suas duas maiores conquistas: a criação do Código de Ética do *fact-checker* e o estabelecimento de programas de combate à desinformação em parceria com empresas de tecnologia. O curioso é que as duas conquistas estão ligadas entre si — como você verá.

Durante a Conferência Global Fact de 2016, realizada em junho em Buenos Aires, o ainda diretor da rede Alexios Mantzarlis explicou que lhe parecia urgente rascunharmos aquilo que pouco depois seria o Código de Ética dos *fact-checkers*. Já então era evidente que políticos e publicitários buscavam se apropriar do modelo proposto pelo *fact-checking* — a etiquetação de conteúdos segundo seu grau de veracidade — para fazer a mais pura propaganda política. Em setembro daquele ano, durante um debate de televisão travado com o candidato republicano Donald Trump à Casa Branca, a candidata democrata, Hillary Clinton, pediu que os telespectadores entrassem no site HillaryClinton.com para "ver em tempo real os fatos como eles eram". Dois milhões de pessoas obedeceram e encontraram uma página que de apartidária não tinha nada. O site, corretamente, listava conteúdos falsos e exagerados ditos por Trump, mas não pontuava nenhum conteúdo enganoso dito pela própria Hillary. E só naquela noite muitos haviam sido identificados. Era, portanto, não só um uso deturpado como também preocupante do *fact-checking*.

Esse episódio serviu de impulso para que a IFCN aprovasse seu Código de Ética com brevidade. Do rascunho feito em Buenos Aires até o lançamento oficial das regras não se passaram nem três meses. O Código é um documento relativamente enxuto para o que se propõe. Em seus cinco pontos determina, primeiro, que o checador profissional associado à rede deve ser transparente em três níveis: em relação à sua metodologia de trabalho, às suas fontes de informação e à forma de financiamento de sua organização. Além disso, ele precisa criar, divulgar e colocar em prática uma política de correção para eventuais erros e buscar de forma insistente e consistente o apartidarismo.

As organizações que aderem à IFCN passam todos os anos por uma auditoria independente que busca avaliar se elas cumprem ou não esses cinco requisitos do Código de Ética. Quando a análise termina de forma positiva, a organização checadora recebe um selo verde indicando que ela está apta a integrar a rede mundial de checadores, tendo acesso, por exemplo, a ferramentas de trabalho que costumam ser dispendiosas e a programas especiais. Na primeira rodada de auditorias, levada a cabo por Mantzarlis, 35 organizações foram aprovadas. Desde então o número só cresce.

Há — é claro — centenas de *fact-checkers* que não contam com o selo de qualidade da IFCN e atuam livremente. Do ponto de vista da rede, não há problema algum nisso. A audiência dessas organizações, porém, precisa saber que elas podem ser pouco transparentes, não contar com uma política de correção pública e/ou não ser plenamente apartidárias. Seriam, portanto, entidades que o cidadão comum deveria acompanhar com certo grau de distanciamento. Nada além. A IFCN não pode nem quer proibir ninguém de checar.

Para entrar na IFCN, toda organização candidata deve preencher um farto questionário, enviar à entidade documentação oficial sobre sua constituição e seus funcionários e se preparar para ser analisada por observadores independentes durante algumas semanas. Esses assessores são escolhidos pela IFCN no próprio país da candidata, de forma a garantir que o avaliador entenda não somente a língua, mas também o panorama político local. O processo de auditoria demora dois ou três meses e desemboca na publicação de um relatório detalhado. À medida que novas avaliações vão sendo feitas, novos relatórios são anexados à página que a IFCN desenvolve para cada um de seus membros.

Em seus quase cinco anos de existência, o Código da IFCN só precisou ser revisto uma vez — no primeiro semestre de 2020. E, nessa revisão, liderada pelo jornalista Peter Cunliffe-Jones, um dos nomes-chave da organização sul-africana Africa Check, o Código se tornou ainda mais duro e robusto. Passou a exigir que as empresas que mantêm unidades checadoras em seus quadros concordem com os cinco pontos fixados pelo documento e também se submetam a eles. Aos olhos da IFCN, já não basta que a seção de *fact-checking* se comprometa com transparência, correção e apartidarismo. Esses mesmos compromissos devem ser levados a sério pela unidade-mãe. Em miúdos: se esse ponto estivesse valendo quando o Preto no Branco deslanchou, todo o jornal *O Globo* teria tido que aderir às regras para garantir que seu blog de checagem fosse aceito como membro da IFCN. O Preto no Branco nunca obteve o selo verde por uma questão simples: foi extinto antes da criação do sistema de auditoria da IFCN. Seu substituto, o Fato ou Fake, ainda não mostrou interesse em se filiar à organização.

A segunda maior conquista da rede mundial de *fact-checkers* foi a aproximação dos checadores com as grandes empresas de tecnologia, especialmente o Facebook. Em 12 de novembro de 2016, o empresário Mark Zuckerberg escreveu um longo post em seu perfil de rede social defendendo o Facebook da acusação de que este teria ajudado a levar Donald Trump à Casa Branca. Em nove parágrafos, Zuckerberg refutou a teoria que se disseminava pelas redes argumentando que o objetivo de sua empresa era unicamente dar voz a todas as pessoas que quisessem se pronunciar.

Zuckerberg destacou que essa ideia era um pilar da democracia americana e que "mais de 99% do que os usuários veem [no Facebook] é autêntico". A comunidade de *fact-checkers* segurou o fôlego. Com base em que dados Zuckerberg afirmava que apenas 1% do que circulava em sua rede social continha desinformação? Teria ele conseguido deter as postagens saídas dos quatro cantos do planeta e fazer uma análise criteriosa de tudo o que havia sido publicado num determinado espaço de tempo? Ou estava ele simplesmente... desinformando?

Em 16 de novembro de 2016, com essas perguntas em mente, os então membros da rede internacional de checadores receberam um e-mail ousado enviado por Mantzarlis. Era o rascunho da primeira carta aberta da IFCN a Mark Zuckerberg. "Esta carta não é mais do que um oferecimento de ajuda", explicava Mantzarlis no correio eletrônico. "É pouco provável que ela sacuda Menlo

Park [onde fica a sede do Facebook, no Vale do Silício], mas ela pelo menos será lida." Ao terminar de ler o rascunho, parei uns segundos para refletir sobre a proposta de Mantzarlis. Estávamos mesmo dispostos a dar aquele passo? "Sim. Claro!"

Lembro-me de abrir o documento compartilhado por ele e de fazer uma sugestão ao grupo que também navegava pelo rascunho: "E se agregarmos a esta carta o fato de que as notícias falsas geram ódio?" O grupo concordou. Era um ponto não só inegável, mas vital. E foi assim que na versão final, publicada em diversas línguas e enviada ao Facebook, o texto ganhou o seguinte parágrafo: "Alegações falsas feitas na internet foram usadas para incitar a violência em países como o Nepal e a Nigéria. Boatos disseminados no Facebook estimularam o linchamento e a morte de uma mulher no Brasil."

Com toda a sua sensibilidade e diplomacia, Mantzarlis havia acolhido minha ideia e, mesmo que cifradamente, dado espaço para que o Facebook lesse sobre Fabiane de Jesus, a primeira vítima fatal de notícias falsas de que se tem conhecimento no Brasil. E, ao contrário do que ele imaginou, a carta aberta assinada por dezenove organizações repercutiu — e muito — dentro do Facebook. A IFCN foi chamada para se sentar à mesa com diretores da empresa e especialistas e, efetivamente, trocar ideias sobre como seria um possível programa de combate à desinformação naquela rede social. Daí surgiu o Third Party Fact-Checking Project, o programa de verificação de notícias que o Facebook já estreou em mais de cinquenta países.

De longe, o chamado 3PFC é uma iniciativa simples. O Facebook contrata checadores auditados pela IFCN para avaliar posts, vídeos e fotos que circulam pela plataforma. Quando os *fact-checkers* encontram algo falso, publicam uma checagem e entregam à empresa um link com todos os dados esmiuçados. Dali em diante, a plataforma toma quatro medidas: informa quem fez a postagem; informa também quem a compartilhou sobre a existência da verificação; faz saltar um alerta na tela daqueles que estão a ponto de republicar o conteúdo questionado, de forma a deixá-los cientes de sua falsidade; e ainda reduz a distribuição desse material em até 80%, garantindo que menos pessoas vejam a peça falsa.

Em 2020, o Third Party Fact-Checking já havia sido lançado em dezenas de línguas e mostrado seu impacto. Só no mês de abril, por exemplo, no auge da pandemia gerada pelo novo coronavírus, o Facebook anunciou que tinha tomado medidas restritivas contra quase 50 milhões de conteúdos a partir de cerca de 7.500 artigos publicados pelos checadores da IFCN. É claro que todos os números ligados ao Facebook tendem a ser — e são — grandiosos. Também é fato que a plataforma é pouquíssimo transparente em relação à fabricação desses números. Mas há pelo menos duas conclusões importantes diante da montanha de conteúdos falsos flagrados ao longo da pandemia de covid-19 no News Feed (o mural de publicações do Facebook). A primeira conclusão é que o caos mundial poderia ter sido permeado por mais desinformação ainda, não fosse o trabalho dos checadores; a segunda é que, agora, parece estar claro que Zuckerberg estava mesmo equivocado em 2016 ao acreditar que 99% do que circula em sua rede é autêntico. É óbvio que não é bem assim.

Quem trabalha ou quer trabalhar contra a desinformação precisa, no entanto, compreender como funcionam as redes sociais e o papel que os algoritmos exercem dentro delas. No documentário *A verdade da mentira*, de Maria Carolina Telles, que foi lançado em 2020 mas trata das eleições brasileiras de 2018, a jornalista Petria Chaves explica com detalhes a formação de bolhas e o distanciamento social (não aquele da pandemia) que delas deriva. Os algoritmos são sistemas capazes de traçar o perfil dos usuários das redes para "entender" o tipo de informação que eles mais consomem. Fazem isso pelo simples fato de que o objetivo número um das redes sociais é manter seus usuários dentro delas, navegando por suas *timelines* como se não houvesse amanhã. Na prática, o que se tem é o seguinte: se o usuário curte ler, ver vídeos e ouvir samba, por exemplo, o algoritmo lhe oferecerá esse gênero de assunto com maior frequência. Se outro usuário gosta de funk, mesmo que more no mesmo edifício, frequente a mesma escola e tenha a mesma idade daquele que gosta de samba, o algoritmo lhe repassará conteúdos sobre funk. Um jamais conhecerá a realidade do outro a fundo e ambos tenderão a experimentar mundos virtuais distintos.

Quando tiramos a música de campo e colocamos a política, dá-se o fenômeno que muitos especialistas consideram arriscado inclusive para a sobrevivência da democracia. Os militantes da esquerda se unem entre si, acessando apenas conteúdos progressistas. Os da direita, por outro lado, se encerram no mundo das postagens conservadoras, alijando o diferente. Resultado: o diálogo se esgarça. Surgem ódio, falta de compreensão e violência, nem sempre restritos ao campo virtual.

No documentário *O dilema das redes*, do americano Jeff Orlowski, também lançado em 2020, há uma frase valiosa que precisa entrar aqui, neste texto: "Existem apenas duas indústrias que chamam seus clientes de usuários: a de drogas e a de software." A reflexão é pertinente. Seguindo essa linha de comparação, a checagem estaria para a desinformação como a abstinência está para um viciado em entorpecentes. A educação midiática seria, por sua vez, o processo de reabilitação definitivo. Daí a necessidade de debatermos os algoritmos e de exigirmos que eles sejam — no mínimo — contrários à desinformação factual. Que promovam a união em vez do ódio. Mas, por mais que haja checagem e por mais que haja projetos relevantes para combater a boataria, pouco se avançará se as redes sociais não compreenderem que, por ora, são elas que levam e trazem a droga para milhões de viciados. As redes sociais são o vapor do mundo cibernético.

Credibilidade em xeque

Vale ressaltar aqui que não é — nem jamais será — tarefa simples analisar o grau de veracidade de um conteúdo. Além de precisar contar com certo nível de conhecimento técnico, o checador profissional terá de vencer, quase diariamente, uma série de questões éticas. A principal delas é definir o que checar.

Imagine-se, por um instante, atuando como um checador da Agência Lupa, a primeira agência de notícias especializada em *fact-checking* do país (fundada por mim, em 2015). Você liga seu computador e vê à sua frente centenas de informações que são potencialmente falsas. Algumas no Facebook, algumas no Instagram. Outras no YouTube, no WhatsApp e no Twitter. Por onde começaria? Pela postagem mais antiga? Por aquela que vem da pessoa mais popular? Pelo tema que pode afetar mais cidadãos? Ou por aquilo que parece mais fácil e rápido de ser verificado? Dilemas como esse — e outros um tanto mais sofisticados — fazem parte do cotidiano dos checadores, o que só revalida a importância do Código de Ética da IFCN.

Para que um *fact-checker* não corra o risco de usar dois pesos e duas medidas diante de situações semelhantes, é fundamental que ele siga um método. E mantenha — todos os dias — as mesmas regras de trabalho. O checador não pode se deixar influenciar nem por aquilo que vê em sua própria bolha nem por suas próprias curiosidades ou medos. Para contornar isso, foram testadas diversas iniciativas. É comum, por exemplo, que, para superar um possível "viés de confirmação" de seus membros (ou seja, a inclinação humana de só levar em consideração informações que legitimem e confirmem aquilo em que se acredita, descartando ou ignorando qualquer dado contrário), certas organizações de checagem passaram a adotar assinaturas duplas em todos os seus artigos. Evidenciam, assim, o nome do repórter e o do editor, distribuindo a responsabilidade pelo trabalho final.

Também há organizações que mantêm longas tabelas e bases de dados como forma de estudar os rumos da própria produção. Algumas delas emitem relatórios públicos de transparência. A Agência Lupa foi pioneira em outra iniciativa: manteve um ombudsman durante a eleição presidencial de 2018. Esse profissional foi contratado para contornar qualquer possibilidade de manipulação ou tendência. Produzia uma crítica interna, para uso da redação, e outra externa, para o grande público. Ambas buscavam aprimorar o trabalho dos checadores.

Em 2014, no entanto, quando comecei a trabalhar como checadora de fatos no Preto no Branco, em *O Globo*, não tinha a menor noção do que estava à frente. Não imaginava a complexidade da tarefa e dos dilemas éticos que encontraria. Também não tinha por perto um editor experiente, um tipo como Brooks Jackson, para me aconselhar e tirar dúvidas. Bastou-me o ímpeto de acertar. Publiquei a minha primeira checagem na madrugada de 6 de agosto daquele ano. Na estreia, escrevi logo seis verificações e as publiquei cedo, entre as 7h15 e as 8h30. Ao ver as primeiras postagens do Preto no Branco refletidas na tela, ainda de camisola e despenteada, reagi como uma boa ex-aluna de colégio jesuíta — me benzi e disse para mim mesma: "Bom, vamos lá. Em tudo, amar e servir."

Eu tinha 34 anos, e tudo o que sabia sobre checagem vinha de conversas travadas com a argentina Laura Zommer, das leituras de Lucas Graves e de horas e horas de observação das iniciativas do PolitiFact, do FactCheck.org e do Washington Post Fact Checker. Quando publiquei aquelas seis primeiras checagens sobre declarações dos principais candidatos à Presidência da República — duas sobre Dilma Rousseff, duas sobre Aécio Neves e duas sobre Eduardo Campos —, eu não fazia ideia de como o Preto no Branco seria recebido. Como reagiriam os presidenciáveis? Suas campanhas? Suas militâncias? E meus chefes? E os donos do jornal?

Fato é que, naquela manhã de agosto, a campanha de Dilma Rousseff viu que um blogzinho novo lançado num cantinho de *O Globo* tinha etiquetado como "exagerada" uma informação que aparecia no site da candidata. "Cerca de 78% de toda a energia elétrica gerada no Brasil é proveniente de fontes hidroelétricas, biomassa e eólica", afirmava-se na página da campanha. Mas dados disponíveis no site da Agência Nacional de Energia Elétrica, a Aneel, mostravam que essas três fontes somavam 74,3%, e o Preto no Branco estava lá para reclamar dessa imprecisão. Relendo essa checagem hoje, chego a coçar o queixo, com certa dúvida. Teríamos sido preciosistas demais? Talvez. Mas, veja, acredito que não há — nem deve haver — falsidades perdoáveis. Se há dados corretos sobre um determinado tema, por que não usá-los? E assim o primeiro blog de *fact-checking* do Brasil começou com a cara de sua editora: braba e exigente.

Aécio Neves levou um "insustentável" naquela manhã. Seu site de campanha estampava que Minas Gerais, estado que o candidato governara, havia sido "campeã da Olimpíada Brasileira de Matemática sete vezes seguidas", contudo a assessoria de imprensa da associação que organiza a disputa rechaçou essa informação. Para a Olimpíada Brasileira de Matemática, não era correto elaborar rankings por estados ou escolas. A competição era travada apenas entre alunos, o que tornava a frase de Aécio mais do que questionável.

Eduardo Campos recebeu um "exagerado". Em tom de queixa, havia dito e repetido que "uma pessoa que ganha 1.800 reais paga Imposto de Renda". Em agosto de 2014, no entanto, isso não era verdade. Só pagavam Imposto de Renda os cidadãos com renda superior a 1.973,97 reais por mês — e era realmente impossível que Campos desconhecesse isso.

Seguindo o planejamento inicial, no dia seguinte ao da estreia, o Preto no Branco mostrou que seria ainda maior. Pela primeira vez avaliou os então candidatos ao governo do Rio de Janeiro: Luiz Fernando Pezão (PMDB), Lindbergh Farias (PT), Anthony Garotinho (PR) e Marcelo Crivella (PRB). Oito checagens foram publicadas antes das 8h45 da manhã, e me lembro de chegar à redação do jornal eufórica. No carro, coloquei uma *playlist* do Queen e determinei que o aparelho repetisse uma só canção, no volume máximo:

> *Don't stop me now*
> *I'm having such a good time*
> *I'm having a ball*
> *Don't stop me now*
> *If you wanna have a good time, just give me a call*
> *Don't stop me now ('cause I'm havin' a good time)*
> *Don't stop me now (yes, I'm havin' a good time)*
> *I don't want to stop at all.*

"Não me faça parar agora/ Está tão divertido/ Virou uma festa/ Não me faça parar agora/ Se você quiser se divertir, me ligue/ Não me faça parar agora (porque eu estou me divertindo)/ Não me faça parar agora (sim, eu estou me divertindo)/ Eu não quero parar de jeito nenhum."

Quem ama a própria profissão entende esse frio na barriga, essa adrenalina que toma conta do corpo quando acreditamos ter acertado em cheio numa reportagem. O Preto no Branco recolocava o jornalismo a serviço do cidadão e tinha 48 horas de acolhimento. Eu já comemorava.

Naqueles primeiros dias da iniciativa, eu esperava que duas coisas acontecessem: que um processo judicial movido por um dos políticos checados aterrissasse na minha mesa; e que o jornal me pedisse que eu encerrasse o blog, alegando "muita dor de cabeça junto à classe política". Mas, com apenas seis dias de vida, o Preto no Branco ganhou mais — e não menos — visibilidade: as checagens foram parar na página 3 da versão impressa do jornal, a mais nobre da cobertura política.

Aécio Neves foi o primeiro presidenciável a ser entrevistado pela bancada do *Jornal Nacional*, na Rede Globo. Falou por dezesseis minutos e, em menos de meia hora, a equipe do blog conseguiu produzir duas verificações. Numa delas, ficava comprovado que Aécio patinara ao criticar a economia do país. O Brasil não era "o lanterna do crescimento [econômico] na América do Sul". Segundo estatísticas disponíveis naquela noite no site da Comissão Econômica para a América Latina e o Caribe (Cepal), a Venezuela registrara crescimento inferior e a Argentina não ia nada bem.

Com aquele "falso" de Aécio nos braços, cruzei a redação pedindo espaço para que o Preto no Branco entrasse na versão impressa. Mas quase perdi o fôlego quando ouvi de um dos executivos do jornal que "mais justo" seria etiquetar a frase do candidato com um "exagerado". O sangue ferveu. Era minha primeira batalha por independência editorial. "Vou ali no editor de Esporte perguntar quem é o lanterna do campeonato de futebol. Se ele me disser dois times, eu aceito esse 'exagerado' que vocês estão sugerindo", disse baixinho, dando as costas para a chefia. "Cris, *fact-checking* está entrando na edição de papel. Pensa no tamanho dessa conquista", ponderou um colega que acompanhara a cena. "Aécio errou, e o jornal estava disposto a pontuar isso; 'falso' ou 'exagerado' pouco importa. Bola pra frente." E assim foi.

Dali em diante, o Preto no Branco teve um excelente espaço na cobertura impressa de *O Globo*. Todos os presidenciáveis que passaram pelo *Jornal Nacional* tiveram frases avaliadas. O blog recebeu chamadas de primeira página e, no dia seguinte ao de um longo debate de TV, recheou páginas duplas com 25 avaliações.

O impacto

A popularidade do Preto no Branco serviu para afastar um daqueles medos: ninguém me mandaria parar de checar políticos. Os sinais dados pelo jornal indicavam exatamente o oposto: eu deveria fazer mais e mais. O outro medo que eu tinha se esfumaçou numa manhã qualquer de agosto, quando recebi no jornal um telefonema da então candidata do PP ao governo do Rio Grande do Sul, a senadora Ana Amélia Lemos.

Naquele dia, o blog havia flagrado uma falsidade em seu site de campanha e reagido como sempre, publicando um pequeno artigo e divulgando-o nas redes sociais. O Rio Grande do Sul jamais estivera "em primeiro lugar no IDH [Índice de Desenvolvimento Humano] nacional", e Ana Amélia queria falar comigo sobre isso.

Não gravei nem sou capaz de reproduzir com exatidão o que a candidata me disse, mas, com voz afetuosa, ela agradeceu — sim — o fato de ter sido checada. Celebrou a iniciativa do jornal e pediu que a equipe do Preto no Branco continuasse com aquele trabalho tão importante. Em poucas horas, seu site de campanha foi corrigido e eu pude contabilizar a primeira vitória real do blog de checagem que havia lançado. A primeira vitória do *fact-checking* no Brasil? Vale checar.

Quando se debate o impacto do *fact-checking*, a discussão é enorme. É preciso, primeiro, ter presente o fato de que a checagem é uma prática jornalística, não uma ciência exata. Portanto, assim como não se espera que o repórter investigativo acabe com toda a corrupção nem com toda a lavagem de dinheiro, não se deve esperar que o *fact-checker* consiga extinguir a desinformação. Qualquer análise que tome esse viés não é só equivocada, é também muito injusta. Quem pretende analisar esse tema deve dar uma olhada em estudos já feitos sobre o assunto — principalmente nos Estados Unidos — e acompanhar o dia a dia das redações de *fact-checking*. Nesses espaços, há centenas de exemplos de sucesso dos checadores.

O estudo "Can Fact-checking Prevent Politicians from Lying?" ("O *fact-checking* pode evitar que os políticos mintam?", em tradução livre) revela, por exemplo, que cai em 9,5% a probabilidade de um político repetir em uma campanha eleitoral uma frase já etiquetada como "falsa". O levantamento, realizado pela pesquisadora Chloe Lim, da Universidade Stanford (EUA), com base nas eleições presidenciais americanas de 2012 e 2016, foi um dos primeiros a demonstrar o efeito do *fact-checking* em números. Reproduzo aqui um trecho: "As conclusões sugerem que candidatos à Presidência, sim, respondem às checagens, reduzindo o número de declarações falsas flagradas por *fact-checkers* em seus discursos. Os resultados indicam que o *fact-checking* tem um impacto muito maior do que ser apenas uma ferramenta retórica dos políticos em campanha. Depois de terem impedido trinta candidatos à Presidência de repetirem frases falsas, os *fact-checkers* mostraram que estão no caminho certo para cumprir a tarefa democrática de acompanhar de perto a política."

Em setembro de 2018, checagem feita pelo Africa Check indicou que o governo da África do Sul havia manipulado o seu relatório anual de estatísticas de crime, reduzindo expressivamente diversos números. Após a verificação e a viralização da checagem, a polícia sul-africana reviu seus procedimentos e atualizou o documento oficial. No mesmo ano, os checadores do site Tempo, na Indonésia, declararam que eram falsas as informações de que haviam sido encontrados num contêiner, no porto de Jacarta, 70 milhões de votos fraudados. A verificação ficou tão redonda e se tornou tão viral que acabou levando a Comissão Geral das Eleições — uma espécie de Tribunal Superior Eleitoral indonésio — a lançar um comunicado baseado na checagem. A polícia, por sua vez, abriu investigação para saber quem havia propagado tamanha falsidade nas redes.

Na Itália, em 2018, o então vice-primeiro-ministro, Matteo Salvini, criticava sempre que podia: "A Itália é o único país do mundo que tem dez vacinas obrigatórias." Os verificadores da Pagella Politica constataram que o dado era falso. Resultado: Salvini adaptou seu discurso. Tirou o número, reduziu o escopo geográfico e passou a dizer que "a maioria dos países da Europa tem vacinas obrigatórias".

Em 2020, uma checagem feita pelo PolitiFact sobre um vídeo que espalhava teorias da conspiração e acusava o infectologista americano Anthony Fauci de ter sido um dos responsáveis pela criação e disseminação do novo coronavírus serviu de base para impedir que uma rede local de televisão exibisse aquele conteúdo para milhares de telespectadores em todos os Estados Unidos. Não houvesse essa checagem, o ataque a Fauci teria ganhado uma proporção colossal.

Isso é impacto? Sim. Mas, embora seja fácil elencar uma série de casos, é difícil medi-los. E não se pode deixar de lado o impacto que se refere ao indivíduo e não é publicamente divulgado. Falo de mensurar aquele momento em que a audiência recebe uma checagem e pausa por alguns instantes para refletir sobre ela. Todos esses segundos de raciocínio somados já são enormes vitórias. Não existiriam, não fosse o trabalho dos *fact-checkers*.

Erros também são difíceis de serem medidos e são igualmente inesquecíveis. Lembro-me de todos os meus no Preto no Branco.

O primeiro deles aconteceu com Dilma Rousseff, ainda em 2014, durante um debate noturno de TV. A pequena equipe do blog lascou um "falso" na candidata quando ela atacava a Polícia Civil de Minas Gerais. Usando dados públicos disponíveis no site da própria polícia mineira, o Preto no Branco afirmou que ela errara — e muito — o número de delegacias existentes no estado de Aécio Neves. Mas bastaram dois segundos para que as redes sociais reagissem à verificação, indicando a falha do nosso time. Tuítes saídos de cidades do interior davam conta de que a tabela da Polícia Civil estava errada. E estava... Fazia tempos que não era atualizada e muitas das delegacias listadas não estavam mais em atividade. Quase infartei. Como imaginar que o site da Polícia Civil elencaria telefones e endereços de delegacias já fechadas? Como? A correção foi feita assim que recebemos uma nota da corporação, mas é claro que todos os erros de checagem — por mais irrelevantes que fossem — socavam a credibilidade dos *fact-checkers*. E credibilidade é a moeda desse negócio.

Dias depois, o Preto no Branco também deu um "exagerado" para Aécio numa fala sobre investimento em segurança pública. Nosso time não viu que o relatório público sobre o assunto tinha página dupla e leu apenas uma delas. Errou e teve que se desculpar. E Marina Silva (já após a morte de Eduardo Campos) ganhou um "falso" ao falar de trabalhadores informais. O Preto no Branco precisou se corrigir por ter — erroneamente — optado por analisar a fala dela a partir de uma única definição para a expressão "trabalhadores informais". Na verdade, há várias e todas deveriam ter sido observadas no texto. No lugar do "falso", o correto teria sido explicar as interpretações existentes e oferecer uma análise objetiva a partir de cada uma delas.

Errar é horroroso. Ponto. Ainda mais quando são erros humanos, evitáveis. Mas tem me incomodado demais a ideia de que os *fact-checkers* são máquinas. Não são. Checadores podem estar cansados e longe do computador. Podem estar almoçando com os sogros ou assistindo à apresentação de balé da filha no exato momento em que uma desinformação ganha proporção homérica. Por mais que sejam cada vez mais rápidos em suas análises, é preciso dar-lhes tempo para executar as verificações. De nada serve uma checagem imediata repleta de equívocos.

Falo desse assunto lembrando-me, particularmente, de um episódio que ocorreria três anos e meio depois, em 7 de abril de 2018. Nesse dia, quando o ex-presidente Luiz Inácio Lula da Silva, do PT, começou a discursar em São Bernardo do Campo, no interior paulista, diante de uma plateia que se queixava da ordem de prisão emitida contra ele, eu estava nadando. Longe da TV. Demorei uns dez minutos para ouvir e entender por que meu celular não parava de apitar e me puni por ter ido me exercitar — veja só. Quando olhei para a tela, centenas de mensagens questionavam o silêncio da Agência Lupa, a empresa que eu fundara em 2015 para me dedicar exclusivamente à checagem. Muitas pessoas ali já reclamavam do que acreditavam ser um apagão proposital dos checadores. Não consideraram que era sábado e os *fact-checkers* poderiam estar desconectados. E mais: a fala de Lula tinha começado havia apenas dez minutos.

Naquela tarde, de maiô e toalha molhada, deixei a família para trás e liguei o laptop. Percebi pela primeira vez que dois fenômenos se misturavam ali na minha frente. Para minha alegria, o brasileiro havia entendido a importância das checagens e as demandava ao vivo em eventos nacionalmente relevantes. A Agência Lupa já era vital. Entretanto, para minha agonia, o povo ainda era incapaz de compreender o tempo que cada análise requeria. Ou seja, a pressão popular era bem-vinda e desejada, mas também angustiante. Um troço difícil de explicar. Aquela era a vida do *fact-checker* — e eu tinha decidido seguir por aquele caminho.

É fato que o *fact-checking* conta, cada vez mais, com o apoio das novas tecnologias. Há ferramentas que ajudam a indicar o assunto que está viralizando, a localizar automaticamente bases de dados, a transcrever discursos longos e a distribuir de forma mais eficiente os textos verificados. Mas não há nenhuma máquina capaz de dar o veredito final sobre o que é verdadeiro e o que é falso. E isso é bom. Por ora, só o cérebro humano consegue compreender uma piada, uma ironia e/ou uma metáfora. Só ele consegue juntar pontos e concluir que algo é perigosamente falso ou o oposto — que é mentira, porém nem merece atenção. Só o cérebro humano sabe identificar quando personalidades mentem por aí para justamente serem alvo de checagens e verem suas ideias sendo oxigenadas.

Em 2014, o Preto no Branco não dispunha de nenhuma ferramenta tecnológica para ajudar naqueles quase três meses de cobertura eleitoral. Checava tudo que vinha pela frente "à mão" e, mesmo assim, analisou 374 frases. Desse total, 181 não eram verdadeiras, prova contundente e definitiva de que quase metade do material verificado durante a campanha não passava de graves distorções da realidade.

O "Pretinho", forma carinhosa como Raphael Kapa, Leticia Fernandes e eu passamos a chamar nosso blog, também conseguiu engajar leitores no debate político on-line. Segundo dados de *O Globo*, a iniciativa teve 2,5 milhões de *pageviews* (numa média diária de mais de 30 mil visualizações) e foi o segundo blog mais lido do jornal ao longo da campanha. De acordo com a equipe de mídias sociais, que preparou um relatório elogioso, até o término daquelas eleições presidenciais, dos vinte tuítes mais populares de toda a história da conta @OGloboPolítica no Twitter (perfil que informa sobre tudo o que acontece no país), quinze haviam sido do Preto no Branco.

Além disso, o "Pretinho" se tornara um produto jornalístico negociado e vendido pela Agência O Globo. Pequenos meios de comunicação compravam as verificações para republicá-las. Por fim, o blog ainda havia provocado alterações reais no discurso dos políticos. Sites de campanha foram reeditados, bem como conteúdos oferecidos em horários eleitorais. Ou seja, dizer que *fact--checking* era "uma bobagem, uma grande babaquice" — depois de todas essas conquistas — beirava o absurdo. Era negar fatos. Mas eu não podia fazer nada. O "Pretinho" brilhou na cobertura eleitoral e poderia continuar existindo. Seria ativo nas editorias de Cidade, Economia, Cultura, Esportes... Poderia manter a fiscalização política, já que político não mente apenas em campanha. Mas, em 2015, *O Globo* decidiu esvaziar o Preto no Branco. A eleição tinha passado, cortes de pessoal estavam previstos e minha mão de obra era aguardada em outra função.

Chorei. Diversas vezes. Não queria voltar a fazer o "velho jornalismo". Nada na vida, porém, é por acaso.

De pequena startup a referência em fact-checking

Bem antes de Donald Trump ser eleito presidente e catapultar a expressão *fake news* para a fama, consegui que o documentarista João Moreira Salles apoiasse a criação da Agência Lupa e pedi demissão de *O Globo*. Muitos perguntam como convenci Moreira Salles a investir em *fact-checking*, e minha resposta mais honesta é "não sei". Eu havia trabalhado com ele por cinco anos como repórter da revista *piauí* e tínhamos construído uma duradoura relação. Convidei-o para almoçar num restaurante do Leblon e simplesmente juntei alguns pontos. Mostrei os dados do Preto no Branco e defendi — com certo vigor — que o Brasil não poderia ficar sem uma unidade de *fact-checking* ativa. Compartilhei com ele os altos e baixos vividos na campanha e enfatizei as conquistas. Falei de Brooks Jackson, do Pulitzer de Bill Adair, de Lucas Graves e Laura Zommer.

Moreira Salles me respondeu que checagem era um tipo de jornalismo de consumo imediato, totalmente diferente do praticado pela *piauí*. E eu precisei concordar. Joguei então na mesa a ideia de criarmos uma agência de checagem, uma empresa que ofereceria *fact-checking* de forma terceirizada. Ele achou interessante e me pediu que elaborasse mais a ideia. Saí da conversa com sentimentos controversos. Estava animada com a porta que parecia se abrir, mas me sentia como se tivesse ingerido uma dose de síndrome do impostor. Eu teria poucas semanas para preparar uma proposta robusta, um plano de ação, um orçamento… Tinha a chance de empreender. Conseguiria?

A prova definitiva veio em 3 de novembro de 2015, quando abri as portas do escritório da Agência Lupa, no Rio de Janeiro.

A Lupa é uma sociedade anônima. Sua primeira redação foi estabelecida no bairro de Botafogo (em 2020 passou para Copacabana). Raphael Kapa topou se demitir também de *O Globo* e assumir o cargo de repórter. Juliana Dal Piva deixou *O Estado de S. Paulo* e virou editora. Pauline Mendel compôs o quarteto, tornando-se a pessoa responsável por erguer do zero todos os perfis da agência nas redes sociais. E o time ficou desse tamanho por meses.

O maior drama do jornalista que quer empreender no Brasil não é a falta de ideia, mas a falta de *know-how*. As escolas de comunicação seguem produzindo empregados e não empregadores. Descoladas da realidade da indústria, as universidades têm formado repórteres, editores, diagramadores, infografistas e fotógrafos. Pessoas que sonham ser contratadas por grandes empresas de mídia numa indústria que está em ruínas. Melhor seria se oferecessem também cadeiras como gestão, marketing, logística, direito trabalhista, tributação e tudo o mais que pudesse ser incorporado do campo da administração. E falo por mim mesma. Desde que fundei a Lupa, sofro na pele dificuldades básicas do dia a dia administrativo e venho repetindo que é urgente alterar os currículos das faculdades de jornalismo.

Certo. Vi daqui seu bico torcido, leitor. Mas acredite. Para lançar uma startup de jornalismo (ou de qualquer outro ramo), é indispensável desenhar e seguir um plano de negócios, além de aprender a conviver com um show de anglicismos. Todo empreendedor deve traçar seus KPIs (indicadores-chave de performance). Deve estimar seus gastos e estabelecer seu ROI (retorno de investimento). Deve trabalhar duro para declarar a sustentabilidade financeira. Só que as escolas de comunicação não ensinam nada disso. Tive que pagar um MBA na Fundação Getulio Vargas para entender do assunto.

O empreendedor também tem de saber de quanto dinheiro precisa para sair do chão. E comi muita poeira tentando chegar, sozinha, a esse valor. Para preencher cada linha da primeira planilha de orçamento da Lupa, conversei com três fontes e peguei três valores. Quanto custa uma sala? Qual o melhor fornecedor de internet e telefone? Quantas viagens, quantos almoços e quantos cafezinhos a equipe de repórteres precisará por mês? Quanto custa um time de advogados? E os móveis da redação? É verdade que, para quem respira jornalismo, não há nada mais lindo do que uma pauta redonda e impactante. Mas um jornalista que quer empreender também precisa saber como garantir a realização de seus sonhos.

Pense comigo: se você fosse montar agora um serviço terceirizado de checagem, quanto cobraria por cada verificação realizada? Como justificaria esse valor a seu cliente? Ofereceria pacotes mensais ou só venderia por unidade? E, atenção, se para estimar esse valor você só contou com o custo homem/hora de sua equipe, você errou. É imprescindível somar o preço do computador que o repórter usará e até a diária da faxina do escritório, sem nunca esquecer que impostos são aplicados tanto em cima do salário quanto da venda do conteúdo. Por isso repito: escolas de comunicação devem preparar seus alunos para empregar jornalistas. Não há mais tempo para presumir que sempre seremos empregados. Nossa indústria não caminha nesse sentido. E essa realidade não é de todo ruim.

O primeiro grande aprendizado que tive à frente da Agência Lupa veio em fevereiro de 2016 e teve a ver com *fact-checking* e seus mais variados formatos. Eu havia me reunido com os diretores da GloboNews, no Rio de Janeiro, e mostrado como o *fact-checking* poderia ser feito na televisão. O Brasil enfrentava o surto de microcefalia, e o canal por assinatura estava prestes a lançar um novo jornal vespertino tendo a jornalista Christiane Pelajo como âncora.

A estreia da Lupa na TV, porém, foi um fracasso. Na tela, exibi uma frase dita pelo então ministro da Saúde, Marcelo Castro, e usei um carimbo de "falso" sobre ela. Apresentei dados extraídos de diversas secretarias estaduais de Saúde e afirmei que eles não batiam com as informações presentes na base de dados mantida pelo governo federal. A discrepância era óbvia e factual. Inegável.

Mas Castro estava ao vivo e não esperava ser confrontado daquela forma. Respondeu rispidamente, contestando o levantamento e questionando não só a reportagem, como também as duas jornalistas que estavam no platô. Uma briga se armou.

Olhando para trás, lamento não ter tido a humildade de dizer à emissora que não possuía experiência em TV, que tremia por dentro ao entrar em cena e que a ideia de fazer um ao vivo com um ministro sobre o assunto mais falado do mês me tirava noites de sono. Lamento também não ter imaginado que a reação do ministro poderia ser virulenta e que eu precisava ter ao alcance das mãos cada um dos documentos usados na apuração daquela checagem. Mais documentação, exibida na tela, invalidaria o repúdio de Castro. Mas tudo isso eu só entendi bem depois, ao refletir sobre o desafio que se impõe quando se tenta verter uma mesma checagem em diversos formatos. Só então percebi que o *fact-checking* escrito não é igual ao *fact-checking* de TV. A televisão exige verificações simples e objetivas. O outro lado não pode ser pego de surpresa. No primeiro baque da Lupa, ficou claro que ainda deveríamos estudar muito antes de voltarmos a nos aventurar na televisão.

Mas 2016 também foi o ano em que a Lupa brilhou nacionalmente pela primeira vez. No dia da votação do impeachment da presidente Dilma Rousseff, a empresa publicou ao vivo, em sua ainda incipiente conta de Twitter, informações sobre todas as pendências judiciais dos congressistas reunidos em plenário. Quando cada um deles tomava o microfone para votar "sim" ou "não", a Lupa publicava uma mensagem com o rosto do indivíduo e a lista de pendências. Era a primeira vez que se fazia um tuitaço assim — num momento de alta tensão. E, como o mundo dá muitas e muitas voltas, essa iniciativa acabou sendo indicada ao Prêmio de Jornalismo Gabriel García Márquez, o mesmo que me fez conhecer o Chequeado e me empurrou para o *fact-checking* como um todo. Uma honra.

Não diga fake news

Numa retrospectiva sobre essa batalha do *fact-checking*, constato que, assim como a luta contra as notícias falsas amadureceu, a desinformação evoluiu consideravelmente no Brasil. Em 2014, a preocupação dos *fact-checkers* se atinha ao conteúdo dos horários eleitorais e dos debates na TV. Em 2016, posts de Facebook e Twitter se somaram à rotina de trabalho, e a expressão *fake news* entrou em cena. Em 2018, o WhatsApp ganhou extrema relevância, permitindo que a criptografia acabasse protegendo vídeos, áudios, fotos e textos completamente equivocados. Em 2020, YouTube e TikTok chamaram a atenção dos *fact-checkers*, aumentando a pilha de espaços e de frentes de batalha que eles precisam cobrir.

Também foi em 2020 que se consolidou a ideia de que é urgente deixar de usar a expressão *fake news*. E há três motivos para isso. O primeiro é evidente: se algo é *fake* (falso) não pode ser *news* (notícias). O paradoxo contido na expressão reluz a distância.

O segundo motivo é doloroso para nós, jornalistas. Levantamento feito pelo *New York Times* em novembro de 2019 mostrou que o número de comunicadores indevidamente acusados de produzir *fake news* ao redor do mundo é assombroso. Entre dezembro de 2016 e a publicação do estudo, o então presidente dos Estados Unidos, Donald Trump, tuitou a expressão *fake news* pelo menos uma vez por mês, sendo que só em setembro daquele ano usou-a em mais de quarenta oportunidades. A mesma base de dados — que passa longe de ser definitiva — apontava que, entre 2016 e 2019, pelo menos outros quarenta governantes do mundo haviam invocado essa expressão para desacreditar jornalistas em diferentes regiões. Motivo de sobra para que os próprios jornalistas deixassem de usá-la.

O terceiro motivo para abandonar o termo vem de um minucioso trabalho realizado pela jornalista Claire Wardle como parte dos diversos esforços do First Draft, uma coalizão internacional que mistura checadores, estudiosos e empresas de tecnologia e cuja missão é entender o fenômeno da desinformação. Num texto intitulado "Fake News. It's Complicated" [Notícias falsas. É complicado], Wardle atesta que dentro do conceito de *fake news* há pelo menos sete problemas específicos bastante distintos entre si. O conceito inclui, por exemplo, a sátira mal entendida ou a paródia que é levada a sério; conteúdos falsamente conectados entre si, como uma foto real acompanhada de uma legenda indevida; os conteúdos impostores, ou seja, fontes de dados que não existem; ou a mais pura invenção de dados. Também há a manipulação de material visual e/ou sua total e completa fabricação. Assim, Wardle esmiúça as situações desinformativas mais comuns e mostra que cada uma delas exige reações e técnicas próprias para ser enfrentada. Não podem ser tratadas como um problema único, batizado de *fake news*.

A jornalista Maria Ressa, fundadora do site Rappler e considerada uma das personalidades mais influentes das Filipinas, ocupa, de longe, o primeiro lugar na lista de *fact-checkers* injustamente acusados de produzir desinformação. Em junho de 2020, três anos depois de sua organização entrar para o *hall* de membros verificados da IFCN, Maria Ressa foi condenada por difamação num julgamento ocorrido em Manila.

Em 29 de maio de 2012, o Rappler publicara um artigo sobre Wilfredo Keng, CEO de uma grande mineradora. O texto, que sentou mal ao magnata, apontava conexões entre ele, o narcotráfico e o tráfico de seres humanos. E ainda revelava que ele havia emprestado veículos a magistrados. Menos de quatro meses depois, em 12 de setembro, o governo de Rodrigo Duterte sancionou uma lei de crimes cibernéticos que tornava ainda mais delicada a prática de reportagens investigativas e as denúncias nas Filipinas. Em 19 de fevereiro de 2014, a equipe de Maria Ressa identificou um erro de ortografia no texto sobre Wilfredo Keng e o reabriu para fazer uma correção. No lugar da palavra "evation", fora escrito "evasion". Keng então acionou a nova lei de crimes cibernéticos, acusando a organização checadora de republicar o texto e difamá-lo.

Maria Ressa é conhecida nas redes sociais pela hashtag #HoldTheLine, algo como "segure firme". Pesam contra ela diversas outras acusações de cunho político e todo o ódio das redes. Em setembro de 2020, assisti a uma apresentação sua na conferência de jornalismo investigativo organizada pela IRE, a associação de Repórteres e Editores Investigativos dos Estados Unidos. No encontro, ela mostrou algumas das formas como costuma ser atacada digitalmente — e que ultrapassam todos os limites. É comum para a filipina, por exemplo, ver seu rosto num corpo de gorila e num saco escrotal. As notícias falsas sobre ela questionam sua sexualidade e até mesmo sua nacionalidade.

No dia em que Maria Ressa foi condenada pelo caso Keng, a União Nacional de Jornalistas Filipinos declarou que o veredito "basicamente exterminava a liberdade de fala e de imprensa" no país. "Um dia sombrio não só para a mídia independente das Filipinas, como também para todos os filipinos", acrescentou a entidade. Na IFCN, a condenação caiu como uma bomba, fazendo com que muitos outros *fact-checkers*, sobretudo aqueles que vivem em países com baixo grau de democracia, temessem por seus futuros.

Durante a campanha eleitoral de 2018 no Brasil, a equipe da Agência Lupa era composta por quinze pessoas. Infelizmente, seis delas entraram na lista dos mais de 130 jornalistas que estavam ameaçados, segundo um documento elaborado pela Associação Brasileira de Jornalismo Investigativo, a Abraji. Nessa lista, meu nome aparece três vezes. Na primeira, registrada em 10 de maio, como vítima de "exposição indevida e assédio". Na segunda, de 14 de junho, em outro caso de "exposição indevida". Na terceira, anotada em 18 de outubro, como vítima de "assédio direcionado".

Para quem precisa de exemplos materiais para entender a gravidade do problema, conto que, em 18 de maio de 2018, a Lupa recebeu por Twitter a seguinte mensagem: "Assim que @jairbolsonaro tomar posse, vamos meter ferro em vocês." Dias depois, por mensagem direta encaminhada também por Twitter, veio o seguinte texto: "Bando de vagabundos filhos da puta. Vocês não vão censurar ninguém, escória imunda. A casa de vocês vai cair esse ano ainda. E, quando a hora chegar, vamos buscar um por um." Duas outras organizações brasileiras que também mantinham unidades de checagem naquele ano, Aos Fatos e Agência Pública, sofreram violência digital semelhante. Somando os ataques feitos às duas e os computados pela Abraji, houve, pelo menos, vinte casos.

Cofundadora da Agência Pública, Natalia Viana contou-me que a decisão de encerrar as atividades do Truco, grupo que fazia verificação de fatos dentro de sua agência, passou inequivocamente pela virulência da qual seu time foi alvo: "O Truco começou em 2014 com uma pegada leve, usando uma série de coringas no lugar das etiquetas. Nossa proposta era deixar o *fact-checking* menos sisudo, menos chato. Tínhamos cartas fanfarronas. Aí, em 2018, a desinformação virou arma política, e aquela nossa busca pela leveza não estava mais combinando com as reações que recebíamos do público."

Uma das checagens feitas pelo Truco rendeu a uma das repórteres um e-mail contendo a foto de um dildo de borracha que levava um capacete onde se lia: "imprensa". Junto à imagem, o convite grosseiro: "Cheque isto!" E Natalia acrescenta: "Todos que fazem checagem sabem que podem ser atacados. Sabíamos que viria para cima de nós a história do financiamento feito pelo [investidor e filantropo húngaro] George Soros e outras teorias da conspiração do tipo. Mas fomos ingênuos em relação ao efeito psicológico dos ataques virtuais. Num deles, disseram que a equipe seria derretida em ácido. Isso afetou muito nosso time."

O ano de 2018 não foi mesmo fácil. Mas nenhum outro depois dele também. Em 13 de outubro de 2020, mais de dois anos após ser ameaçada de morte pela primeira vez, um perfil de Twitter me disse que eu morreria e que seria a facadas. Chamou-me de "puta rampeira" e desapareceu nas redes. A jornalista Tai Nalon, cofundadora do Aos Fatos, foi igualmente atacada de forma vil durante as eleições de 2020. Ao reportar sobre uma lista de perfis que supostamente lideravam a desinformação sobre o pleito americano, virou alvo do ódio e foi ameaçada de ser processada, inclusive por um procurador.

Patrícia Campos Mello não é checadora, apesar de suas reportagens serem precisas. Em 2018, quando resolveu mergulhar no submundo do uso político do WhatsApp, não sabia que passaria a ter seu rosto e seu corpo utilizados em memes repugnantes, tal qual a filipina Maria Ressa. Não imaginava que seu filho um dia lhe perguntaria por que há gente na internet que a chama de "sem-vergonha" e "propagadora de *fake news*".

O sofrimento de Patrícia e de Maria Ressa, no entanto, não passará em vão. Serve para mostrar o grau de linchamento sofrido por jornalistas e também joga luz sobre um assunto espinhoso e para o qual ainda não há solução definitiva: a desinformação que irriga os aplicativos de mensagem criptografados.

Redes sociais

Na eleição de 2018, o Brasil tinha mais de 200 milhões de habitantes e mais de 120 milhões de usuários de WhatsApp. Quase 80% dos brasileiros usavam o aplicativo como fonte de informação mais importante do dia, e não havia nada que pudesse parar a distribuição de notícias falsas de cunho político-partidário. "O WhatsApp era uma peça-chave", escreveu Patrícia Campos Mello, destrinchando a ideia de que os conteúdos postados em redes sociais abertas — como Facebook e Twitter — terminavam sendo vistos e compartilhados em dezenas de grupos de militantes criados dentro do WhatsApp. Naquele ano, o aplicativo de mensagens permitia que até 256 pessoas participassem de um único grupo e que um mesmo conteúdo fosse repassado de grupo em grupo sem qualquer restrição, dando origem, portanto, a um processo piramidal de comunicação ultrapotente e protegido pela criptografia. Foi aí que a avalanche de desinformação se deu, surpreendendo até mesmo os *fact-checkers*.

Costumo dizer que o cenário desinformativo no Brasil está uns dois anos atrás daquele dos Estados Unidos. Por isso, ao preparar a equipe da Agência Lupa para o pleito de outubro de 2018, insisti que deveríamos saber atuar no Facebook com agilidade, precisão e metodologia. Mas, em 21 de maio, o Brasil viu estourar uma impressionante greve de caminhoneiros totalmente organizada via WhatsApp — e um tsunami de notícias falsas invadir o aplicativo. Quando a greve acabou, quase dez dias mais tarde, deixou a certeza de que a eleição passaria por processo semelhante. E os checadores não possuíam estratégias claras para fazer frente àquilo. Quando conto, em fóruns internacionais, que uma das notícias falsas mais predominantes em 2018 tinha a ver com uma mamadeira em formato de pinto e um inexistente "kit gay", meus interlocutores costumam rir. Têm extrema dificuldade para compreender como esses dois assuntos se relacionam com uma disputa presidencial, e eu confesso que tenho dificuldades para explicar.

Não há provas de que apenas a família do presidente Jair Bolsonaro fez uso dessa máquina de ecoar desinformação. Mas observações feitas por acadêmicos e jornalistas indicam que esse foi o grupo político que mais soube aproveitar a criptografia do WhatsApp. Falo do trabalho feito pelos professores Fabrício Benevenuto, da Universidade Federal de Minas Gerais (UFMG), e Pablo Ortellado, da Universidade de São Paulo (USP), para monitorar mais de trezentos grupos públicos de WhatsApp. A equipe da Lupa trabalhou com eles para descobrir, por exemplo, que das cinquenta imagens mais compartilhadas nesse universo durante a campanha de 2018 só quatro eram verdadeiras. O Tribunal Superior Eleitoral (TSE) chegou a abrir investigação para saber se a campanha de Bolsonaro usara disparos em massa via WhatsApp com o apoio de empresários, o que constituiria um grave crime eleitoral.

Do ponto de vista dos checadores, o WhatsApp representa um ponto cego. Eles sabem que pode haver algo suspeito ali, mas não há formas de enxergar isso. Quando trabalham com redes sociais abertas, eles têm ferramentas que mostram, objetivamente, o que está viralizando e podem marcar o que merece ser verificado. Já em aplicativos criptografados, o conteúdo é totalmente sigiloso e não há como saber quantas vezes algo foi compartilhado nem de onde se originou. Os checadores dependem, portanto, da participação do cidadão para detectar que falsidades circulam por ali. Se não houver a dúvida do usuário de WhatsApp, seguida de um pedido de verificação, os *fact-checkers* ficam de mãos atadas, sem saber o que analisar.

E o debate sobre o uso indevido do WhatsApp e o avanço da desinformação sobre as mais diversas redes sociais acabaram levando o Brasil a enveredar por um caminho perigoso no primeiro semestre de 2020. Estimulado pelo então presidente da Câmara dos Deputados, Rodrigo Maia, então filiado ao DEM e alvo constante dos desinformadores, um grupo de jovens congressistas resolveu redigir e propor um projeto de lei para combater as *fake news*. Recebi a primeira versão do texto do PL nº 2.630/20 por WhatsApp no dia 28 de abril de 2020. Era um documento de Word acompanhado de uma pergunta simples: "Dá uma olhada e me liga?" Pablo Ortellado estava preocupado. Fiquei também. O material era muito mais do que falho. Era absurdo. Nessa primeira olhada, notei que a proposta havia tomado o arriscado caminho de definir o problema da desinformação: "Desinformação é o conteúdo falso ou enganoso que foi propositadamente colocado fora de contexto, manipulado ou completamente forjado com o interesse de enganar o público."

Desde 2016, quando a IFCN criou seu Código de Ética e passou a trabalhar de perto com as redes sociais e com governos do mundo todo para tornar a luta contra a desinformação algo saudável, seus diretores são chamados a participar de reuniões, comissões e eventos que normalmente começam com essa busca pela definição de *fake news*. As tentativas sempre terminam frustradas. Quando se coloca na ponta do lápis um conceito para "desinformação", dois cenários se dão: ou o texto fica muito curto, deixando de fora situações graves de desinformação, ou fica muito amplo, colocando em risco a existência de piadas, ironias e até mesmo das artes. No PL nº 2.630 ocorria a segunda situação, e eu entrei em pânico.

A IFCN mantém, desde 2018, uma base de dados pública que acompanha o que governos e legisladores de cerca de sessenta países tentam fazer para combater a desinformação. Qualquer um que olhe para esse levantamento entende o óbvio: nenhum país está vencendo as notícias falsas, e aqueles que criaram leis para serem usadas nessa batalha não só não foram capazes de registrar uma redução do problema, como acabaram criando situações ainda mais preocupantes.

Em novembro de 2019, passei duas semanas na Ásia, região em que mais se legisla sobre desinformação. Entrevistei dezenas de pessoas e concluí que, ao tentar combater as *fake news*, os asiáticos deram à luz uma série de ataques aos direitos humanos. Na Indonésia, por exemplo, um grupo de mães foi preso por compartilhar no WhatsApp informações sobre possíveis terremotos e provocar pânico. As mães foram consideradas "desinformadoras".

Na China, o doutor Li Wenliang, o primeiro médico a falar publicamente sobre o novo coronavírus, foi detido e obrigado a assinar um desmentido. Um mês mais tarde morreria vítima da doença cuja existência, para as autoridades chinesas, era notícia falsa.

Na Tailândia, a agência de checagem criada pelo governo nasceu com cerca de trinta verificadores e dezenas de sistemas automatizados, mas vem sendo usada para defender a biografia de políticos e militares, calando opositores e críticos.

Na Índia, tornou-se comum ver a internet ser suspensa como forma de tentar deter a desinformação. De acordo com o grupo #KeepItOn, que monitora cortes de fornecimento de internet, só em 2018 foram 134 suspensões. Segundo a Universidade Stanford, 47% dos cortes ocorreram na região da Caxemira, disputada por indianos e paquistaneses.

Quando me debrucei sobre as leis aprovadas nesses países descobri que cada um deles tinha uma definição diferente para *fake news*. Os tailandeses, por exemplo, colocaram na gaveta da desinformação "todos os links, imagens e vídeos que, de forma geral, pudessem afetar a paz, a ordem, a boa moral e a segurança nacional". Em novembro de 2019, a polícia de Bangkok prendeu um indivíduo que enviara "links obscenos com anúncios de suplementos alimentares" para grupos do aplicativo de mensagens Line. Em outras palavras: na Tailândia, pornografia via aplicativo criptografado havia virado desinformação.

Na Malásia, o Parlamento aprovou — e meses depois revogou — uma lei que tratava *fake news* como sendo "qualquer informação, dado ou relatório que seja totalmente ou parcialmente falso, esteja ele em formato de texto, vídeo ou áudio, ou em qualquer outra forma". Altamente controversa, a lei ainda tornava crime o compartilhamento das notícias falsas, podendo mandar para a cadeia aqueles que o fizessem, estivessem no país que fosse. Ou seja, a jurisdição era planetária. Foi na Malásia, aliás, que se deu a primeira prisão por notícias falsas. Em 21 de abril de 2018, o professor e ativista palestino Faid al-Batsh foi condenado por ter postado no YouTube um vídeo criticando a ação da polícia de Kuala Lumpur. Na gravação, Al-Batsh dizia que os oficiais haviam demorado cinquenta minutos para chegar ao local de um tiroteio. Dados oficiais mostraram, no entanto, que a demora tinha sido bem inferior — de apenas oito minutos.

Em Cingapura, a ânsia de vencer as notícias falsas por meio de leis levou à aprovação de um pacote que, entre outros pontos, define que os juízes do país têm até nove dias para decidir sobre a veracidade de um conteúdo, que o processo legal não pode custar mais do que 200 dólares e que o Estado tem o direito de exigir das redes sociais que classifiquem um conteúdo como "inverídico". Em 27 de novembro de 2019, a lei foi aplicada pela primeira vez, e o Facebook foi obrigado a classificar como "falso" um post feito por um político da oposição que criticava o governo de Cingapura por ter investido numa rede de restaurantes de comida turca. Uma situação que levou o planeta a refletir sobre os limites de uma lei desse tipo.

Agora pare um instante e imagine isso no Brasil. Imagine o dia número um de uma lei *antifake news* em vigor. Urgh.

Lei contra desinformação

Foi com essa imagem na cabeça que, em 21 de julho de 2020, participei de um ciclo de debate promovido pela Câmara. O PL nº 2.630 já havia passado pelo Senado e seria analisado pelos deputados em poucas semanas. Eu sentia que era meu dever levar dados e fatos para a conversa e, por vinte minutos, defendi, na sessão virtual, a ideia de que insistir numa lei contra desinformação era um erro. "É simples, senhores. Não existe — no mundo todo — um conceito fechado e adequado para desinformação ou *fake news*. E, depois de ter participado de dezenas de grupos e iniciativas que buscaram chegar a esse conceito, a IFCN acredita que ele não deve existir porque ficará ultrapassado rapidamente e permitirá que excessos aconteçam com mais frequência do que o desejado. Direitos e liberdades vêm sendo atacados na luta contra a desinformação, e a IFCN jamais será a favor disso."

Quem me conhece pode imaginar o tom da minha voz. Arregalei os olhos e gesticulei mais do que nunca. Estava ansiosa para me fazer entender — e os deputados entenderam. O texto que analisamos naquele dia trazia outro disparate: a proposta de criação de um Conselho de Transparência e Responsabilidade na Internet. E sua composição seria a seguinte: um representante do Senado, um da Câmara, um do Conselho Nacional de Justiça, um do Conselho Nacional do Ministério Público, um do Comitê Gestor da Internet no Brasil, cinco representantes da sociedade civil, três dos "provedores de acesso, aplicações e conteúdo da internet", dois do setor de comunicação social e dois da academia. Nenhum *fact-checker*.

Pontuei então que não considerava adequada a criação de uma comissão como a prevista no PL. E expliquei que já havia estudado diversas comissões do tipo criadas ao redor do mundo e que nenhuma apresentara aquela formatação. "Em 2018, a União Europeia debatia como enfrentar as notícias falsas, e o que fez? Um chamado aberto a todos os interessados em participar do comitê especializado que seria montado. Todos os interessados da sociedade civil apresentaram postulações e nenhum político eleito foi convocado. Entre os quase quarenta participantes, que se dividiram em subgrupos para trabalhar questões específicas da desinformação, havia checadores, representantes da academia, das plataformas, do mundo das telecomunicações, de empresas de mídia etc."

Era — e ainda é — importante para mim deixar logo esclarecido que qualquer conselho que queira combater a desinformação precisa ser transparente e sobretudo independente, livre da interferência de senadores, deputados e demais políticos. Por isso continuei: "Na primeira reunião desse grupo europeu ficou decidido, por unanimidade, que o caminho para combater a desinformação não seria o da legislação. Também foi o próprio comitê, repleto de especialistas no combate à desinformação, que decidiu quais temas deveriam ser abordados em seus encontros. Ou seja, nem a composição nem as atribuições do chamado *high level group* da União Europeia vieram do Parlamento. Foi respeitado o conhecimento dos especialistas na integridade." Algo em que o PL nº 2.630 falhava.

Dezenas de ideias e correntes de pensamento pipocaram pelo país durante a avaliação do PL. Havia especialistas que, ainda horrorizados com o mau uso do WhatsApp em 2018, defendiam que a nova lei fixasse a possibilidade de se rastrearem mensagens compartilhadas dentro do aplicativo a fim de se chegar ao desinformador original. Havia quem trabalhasse para que a legislação proposta também estabelecesse uma forma de remuneração para os meios de comunicação — uma vez que seus links eram usados livremente nas redes sociais para fazer frente às notícias falsas. E havia ainda aqueles que, como eu, perguntavam o porquê de legislar sobre assunto tão espinhoso às vésperas de eleições municipais com nada menos do que 532.974 candidatos aptos.

Terminei minha fala na Câmara sugerindo que a Casa deixasse o projeto de lei estacionado para um período pós-covid e se dedicasse a criar uma réplica do Projeto Certeza, implementado no México em 2018. Pouco tempo antes, eu estivera em um evento da Organização dos Estados Americanos (OEA), em Medellín, e tinha escutado uma detalhada apresentação feita pelo Instituto Nacional Eleitoral do México. Para combater a desinformação eleitoral durante a mais recente eleição presidencial no país, o órgão havia estabelecido um canal de comunicação expresso com os checadores, as redes sociais e até mesmo os mesários. Virou referência de sucesso dentro da OEA e poderia facilmente ser replicado no Brasil em 2020. "Estamos gastando horas e horas num esforço quase sobre-humano para salvar um texto que não foi suficientemente debatido pelo Senado. Que tal gastarmos a mesma energia para aproximar todas as forças num projeto de colaboração sério, robusto e nacional? Juntemos todos que estão aqui nesta audiência com outros mais, lá fora, para focar na eleição de novembro e garantir que o voto seja feito com dados de qualidade", propus.

Ninguém respondeu nem que sim nem que não. Fato é que a proposta reverberou no TSE e, dias depois, tive a chance de falar sobre ela com o ministro Luís Roberto Barroso, então presidente do tribunal. Barroso rapidamente entendeu que, para enfrentar os costumeiros ataques à urna eletrônica e a todas as teorias da conspiração que rondam o tribunal, seria interessante "inundar o país com informação de qualidade". Portanto, autorizou que sua equipe deslanchasse o projeto Fato ou Boato, reunindo nove organizações de checagem, plataformas de redes sociais e membros tanto do TSE quanto de todos os tribunais regionais eleitorais do país.

Para falar desse projeto — e de como tal iniciativa representou um passo acertado no pleito municipal de 2020 — é preciso antes falar das eleições presidenciais dos Estados Unidos, que aconteceram exatos doze dias antes da votação do primeiro turno municipal no Brasil, este ocorrido em 15 de novembro. Como no Brasil, os Estados Unidos também contaram com uma aliança de checadores durante a campanha. No projeto FactChat, coordenado por mim, dez organizações que verificam informações em inglês se somaram a duas que o fazem em espanhol para tentar cobrir, verdadeiramente, todo o território americano — em toda a sua heterogeneidade.

Em 45 dias de trabalho, o FactChat publicou 629 checagens — numa média de quase catorze textos verificados por dia — que ficaram à disposição dos eleitores por meio de um *chatbot* (sistema automatizado de conversas) gratuito que rodava no WhatsApp. Quem quisesse se informar sobre as falsidades da eleição presidencial bastava iniciar uma conversa com o sistema e escolher uma de suas funções: a busca por termos específicos ou uma visão das últimas checagens publicadas. Mais de 82 mil pessoas acessaram o material entre 18 de setembro de 2020, quando o serviço foi lançado, e o dia 3 de novembro, data da eleição propriamente dita. Nesse período, o *chatbot* distribuiu mais de meio milhão de mensagens e virou orgulho de diretores do WhatsApp. Também comemorei.

Mas algumas lições vitais emergiram dessa minha primeira experiência como checadora internacional. A primeira é que os desinformadores aperfeiçoam suas técnicas de forma surpreendente entre uma eleição e outra. No pleito de 2020, os *fact-checkers* viram como foi fácil para os produtores de notícias falsas alcançar a comunidade latina da Flórida e despejar desinformação na Pensilvânia. Só nos dias que antecederam a votação, os membros do projeto FactChat identificaram dez boatos que tinham viralizado apenas nesses dois estados. Os moradores da Flórida foram bombardeados com associações entre os presidenciáveis americanos e os controversos políticos da América Latina, entre eles, os venezuelanos Nicolás Maduro e Hugo Chávez, os cubanos Fidel e Raúl Castro e o nicaraguense Daniel Ortega. O candidato democrata Joe Biden foi acusado de ser pedófilo e Trump de ter assediado sexualmente uma jovem de 13 anos. Tudo falso.

Na Pensilvânia, estado que acabou sendo chave para a eleição de Biden, o foco dos desinformadores foi o processo eleitoral em si. Circularam pelas redes falsas imagens de votos sendo jogados no lixo e texto sobre eleitores supostamente impedidos de exercer, em diversos condados, seu direito democrático de votar. Tudo falso também. E essa enxurrada segmentada de notícias falsas me fez pensar na eleição de 2022 no Brasil. Imagine por um instante se os desinformadores resolvem desestabilizar um estado inteiro, numa ação orquestrada. Imagine se decidem centrar suas atenções em um tipo de eleitor: aquele que recebe Bolsa Família, aquele que é assumidamente homossexual ou aquele que sofre com a seca. Será que os checadores brasileiros — e a imprensa nacional — teriam fôlego para identificar e combater essas ações a tempo e a contento?

No primeiro turno das eleições de 2020, a coalizão lançada pelo TSE unindo checadores, tribunais regionais eleitorais e plataformas mostrou — mais uma vez — que ações em favor da verdade podem ter impacto relevante no debate político-eleitoral. Só no fim de semana do primeiro turno, o grupo detectou dezesseis notícias falsas sobre o pleito e as desmentiu com velocidade. As checagens, que tratavam majoritariamente da lisura do processo eleitoral e da confiabilidade das urnas eletrônicas, pela primeira vez não se restringiram às páginas e às redes sociais dos checadores. Foram amplificadas pelos perfis do TSE e dos diversos tribunais eleitorais. Também foram usadas pelas plataformas como sinais de conteúdos falsos que mereciam atenção e ainda pautaram discursos do próprio ministro Luís Roberto Barroso.

A convite do TSE, trabalhei como observadora do grupo Fato ou Boato e pude ver como fluiu positivamente a conversa entre *fact-checkers* e Justiça Eleitoral durante a campanha. Imersas em um grupo específico do WhatsApp, as partes se comunicaram com rapidez e trocaram não só dados oficiais capazes de provar que uma informação era falsa, como também links com as checagens prontas. Ganharam todos. Os *fact-checkers*, agilidade. A Justiça Eleitoral, um exército em favor da verdade factual. Num artigo que publiquei na *Folha de S.Paulo* na semana seguinte ao primeiro turno, defendi com ênfase o que considero óbvio: o trabalho dessa aliança com o TSE deve continuar em 2021 de forma a assentar terreno para a corrida sucessória de 2022. Se o Brasil parece estar sofrendo o que ocorre nos Estados Unidos com dois anos de diferença, nossa próxima eleição presidencial será repleta de questionamentos relativos a fraudes. Melhor começar a atuar contra isso imediatamente.

Para impedir que aquele gosto amargo do atraso de processos e possibilidades tome de novo o Brasil, é importante olhar para algumas lições recentes aprendidas nos Estados Unidos. No trabalho que fiz junto com os *fact-checkers* que se uniram em torno do projeto FactChat, a lição foi a de que o jornalismo tradicional precisa compreender que já não é possível manter antigas práticas. Vamos a dois exemplos objetivos.

Em 2016, a imprensa americana gastou rios de tinta escrevendo que a candidata e ex-secretária de Estado Hillary Clinton teria usado contas pessoais de e-mail — e não oficiais, protegidas e observadas — para tratar de assuntos confidenciais e estratégicos. No livro *What Happened* ("O que aconteceu", em tradução livre), que escreveu logo após ser derrotada por Donald Trump, Hillary acusa a mídia de ter tratado esse caso "como a história mais importante do momento", ignorando as "correntes de ódio e ressentimento" que se instalavam em seu país. Na obra, Hillary também questiona retoricamente, e com evidente rancor, "por que a imprensa decidiu apresentar a controvérsia dos e-mails como uma das notícias políticas mais importantes desde o fim da Segunda Guerra Mundial". A comparação feita pela democrata com o conflito encerrado em 1945 talvez não resista a uma checagem, mas dá conta de como ela se sentiu alvo de um ataque coordenado de desinformação que a imprensa acabou oxigenando.

Em janeiro de 2018, um ano depois da posse de Trump, o conselheiro legal da CNN Jeffrey Toobin falou em público sobre o assunto e disse que se sentia culpado por não ter visto nem sabido interpretar o que acontecia naquela campanha. "Acho que sofremos com a falsa equivalência em 2016", disse ele no famoso podcast "Black on the Air", do comediante Larry Wilmore. "Todas as vezes que [nós, da imprensa] apontávamos algo de errado em Donald Trump, não importa se fossem assuntos de negócio ou sua tentativa de agarrar uma mulher pela vagina, nós nos sentíamos como se tivéssemos que falar alguma coisa ruim da Hillary. Acho que isso produziu uma sensação de falsa equivalência, e eu me culpo pelo papel que tive nisso tudo."

Toobin, obviamente, não representava todo o corpo de jornalistas dos Estados Unidos quando fez essa reflexão, mas sua entrevista repercutiu em diversos sites e jornais do país, quase como se a carapuça também lhes servisse. Ainda veio à tona um estudo qualitativo feito pela Universidade Harvard que concluiu que a imprensa americana não havia ajudado os eleitores em 2016. "Se tudo e todos são retratados negativamente [pela imprensa], há um efeito de nivelamento [entre os candidatos] que ajuda a abrir portas para os charlatões", disse Thomas Patterson, responsável pelo levantamento, em entrevista ao *Washington Post*.

Glenn Kessler é o criador e o editor responsável do The Washington Post Fact Checker, a unidade de checagem do jornal de mesmo nome. No primeiro semestre de 2020, impressionado com o volume de desinformação produzido pela Casa Branca, lançou um livro intitulado *Donald Trump and His Assault on Truth: the President's Falsehoods, Misleading Claims and Flat-Out Lies* ("Donald Trump e o assalto à verdade: as falsidades, os enganos e as mais deslavadas mentiras presidenciais", em tradução livre). A obra, resultado da análise de mais de 16 mil frases ditas por Trump e analisadas pelo time de Kessler, atesta que o número de dados falsos citados por ele entre 20 de janeiro de 2017, quando tomou posse, e o primeiro semestre de 2020 estava em franca ascensão. "Trump mantinha uma média de seis frases falsas por dia em 2017. De dezesseis em 2018 e de mais de 22 por dia em 2019", escreveu Kessler. "Sim. O presidente compartilhou mais dados enganosos e falsos em 2019 do que em todo 2017 e 2018 juntos." E o checador do Post entendia que, para a cobertura eleitoral de 2020, seria indispensável desnudar esse cenário ao público. A imprensa precisava aprender a lidar com um mitômano tentando a reeleição — e aprendeu.

A cobertura eleitoral de 2020 teve dois momentos de tensão — e, em ambos, os jornalistas se saíram bem. Faltando pouco mais de duas semanas para o pleito, o *New York Post* publicou o que considerava ser a bala de prata da campanha de Biden: extratos de e-mails que o candidato teria supostamente trocado com empresários ucranianos e que constavam num laptop deixado para manutenção por seu filho, Hunter Biden, numa loja de reparos. A comparação com o episódio dos e-mails de Hillary foi inevitável. Só que dessa vez o jornalismo americano não embarcou na falsa equivalência. Por horas (talvez dias), a mídia se pôs a investigar a apuração do *New York Post* e, corretamente, se furtou a amplificar a história sem fazer sua própria verificação.

Nesse trabalho, o *New York Times* descobriu, por exemplo, que o texto havia sido escrito por dois jornalistas que se recusaram a assinar o material. Um deles, Bruce Golding (não é conhecido o nome do outro repórter), tinha dúvidas sobre a credibilidade da pauta, que chegara à redação do *New York Post* pelas mãos do republicano Rudolph Giuliani, advogado de Trump. Outros jornalistas não identificados pelo *Times* também expressaram receio quanto à veracidade daqueles e-mails e preferiram não colocar seus nomes em texto sobre o assunto. O jornalismo americano não tropeçou, portanto, na mesma pedra e demonstrou que aprendera lições básicas sobre como lidar com desinformação. Reforçaria essa ideia dias depois.

O segundo episódio em que a mídia americana se comportou de forma exemplar ocorreu em 5 de novembro — quando Biden já havia sido declarado vencedor do pleito em todas as cadeias de televisão do país. Naquela noite, ABC, NBC, CBS e Univision, quatro dos principais canais locais, enviariam a Trump e a todo o planeta um alerta: TV não é nem pode ser como o Twitter; tem âncoras e jornalistas que já sabem identificar dados falsos e reagir com velocidade a eles. Fato é que Trump convocara uma coletiva de imprensa e, após falsamente ter dito que havia sido reeleito, passou a denunciar a existência de "votos ilegais" no processo eleitoral. Cientes de que até aquele momento não existia nenhum dado concreto ou prova que sustentasse tal afirmação, os âncoras dos quatro canais cortaram o áudio do presidente e explicaram que o faziam porque não levariam desinformação a milhões de telespectadores.

Ao assistir àquele corte, imediatamente pensei em tudo que havia visto acontecer na imprensa brasileira. Ao longo da pandemia do novo coronavírus, não foram poucos os jornalistas brasileiros que levaram declarações sabidamente infundadas para o título de suas reportagens. Em 6 de agosto, por exemplo, a *Folha de S.Paulo* publicou um texto intitulado "Bolsonaro diz que fez 'o possível e o impossível' para evitar mortes por covid-19". E quem esperava que o subtítulo trouxesse alguma ponderação sobre a inverdade do conteúdo ficou a ver navios, pois nele os jornalistas escreveram apenas: "Ao assinar medida que libera recursos para compra de vacina de Oxford, presidente voltou a defender cloroquina e criticou ex-ministro Mandetta." A primeira menção sobre a ineficiência da cloroquina só aparece no sexto parágrafo do texto, que não traz nenhum questionamento sequer sobre a afirmação de Bolsonaro.

Dados extraídos do CrowdTangle, uma das ferramentas utilizadas pelos checadores para medir a viralização de um link, assinalam que, só no Facebook, esse texto foi repostado por 45 páginas e compartilhado mais de 3 mil vezes. O total de interações passou de 18 mil. Teria sido um caso de sucesso se o título, em vez de ser taquigráfico, tivesse apresentado a ponderação óbvia de que, no mínimo, Bolsonaro não seguiu as restrições da quarentena sugeridas pelos especialistas de saúde de todo o mundo nem consigo mesmo.

No dia 7 de outubro foi a vez do portal G1. "Bolsonaro diz que 'acabou' com Operação Lava Jato porque governo 'não tem mais corrupção'." Os memes surgidos a partir daí não criticavam só o presidente, criticaram igualmente a imprensa. Frases estúpidas e insustentáveis sempre renderam bons cliques e muita polêmica, mas o jornalismo pós-2020 já não deve pactuar com isso. O convite à reflexão deve estar no título.

Nas editorias de Fotografia também é urgente refletir sobre desinformação. E, para ilustrar a afirmação, resolvi trazer para cá o debate sobre o lançamento da nota de 200 reais. Em novembro de 2020, quem buscasse no Google Imagens a expressão "nota de R$ 200" encontrava uma série de imagens diferentes da nota real — e nenhuma delas levava uma etiqueta de "falso" (ou de "sátira") por cima. E como isso se deu? Não só pela ajuda dos criadores de memes, mas também por dezenas de sites noticiosos que, ao comentarem a ideia de estampar um vira-lata caramelo na nova nota, ilustraram seus textos com a imagem parodiada sem adicionar nenhum carimbo nela.

Em 7 de agosto, por exemplo, o *Estadão* publicou uma notícia curiosa: "Banco Central nega nota de R$ 200 com vira-lata caramelo mas estuda ação com animal." O texto foi distribuído pela Agência Estado e reproduzido por portais noticiosos de grande porte, como o GaúchaZH e o MSN, além da *Folha Vitória*, de diversos perfis de Facebook e de centenas de contas de Twitter. Teria sido um sucesso pleno não fosse pela pitada de desinformação contida no link. A imagem utilizada para ilustrar a reportagem era... o meme do vira-lata caramelo.

Em 23 de agosto, foi a vez de *O Globo* derrapar no mesmo assunto. O site do jornal publicou uma reportagem com o seguinte título: "Nota de R$ 200: cédula mais alta será também a de fabricação mais cara." O vira-lata havia desaparecido do título, mas adivinhem qual foi a forma que encontraram para ilustrar o texto? Reproduzir novamente a versão do cachorro caramelo, sem nenhuma sinalização de que a imagem não passava de meme. Por conta desses e de diversos exemplos de como a mídia pode colaborar para a desinformação — presente e futura — venho debatendo com colegas uma ideia: a criação de um cargo nos meios de comunicação sérios do mundo, o de editor de combate à desinformação.

É claro que absolutamente todos os repórteres e editores precisam ter como meta aperfeiçoar suas técnicas para não serem manipulados por desinformadores nem promoverem notícias falsas. Mas gosto de imaginar que seria interessante que as redações tivessem uma equipe que pudesse pensar o conteúdo diário, produzir análises internas e revisar materiais a serem publicados com um olhar diferente — o da luta contra a desinformação. Na prática, um editor desse tipo teria, por exemplo, que decidir se o jornal usa o verbo "mentir" ou o verbo "errar" ao fazer um título sobre uma celebridade que repete dados falsos à exaustão. Esse editor poderia produzir um manual de uso interno, a fim de garantir que não houvesse dois pesos e duas medidas quanto ao assunto. Parece-me hora de as empresas de comunicação terem manuais de redação, de ética, de uso de redes sociais e — também — de combate às notícias falsas. Mas isso, é claro, dá trabalho e custa dinheiro.

Tenho pensado ainda na urgência de o Brasil trocar o chip no que diz respeito à cobertura de conteúdos falsos. É longa e densa a lista de materiais que se dedicam a diagnosticar o problema das *fake news*, mas é enxuto o conjunto de reportagens que versam sobre possíveis soluções. Ainda não há — em nenhuma parte da Terra — uma solução capaz de eliminar a desinformação. Contudo, há centenas de tentativas para reduzi-la — e sobre isso pouco se lê, pouco se sabe, muito pouco se compartilha. Seria saudável para todos os envolvidos se, assim como se cobre o avanço na fabricação da vacina contra a covid-19, com flashes e manchetes de alto de página, também se reportasse sobre projetos para combater as notícias falsas. O ano de 2020 foi marcado tanto pela pandemia quanto pela "infodemia", mas a imprensa mundial só mergulhou — de verdade — na cobertura da cura para a primeira.

Bom, talvez você tenha chegado até aqui se perguntando qual é, então, a saída. Se não é pela regulamentação de uma lei, que rumo deve ser tomado? E eu digo que há vários. A curtíssimo prazo, não há outro caminho que não seja o da colaboração. Os jornalistas e os checadores devem entender que, se continuarem trabalhando sozinhos, serão menos rápidos, certamente menos precisos e seguramente atingirão menos cidadãos. E, nesse cenário, quem vence — sozinha — é a desinformação.

Ao deixar de lado a concorrência, que historicamente opõe conglomerados de mídia diversos, quem vence é o jornalismo e, em consequência, o leitor, telespectador e/ou ouvinte. Tome como prova contundente a aliança #CoronaVirusFacts, que coordenei na IFCN entre janeiro de 2020 e março de 2021. Tratava-se de um time composto por 99 organizações de *fact-checking* que atuavam em 77 países e em 43 idiomas. Entre elas, havia diversos competidores, mas todos entenderam que, para fazer frente à boataria sobre a covid-19, o melhor seria compartilhar conhecimento e autorizar que suas checagens fossem traduzidas e republicadas em todo o mundo. Em janeiro de 2021, mais de 10.300 notícias falsas já haviam sido identificadas e rotuladas como tais pelos membros da aliança — um total que nenhuma das organizações, sozinha, teria sido capaz de levantar. E mais: graças à dimensão e ao impacto desse trabalho colaborativo, o projeto atraiu a atenção das grandes empresas de redes sociais e conseguiu angariar 2 milhões de dólares.

A longo prazo, três medidas precisam acontecer se quisermos reduzir a desinformação. A primeira e mais simples tem a ver com o envolvimento de outros profissionais nessa luta. É urgente que engenheiros, designers, videomakers e publicitários se somem aos *fact-checkers* no front de batalha. O Brasil precisa desenvolver ferramentas capazes de encurtar o tempo que separa a identificação da notícia falsa da publicação de uma checagem. E aqui há necessidades de todo tipo. Desde ferramentas que sejam capazes de transcrever — com qualidade — um debate eleitoral de TV, ou um vídeo no YouTube gravado em português, a sistemas que possam conectar os checadores com bases de dados oficiais e públicas de forma automática. Além disso, o Brasil também precisa atuar para sofisticar as técnicas de distribuição das checagens. Já não basta termos as verificações em formato de texto. *Os fact-checkers* precisam transformar seu produto em podcasts, cartuns, vídeos, e acreditar que publicitários e marqueteiros saberão tornar os fatos algo tão sexy e fácil de consumir quanto as mentiras.

É preciso dinheiro para alavancar tudo isso? Sim. Mas também é preciso criatividade para encontrá-lo — porque ele existe. Imagine que frutífero seria se as universidades se unissem a grandes empresas para bolar projetos tecnológicos em favor do *fact-checking*? Tenho pensado muito na ausência das empresas de telefonia e dos produtores de aparelhos móveis no financiamento dessa batalha contra as notícias falsas. Apple, Samsung, LG, Vivo, Claro e TIM poderiam fazer uma enorme diferença, já que seus produtos, de certa forma, dão suporte à desinformação. Mas não tenho visto muito movimento desse setor empresarial nesse sentido — e não sei bem o porquê.

Você não se sente confortável com a participação de empresas privadas nessa luta? Ok. Que tal então se estabelecêssemos que uma pequena percentagem do fundo partidário fosse destinada à luta contra as notícias falsas de cunho eleitoral? Em 2020, 2 bilhões de reais foram distribuídos entre os partidos políticos do Brasil e não há dados consolidados sobre quanto foi encaminhado para garantir que as campanhas fossem fiéis aos fatos. Meu ponto aqui é simples: ideias e caminhos para ampliar o financiamento dessa batalha pela verdade não faltam. O que falta é vontade.

Outra medida que precisa ser adotada e que produziria reflexo a longo prazo seria forçar as plataformas a serem mais transparentes sobre o tamanho do problema que elas enfrentam e sobre o impacto do trabalho da checagem dentro delas. Sem conhecer o tamanho, o peso, a frequência e a origem do monstro, fica cada vez mais difícil combatê-lo. É hora, portanto, de as mais diversas redes sociais — que não gostam de se reconhecer publicamente como espaços desinformativos — se aproximarem dos *fact-checkers* com intenção real de atuar contra conteúdos comprovadamente falsos. E não falo apenas das redes sociais óbvias. Pense em nomes em ascensão, como Line, Kakao Talk, Weibo, Parler etc. Também é vital exigir que as plataformas coloquem efetivamente em prática as regras que elas mesmas criaram para combater a desinformação. Em fevereiro de 2021, a *Folha de S.Paulo* publicou um levantamento da Lupa que mostrava como o Facebook havia deixado de punir o presidente Jair Bolsonaro 29 vezes em dois meses. Prova cabal de que a empresa não estava aplicando no Brasil as regras de remoção de conteúdo que ela própria desenhara e anunciara ao mundo.

Por fim, permito-me dizer que o fim da desinformação — se é que há — passa, necessariamente, pelas escolas.

Em agosto de 2020, Natália Leal, então diretora de conteúdo da Agência Lupa, Patrícia Blanco, presidente executiva do Instituto Palavra Aberta, e eu, na condição de diretora adjunta da IFCN, publicamos na *Folha de S.Paulo* um chamamento nesse sentido. Entre os cinco pontos que propusemos, há medidas singelas como o reconhecimento tácito de que a Base Nacional Comum Curricular (BNCC) vigente já prevê o desenvolvimento do pensamento crítico para interpretação de mensagens midiáticas em escolas.

Entre as competências gerais estabelecidas pela BNCC, está ajudar alunos a "argumentar com base em fatos, dados e informações confiáveis, para formular, negociar e defender ideias, pontos de vista e decisões comuns que respeitem e promovam os direitos humanos, a consciência socioambiental e o consumo responsável". Isso significa que nenhuma alteração curricular ou legislativa seria necessária para que a educação midiática virasse uma cadeira nas escolas e nas universidades. Quem sabe pudesse também ser incorporada à rotina de ensinamento diário de outras disciplinas?

Em nosso pequeno manifesto, alertamos ainda para a necessidade de formar professores nesse campo. Cursos universitários na área de pedagogia, por exemplo, poderiam passar a oferecer aulas de *media literacy*. E, para tanto, as faculdades deveriam ser estimuladas pelos ministérios e pelas secretarias de Educação.

Para nós três também não seria má ideia pedir às plataformas e empresas de tecnologia que investissem de modo sistemático em projetos no ramo da alfabetização midiática. Quem sabe o Brasil não sairia na frente se viesse a contar com uma percentagem — mesmo que mínima — do lucro obtido por essas gigantes em território nacional? Quem sabe com o apoio das redes sociais não conseguiríamos construir uma sociedade mais consciente e mais preparada para enfrentar a desinformação? Nela, talvez os checadores se tornassem dispensáveis. Antes disso, não.

Politização, polarização e o futuro do jornalismo profissional

Caio Túlio Costa

Caio Túlio Costa é jornalista e pioneiro em comunicação digital. Começou no jornal *O Imparcial*, do interior de São Paulo. Foi diretor de redação do *book review Leia Livros* antes de entrar para a *Folha de S.Paulo*, onde foi editor, secretário de redação, correspondente internacional, ombudsman e diretor de revistas. Um dos fundadores do UOL, foi seu diretor-geral até 2002 e, depois, presidente do iG. É cofundador do Torabit, plataforma de monitoramento digital. Doutor em comunicação pela USP, foi pesquisador convidado da Universidade Columbia, em Nova York. Deu aulas de jornalismo na PUC-SP, na Escola de Comunicações e Artes da USP, na Faculdade Cásper Líbero e na ESPM-SP. Tem livros publicados nas áreas de comunicação e história, entre os quais *Ética, jornalismo e nova mídia: uma moral provisória*.

O JORNALISMO ENFRENTA seu momento mais complicado em mais de cinco séculos de vida. São dificuldades jamais imaginadas, todas juntas e simultaneamente concertadas em ao menos cinco crises diferentes. Tem a *crise sistêmica* de seu modelo tradicional de negócio em todo o planeta. Tem a *crise econômica*, que aumenta ou diminui conforme o andar do tempo, mas enxuga ainda mais as parcas receitas publicitárias que sobravam para os veículos de imprensa. Tem a *crise da perda de seu papel de protagonista da informação*, que tirou do jornalista o lugar de ator principal na produção de notícias e escanteou-o para a posição de ator coadjuvante, uma vez que as pessoas, as instituições e as marcas ganharam poder de mídia com a internet e, principalmente, com as redes sociais. Tem a *crise geracional*, que opõe nativos analógicos a nativos digitais tanto no comando das redações como nas estratégias de conquista do público jovem. E tem ainda a *crise tópica de credibilidade*, provocada pelos duros ataques de autoridades e indivíduos às publicações. Nada disso é novidade, todos o sabem. O que não se sabe é o que vai ser do jornalismo daqui para a frente. É o que pretendo ensaiar aqui.

Questões decisivas sobre o presente e o futuro do jornalismo profissional estão em pauta. Ao menos algumas delas, talvez as mais candentes — e todas as presentes nas preocupações do editor deste livro, Roberto Feith —, serão consideradas. Quero refletir sobre o que significam e o que anunciam, além de buscar prefigurar como, se for possível superá-las, a imprensa conseguirá se sustentar.

Separei sete questões, ou melhor, blocos de questões, que não esgotam de forma alguma os desafios e os males do mundo da comunicação. Vou tentar enfrentá-los:

1. Qual é a função da imprensa profissional nesta época de digitalização?
2. O jornalismo pode ser praticado por pessoas não preparadas formalmente para a função?
3. Como parte da sociedade conseguiu chegar ao ponto que chegou de ódio escancarado em relação ao jornalismo profissional, e de onde e desde quando vem esse ódio, essa má imagem, esse processo de politização e de polarização?
4. A imprensa profissional tem exercido seu papel neste contexto de politização e de polarização?
5. A imprensa é mesmo parcial? Errou? Se sim, quando e onde? Ou essa discussão é irrelevante?
6. Como a indústria do jornalismo conseguiu assistir passivamente a um ataque mortal a seu modelo tradicional de negócio sem reagir à altura?
7. Na hipótese de o jornalismo profissional vencer as crises e continuar existindo, qual seria o modelo de negócio sustentável capaz de garantir a sobrevivência das redações?

1. Qual é a função da imprensa profissional nesta época de digitalização?

Existe um conto espirituoso escrito a quatro mãos pelos argentinos Jorge Luis Borges e Adolfo Bioy Casares chamado "O inimigo número 1 da censura".[1] Apesar de extemporâneo em relação à realidade da indústria jornalística em tempos de internet, sempre apelo a esse texto em minhas aulas de jornalismo.[2] O conto é exemplar no sentido de esclarecer, pelo exercício do contrário, exatamente o que não é jornalismo. E tem muita coisa atualmente que não é jornalismo, apesar de se fingir de tal.

Bom, insisto no risco de vulgarizar tão alta literatura, mas vou em frente: a história narra como o repórter de artes e letras de um jornal chamado *Última Hora*, Bustos Domecq, viaja até uma cidade na Região Metropolitana de Buenos Aires para matar enorme curiosidade. O fato é que certo dia Domecq recebeu, no endereço de sua casa, uma carta-convite formal para participar da *Primeira antologia aberta da literatura nacional* — argentina, no caso. Circunstância curiosa, porque ele escrevia contos sem contar para ninguém. Comovido por alguém ter se lembrado dele e disposto a descobrir como souberam de sua produção literária secreta, pegou o trem até Maschwitz, terra do remetente, identificado como Ernesto Gomensoro.

Ao chegar ao destino, deu-se conta de que Gomensoro nada adivinhara sobre seus dotes literários, nem havia homenagem alguma na escolha, porque o convite fora enviado a todo mundo. Gomensoro usara as listas telefônicas do país para despachar uma espécie de circular às pessoas, todas encontradas na totalidade de listas que tinha nas mãos.

Aquele gesto de enviar o convite para a maior quantidade de pessoas possível adquiria um sentido missionário para Gomensoro. Ele conquistara em sua biografia a qualidade de maior inimigo da censura. Não daquele tipo de censura de fácil reconhecimento, como a censura de costumes ou a censura política. "Gastamos tanta saliva contra a censura moral e contra a censura política, que passamos por cima de outras variedades que são muito mais atentatórias", explicou Gomensoro a Domecq. A história de sua luta contra a censura tivera origem num pequeno trauma, quando enviara uma ode intitulada "En camino" para algumas publicações. Ninguém lhe disse se iria publicar ou engavetar o poema. A falta de retorno o exasperou. "A resposta foi a conspiração do silêncio, com a honrosa exceção de um suplemento, que a [a ode] devolveu sem nada dizer", reforçou ele.

Resiliente, Gomensoro aumentou a carga e enviou soneto, décimas, poema e um novelinho para cerca de quarenta publicações. O bombardeio deu certo. Acabou nomeado diretor do suplemento literário semanal do diário *La Opinión*. Ressentido com a reação silenciosa à sua primeira investida, passou a publicar tudo o que chegava à redação por ordem de chegada, absolutamente tudo, sem a menor censura. Passava os conteúdos diretamente dos envelopes à gráfica: "Eu nem me dava ao trabalho de averiguar se eram em prosa ou verso." Na falta de um critério justo, adotou o que achava melhor, o da ordem de chegada. "Fui, acima de tudo, imparcial", exultou. Não durou um ano aquela "magistratura civil", conforme sua definição. Foi posto no olho da rua porque não publicou de imediato uns versos escritos por um sobrinho do dono do jornal: "Nunca deixei de respeitar a ordem de chegada."

Domecq queria saber mais, não estava entendendo bem a coisa. Nas explicações, Gomensoro justificou-se dizendo que no jornalismo sempre há decisões sobre um texto: "Alguém o percorreu, ainda que *de visu*, alguém o julgou, alguém o depôs no lixo ou o impingiu à gráfica. Por mais oprobrioso que pareça, o fato se repete continuamente, em todos os periódicos, em todas as revistas. Sempre topamos com um censor que escolhe ou descarta. É isso o que não aguento nem aguentarei."

Foi aí que Bustos Domecq entendeu melhor a razão da chamada geral de participação na *Antologia*. Assessorado pelas listas telefônicas, Gomensoro convidou para a empreitada todos os seres listados do país. Como critério, na falta de um melhor, decidiu que publicaria por ordem alfabética o material recebido: "Tudo sairá em letra de imprensa, por mais porcaria que seja."

De acordo com seus princípios, Gomensoro decidiu sortear quem deveria se ocupar até o fim com os trabalhos da *Antologia* caso ele morresse. Bustos Domecq foi sorteado, apesar de não ter recursos suficientes para publicar a obra quando, afinal, seu criador morreu. O dinheiro que Gomensoro lhe deixara não bancaria nada além da letra "A". Como o seu próprio nome iniciava-se com "B", o seu conto ficaria de fora. Com responsabilidade moral e legal pela tarefa, Domecq acabou sendo procurado e processado por quem sobrou. Os colaboradores queriam se ver na *Antologia*. Aconselhado por seu advogado, foi buscar refúgio, com nome falso, em um pequeno hotel de nome sugestivo: O Novo Imparcial. Foi assim que o texto "El enemigo número 1 de la censura", escrito por Domecq, serviu de prólogo à inacabada *Antologia* de Gomensoro.

O conto é mais um dos paradoxos típicos de Borges. Ao criarem um editor que desdenha a censura tradicional (cujas regras são conhecidas), mas batalha também contra a censura que elege e publica em vez de descartar, os autores deram à luz um dos exemplos mais bem-acabados do antijornalismo, mostrando exatamente tudo o que não se deve fazer na imprensa. Porque o jornalismo se funda precisamente no processo de escolha, de hierarquização do que será publicado. Batalhar contra esse processo, como o fez Gomensoro, é batalhar contra a própria gênese do jornalismo, que exige primeiro a decisão sobre o que deve ou não deve ser publicado.

Para tomar uma decisão, evidentemente o jornalista vai precisar de uma técnica, um método — seja na publicação tradicional, seja na digital. Mas não só. A prática deve estar aliada a um profundo senso moral. Apesar de Gomensoro ter um método (publicar por ordem de chegada), esse método não resiste a uma análise moral. O jornalismo é um ofício e, como tal — óbvio e ululante —, não pode ser exercido sem prática, sem conhecimento, sem critérios, sem preocupação ética. E publicar reportagens, artigos, comentários ou análises por ordem de chegada, ou por ordem alfabética, não é critério jornalístico quando se pensa numa publicação qualquer, porque existem informações mais ou menos relevantes e que merecem maior ou menor destaque em função do contexto, do dia, do interesse público, do inusitado, da injustiça, da oportunidade jornalística.

A função do jornalismo não é publicar tudo, mas, sim, coletar e eleger o que é notícia, relatar com fidedignidade os fatos, ouvir os diversos lados, buscar a verdade factual a respeito de um evento, de uma pessoa, de uma ideia. E o jornalismo se torna ainda mais necessário, e indispensável, quando investiga, quando revela em especial os maus tratos sofridos pela coisa pública, as negociatas, os preconceitos, as injustiças. A função da imprensa é a mesma — não importa se age em sua forma tradicional ou em sua desafiante forma digital —, escrava daquela função mediadora lastreada pelo método.

"A teoria democrática geralmente postula que a sociedade precisa de um jornalismo que seja um cão de guarda rigoroso contra quem está no poder e quer estar no poder, uma imprensa capaz de separar a verdade das mentiras, além de apresentar uma ampla gama de informações sobre as questões importantes do dia", escreve o professor Robert McChesney no primeiro capítulo do seu robusto ensaio sobre a economia política da mídia,[3] livro no qual trata em profundidade das questões duradouras e dos dilemas emergentes da indústria da informação. Um deles, por exemplo, é saber se qualquer pessoa pode praticar jornalismo espontaneamente.

2. O jornalismo pode ser praticado por pessoas não preparadas formalmente para a função?

A respeito do jornalismo, desde o século XVII há estudos que analisam e orientam a prática do ofício. A primeira tese de doutorado sobre o jornalismo — pasme! — data de 1690. Foi escrita por Tobias Peucer, alemão formado em teologia e medicina. Sabe-se muito pouco sobre a vida de Peucer, mas a Wikipédia alemã trata bem dele, dado que nasceu em Görlitz e seus antepassados eram da região da Lusácia. Seria o segundo de três irmãos. Solteiro e sem filhos, especula-se que tenha nascido em 1660, trabalhado como médico e morrido em 1696. Sua tese se intitulava *De relationibus novellis*, que se pode traduzir como *Os relatos jornalísticos*.[4]

Tobias Peucer é a primeira pessoa de que se tem notícia a registrar as tecnicalidades do jornalismo, e o tratou como assunto acadêmico. É considerado o progenitor da teoria do jornalismo e também o primeiro a martelar a necessidade do tripé "verdade, justiça e ética" na prática do ofício. Sua tese, como as congêneres daquele tempo, é curta e dividida em 29 "capítulos", que são, de fato, 29 parágrafos enxutos, em apenas nove páginas impressas, numa inegável lição de síntese e precisão — características que ajudam na prática do bom jornalismo.

Como registrei no meu livro sobre ética, jornalismo e nova mídia,[5] a tipografia já era realidade havia mais de dois séculos quando Peucer defendeu sua tese; o pergaminho ganhara um substituto de sucesso, o papel; o capitalismo nascente carecia de informação; e o fluxo das informações aumentava nas cidades, nos países e também entre as nações. Experimentava-se a fase embrionária do "espaço público", a instância na qual se forma a opinião. A Europa enfrentava um tempo de mudanças políticas e sociais estruturais depois da reforma de Martinho Lutero, que abalou o catolicismo e produziu o arcabouço de uma nova ética, detalhada por Max Weber em *A ética protestante e o espírito do capitalismo*. A burguesia comercial estava em ascensão e as discussões racionais sobre os negócios e a política ganhavam corpo. O espaço público passa então a ser entendido como a esfera na qual as informações são divulgadas de forma aberta e acessível e, ao mesmo tempo, as comunicações tratam de questões concernentes à sociedade em geral.

Cabe aqui uma explicação a respeito de minha afirmação sobre os mais de cinco séculos de vida do jornalismo. O jornalista e professor Eugênio Bucci, expert nas questões de imprensa e democracia, me disse em conversa por e-mail que, "embora veículos com características jornalísticas possam ter existido, o jornalismo propriamente dito (que supõe a crítica ao poder) só passa a existir de verdade no bojo das revoluções iluministas". Para ele, corretamente, *press* e *print* (imprensa e impressão) não são a mesma coisa na tradição jornalística. Assim, o direito de imprimir, *right to print*, do século XVII, ainda não seria *o* jornalismo.

No entanto, não tenho dúvida de que Peucer foi o primeiro a registrar o mecanismo da imprensa em paralelo com o desenvolvimento comercial. Na tese, ele também separa história e jornalismo. Deixa clara a ideia de que jornalismo é o relato de fatos recentes ocorridos em qualquer lugar. Fala dos relatos sobre a sucessão exata dos acontecimentos que estão inter-relacionados e suas causas, limitando-se somente à sua exposição. Peucer é igualmente pioneiro na introdução do conceito de exatidão — característica essencial do jornalismo —, ao explicar a quais relatos ele se refere. Também liga o fazer jornalístico ao interesse do público e responsabiliza o relator pela captação da atenção do leitor.

Outro dado a se notar é que ele entende o jornalismo como negócio. No sétimo parágrafo da tese, afirma: "As causas da aparição dos periódicos impressos com tempestiva frequência hoje em dia são, em parte, a curiosidade humana e, em parte, a busca do lucro, tanto da parte dos que confeccionam os periódicos como da parte daqueles que os comerciam, vendem." A teoria do jornalismo nascia entendendo-o como negócio.

O autor avança na explicação do modo como se produzem os relatos e as formas de compô-los. Cabe ao intelecto o conhecimento das coisas que serão registradas nos relatos. E elas são obtidas por inspeção própria, quando o sujeito é espectador dos acontecimentos, ou por transmissão, quando uns explicam aos outros os fatos que presenciaram. É o primeiro a dizer que o jornalista tem de estar junto aos fatos sem desprezar a necessidade das fontes.

Há muito a falar dos 29 capítulos, mesmo e apesar de extremamente enxutos, sobre a relação entre a vontade do relator, sua credibilidade e seu amor à verdade, porque, quando preso por um "empenho partidário", pode misturar ali "alguma coisa de falso ou escrever coisas insuficientemente exploradas sobre temas de grande importância". Peucer busca ajuda em Cícero, o mais celebrado orador romano, quando afirma que "a primeira lei da história é que não se ouse dizer nada de falso, que não lhe falte [ao historiador, no caso, e ao jornalista, por decorrência] coragem para dizer o que seja verdade, que não tenha nenhuma suspeita de parcialidade".

Numa passagem notável, Peucer lança as bases do *lead*, regra que impõe ao jornalista respostas a seis perguntas básicas em qualquer notícia: "o quê, quem, quando, onde, como e por quê". No 21º parágrafo, ele diz que, se alguém for preparar um relato, terá de ordená-lo e deverá "ater-se àquelas circunstâncias já conhecidas que se costuma ter sempre em conta em uma ação, tais como a pessoa, o objeto, a causa, o modo, o local e o tempo". Ou seja, em 1690 alguém já nomeava o *lead*. *O quê* é o "objeto" e o "modo"; *quem* é a "pessoa"; *quando* é o "tempo"; *onde* é o "local"; e o *por quê* é a "causa". Exatamente igual.

Reza a lenda que o *lead* teria sido inventado nos Estados Unidos, mais precisamente entre os anos 1861 e 1865, durante a Guerra Civil. Os jornalistas eram muitos e as linhas de telégrafo eram poucas. Então, os profissionais da imprensa tinham de dar conta do principal, respondendo às seis perguntas básicas em um único parágrafo. Assim, as informações mais importantes eram repassadas primeiro. Tudo bem, o *lead* pode ter sido popularizado no século XIX, mas foi inventado 175 anos antes.

Não se trata aqui de resumir a história do jornalismo, mas, sim, de demonstrar quanto de tecnicalidade, de método e de senso ético se desenvolveram enquanto se construía essa formidável ferramenta de modulação dos fatos para torná-los de conhecimento comum. Mais ainda, o jornalismo, em seu auge como ator principal da informação, acabou funcionando como um poder a mais, o velho conhecido "quarto poder", conceito erigido pela tradição liberal britânica, instância das mais eficazes na garantia das democracias, mesmo e apesar de erros decorrentes da imediaticidade com que se lida nessa indústria. Erros decorrentes da própria condição de trabalho na imprensa, na qual prevalece a necessidade imediata de divulgar a notícia, de levar ao público — com agilidade e o mais rapidamente possível — o que se apurou.

O tempo real e a jornada das publicações — um dia, uma semana, um mês — de fato são curtos. Muito curtos, frente ao tempo da ciência, ao tempo dos estudos históricos, ao tempo da política, ao tempo da justiça. Portanto, não cobre do jornalismo nada disso. Cobre exatidão, acuidade, verdade factual, ouvir os dois, três, quatro, todos os lados com todas as visões distintas que compõem uma notícia. Cobre o método. Por tudo isso, não é qualquer um que pode exercer o jornalismo, ainda que de forma aleatória, tópica, de vez em quando. Ter protagonismo na mídia é coisa diferente de exercer o jornalismo.

Jornalismo é vigilância constante. Exige, além da experiência e da técnica, a observância rigorosa do código de ética da profissão. No Brasil há códigos elaborados pela Associação Nacional de Editores de Revistas (Aner, patronal), pela Associação Nacional de Jornais (ANJ, patronal) e pela Federação Nacional dos Jornalistas (Fenaj, corporativa). Bastante parecidos entre eles, de uma maneira ou de outra, com mais ou menos ênfase em determinados aspectos, os códigos defendem a liberdade de expressão, a independência, o ouvir o outro lado, o direito de resposta, a proeminência da defesa dos direitos do leitor, o respeito à privacidade, a correção de erros, o interesse social coletivo, o livre exercício da profissão... e por aí vai, no sentido de resguardar tanto os direitos quanto as responsabilidades do jornalista e dos órgãos de comunicação.

Evidentemente, não há como fazer jornalismo sem o compromisso ético. O jornalista Cláudio Abramo, em uma famosa passagem de seu livro póstumo *A regra do jogo*,[6] afirma o seguinte: "Sou jornalista, mas gosto mesmo é de marcenaria. Gosto de fazer móveis, cadeiras, e minha ética como marceneiro é igual à minha ética como jornalista — não tenho duas. Não existe uma ética específica do jornalista: sua ética é a mesma do cidadão."

No entanto, com todo o respeito às formulações de Abramo, um dos maiores jornalistas deste país, meu maior professor de jornalismo, com quem trabalhei no *Leia Livros* e na *Folha de S.Paulo*, a ética do marceneiro não basta. Sim, ela vale como entendimento comum. Porém, a prática do jornalismo, que também é um ofício, requer ainda mais comprometimento. O jornalista precisa cultivar a ética. Se o marceneiro lida com a madeira e o cliente, o jornalista lida com fatos, com representações, com fontes, lida com o público. Além disso, olhe aí a responsabilidade, o jornalista é um profissional diferente do cidadão comum. Porque tem a prerrogativa do sigilo da fonte, garantido pela Constituição.

No meu já mencionado livro sobre ética, jornalismo e nova mídia, eu disse que Abramo sugere com seu axioma que a ética do bom senso, ou senso comum, basta ao jornalismo. Só que, contraditoriamente, ele foi uma pessoa incomum, na qual não cabia o senso comum. Abramo não descartava a formação clássica, humanística, não abria mão do conhecimento — e esse rigor o levou a muito além do senso comum e a uma profunda preocupação com a ética. Autodidata, leu muito desde menino. Tinha clara a noção de como, na história do conhecimento, os diversos atores e autores trataram das questões éticas e morais. Representar representações, que é o que o jornalismo faz, é algo sério demais para restringir a ética à percepção do senso comum. Abramo sabia que sua formulação da ética do marceneiro refletia o senso comum, mas sabia também que o senso comum nunca bastou para iluminar devidamente nenhuma questão jornalística.

Escrevi assim: "Ética e linguagem, ética e representação, ética e interpretação; em nenhum momento do fazer jornalístico a questão ética se dissocia desse fazer, seja nas atitudes consideradas éticas ou antiéticas, seja na teoria, seja na prática."[7] Em nenhum momento. Nem quando uma câmera de vídeo está imobilizada para filmar, gravar, cobrir um fato que está ocorrendo e o serviço é totalmente automatizado. Um exemplo dramático vem do ataque às torres gêmeas do World Trade Center em Nova York, em 11 de setembro de 2001. Os telespectadores de todo o mundo puderam assistir, ao vivo, ao ataque do jato à segunda torre.

O primeiro ataque não foi visto ao vivo, mas, a partir do instante em que se deu, a decisão imediata dos veículos de comunicação foi apontar câmeras para aquele local e transmitir o que se passava. O fato estava acontecendo, e a decisão de posicionar aquelas câmeras ali, naquele lugar, naquele minuto, envolveu a primeira decisão ética cabível na edição jornalística: há notícia ali, vamos mostrar aquilo já ao nosso público. A divulgação mundial daquele acontecimento interessava tanto aos produtores do fato (os responsáveis pelo lançamento dos aviões contra as torres) como às outras pessoas, dissociadas ou não das vítimas imediatas; interessava às autoridades de todos os portes e aos cidadãos de todas as cores. Interessava a todas as pessoas do mundo, de qualquer credo, compreendeu-se na hora.

Não se faz jornalismo sem a preocupação ética, até porque muitas vezes alguém estará negando essa preocupação. Ao negá-la, afirma-a, reconhece-a. Se uma atitude antiética reforça a necessidade de um fazer moral, então o fazer amoral a constitui igualmente — exatamente como na política. O personagem vivido por Burt Lancaster no filme *Violência e paixão*, de Luchino Visconti, é um professor que diz inexistir equilíbrio entre moral e política. No jornalismo, esse desequilíbrio pode retirar a credibilidade.

O dado desafiador, para muitos alarmante, acrescentado pelo estado atual da modernidade, ou da pós-modernidade, é que o jornalista corre o risco de perder sua identidade numa realidade saturada de informações assimétricas, refém do sensacional desenvolvimento tecnológico de múltiplos meios digitais de comunicação e de infinitas pessoas fazendo-se passar por jornalistas, até sem perceber. De quebra, a questão moral se agrava com a disrupção no negócio da comunicação. Concomitantemente, torna-se cada vez mais necessário que o trabalho jornalístico seja realizado com método e responsabilidade social. E isso não é trabalho, definitivamente, para qualquer um. Também não é qualquer um que pode praticar medicina. Se um médico errar, ele pode provocar mortes. Se um jornalista errar, ou agir de forma antiética, pode matar empresas, pode destruir reputações.

3. Como parte da sociedade conseguiu chegar ao ponto que chegou de ódio escancarado em relação ao jornalismo profissional, e de onde e desde quando vem esse ódio, essa má imagem, esse processo de politização e de polarização?

Em sua história da Revolução Francesa, no livro *Um conto de duas cidades*, Charles Dickens abre o primeiro capítulo com uma série de afirmações positivas e as respectivas versões negativas — há sempre um lado contrário. Seus paradoxos valem tanto para a Revolução Francesa como para o conjunto de crises que afeta a democracia e a imprensa, especialmente a partir do momento em que a humanidade se viu novamente convivendo com a peste, quando irrompeu a covid-19. A respeito do que chamou de "período", Dickens foi majestosamente ambíguo: "Foi o melhor dos tempos, foi o pior dos tempos, foi a era da sabedoria, foi a era da tolice, foi a época da fé, foi a época da incredulidade, foi a estação da luz, foi a temporada das trevas, foi a fonte da esperança, foi o inverno do desespero. Tínhamos tudo diante de nós, tínhamos nada diante de nós, íamos todos direto para o Céu, íamos todos direto para o outro lado."

As frases refletem quanto permanece atual o problema social em lugares em que a democracia se vê publicamente confrontada e a imprensa duramente detratada. De um lado, estão os habitantes do fraseado positivo de Dickens, o pessoal chamado de direita ou de extrema direita (mesmo e apesar da corrosão desses conceitos), imersos numa realidade paralela ditada pelos autoritários e negacionistas no poder. De outro, habitam o fraseado negativo de Dickens os defensores da democracia, autênticos ou oportunistas, sejam de esquerda ou de centro (idem em relação à corrosão dos conceitos). De certa forma, horrorizados com a mentira compulsiva, os insultos, os desmandos, a ignorância e o autoritarismo. No meio do caminho estão os céticos, os desinformados e aqueles cuja opinião ou decisão dependem da oportunidade de cada momento.

Exatamente como no Brasil sob o presidente Jair Messias Bolsonaro.

Nos Estados Unidos sob Donald Trump.

Na Hungria sob Viktor Orbán, primeiro-ministro e autor do manual *Como acabar com a imprensa independente em dez lições*.

Na Bielorrússia onde o presidente Aleksandr Lukashenko mandou prender jornalistas que estavam cobrindo manifestações contrárias à sua reeleição, expulsar jornalistas estrangeiros do país e caçar publicações tirando-lhes o status de mídia — foram mais de setenta sites bloqueados.

Na Turquia sob Recep Tayyip Erdoğan, cujo governo conseguiu reunir a maior quantidade de jornalistas presos.

Na Nicarágua onde o ditador Daniel Ortega promulgou leis para punir veículos de comunicação com multas e mandados de prisão pela difusão de informações falsas ou deturpadas "que causem alarme, medo ou ansiedade na população".

Nas Filipinas sob Rodrigo Duterte, com insultos e ameaças aos meios de comunicação.

Na Índia sob Narendra Modi, que tem financiado discursos de ódio contra jornalistas nas redes sociais.

Na República Tcheca sob Miloš Zeman, que já deu uma entrevista coletiva com uma falsa metralhadora nas mãos na qual se lia "Para os jornalistas".

Na Venezuela sob Nicolás Maduro, que já fechou cerca de setenta veículos de comunicação.

Na Eslováquia sob Robert Fico, que, quando primeiro-ministro, chamava os jornalistas de "prostitutas imundas".

Ou ainda quando o ex-presidente do Equador Rafael Correa criou um órgão, a Superintendência da Informação e Comunicação, para vigiar jornalistas.

O mundo vivencia uma espécie de guerra quando todos os avanços em relação à sustentabilidade, à questão ambiental, aos preconceitos, às minorias, aos imigrantes, às incontáveis e não resolvidas questões dos direitos, enfim, quando tudo parece se anular, retroceder, voltar dezenas de anos, para não dizer centenas, e quando feitos históricos, como os empunhados pela Revolução Francesa — liberdade, igualdade, fraternidade —, parecem miragens. Sem falar no quase nulo resultado quanto à indefectível acumulação de capital nas mãos de poucos e à ampliação desenfreada da desigualdade. O cenário é de guerra ideológica, mas os efeitos são sentidos como em uma guerra tradicional. No entanto, se na guerra tradicional a primeira vítima é a verdade, na guerra ideológica a primeira vítima é a imprensa. E ela hoje está no inferno, atacada simultaneamente por vários lados.

Pense na questão do ódio. Admita-se que esse sentimento, na verdade, não apareceu agora, não é novidade em relação à imprensa tradicional, especialmente quando impulsionado por quem se vê exposto de alguma forma por ela, em geral governantes, sempre se colocando como "vítimas" de jornalistas que "preferem" publicar só "notícia ruim" em vez de "notícia boa". Governantes que, além de continuadamente acusá-la de propagadora de notícias falsas, buscam artimanhas capazes de sufocá-la, seja economicamente, seja via propagação de uma "má imagem" artificialmente construída, cotidianamente repetida.

Lançando mão de estratagemas como ataques continuados, mentiras, distorção de fatos, omissões estratégicas, palavrões e ameaças de agressão, vai se tecendo uma base de apoiadores com pessoas crédulas, cansadas da política corrupta, esgotadas em sua capacidade crítica e dispostas a acreditar no poder de quem diz aquilo que se quer ouvir. E essa base acredita nesse poder — por mais deformado que ele seja em relação à história, ao hercúleo trabalho em curso no sentido de enfrentar as questões ligadas ao meio ambiente, ao racismo, às múltiplas formas de homofobia, ao aborto legal, ao direito à segurança, à educação, à água potável, ao esgoto ou (por falar em esgoto) ao combate à corrupção.

Não é de hoje que se alimenta esse ódio. No Brasil, a oposição a Getúlio Vargas encontrou em jornalistas como Carlos Lacerda, proprietário da *Tribuna da Imprensa*, um crítico ferrenho apoiado por outras vozes contrárias ao governo, como o radialista Raul Brunini, que dava, na Rádio Globo, cobertura aos ataques de Lacerda. Quando Vargas se suicidou, em agosto de 1954, enquanto uma multidão, calculada em 100 mil pessoas, abraçava o Palácio do Catete para se despedir do presidente, grupos getulistas atacavam a sede da *Tribuna* e a de *O Globo*, conforme conta Lira Neto na biografia de Getúlio.[8] *O Globo* e a *Tribuna* também tiveram dificuldades para circular porque a população tentou impedir sua distribuição, como bem mostrou Alzira Alves de Abreu.[9]

Nos Estados Unidos, em 1974, na sequência das revelações do caso Watergate, escândalo de espionagem denunciado pelo *The Washington Post* que envolvia o então presidente Richard Nixon, este tentou de todas as formas destruir o jornal, sem sucesso. Acabou renunciando. O filme *Todos os homens do presidente*, com Robert Redford e Dustin Hoffman, conta essa história. Ainda não virou filme, mas Donald Trump começou a atacar o *New York Ti-*

mes nos tempos de sua primeira campanha à Presidência, tiro que saiu pela culatra. Desde então, o jornal ganhou mais assinantes e continua de pé, apesar da crise sistêmica pela qual passam os periódicos. Aliás, não era só o *New York Times* que Trump atacava quando candidato e quando presidente — ele se voltava continuadamente contra toda a imprensa que não o bajulava.

Na Argentina, a então presidente, Cristina Kirchner, tentou destruir o Grupo Clarín, que publica o principal jornal do país. Foram leis e mais leis aprovadas pelo Parlamento tentando sufocar o grupo, com algum sucesso no desmembramento de empresas. Mas o jornal *Clarín* continua lá. Em seu primeiro ano de governo como presidente do Brasil, Fernando Collor de Mello mandou a Polícia Federal, com policiais armados, invadir a *Folha de S.Paulo*. Acabaram levando diretores da empresa e a secretária do dono do jornal para prestar depoimentos. O pretexto era uma suposta irregularidade na troca de faturas emitidas em cruzados novos por faturas emitidas em cruzeiros, mas a razão era mesmo a cobertura crítica que o então presidente vinha recebendo do jornal. E agora, trinta anos passados, o presidente é outro, mas a pressão sobre o veículo continua.

Na ponta da esquerda, a chamada grande imprensa sempre foi alcunhada como "imprensa burguesa", alinhada aos poderosos, aos capitalistas — numa definição de burguesia definitivamente fora do tempo e do espaço. Quando estava no poder, o presidente Luiz Inácio Lula da Silva, do Partido dos Trabalhadores, o PT, de esquerda, tentou expulsar do Brasil o correspondente do *New York Times* por ele ter revelado que diziam por aqui que o presidente bebia muita cachaça. No início de 2020, condenado em segunda instância por crimes ligados à corrupção, mas recorrendo de outros processos judiciais em liberdade, Lula declarou, em entrevista ao UOL, que seu governo foi "um momento de oito anos de pensamento único contra o Lula" manifestado pela imprensa. Respondeu isso ao ser instado a comentar os ataques do presidente Jair Bolsonaro aos jornalistas.

Além de concordar com parte das críticas de Bolsonaro à imprensa ("tem crítica que ele faz que é correta"), Lula relacionou a

TV Globo ao nazismo ao criticar a escassa cobertura feita pela emissora sobre as mensagens obtidas pelo site The Intercept Brasil. O site havia publicado diálogos que colocavam em dúvida a imparcialidade do então juiz Sergio Moro ao expor sua atuação proativa nos bastidores da Operação Lava-Jato, em parceria com policiais e procuradores. A Rede Globo, principalmente no *Jornal Nacional*, preferiu não dar destaque aos vazamentos tornados públicos pelo Intercept. "O que a Globo está fazendo com o Intercept era capaz que o nazismo não fizesse. Ela só teve coragem de citar o Intercept duas vezes: quando o Intercept publicou o nome do Faustão, que acho que tinha dado aula pro Moro, e quando foi citar o nome do Roberto D'Ávila, que tinha trabalhado para arrecadar dinheiro para o meu filme. A Globo não fez [nem] sequer matéria contra a fajutice da denúncia do Ministério Público [contra o jornalista Glenn Greenwald, criador do Intercept]. Então, isso é censura", afirmou Lula.

É evidente que declarações como essa atiçam seguidores, partidários e adeptos de Lula — não importam quais acusações ou quantas condenações ele tenha recebido. Apesar de criticar o uso do Twitter para se comunicar com a sociedade, prática adotada com regularidade por Bolsonaro, o ex-presidente Lula disse achar que "Bolsonaro está provando que é possível fazer notícia sem precisar de jornais, da televisão. Ele faz por ele mesmo. Aliás, o Trump já fez escola", arrematou Lula na entrevista, antenado ao espírito do tempo — ou seja, à onipresença das redes sociais na política, pode-se dizer, em escala mundial. Contudo, foi outro ex-presidente americano, Barack Obama, quem popularizou essa escola de sucesso. Foi ele quem deu importância às redes, principalmente ao Twitter, antes de qualquer outro. Obama ainda hoje é o político com maior audiência no Twitter, com 129 milhões de seguidores, além de 57 milhões no Facebook.

Entretanto, com Jair Bolsonaro a coisa é diferente — e o buraco, bem mais embaixo. Mesmo sabendo que os ataques à imprensa foram constantes tanto nos governos Lula como nos de sua sucessora, Dilma Rousseff (PT), ninguém negaria que a artilharia desfechada por Bolsonaro contra empresas jornalísticas, e contra jornalistas, se mostrou muito maior do que já se viu neste país em relação aos seus antecessores, de Deodoro da Fonseca a Michel Temer.

Afinal, como se estruturou o ódio de Bolsonaro à imprensa? Quando ele começou com isso? Qual o propósito de tanto ataque? Numa análise um pouco mais aprofundada, pode-se concluir que razões psicanalíticas, oportunismo político e o inevitável e autoritário desejo de controlar a imprensa explicam esse ódio, além do exemplo seguido por Bolsonaro ao copiar seu ídolo, Donald Trump, que, ao longo de sua gestão, foi um constante agressor da imprensa profissional, daquela que não o apoiava de forma incondicional.

Jair Bolsonaro completou 33 anos de atuação política em 2021. Começou na Câmara Municipal do Rio de Janeiro em 1988, passou pela Câmara dos Deputados e acabou eleito para a Presidência da República em 2018. Esteve filiado ao menos a oito partidos. Sempre manteve uma participação medíocre como legislador. Um episódio ocorrido quando era capitão do Exército, mais dois episódios posteriores no Congresso Nacional serviram para lhe dar proeminência. Uma proeminência negativa na cobertura da imprensa. Talvez venha dessas três ocasiões o combustível para tanto ódio — agravado por sua incorrigível mania de agredir autores de notícias que o contrariem, por mais que fatos sejam fatos.

Primeiro, o caso do atentado planejado: em artigo publicado em 1986 na seção "Ponto de Vista" da revista *Veja*, o capitão Bolsonaro reclamava que o salário era "baixo" e que a tropa vivia "uma situação crítica no que se refere a vencimentos". Um ano depois, *Veja* revelou que Bolsonaro e mais um militar, Fábio Passos, haviam elaborado um plano para explodir bombas em quartéis e outros locais estratégicos no Rio de Janeiro, a fim de chamar atenção a respeito do baixo soldo. O então ministro do Exército, Leônidas Pires Gonçalves, acusou *Veja* de ter fraudado a notícia.

Ali começava, ao menos publicamente, a carreira de negações, arrependimentos, voltas atrás e inverdades de Bolsonaro. "Os dois oficiais envolvidos, eu vou repetir isso, negaram peremptoriamente, da maneira mais veemente, por escrito, do próprio punho, qualquer veracidade daquela informação", disse o ministro Leônidas Pires Gonçalves referindo-se à reportagem. Em uma segunda abordagem, *Veja* reagiu: "Sem o menor constrangimento, Bolsonaro deu uma detalhada explicação sobre como construir uma bomba-relógio. O explosivo seria o trinitrotolueno, o TNT, a popular dinamite. O plano dos oficiais foi feito para que não houvesse vítimas. A intenção era demonstrar a insatisfação com os salários e criar problemas para o ministro [do Exército]." A revista aproveitou para exibir um croqui feito por Bolsonaro com mapa indicando o local em que se daria a explosão, na adutora do Guandu.

Reportagem da *Folha*, publicada bem depois, trouxe a informação de que uma perícia da Polícia Federal foi inequívoca ao concluir que as anotações publicadas pela *Veja* eram mesmo de Bolsonaro. Os coronéis responsáveis pela investigação decidiram, por unanimidade, pela sua condenação. E deram à luz um perfil que o define desde então: "O Justificante [Bolsonaro] mentiu durante todo o processo, quando negou a autoria dos esboços publicados na revista *Veja*, como comprovam os laudos periciais." Ele acabou sendo absolvido pelo Supremo Tribunal Militar (STM), por oito votos contra quatro. O mesmo STM, no entanto, condenou-o a quinze dias de prisão pelo artigo no qual reclamara do salário. O episódio, como um todo, não se mostrou uma boa estreia em termos de repercussão positiva na imprensa.

Em 2014, veio o primeiro caso notável no Congresso: em dezembro, Bolsonaro não gostou de um discurso da deputada Maria do Rosário, do PT do Rio Grande do Sul, reconhecida por sua atuação na defesa dos direitos humanos. Ex-ministra da Secretaria de Direitos Humanos, ela afirmara em plenário que homens e mulheres "se colocaram de joelhos diante dela [da ditadura] para servirem ao interesse da tortura, da morte, ao interesse de fazer o desaparecimento forçado, o sequestro". Também chamou a ditadura militar no Brasil (1964-1985) de "vergonha absoluta". O deputado Jair Bolsonaro, já capitão reformado e então no PP-RJ, subiu rapidamente à tribuna. Ao ver que a deputada estava se retirando do plenário, falou alto: "Fica aí, Maria do Rosário, fica. Há poucos dias, tu me chamou de estuprador, no Salão Verde, e eu falei que não ia estuprar você porque você não merece. Fica aqui pra ouvir." Evidentemente, a cobertura da imprensa foi-lhe imensamente negativa. Nada justificava tamanha agressão pessoal. Foi quando os brasileiros conheceram melhor sua personalidade rancorosa, seu pendor autoritário, sua incontornável incontinência verbal.

O segundo caso de repercussão no Congresso teve a ver com o primeiro militar brasileiro reconhecido pela Justiça como torturador, o coronel Carlos Alberto Brilhante Ustra, morto em outubro de 2015. Ele era o chefe do DOI-Codi em São Paulo, órgão da repressão política da ditadura onde foram assassinados não somente o jornalista Vladimir Herzog, como também outras cerca de cinquenta pessoas, um tanto delas consideradas desaparecidas até hoje, além de torturadas quinhentas num período de quatro anos, entre 1970 e 1974, conforme apuração da Comissão Nacional da Verdade.

Seis meses depois da morte de Brilhante Ustra, Bolsonaro resolveu aproveitar seu minuto de fama na declaração de voto no processo de impeachment contra Dilma Rousseff que tramitava no Congresso e, no dia 17 de abril de 2016, um domingo, lançou sua inconcebível homenagem nas frases finais de sua fala proferida na Câmara: "Contra o comunismo. Pela nossa liberdade. Contra o Foro de São Paulo. Pela memória do coronel Carlos Alberto Brilhante Ustra, o pavor de Dilma Rousseff. Pelo Exército de Caxias, pelas nossas Forças Armadas! Por um Brasil acima de tudo e por Deus acima de todos, o meu voto é sim." A repercussão na mídia impressa, falada, televisionada e digital foi a mais negativa possível. "Estarrecedor." "Execrável." "Deprimente." Segundo a BBC, esses foram alguns dos termos usados por ativistas de direitos humanos ao comentar a homenagem feita pelo deputado, então no PSC-RJ, ao coronel Brilhante Ustra.

Ele viu acerto naquele estilo "sincerão" junto a seu público mais conservador e, sempre que acha necessário, repete essa homenagem aos porões da ditadura militar. Talvez a reação negativa à fala, fortemente noticiada, tenha alimentado em Bolsonaro a convicção de que precisaria combater a imprensa profissional, a mesma que sempre defendera a democracia e a liberdade de expressão. De quebra, seria melhor estar sempre na mídia, ainda que de forma negativa, do que não ser citado nem lembrado. O desgastado bordão, sempre atual: falem mal, mas falem de mim. Isso virou, visivelmente, uma obsessão.

Acrescente-se que alguns programas de televisão de relativo sucesso entre 2008 e 2015, como *Superpop*, *Pânico* e *CQC*, serviram sobremaneira para dar a Bolsonaro uma boa presença na mídia. Presença debochada, é verdade, mas com enorme visibilidade. A atriz e apresentadora Monica Iozzi, em entrevista a Pedro Bial em setembro de 2020, no programa *Conversa com Bial*, da TV Globo, afirmou ter se arrependido de dar voz ao então deputado Jair Bolsonaro quando ela era repórter do *CQC*, na Band. "Bolsonaro foi muito mais inteligente do que eu", disse ela a Bial. "Ele sabia que podia se utilizar da oportunidade que o programa proporcionava para espalhar seu discurso. Ele ainda não era um cara muito conhecido, então para ele era bom." Iozzi se notabilizou no programa humorístico por suas entrevistas abusadas e intimidantes nos corredores do Congresso, em Brasília.

Do ponto de vista psicanalítico, essa presença debochada pode ter levado Bolsonaro a "refinar" sua estratégia intimidadora, mas da maneira mais agressiva possível contra a imprensa. Um levantamento da Fenaj revelou que só no primeiro semestre de 2020 o presidente Jair Bolsonaro fez 245 ataques contra o jornalismo. Foram 211 tentativas de desacreditar a imprensa, 32 ataques pessoais a jornalistas e dois contra a própria Fenaj. Quase dez ataques por semana ao trabalho jornalístico, calculou-se no levantamento. "Para além dos números, os dados mostram que as notícias sobre as ações do governo ou a postura do presidente sobre diversos assuntos transformam a imprensa em sua 'inimiga', com a construção de uma narrativa de ataques com o objetivo de desacreditar o trabalho jornalístico e a produção de notícias. Algumas vezes o presidente coloca a imprensa e os jornalistas como 'inimigos do país', por conta de coberturas que o desagradam", afirmou a Fenaj no relatório.

O monitoramento da Fenaj deu conta de declarações públicas de Bolsonaro em *lives* (transmissões ao vivo, em especial no

YouTube), posts no Twitter, videocoletivas em frente ao Palácio da Alvorada e discursos e entrevistas publicados pelo Planalto. O relatório é um repositório de ódio escancarado, como se pode ver em algumas das citações a seguir, todas de 2020, reproduzidas conforme foram escritas (com erros de gramática ou de digitação) pelo site Congresso em Foco.

Em 6 de janeiro: "Eu quero que vocês mudem [...]. Quem não lê jornal não está informado, e quem lê está desinformado. Tem que mudar isso! Vocês [jornalistas] são uma espécie em extinção. Eu acho que vou botar os jornalistas do Ibama... os jornalistas do Brasil vinculados ao Ibama. Vocês são uma raça em extinção."

Em 6 de fevereiro: "Muitas vezes nem deturpam mais, mentem descaradamente. Nós queremos a verdade. Eu sei que não depende de vocês o final da matéria, passa por um editor. O cara vai lá e, pô, tenho que ferrar esse presidente aí porque... cortou a verba de publicidade pra nossa televisão."

Em 27 de fevereiro: "Agora, um trabalho porco, mais um trabalho porco, que a mídia toda repercutiu isso daí, em cima da Vera Magalhães, que eu nunca vi, uns dois anos pra cá que o pessoal fala sobre ela pra mim, tem na Rádio Jovem Pan, nunca vi, nunca ninguém me falou que ela falou uma palavra positiva sobre a minha pessoa, sobre nosso governo, nada, é só pancada o tempo todo. Afinal de contas, né?, a imprensa que não atrapalha recebe dinheiro do governo do estado", afirmou. A jornalista havia revelado que o presidente estava incentivando a participação de aliados em atos contra as instituições democráticas.

Em 4 de março: Jair Bolsonaro, na saída do Palácio da Alvorada, junto a um humorista que fazia paródia do presidente, ofereceu bananas à imprensa e exaltou seus apoiadores a ofender os jornalistas.

Em 10 de março: "Muito mais fantasia, a questão do coronavírus, que não é isso tudo que a grande mídia propala, ou propaga, pelo mundo todo, [...] ou outra, alguns da imprensa conseguiram fazer de uma crise a queda do preço do petróleo." Foi com essa fala que o presidente inaugurou os ataques à imprensa pela cobertura da pandemia de covid-19, sempre minimizando o problema.

Nesse dia o país registrou oficialmente 34 casos acumulados de covid-19 e não havia nenhuma morte ainda.

Em 26 de março: "Atenção povo do Brasil, esse pessoal [jornalistas na frente do Palácio da Alvorada] diz que eu estou errado, e vocês têm que ficar em casa. Agora eu pergunto: o que vocês tão fazendo aqui? O que vocês tão fazendo aqui? Imprensa brasileira, o que vocês tão fazendo aqui? O que tão fazendo aqui? Não estão com medo do coronavírus? Vão para casa!"

Em 19 de abril: "Essa mesma imprensa diz que todos devem ficar em casa. A continuar com o fecha geral não está difícil de saber o que nos espera." Nesse dia, o Ministério da Saúde contabilizava 38.654 casos e 2.462 mortes.

Em 29 de abril: "As medidas restritivas estão a cargo dos governadores e prefeitos. A imprensa tem de perguntar para o Doria por que mais gente tá perdendo a vida em São Paulo. Perguntar pra ele, que tomou todas as medidas restritivas que ele achava que devia tomar. Não adianta a imprensa querer botar na minha conta essas questões, que não cabem a mim. Não adianta a *Folha de S.Paulo*, a Globo aí, que fez uma manchete mentirosa, tendenciosa, querer colocar a culpa em mim [...]. A Globo não tem moral! A Globo não tem moral! Você é um mentiroso, a Globo é mentirosa! [...] Eu não vou pagar pra vocês falar a verdade e falar bem de mim!"

Em 9 de maio: No mesmo dia em que o Brasil anunciaria mais de 10 mil mortes pela covid-19, Bolsonaro contou que faria um churrasco com apoiadores no Palácio da Alvorada. Depois da repercussão negativa de sua fala, voltou atrás e mentiu a respeito do churrasco que ele mesmo havia marcado: "Alguns jornalistas idiotas criticaram o churrasco FAKE, mas o MBL se superou, entrou com AÇÃO NA JUSTIÇA."

Em 9 de junho: A crítica veio no bojo de uma reunião do Conselho de Governo, quando o país registraria 739.503 casos de covid-19 acumulados e 38.406 mortes: "E, com toda a certeza, esse pânico que foi pregado lá atrás, por parte da grande mídia no tocante ao vírus, começa talvez a se dissipar a partir desse dia de hoje. [...] Nós não temos medo da verdade, e a gente lamenta, sim, as especulações, as mentiras que um órgão de imprensa [provável referência à Globo] em especial teima em rotular este governo. Ao vivo eles fogem de nós, eles querem sempre é gravar para editar e fazer as suas especulações."

No final de 2020: A poucos dias do Natal, durante formatura de policiais militares no Rio de Janeiro, incitou os formandos contra a imprensa: "Em uma fração de segundo, está em risco a sua vida, a de um cidadão de bem ou a de um canalha defendido pela imprensa brasileira. Não se esqueçam disso. Essa imprensa jamais estará do lado da verdade, da honra e da lei. Sempre estará contra vocês. Pense dessa forma para poder agir." E ainda acrescentou: "Não esperemos da imprensa a verdade. As mídias sociais, essas sim, trazem a verdade, e não a fábrica de *fake news* que é a imprensa brasileira."

Balanço anual produzido pela ONG Repórteres Sem Fronteiras registrou que em 2020 o presidente Jair Bolsonaro e pessoas de seu entorno, principalmente os filhos, fizeram 580 ofensas a profissionais de imprensa e empresas de comunicação. O presidente e os filhos aparecem como responsáveis por 85% dessas ofensas.[10] Tudo isso se refletia e se reflete diuturnamente nas redes sociais, onde os apoiadores do presidente copiam, comentam e compartilham todos os conteúdos distribuídos pelo líder e ainda criam outros, também espalhados via WhatsApp, lastreados pelo ódio contra quem não comunga o ideário rancoroso que brota não só do presidente, como também de seus familiares e acólitos. Não à toa, a própria imprensa deu conta desse mecanismo, o chamado "Gabinete do Ódio", organizado para produzir e publicar o material a ser distribuído digitalmente pelos simpatizantes do governo. Em 2019, segundo dados coligidos pela Associação Brasileira de Emissoras de Rádio e Televisão (Abert), a imprensa profissional sofreu 11 mil ataques por dia via redes sociais. Sete agressões por minuto.

Caso emblemático, dada a carga de ódio envolvida, é o da jornalista Patrícia Campos Mello, uma das ganhadoras do Prêmio Maria Moors Cabot de 2020, concedido desde 1939 pela escola de jornalismo da Universidade Columbia, em Nova York. A premiação reconhece profissionais que tenham contribuído significativamente para defender a liberdade de imprensa nas Américas. No final de 2018, uma reportagem publicada pela *Folha*, assinada pela jornalista e baseada em documentos da Justiça do Trabalho e em relatos de um depoente, anunciava que o ex-funcionário de uma empresa de disparos em massa de conteúdos digitais, Hans River do Rio Nascimento, mostrou que uma rede de empresas recorreu ao uso fraudulento de nomes e CPFs de idosos para registrar chips de celular e garantir remessa de lotes de mensagens ilegais em benefício de políticos. O candidato a ser beneficiado era Jair Bolsonaro.

Um ano mais tarde, o Congresso decidiu instalar uma Comissão Parlamentar Mista de Inquérito (CPMI), que reúne senadores e deputados, para averiguar a questão das *fake news*. A reportagem de Patrícia Campos Mello estava em pauta. Ouvido em fevereiro de 2020 na CPMI, e sem apresentar provas, Hans afirmou que a repórter queria "um determinado tipo de matéria a troco [*sic*] de sexo", declaração imediatamente compartilhada pelo deputado federal Eduardo Bolsonaro, filho do presidente, nas redes sociais. No "cercadinho" montado na entrada do Palácio da Alvorada para o presidente falar com seu público, Jair Bolsonaro tratou do caso. "Ela [a repórter] queria um furo. Ela queria dar o furo a qualquer preço contra mim [risos dele e dos demais]. Lá em 2018 ele [Hans, em depoimento ao Ministério Público] já dizia que eles chegavam perguntando: 'O Bolsonaro pagou pra você divulgar informações pelo WhatsApp?'."

Num depoimento dramático, a repórter escancarou o resultado prático daquilo tudo e como os grupos de ódio bombardearam seu perfil e pulverizaram as redes sociais com agressões as mais chulas possíveis. Patrícia também relatou sua história no livro *A máquina do ódio*.[11] Explicou ainda o que estava se passando com ela nas redes, em texto redigido na primeira pessoa, na própria *Folha*, em 8 de março de 2020, Dia Internacional da Mulher. Leia seus principais trechos:

Quanto valerá uma foto em que uma mulher aparece pelada, de pernas abertas, em cima de uma pilha de notas de dólares, chamada de piranha? E uma em que o rosto dessa mesma mulher aparece com a legenda: "Folha da Puta — tudo por um furo, você quer o meu? Patrícia, Prostituta da *Folha de S.Paulo* — troco sexo por informações sobre Bolsonaro"? E outra em que essa mulher — sempre a mesma — aparece com a frase "Ofereço o cuzinho em troca de informação sobre o governo Bozo"? Peço desculpas pelas palavras grosseiras, mas estou apenas descrevendo alguns dos incontáveis memes [uma fusão de imagem com texto, às vezes com imagens animadas] que eu recebo todos os dias, que são compartilhados por milhares de pessoas pelo WhatsApp, Facebook, Twitter e Instagram. É o meu rosto e o meu nome que estão nesses memes.

Em seu depoimento à CPMI, Hans contou diversas mentiras, entre elas a de que eu teria tentado obter informação "a troco [*sic*] de sexo". Algumas horas após o depoimento, publicamos reportagem que, com provas concretas, desmentiu Hans de forma cabal. As entrevistas com ele haviam sido gravadas, com a sua permissão; as fotos e a planilha que ele mandou tinham sido salvas, assim como todas as trocas de mensagem. Essas provas revelavam que o depoente havia mentido à CPMI em diversos pontos. Tudo isso foi anexado ao processo que estou movendo contra ele.

Com a declaração do presidente, os ataques pioraram. "E aí, putinha da *Folha*, kkkkk, cuidado ao oferecer o furico", disse o usuário matheus.schuler, no Instagram.

"Você tava querendo dar a buceta para ver o notebook do cara kkkkkkk então você chupa piroca por fontes?", dizia um usuário do Facebook chamado Bruno Pires, que, segundo sua conta na rede social, estudou direito na Universidade de Rio Verde.

Até um legislador, eleito pelo povo brasileiro, sentiu-se autorizado para ofender. "Se você acha que está na pior, lembre-se da jornalista da *Folha de SP* que oferece SEXO em troca de alguma matéria para prejudicar Jair Bolsonaro", disse em sua conta oficial do Twitter o deputado André Fernandes, do PSL do Ceará. O tuíte está lá até hoje, na conta do deputado.

Em seguida, em função da data da publicação de seu texto, Dia da Mulher, Patrícia enumerou episódios recentes de agressão a jornalistas mulheres, como o da repórter Talita Fernandes (*Folha*), que ouviu Bolsonaro dizer-lhe "cala a boca" durante entrevista coletiva. Como o da jornalista Vera Magalhães (*O Estado de S. Paulo*/TV Cultura), alvo de ataques misóginos e investidas verbais, além de ter sua família exposta. Ou o caso da repórter Marina Dias (*Folha*), alvo de tantas declarações pejorativas nas redes sociais, que se viu obrigada a fechar temporariamente sua conta no Twitter. Marina ouviu do presidente Bolsonaro, em uma coletiva em Dallas, no Texas, que deveria entrar de novo "em uma faculdade que presta e fazer bom jornalismo".

Patrícia lembrou ainda o episódio com a jornalista Constança Rezende, vítima de uma pegadinha seguida de notícia falsa disseminada pelo próprio presidente no Twitter. Também a história da jornalista Míriam Leitão, mais um alvo constante do presidente e de seus apoiadores. Bolsonaro acusou Míriam de mentir sobre ter sido torturada e zombou dos métodos de tortura denunciados por ela, como o de terem colocado uma cobra na sua cela. "Coitada da cobra", escarneceu Bolsonaro. Durante a ditadura, a jornalista foi presa e torturada, nua e grávida, aos 19 anos, quando estava detida no 38º Batalhão de Infantaria, na Região Metropolitana de Vitória. Míriam continua sofrendo frequentes ataques misóginos nas redes.

Outro caso emblemático, este pela reação das pessoas nas redes, foi o da ameaça de agressão feita pelo presidente contra um jornalista de *O Globo*. Na esteira da prisão de Fabrício Queiroz, acusado de comandar um esquema de repasse de dinheiro de funcionários no gabinete do então deputado estadual Flávio Bolsonaro, filho do presidente, um repórter que acompanhava a visita de Jair Bolsonaro à catedral em Brasília perguntou: "Por que a primeira-dama, Michelle, recebeu em sua conta R$ 89 mil de Fabrício Queiroz?" A resposta do presidente da República foi assim: "A vontade é encher tua boca com uma porrada, tá?"

A partir dessa reação, usuários das redes sociais passaram a repetir a pergunta do repórter em seus posts, no mesmo dia da agressão, um domingo, 23 de agosto de 2020. Até o fim da noite, o professor Fábio Malini, da Universidade Federal do Espírito Santo, havia contabilizado mais de 1 milhão de mensagens no Twitter com a pergunta "Presidente, por que a primeira-dama, Michelle, recebeu em sua conta R$ 89 mil de Fabrício Queiroz?". A indagação continuou sendo firmemente publicada nos dias seguintes em português, em outras línguas, em memes, em charges, com vídeo ou sem vídeo, em diferentes plataformas de mídia social, na mídia profissional, em blogs, em sites e portais — uma reação espontânea jamais vista até então.

Na *Folha*, em setembro de 2020, com o título "Jornalismo sob ataque", a ombudsman Flavia Lima, na função de advogada do leitor (atividade que eu mesmo inaugurei e felizmente perdura no jornal apesar das crises), elencou o problema de forma bastante abrangente. Segundo ela, entender o caminho trilhado pela imprensa até aqui talvez ajude a própria imprensa a sair dessa, porque nos últimos dias a questão do esforço de desgastar o jornalismo e inculcar no público dúvidas sobre a veracidade do que é publicado havia ganhado "novos contornos".

O primeiro caso observado por ela foi o do *Estadão* na segunda-feira 31 de agosto de 2020, depois de um domingo de muito sol e calor. O jornal publicara na capa uma foto da praia de Ipanema, no Rio de Janeiro, lotada em plena pandemia de covid-19, quando era proibido permanecer na areia. "Não demorou muito para que usuários de redes sociais dissessem que a imagem era falsa, veiculada com o objetivo de manipulação", disse Flavia. Ela dava conta de que partidários do governo Bolsonaro acusavam o jornal de falsificação de informação. Agências de checagem de conteúdo foram mobilizadas para aferir o fato e confirmaram a data e a autenticidade da foto.

No plano municipal, a ombudsman contava que, no mesmo dia, reportagem da TV Globo mostrou que a Prefeitura do Rio de Janeiro havia arregimentado uma rede de funcionários em cargos de confiança para fazer plantões em frente aos hospitais municipais com o objetivo de intimidar usuários e impedi-los de falar das suas agruras em relação ao atendimento na área da saúde, inviabilizando, com isso, o trabalho da imprensa. A organização dos funcionários era feita por pelo menos três grupos formados em aplicativo de mensagens, um dos quais nomeado "Guardiões do Crivella", em referência ao então prefeito da cidade, Marcelo Crivella. Segundo Flavia, as imagens feitas pela TV Globo eram constrangedoras. Numa delas, um "guardião" tentava intimidar um homem que perdera um dedo. Em outra, dois deles interrompiam aos gritos a entrevista dada por uma mulher que cobrava transferência de hospital da mãe com câncer. Para a prefeitura, esses grupos de guardiões serviam para "melhor informar a população". Mais uma vez se usava como justificativa exatamente o seu contrário, explicou Flavia.

Fechando a semana, na sexta-feira uma juíza do Rio proibiu que a TV Globo divulgasse documentos sigilosos da investigação sobre o senador Flávio Bolsonaro (Republicanos-RJ), suspeito de liderar esquema de "rachadinha" em seu antigo gabinete na Assembleia Legislativa do Rio, a mesma investigação que envolve Fabrício Queiroz. "Se há interesse público, a publicação desses documentos, ainda que passível de críticas, é trabalho da imprensa", disse corretamente a ombudsman. Algumas semanas depois, contudo, o desembargador Flávio Dutra, do Tribunal de Justiça do Rio de Janeiro, manteve a proibição.

Some-se à patrulha, à distorção e à falsificação que sofre a imprensa, a componente censura. Como diz um velho clichê, justiça seja feita: mesmo antes da assunção de Bolsonaro ao poder, a democracia brasileira já enfrentava episódios de censura prévia, determinada pela Justiça, em claro desacordo com o texto constitucional. As leis do país, em especial o Código Civil e o Código Penal, dão conta dos crimes cometidos via veículos de comunicação, sejam da velha ou da nova mídia, das publicações tradicionais ou das publicações nativas digitais, como as de redes sociais, blogs, sites e portais. A censura prévia é uma excrescência jurídica.

Nos anos recentes, o *Estadão* voltou a enfrentar a censura. Por decisão do Tribunal de Justiça do Distrito Federal, o jornal foi proibido de divulgar informações da Operação Boi Barrica, que envolvia o empresário Fernando Sarney, filho do ex-presidente José Sarney. Em 2018, o ministro Ricardo Lewandowski, do Supremo Tribunal Federal, derrubou a decisão, mas o jornal passou 3.327 dias sob censura, além dos tempos em que foi vítima de intervenção no governo Vargas e da censura durante a ditadura militar.

Em 2019, em decisão monocrática, o ministro Alexandre de Moraes, também do Supremo Tribunal Federal, proibiu a revista *Crusoé* e o site O Antagonista de divulgar a reportagem intitulada "O amigo do amigo de meu pai". O texto se referia ao então presidente do Supremo, Dias Toffoli. Tratava de um documento dos autos da Operação Lava Jato segundo o qual o empreiteiro Marcelo Odebrecht respondia a um pedido de esclarecimento feito pela Polícia Federal, que queria saber a identidade de um personagem que ele cita em um e-mail como "amigo do amigo de meu pai". A Odebrecht respondeu tratar-se de Dias Toffoli, conforme revelou a *Crusoé* em sua edição de número 50. O próprio Moraes, no entanto, reviu sua decisão dias depois, mas a censura existiu.

Em setembro de 2020, outro caso de censura advinda do Judiciário atingiu o portal GGN, do jornalista Luis Nassif. A decisão veio da mesma Corte que censurara a Globo, o Tribunal de Justiça do Rio. O GGN foi intimado a retirar do ar onze notícias envolvendo o banco de investimento BTG Pactual. Em vez de somente processar o jornalista, partiu-se novamente para a censura pura e simples.

Em junho de 2020, a RBS TV, do Rio Grande do Sul, foi atingida pelo mesmo dissabor ao ter reportagem sobre a concessão irregular do abono emergencial impedida de ser veiculada por decisão de um juiz da comarca de Espumoso. Ele concedeu liminar impedindo a publicação de material envolvendo o nome da autora da ação.

Sobre essas censuras, em editorial, a *Folha* considerou espantoso que, "após mais de trinta anos de vigência de um regime constitucional democrático, magistrados ainda lidam mal com princípios tão claros e inegociáveis quanto as liberdades de expressão, pensamento e imprensa". De forma clara, o jornal explicou ser direito de qualquer um recorrer aos tribunais caso se sinta prejudicado. Mas é sempre bom repetir, em tempos de tentações autoritárias, que não cabe à Justiça proibir a divulgação de material noticioso ou opinativo. Cabe a ela julgar se houve crime no material publicado e punir o responsável, se for o caso.

Em função dessas e de outras decisões parecidas, juízes claramente imbuídos do autoritário espírito do tempo parecem esquecidos de que a regra geral e constitucional deve ser a da liberdade de expressão, e não o contrário. Como escreveu a ombudsman: "Há um clima geral de intimidação da imprensa, que cresce, se diversifica — e não se restringe ao Brasil."

A ameaça de agressão de Bolsonaro contra o jornalista de *O Globo* uniu cerca de 1 milhão de pessoas contra o presidente no Twitter, sem contar as outras redes sociais, e galvanizou seus apoiadores. Não há na história do país um fenômeno parecido como esse de milhares de pessoas, em rede, publicarem a mesma pergunta a um presidente, e de forma tão consistente. Isso aconteceu talvez porque houvesse uma novidade na fala de Bolsonaro. Ele já vinha fazendo ataques e ameaças, como a de cortar publicidade, cancelar assinaturas, dificultar a renovação da concessão da Rede Globo ou tentar proibir a publicação de balanços financeiros nos jornais, uma receita importante para eles — esta última perseguição foi barrada pelo Congresso. A novidade surgida naquele domingo em frente à catedral de Brasília se referia ao tom do presidente. O tom subira. "Não se trata mais de evitar [a imprensa] e às vezes ser grosseiro. Agora o presidente passou a ameaçar", analisou Andreza Aruska de Souza Santos, diretora de um programa de estudos sobre o Brasil da Universidade de Oxford, na Inglaterra.

Foi quando seguidores do presidente aproveitaram a ocasião para tentar mostrar que as redes eles dominam. Levantamento da plataforma Torabit, de monitoramento de dados, indicou que, nas principais redes — Twitter, Facebook, Instagram e YouTube —, apoiadores de Bolsonaro passaram a usar sua ameaça como incentivo à violência física. "Eu só lamento de [sic] não estar lá na hora, para fazer esse serviço para o presidente, quantos jornalistas que seriam [*sic*] ter a boca erebentada [*sic*] todos os dias, para parar essa perseguição imoral da imprensa suja do grupo globo Lixo", escreveu um usuário do Twitter. Outro: "Muito mimimi dessa imprensa suja. Nosso presidente é assim mesmo. O que é um soco na boca de um jornalista que pergunta Presidente @jairbolsonaro, por que sua esposa Michelle recebeu R$ 89 mil de Fabrício Queiroz?"

Um dos posts de maior quantidade de compartilhamento trazia a seguinte mensagem: "O erro da Michelle Bolsonaro foi ter recebido o dinheiro via depósito bancário, de forma honesta. Se tivesse recebido em forma de propina igual os donos da #GloboLixo ou 'vendendo Avon', como a Marisa Letícia, a mídia certamente não estaria em cima." Os posts retratavam o movimento típico de impulsionamento a partir de comando advindo de grupos bolsonaristas. Somente no dia 25 de agosto, dois dias após a ameaça, o Torabit capturou milhares de menções idênticas postadas por diferentes perfis.

O mesmo aconteceu com o post de Rodrigo Constantino: "Por que quando Bolsonaro dá resposta atravessada a UM jornalista, isso é 'ataque à imprensa', mas quando UM jornalista deseja a morte do presidente isso não é 'ataque à presidência' por parte da imprensa? Num caso há coletivismo, no outro individualismo? Seletividade oportunista." Esse post teve mais de 5.500 retuítes. Ou o post, também do Twitter, no qual o perfil TeAtualizei diz que "quando vc vê a mídia praticamente comemorando 100 mil mortos, você tem a certeza que essa doença é mais política do que qualquer outra coisa. #BolsonaroTem Razão", este com mais de 6.300 retuítes.

Conforme análise da revista *Época*, nas demonstrações de apoio à ameaça, brasileiros bolsonaristas diziam, por exemplo, que jornalistas merecem "tomar porrada na boca" e que o presidente "só errou" ao não agredir o repórter. A violência presidencial contra o repórter seria um sinal de defesa da primeira-dama e da integridade. Um bolsonarista que se apresenta em seu perfil como "cristão, patriota, trabalhador e pai de família" não teve dúvida em renegar o espírito cristão: "Ganhou mais minha admiração hoje, presidente, quando disse que queria quebrar aquele 'jornalista na porrada'. Eu teria quebrado, pra ele respeitar mulher de homem."

O resultado desse movimento é o escancaramento da politização exacerbada nas diferentes plataformas de mídia social, dado que o cidadão passou a ter poder midiático, e a publicação de opiniões passou a se confundir com a publicação de notícias. A politização levou à polarização e vice-versa, uma vez que os partidários do governo Bolsonaro se entrincheiraram de acordo com as recomendações do comando central, sempre trabalhando digitalmente para alimentar as tropas. Trata-se de um movimento desigual e combinado. O lado combinado (bolsonaristas de direita, de extrema direita, fiéis em geral) está devidamente organizado para os ataques, o outro lado (parte da direita, do centro, centro-direita, centro-esquerda, minorias politizadas, esquerda, extrema esquerda, céticos, independentes, neutros...) apenas reage, de forma orgânica, sem organização, desigual. Alinhada, até aqui, entende-se bem, só há uma parte, a dos bolsonaristas.

Ecoando os paradoxos de Dickens, citados na resposta à terceira questão aqui abordada, para grande parte dos brasileiros este é, sim, o pior dos tempos, é a era da tolice, a época da incredulidade, a temporada das trevas, o inverno do desespero.

4. *A imprensa profissional tem exercido seu papel neste contexto de politização e polarização?*

Para enfrentar essa quarta questão, a primeira atitude possível é tentar entender como a imprensa tem sido vista pelos brasileiros tanto nas redes sociais quanto nas pesquisas de opinião. Essa abordagem pode dar uma ideia mais precisa sobre se, realmente, a imprensa cumpre sua missão essencial de informar, de relatar com fidedignidade os fatos, de ouvir os diversos lados, de buscar a verdade factual, de criticar quando necessário, de não se dobrar às chantagens políticas e de exercer o seu devido papel de imprensa profissional lastreado por uma técnica aprimorada desde Gutenberg.

Mídias sociais e pesquisas de opinião são coisas distintas, evidentemente. Uma coisa é aferir a popularidade ou a confiabilidade da imprensa profissional num meio fortemente polarizado e politizado como o das redes sociais. Outra é ver como ela se sai na avaliação da população estatisticamente estratificada para podermos compor uma amostra razoavelmente confiável. Mas vamos lá.

Para um levantamento da opinião sobre a imprensa nas redes sociais, escolhi os 31 dias de agosto de 2020. Não por acaso, nesse mês os brasileiros sentiram o impacto da ameaça de agressão de um presidente a um jornalista. O período se mostrou ideal para medir a temperatura dos usuários *vis-à-vis* à chamada grande imprensa. Com a ajuda da plataforma Torabit, analisei não todos, mas uma amostra de cerca de 1,1 milhão de posts nas redes Twitter, Facebook e YouTube sobre a imprensa profissional. Toda vez que um usuário falava de alguma forma sobre o universo da mídia, dos jornalistas, a menção era coletada. O pico se deu em 24 de agosto, dia posterior à ameaça de socar a boca do repórter, quando se multiplicaram nas redes as perguntas sobre por que Queiroz depositara dinheiro na conta de Michelle Bolsonaro.

Ao examinar o sentimento expresso pelas pessoas e identificar o percentual de posts positivos e de negativos em relação aos veículos mais comentados, o resultado nas redes se revelou claro: 50% dos comentários eram negativos em relação à imprensa; 30% eram positivos; e 20% podiam ser considerados neutros. Dos veículos tradicionais da imprensa, os três mais mencionados no período analisado foram a Rede Globo, a *Folha* e o *Estadão*. Comparadas entre si, a Rede Globo recebeu 60% das citações específicas; a *Folha*, 27%; e o *Estadão*, 13%.

O veículo mais citado entre os três, a Rede Globo, também foi o que mais atraiu menções negativas: 71%. Já as positivas somaram 16%; e as neutras, 13%. O segundo mais citado, a *Folha*, carregou 60% de menções negativas; 19%, de positivas; e 21%, de neutras. O *Estadão* provocou 54% de menções negativas; 36%, de positivas; e 10%, de neutras.

Do ponto de vista da defesa da democracia, preocupa uma imagem quase 50% negativa para a imprensa profissional nas redes sociais, enquanto as manifestações positivas somam apenas 30%? Assim, de chofre, parece que sim. Não é necessário, contudo, ir mais fundo no exame do movimento dessas menções para intuir que é inegável a força de articulação das bolhas digitais ideologizadas e os mecanismos artificiais de multiplicação de opiniões, via robôs, principalmente quando se fala na propagação desenfreada do ódio.

Nessa situação, tem importância estratégica o trabalho incansável de construção de conteúdo negativo realizado pelas forças digitais pró-governo, numa articulação da família Bolsonaro, do Gabinete do Ódio e de influenciadores, no sentido de produzir material para ser religiosamente replicado pelo exército de fiéis seguidores. Desse grupo parte a maioria dos comentários, dos memes, dos vídeos e dos ataques verbais que têm como mira veículos de imprensa, em especial a Rede Globo e a *Folha*, os mais citados. Há ali também uma competente fábrica de notícias falsas.

Um jovem jornalista, Sergio Pantolfi, passou dois meses dentro de grupos bolsonaristas durante a pandemia. Ele relatou a experiência em seu perfil no Medium. Para ele, tentar entender o que ocorria no interior desses grupos "foi algo chocante". Ele afirma que sabia mais ou menos o que esperar — mas não imaginava que "poderia ser muito pior". Um especialista em comunicação da Universidade Estadual do Rio de Janeiro (Uerj), João Guilherme Bastos, explicou a Pantolfi a simplicidade da ação: pessoas presentes em mais de um grupo de WhatsApp conseguem montar uma estrutura de grupos interconectados, tornando possível que a "desinformação se viralize rapidamente". Esses grupos são abertos, com convites e links disponíveis nas redes e na web.

No total, Pantolfi conseguiu entrar em dez grupos, tanto do WhatsApp como do Facebook, cujos nomes, genéricos, com palavras de apoio ao presidente ou voltados para o patriotismo, eram alterados constantemente. Ele dá alguns exemplos: "100% Patriotas Bolsonaro"; "Patriota contra corruptos"; "#somostodosbolsonaro" e "Ordem e progresso". Dos dez, a maioria estava lotada, com os 256 participantes permitidos pela plataforma. Em todos, havia mais homens (a maioria brancos) do que mulheres.

Para além dos detalhes trazidos pelo jornalista, e que podem ser conferidos na íntegra do depoimento, o mais importante a reter é o mecanismo explicitado. "A maioria deles [dos grupos] é bombardeada de informações 24 horas por dia. São fotos, vídeos, notícias de fontes duvidosas e divulgações de canais de YouTube, e de longe, são os grupos que mais compartilham conteúdo encaminhado. Muitos desses conteúdos já foram encaminhados tantas vezes, que foram limitados ao envio para somente um contato ou grupo. Além disso, se a opção de baixar vídeos automaticamente não estiver desabilitada, provavelmente a memória do celular vai 'entupir' rapidamente. Em um mês, o armazenamento do meu *smartphone* já estava quase tão cheio, que tive de excluir alguns aplicativos e fotos para liberar espaço."

Um dos exemplos, pusilânime, reflete bem o método de construção e incentivo à distribuição de uma notícia falsa. Uma das primeiras mensagens no grupo "#somostodosbolsonaro" era sobre o menino João Pedro, assassinado por policiais no dia 18 de maio de 2020 em São Gonçalo, na Região Metropolitana do Rio de Janeiro. A mensagem encaminhada ao grupo dizia o seguinte: "João Pedro, o adolescente 'coitadinho' que está sendo defendido no *Fantástico*." Em seguida vinha um vídeo mostrando um garoto (aparentemente menor de idade) em meio a armas, drogas, dinheiro, prostitutas e bebidas em uma favela. "Olhando o vídeo, rapidamente fica claro que o menino em questão não é o João Pedro e, mesmo assim, o vídeo foi compartilhado em quatro dos dez grupos em que eu estava", informa Pantolfi.

Esse tipo de articulação, com a ajuda de replicadores humanos, robôs-humanos (uma mesma pessoa replicando manualmente conteúdos, de forma célere) ou simplesmente robôs digitais, não encontrou ainda exército "inimigo" à altura, tão bem sintonizado. Corrijo: o PT, nas eleições presidenciais de 2010 e 2014, conseguiu organizar um exército digital com funções parecidas e quase a mesma abrangência do exército digital bolsonarista, com a diferença de que as fileiras do PT nas redes minguaram desde o impeachment de Dilma Rousseff, enquanto as de Bolsonaro se multiplicaram.

Espere aí, você teria razão se perguntasse: e os mais de 1 milhão de perguntas sobre o depósito de Queiroz na conta de Michelle Bolsonaro que você mencionou na resposta ao terceiro bloco de questões? Não se trata de uma reação relevante, de pessoas tocadas pelo absurdo do momento? A resposta é sim. Essa reação é relevante, capaz de insinuar a possibilidade de vir a se repetir de forma espontânea em igual medida em outras situações. Todavia, não se tratou de uma reação planejada, organizada e continuada. Tratou-se de movimentação orgânica, exemplar em revelar quanto o brasileiro é capaz de reagir contrariamente a ameaças que abalem pilares da democracia — no caso, o desejo de socar a boca do jornalista, uma ruptura inequívoca da dignidade e da função do próprio cargo de presidente da República.

De volta ao nosso tema, apesar de tudo há uma boa notícia para as publicações profissionais. Grande parte dos brasileiros ouvidos em pesquisa de opinião nos últimos anos demonstrou uma visão positiva a respeito da questão da credibilidade em relação à imprensa. Caso essa tendência persista, isso significa uma perspectiva positiva para a democracia no sentido da sua continuidade, a ser reforçada nas urnas.

Em 2017, pesquisa do Datafolha apontava que, entre os brasileiros, 22% confiavam muito na imprensa; 49% confiavam um pouco; e 28% não confiavam em absoluto.

Em 2018, a imprensa perdeu um pouco da confiança: 16% confiavam muito; 45% confiavam um pouco; e 37% não confiavam.

Em julho de 2019, a situação em relação à confiança na imprensa melhorou e retomou taxas perto das de dois anos antes: 21% confiavam muito; 48% confiavam um pouco; e 30% não confiavam.

A soma dos que confiavam "muito" com os que confiavam "um pouco" registrou 71% em 2017; 61% em 2018; e 69% em 2019. É um percentual relativamente tranquilo para o moral da imprensa profissional — mas requer atenção, dada a variação de dois pontos percentuais para baixo de 2017 para 2019.

Em 2020, dada a dura realidade da covid-19, o Datafolha saiu atrás da confiabilidade ou não dos brasileiros em relação à divulgação de notícias sobre a pandemia, publicamente minimizada pelo presidente Jair Bolsonaro. No levantamento, realizado em nível nacional por meio de telefone, o instituto apurou que noticiosos da televisão (61%) e jornais impressos (56%) lideravam o índice de confiança sobre o tema, seguidos por programas jornalísticos de rádio (50%) e sites de notícias (38%). Em relação às redes, apenas 12% disseram confiar nas informações compartilhadas por meios digitais como o Facebook e o aplicativo de mensagens instantâneas WhatsApp.

No Reino Unido, a correlação entre mídia tradicional, mesmo que digital, e mídia social mudou de 2019 para 2020. A Ofcom (The Office of Communication), instituição que regula a mídia no país, realiza anualmente uma pesquisa para verificar a quantas anda o consumo de notícia. Uma das inúmeras questões apresentadas aos britânicos foi sobre quais fontes eles consideram confiáveis. No relatório de 2020, publicado no site da Ofcom, vê-se que eles elegeram como fonte mais confiável as revistas (não esqueça que eles têm uma das mais confiáveis do planeta, *The Economist*), com 73% de confiabilidade; em segundo lugar, a televisão, com 71% (não se esqueça da BBC); em terceiro, os jornais impressos, com 65%; em quarto, o rádio, com 64%; em quinto, a internet, exceto mídia social, com 62%; e, por último, as mídias sociais, com 35%.

Há uma notícia nesse levantamento inglês: o refluxo da confiabilidade das redes sociais. Pela primeira vez em um longo período de crescimento, em um único ano a quantidade de pessoas que dizia consumir notícia diretamente na mídia social diminuiu quatro pontos percentuais: de 49%, em 2019, para 45%, em 2020.

O estudo indicou também que os usuários consideram a mídia social menos confiável, menos imparcial e menos precisa do que consideravam em 2019.

Nos Estados Unidos, país no qual a politização e a polarização da questão da imprensa têm servido de "modelo" para o cenário brasileiro, a confiança na imprensa profissional também está na pauta. Pesquisa do Instituto Gallup no final de 2018 mostrou que, apesar de ter sido bombardeada constantemente pelo hoje ex-presidente Trump e enfrentar a concorrência das redes sociais, a imprensa americana recuperou credibilidade. Depois de um longo período de queda, que vinha desde 2009, as empresas jornalísticas passaram a contar com a confiança de 45% dos americanos. Para eles, a imprensa relata as notícias "de forma completa, precisa e justa". Esse novo percentual de confiança, 45%, é treze pontos percentuais superior ao do ápice da crise de credibilidade da imprensa profissional, que registrou só 32% de confiança em 2016, ano da eleição de Donald Trump, cuja campanha foi marcada por notícias falsas e manipulação do temor das pessoas nas redes sociais via ferramental sofisticado de propaganda no estilo *microtargeting*.[12]

Os Estados Unidos convivem historicamente com a polarização entre democratas e republicanos, mas lá existem também os que se consideram independentes. Entre os democratas, a confiança em relação ao jornalismo é bem superior: 76%, a mais alta na tendência da pesquisa do Gallup com base nos dados disponíveis desde 1997. A confiança do grupo classificado como independente é de 42%, a maior taxa desse grupo desde 2005. Os republicanos, por sua vez, ficam bem atrás: só 21% confiam na imprensa. Nada de novo. Lá, os republicanos em geral depositam menos confiança na mídia do que os independentes e, em especial, do que os democratas. De acordo com a pesquisa, os ataques de Trump à imprensa eram provavelmente um catalisador dessa visão cada vez mais polarizada da mídia. Os republicanos concordavam com as afirmações do presidente segundo as quais a imprensa cobria injustamente seu governo.

Em setembro de 2020, uma pesquisa feita pelo Gallup para a Knight Foundation indicou que quatro em cada cinco americanos (80%) concordavam com a afirmação de que a mídia estava sob ataque político. O levantamento fazia parte de uma série de pesquisas intitulada "American Views 2020: Trust Media and Democracy". Pouco mais de um terço dos entrevistados (36%), porém, disse que os ataques à mídia eram justificados. Desse subtotal, 16% eram democratas; 36%, independentes; e 61%, republicanos.

Em síntese, tanto lá fora quanto no Brasil, em que pese o ódio que se espraia em bolhas nas redes sociais e nos sites de extrema direita, a população, de forma geral, segue confiando na imprensa. Os resultados das pesquisas sugerem resistência da credibilidade do jornalismo profissional, mesmo enfrentando o papel de coadjuvante no cenário midiático, em que não há mais um ator principal, como na época do "quarto poder". Sugerem ademais que a imprensa, apesar das inúmeras dificuldades de imagem (desancada nas redes), está se saindo bem em relação à população como um todo.

Mas, nesse contexto de politização e polarização, a imprensa tem se defendido de modo eficaz dos ataques sistemáticos? De certa forma, sim. Jornais, revistas, rádios e noticiários de televisão têm se esmerado em denunciar cada ataque recebido. Historicamente, veículos concorrentes nunca se referiam uns aos outros para repercutir algum "furo" ou alguma denúncia veiculada pelo outro. Isso mudou. A ameaça de agressão feita por Bolsonaro ao jornalista de *O Globo*, por exemplo, foi fartamente denunciada por quase todas as publicações profissionais — assim como todas as ameaças que visam desacreditar a imprensa e partem de autoridades constituídas.

Em mais uma iniciativa inédita, em junho de 2020, em virtude dos atrasos propositais nos anúncios dos números da covid-19 e das tentativas do governo Jair Bolsonaro de restringir o acesso às informações sobre a pandemia, seis veículos decidiram se unir e criar um consórcio para capturar os dados diretamente com os estados e calculá-los em escala nacional. Desde então, os veículos G1, *O Globo*, *Extra*, *O Estado de S. Paulo*, *Folha de S.Paulo* e UOL passaram a publicar de manhã e à noite seu levantamento. Após empurrão do Supremo Tribunal Federal, que determinou ao Ministério da Saúde o retorno da divulgação detalhada dos números, o país começou a ter dois resultados por dia. Os dois balanços seguiram publicados diariamente e, em 27 de janeiro de 2021, por exemplo, o total de casos de covid-19 acumulado no Brasil estava em 8,9 milhões conforme o Ministério da Saúde, e 9 milhões de acordo com os veículos. O total acumulado de mortes, por sua vez, estava em 220 mil em ambos os repositórios. A iniciativa do consórcio, vê-se, serviu de freio à vontade do governo de manipular os dados.

Definitivamente, a imprensa profissional precisa e deve combater atitudes que tentam desestabilizá-la. Ela o faz. Tem investido boa parte de tempo e de espaço para mostrar o que está acontecendo, sobretudo em relação às ameaças de perseguição econômica e às afirmações sempre presentes de que publica notícias erradas, falsas ou construídas de propósito, para confundir o público.

5. A imprensa é mesmo parcial? Errou? Se sim, quando e onde? Ou essa discussão é irrelevante?

Antes de entrar diretamente nas tentativas de responder às questões do bloco cinco, quero compartilhar a teoria do Parêntese de Gutenberg.

Em temporada passada na Universidade Columbia, em 2013, travei contato com essa teoria, no mínimo, instigante. Foi por meio de palestra de uma jornalista, Katharine Viner, que acabou se tornando a primeira mulher editora-chefe do respeitado *The Guardian*. Na época, ela dirigia o jornal na Austrália. Numa palestra em Melbourne, naquele mesmo ano, ao falar sobre como a web mudou a forma de organizar a informação, que passou daquele formato claro dos livros e dos jornais, delimitado e sólido, para algo de consistência parecida com a do líquido, cujo fluxo é livre e de possibilidades ilimitadas, a palestrante trouxe à baila o tamanho do problema.[13]

Segundo Katharine, a notícia digital passou a ser constantemente atualizada, melhorada, capaz de produzir conversação, colaboração. Virou algo que exige evolução, mudanças sem limites, e é implacável em relação a isso. O curioso é que esse não seria um movimento novo, e sim um retorno às culturas orais de muitas eras anteriores. A era Gutenberg — os mais de cinco séculos da imprensa — seria apenas um parêntese no percurso das civilizações. Na teoria que ela apresentava, a do Parêntese de Gutenberg, todo o período após a invenção da imprensa por Gutenberg, entre os séculos XV e XXI, teria sido apenas uma pausa, uma interrupção no fluxo normal da comunicação humana.

Katharine Viner explicou que o autor dessa teoria é um professor dinamarquês, Thomas Pettitt, da Universidade do Sul da Dinamarca. Para ele, a web nos faz regressar a um estado pré-Gutenberg, definido pelas tradições orais: informações em fluxos e efêmeras. Observei também que a jornalista ecoava, de certa forma, a abordagem sobre modernidade líquida de Zygmunt Bauman, outro pensador fundamental no entendimento da modernidade, para quem os conceitos, antes sólidos, na atualidade se amoldam a cada situação, assim como os líquidos se ajustam e tomam a forma de seus receptáculos.

Na palestra, a editora do *Guardian* frisou que, no formato clássico da imprensa tradicional, há uma razoável probabilidade de que aquilo que você lê seja uma versão confiável da verdade. Todavia, agora, na era da pós-impressão, do jornalismo pós-industrial, do protagonismo generalizado da mídia, voltamos a uma época em que é bastante provável ouvir e acreditar em informações tanto corretas quanto erradas. Na web, não existiria mais a "solidez" do papel da imprensa profissional para garantir a verossimilhança de uma afirmação qualquer.

Para o professor Pettitt, a maneira como se pensa agora seria uma reminiscência do modo de pensar de um camponês medieval, com base em fofocas, boatos e muita conversa. "O novo mundo é, em alguns aspectos, o velho mundo, o mundo antes da impressão", afirma ele.[14] Dessa forma, a informação produzida por um jornal de qualidade pode ser recortada, retrabalhada, reescrita e compartilhada de forma diferente, e até deformada, em relação ao seu conteúdo original. E não há nada, ou quase nada, que se possa fazer em relação a isso. Portanto, sou bastante cético quando vejo tentativas de controlar, de acabar com a emissão de notícias falsas, seja pela via legislativa, seja pela judiciária, seja pela tecnológica. Se o mundo não acabou com os boatos desde que nos entendemos como seres racionais, imagine se conseguirá acabar agora.

Do ponto de vista estrito do negócio, a lógica manda que os jornais se afastem desse tipo de rede predatória, que canibalizou suas receitas. No entanto, do ponto de vista estratégico, do entendimento da nova realidade, não há por que fechar os olhos e não abraçar as mídias sociais e jogar o seu jogo. Abraçar mesmo. Produzir conteúdos que atendam ao "jeitão" de cada rede, estabelecer uma relação de interação com os internautas, estar onde o leitor estiver. Se ele está no Twitter, o veículo deve estar lá. Idem para YouTube, Facebook, Instagram, TikTok, Clubhouse ou grupos de WhatsApp, para ficar só nos principais.

Numa reunião da qual participei certa vez, na redação de um grande veículo brasileiro, ouvi de um jornalista que cuidava das redes sociais a seguinte afirmativa em relação a um concorrente: "Ele costuma dar bom dia no Twitter. Ora, a gente trabalha com informação, a gente produz é informação, não estamos aqui para dar bom dia..." A clareza da frase expõe a obtusidade de quem não entendeu nada da disrupção pela qual passa o meio jornalístico. A empresa jornalística que quiser sobreviver terá de dar bom dia, terá de se explicar, terá de dançar conforme a música da comunicação bidirecional. Acabou a ditadura da comunicação unidirecional, quando o veículo emissor despejava informação no leitor, então apenas receptor.

Nesse sentido, ficou mais difícil — muito mais — a vida de uma publicação. Leitores podem se revoltar em relação à cobertura de um assunto qualquer e organizar, via redes sociais e aplicativos de conversa instantânea, como o WhatsApp, reações individuais ou em blocos. Torcidas organizadas, de futebol ou militantes políticos, com a ajuda de robôs, podem desferir ataques massivos de requisições ao site da publicação, malhar as páginas das publicações nas redes, inventar fatos, fazer o escambau. As publicações precisam estar preparadas para tanto. Começando por auscultar o que se fala sobre sua marca e suas ações nas redes — ou o que os comentadores que não lhes são simpáticos postam ou escrevem em outras publicações, em especial as menções sérias, respeitáveis, com histórico de credibilidade.

Alguém com essas características, que não seja um teleguiado bolsonarista, fez, por exemplo, alguma crítica à relação conflituosa mantida entre Bolsonaro e a imprensa? Tentou explicar que a imprensa errou? A resposta é sim.

Um deles foi o professor Carlos Alberto Di Franco, consultor de veículos de mídia, representante no Brasil da conservadora Universidade de Navarra, da Espanha, membro do Opus Dei, movimento igualmente conservador, e uma das pessoas especializadas na crítica da mídia que se debruçaram sobre esse problema. Di Franco usou seu espaço de colunista no *Estadão* para, em 7 de setembro de 2020, entrar no assunto: "O presidente Jair Bolsonaro e os jornalistas vivem em clima de guerra." Para ele, esses embates, "tóxicos e intransigentes", não teriam a cara do Brasil. O articulista permitiu-se ensaiar um balanço das perdas e ganhos daquilo que chamou de conflito desagradável e nada produtivo. Para ele, Bolsonaro "ataca muito, mas também apanha para valer". Conforme sua análise, o grande equívoco da imprensa seria deixar de lado a informação e assumir certa postura de militância. E diz o óbvio: "Os eventuais desvios do governo não se combatem com o enviesamento das coberturas, mas com a força objetiva dos fatos e de uma apuração bem conduzida."

Ele dá dois exemplos. O primeiro é o seguinte: "Não faz muito tempo, uma apresentadora de televisão afirmou, no ar, ao noticiar um evento do governo chamado Vencendo a Covid-19, que 'nem Bolsonaro nem as autoridades presentes prestaram solidariedade às vítimas'. Mas o distinto público pôde ver e ouvir que a médica

Raissa Oliveira Azevedo de Melo Soares, uma das participantes da cerimônia, pediu um minuto de silêncio em homenagem aos 115 mil mortos na epidemia — e que todos os presentes atenderam ao seu apelo." Para ele, negar um fato comprovado com som e imagem seria um tiro no pé, um absurdo.

O outro exemplo é uma manchete da *Folha* em 30 de agosto de 2020: "Bolsonaro monta roteiro para entregar obras de Lula e Dilma." "Pois bem", diz Di Franco, "a descontinuidade das obras de infraestrutura dos antecessores, com imensas consequências econômicas e perda de eficiência, tem sido objeto de recorrente crítica da imprensa e da sociedade. As inaugurações de Bolsonaro, independentemente do eventual ganho eleitoral, deveriam ser evitadas? É óbvio que não." Para ele, o presidente estaria fazendo, na verdade, o que sempre é cobrado dos governantes: dar continuidade às obras de administrações anteriores.

Depois de explicar quanto é necessário ao jornalismo ater-se aos fatos e não atribuir a outrem, no caso o presidente, coisas que ele não fez, Di Franco argumenta que, ao longo do ano 2020, "alguns jornalistas da grande mídia, na cobertura da política e do governo, e em nome de suposta independência, têm enveredado pelo que chamaria de jornalismo militante. E isso não é legal. Não fortalece a credibilidade e incomoda crescentemente seus próprios leitores. Consumidores de jornais mostram cansaço com o excesso de negativismo de nossas pautas. Trata-se de um fato percebido nas redes sociais".

Sim, professor Di Franco. Todavia, vimos em bloco anterior que as redes sociais estão polarizadas e comandadas, no caso do presidente Bolsonaro, por ele mesmo, pelos filhos, pelo Gabinete do Ódio e pelos partidários mais fiéis, dispostos a investir tempo na guerrilha virtual. As palavras de Di Franco têm sentido e formam um ideário que traz competência à imprensa: dever ético de iluminar o lado escuro do governo, denúncias apoiadas na objetividade dos fatos, busca do essencial, sem adereços, adjetivos ou adorno... tudo absolutamente pertinente. Ecoando Thomas Pettitt, o professor Di Franco desabafa: "Sobra fofoca e falta notícia."

Eis aí o mundo de volta à comunicação gelatinosa pré-Gutenberg. Nesse sentido, há de se exigir um mea-culpa da imprensa, caso ela embarque na aventura de distorcer de propósito os fatos. Os dois exemplos trazidos pelo professor, evidentemente, não bastam para sustentar a tese de que o jornalismo tem sido parcial, mormente porque é explícito o desprezo do presidente pelo assunto covid-19 e suas vítimas e correto o enunciado da manchete da *Folha* sobre as obras inauguradas. Agora, se o veículo errar, distorcer, enganar-se, precisa se desculpar de forma inequívoca.

A propósito, a *Folha*, depois de publicar editorial com título provocativo, "Jair Rousseff", no qual comparava e igualava do ponto de vista da economia os governos Bolsonaro e Dilma, e depois de ter sido duramente criticada na internet e por colunistas no próprio jornal, por meio de seu diretor de redação, o jornalista Sérgio Dávila, reconheceu que havia sido "uma escolha infeliz" a do título. Dávila usou a página de opinião para se explicar e frisar que a *Folha* havia aberto espaço para abrigar o contraditório. Não pediu desculpas, como seria de esperar. No entanto, esforçou-se para deixar claro o erro. O título tinha sido "uma escolha infeliz que tentava resumir a pertinente comparação econômica sem levar em conta que colocava na mesma expressão o sobrenome de uma democrata que foi torturada pela ditadura militar e o prenome de um político apologista da tortura, que defende não só aquele regime como suas práticas vis e sanguinolentas".

Em outra ocasião, em maio de 2020, depois de informar erroneamente que Bolsonaro havia pedido a Sergio Moro, quando este era ministro da Justiça, que o "blindasse" numa investigação no Rio de Janeiro, o apresentador e editor do *Jornal Nacional*, William Bonner, da TV Globo, veio logo em seguida corrigir a informação, dado que o vídeo recém-exibido não trazia o que ele afirmara. Ele disse no ar: "E uma correção: há pouco nós dissemos erroneamente que o presidente Bolsonaro tinha pedido ao ministro Moro para ser blindado. Mas, como nós mostramos na voz do próprio presidente, foi o contrário: ele disse a Moro que não queria ser blindado, mas que o ministro tinha a missão de não deixar que ele fosse chantageado."

Nos dois exemplos, *Folha* e Globo, dois dos veículos mais atingidos pelo envenenamento ideológico e dos mais criticados por Bolsonaro, revelaram quanto estão atentos aos seus leitores e telespectadores no sentido de não deixar dúvida sobre a acurácia de sua apuração jornalística. Então, qual seria o papel da imprensa nesse novo contexto, o da digitalização? Mesmo sabendo que a comunicação em rede, a comunicação digital, deu poder de mídia a qualquer um, o que obrigaria o mundo a retroceder a uma era na qual ela, a mídia, não existia, como ela deve se portar? Como devem se portar os jornalistas?

Seria fácil demais mimetizar a irresponsabilidade que grassa nas redes, mas o papel da imprensa é o de honrar seu método, aquele que a sustenta e a tornou a mediadora entre o fato e o público. Não se trata aqui de desenhar maneiras e artifícios para tentar recuperar a condição de "quarto poder". Isso já passou, virou lenda. Trata-se, sim, de manter um porto seguro para o consumo da informação, saber que um profissional, devidamente munido das ferramentas essenciais para a apuração dos fatos e a checagem com as devidas pessoas envolvidas, pró ou contra, consegue produzir uma reportagem correta. Trata-se de ter certeza de que o jornalista observou todas as regras do ofício antes de enviar o material para publicação. Esse porto seguro não será alcançado se as publicações não revisarem drasticamente suas relações com os leitores e espectadores. Nesse sentido, há um movimento decisivo que se traduz no abraço às redes como estratégia de produção de conteúdos. Assim, qual seria o papel da imprensa no contexto digital?

Partindo do princípio de que essa indústria pode resolver a questão de sua sustentabilidade, como se verá nos dois blocos finais deste capítulo, vou examinar antes o desafio das redes. Levando-se em conta que os veículos impressos e os canais abertos de televisão vêm perdendo leitores e telespectadores (os primeiros bem mais do que os segundos), de forma continuada, o passo inicial é entender para onde está indo esse público, em especial os jovens, dínamo da renovação de leitores.

Em 2004, num livro profético intitulado *Os jornais podem desaparecer?*, Philip Meyer, jornalista e professor da Universidade da Carolina do Norte (EUA), já preocupado com a disrupção na indústria da informação, fez as contas, traçou uma linha mediana em uma pesquisa realizada pela General Social Survey e concluiu que, com aquela régua, podia-se ver que "não haverá mais leitores diários de jornais no primeiro trimestre de 2043".[15] Com o andar da carruagem, ficou claro poucos anos depois que as publicações impressas morreriam muito antes do primeiro semestre de 2043. Bem, desde o começo do século, só não viu o tamanho do problema quem não quis.

De lá para cá, as publicações buscam, de todas as formas, salvar seu negócio e insistem em transpor para o digital o velho modelo analógico. Passaram a cobrar pelo conteúdo com os famosos *paywalls*, aquele bloqueio que surge na tela quando se tenta ler uma notícia e, em seguida, se é convidado a assinar a publicação. Tentaram melhorar a receita de publicidade digital com inúmeros artifícios — como o da produção de "publicidade nativa", a propaganda disfarçada de reportagem jornalística. Entraram nas redes sociais — mas nem todas — para republicar o título das notícias e inserir links que levem o leitor ao site oficial, a fim de ganhar audiência no canal. Atrás de receita, "brigaram" ainda com as redes e com o Google. Nisso tudo, no entanto, faltou foco — foco em tecnologia e no entendimento da nova realidade, na qual a morte das publicações tradicionais já fora anunciada.

A confusão tem sido grande. Voltando ao ano de 2013, na primeira semana do mês de abril, as Organizações Globo decidiram retirar todos os seus conteúdos do Facebook. Segundo o então CEO da Globo.com, Juarez Queiroz, a decisão foi provocada por razões editoriais e comerciais. Conforme declarou, o Facebook não seria importante na distribuição dos veículos da Rede Globo. Representava "menos de 2% na média; em alguns produtos, menos de 1%". O semanário especializado *Meio&Mensagem* informou que o grupo se baseou na observação de que nem tudo o que os veículos publicavam chegava à página de notícias (*news feed*) dos usuários e que a "edição" feita pelo Facebook, fora do controle da Globo, não era positiva do ponto de vista editorial. "Não necessariamente tudo que foi publicado na *fanpage*[16] sai ali. Há uma edição, por meio de um algoritmo do Facebook, que faz a seleção do que vai para sua página", descreveu Juarez.

Não durou um ano a decisão. No penúltimo dia de 2013, a Rede Globo voltou ao Facebook. Seu retorno contemplou a TV, o portal G1, as revistas da Editora Globo, o jornal *O Globo* e os demais canais de comunicação da empresa. Na ocasião, o *Meio&Mensagem* apurou que estava autorizada a publicação de links de notícias, desde que as chamadas fossem curtas. Não estava permitido, no entanto, promover as publicações fazendo uso da compra de publicidade no Facebook.

Cinco anos depois, em 2018, no dia 8 de fevereiro, com bastante tempo para entender melhor o ecossistema das redes, foi a *Folha* quem decidiu sair do Facebook. A determinação ainda durava no começo de 2021, quando eu escrevia este texto, e nada indicava que seria revista. Conforme se podia ver na própria *fanpage* do jornal, a decisão de parar de atualizar sua conta no Facebook veio após a "diminuição da visibilidade do jornalismo profissional pela rede social". Ali a *Folha* dizia que deixaria de publicar conteúdo no Facebook, mas manteria a página, embora sem atualizá-la.

O jornal listou argumentos para corroborar sua atitude. Disse que se tornou desvantajoso o uso do Facebook. Que o algoritmo das redes passara a privilegiar os conteúdos de interação pessoal (amigos e familiares), o que reforçaria a tendência do usuário de consumir notícias falsas. E listou uma série de razões que expunham a fragilidade de uma publicação qualquer frente ao gigantismo do Facebook.

Publicações no mundo todo sofrem algo parecido com um fenômeno físico ao qual um corpo está sujeito quando diferentes forças agem sobre ele, provocando uma deformação. No caso das publicações tradicionais impressas, o volume, a quantidade de conteúdo gerado por elas, diminuiu. Os produtos impressos *emagreceram*, em especial perdendo receita publicitária. Em contrapartida, a produção de conteúdo cresceu enormemente no meio digital, originado em empresas jornalísticas tradicionais ou em nativas digitais. As tais forças externas que levaram à *deformação* podem ser encontradas no duopólio Google-Facebook, nas novidades 100% digitais, nas empresas de telecomunicações, nas empresas de softwares e nos algoritmos da inteligência artificial. Esta, aliás, já empoderou robôs com a capacidade de produzir texto factual jornalístico, algo que pode revolucionar o trabalho braçal do jornalista na cata de dados, além de — a boa notícia — impulsionar a necessidade da análise, ainda dependente do cérebro humano.

Frente a uma força tão grande, inexiste a alternativa de ignorá-la. Não é deixando de participar do Facebook que se resolve a questão das publicações profissionais nesse novíssimo ecossistema, novo em comparação aos séculos que o jornalismo acumula, velho em relação à velocidade que os avanços da tecnologia impõem aos produtores de conteúdo.

Como a indústria da informação profissional deve enfrentar então a irreversível deformação das publicações, o que pode levar à extinção das mais tradicionais? Adiante, você terá mais indicações sobre isso. Todavia, há um preconceito, pode-se chamar de preconceito, em relação às diferentes redes sociais. São consideradas superficiais, mentirosas, propagadoras de erros de gramática e de grafia, escravas dos algoritmos, escravizadoras de mão de obra gratuita etc. Esse preconceito desvenda um dos pontos mais sensíveis na questão evolutiva do jornalismo. Falo da dificuldade do uso de dados, não apenas no sentido do jornalismo chamado em inglês de *data driven*, dirigido pelos dados.

Em geral, o jornalismo de dados trabalha bem com pesquisas de opinião ou informações de bancos de dados públicos. O preconceito com as redes, porém, inibe a visão de que elas também funcionam para compor a pauta diária, detectar tendências, acompanhar assuntos, eventos, marcas, instituições, celebridades e políticos. Saber o que cada um fala nas redes e o que se fala sobre cada um é uma fonte vital para conhecimento do público. E abraçar as redes não admite amadorismo nem voluntarismo. Veja o documentário *O dilema das redes*, de Jeff Orlowski (Netflix). Relativize o sensacionalismo, filtre os exageros e você terá um retrato bastante fiel da realidade das redes sociais.

O primeiro passo, do ponto de vista do papel do jornalista nesse contexto, é mapear onde está seu leitor, ouvinte ou telespectador. Se ele está no Facebook, você deve ir até lá. Se ele está no Twitter, idem. Se ele está no YouTube ou no Instagram, ibidem. A publicação deve ir até ele, não importa aonde ele vá. O público deve ser abordado no ambiente que lhe é confortável, sem a angústia de querer desviá-lo para embarcá-lo no site oficial da publicação. A publicação, dada a emergência dessa nova forma de comunicação, precisa estar onde seu público está. Não é o bastante estar nesse novo ambiente apenas reproduzindo conteúdos e inserindo links para o site oficial do veículo. Impõe-se estar ali de forma plena, modular os conteúdos da maneira como aquela rede funciona. Estar por estar, porque "todo mundo está nas redes", estar por atendimento a um modismo, à necessidade de não ficar "por fora", absolutamente nada disso dá conta da eficácia de estar de corpo e alma na plataforma social. Significa monitorar, analisar os dados, remodelar conteúdos, trabalhá-los em multiplataforma. No digital inexistem barreiras entre texto, som e imagem, barreiras que separavam jornal e revista de rádio e televisão. No digital, a comunicação é multifuncional e — nunca será pouco redundar — interativa.

O segundo passo é entender exatamente como o ecossistema digital ganhou força por ser interativo. Nele, qualquer publicação vai ter de se relacionar com o público de forma diferente da estabelecida até então. O diálogo, na mídia tradicional, ocorria, no máximo, nas seções de cartas dos leitores. Mudou. Agora tem perguntas, conversas, argumentações, contrariedades, elogios, críticas, desabafos, distorções, mentiras, muitas mentiras; e mais um pouco. O uso da técnica jornalística profissional, em todo caso, imporá pesos e medidas, mas a escolha do formato correto é tão fundamental como a disposição para o diálogo constante.

O terceiro passo — sem esquecer que esses passos podem se dar de forma simultânea — é modular o conteúdo em função da personalidade de cada rede. Em síntese, é assim:

- no Twitter, fala-se como se se estivesse num palco, é o lugar para *hard news* (notícias quentes), para opiniões, discussões curtas, manchetes, vídeos, memes, infográficos, pequenas narrativas;
- no Facebook, a conversa é entre pares, seu seguidor é seu par, malgrado qualquer demonstração de superioridade ou de "dominação". O meio aguenta vídeo, fotos, infográficos, textões;
- no Instagram, a chave é a imagem. Nos *stories* do Instagram, a chave é o efêmero, aquele que dura não mais do que 24 horas. É a rede preferida das celebridades;
- no TikTok, além do efêmero, a plataforma pede conteúdos que possam ser mimetizados pelos outros e, assim, espalhados;
- no YouTube, é o vídeo duradouro, não importa o tamanho. Mas não espere colocar o melhor do conteúdo no meio ou no fim, como em um filme ou um livro; a cereja do bolo deve vir nos primeiros segundos para captar a atenção do usuário;
- no LinkedIn, os assuntos ligados às profissões, aos recursos humanos, à economia, ao novo mundo da tecnologia formam a maior quantidade;
- no Pinterest, manda a possibilidade de referências, a busca por ideias e inspiração;
- no WhatsApp, o segredo é trabalhar bem os grupos de afinidades, mas sempre haverá um limite de quantidade de pessoas em cada grupo, geralmente na casa dos duzentos e tantos. Os disparos em massa, contudo, estão sob severo escrutínio da plataforma;
- existem ainda novas redes, como a Clubhouse (de voz), e encontrar seu público nela também é recomendado, uma vez que ganhe corpo e cresça em audiência.

Então, já passou da hora de começar não somente a dar "bom dia" nas redes como também de entrar de cabeça no formato de cada uma e resolver — em cada uma — a relação da publicação com o público. Deve-se, sem pestanejar, começar a planejar, monitorar, modular, ser frequente e interagir.

Muito além de produzir conteúdos tradicionais, ao jornalista desse futuro que já chegou (quem não se lembra da frase de William Gibson "O futuro já chegou, só não está uniformemente distribuído"?) impõe-se tanto a prática do jornalismo tradicional quanto as novas práticas ditadas pelos dados e pelas características de cada plataforma digital. E sempre haverá novidades nessa área. Quem não estiver preparado, bem preparado, digitalmente dirigido, não terá lugar. Como já pontificava Hamlet séculos antes da internet: "Estar preparado é tudo."

Sem esquecer que há mecanismos de publicidade nessas redes que podem ajudar a impulsionar conteúdos com a definição muito precisa do público-alvo. Esse recurso requer investimento econômico e, lembre-se, vai ajudar a rechear os bolsos das *big techs* (grandes empresas de tecnologia) na área da mídia. É possível trabalhar muito bem os conteúdos de forma orgânica sem depender do impulsionamento inorgânico, custoso, invasivo. Mas não se pode abandoná-lo definitivamente. O diferencial, para a imprensa em rede, é exatamente usar a técnica jornalística de apuração e a edição de notícias, análises e comentários para dar sentido e credibilidade aos veículos e aos jornalistas presentes nas diversas redes sociais. Ou seja, o diferencial é combater a desinformação e a distorção com método.

Opa, diria você, até aí tudo bem. E as *fake news*, as notícias falsas? Como lidar com isso?

Problemão.

No segundo semestre de 2020, além da Justiça, o Parlamento brasileiro lidava com as *fake news* nos termos de um projeto de lei para coibi-las. Em texto publicado em setembro de 2020 pela *MIT Technology Review*, Raphael Tsavkko Garcia, jornalista brasileiro com doutorado em direitos humanos pela Universidade de Deuston, na Espanha, analisava o projeto de lei das "notícias falsas" e concluía que ele não resolveria o problema da desinformação. Escreveu o autor: "O Brasil enfrenta uma crise de desinformação. Para resolver isso, o país deveria investir em educação e responsabilizar os financiadores das redes de notícias falsas. Em vez disso, o Congresso Nacional do Brasil está considerando uma legislação que violaria a privacidade e a liberdade de expressão dos 137 milhões de usuários de internet do país."

Garcia tocava no ponto central da questão das notícias falsas. Esse tipo de lei, em vez de resolver um problema notadamente de solução dificílima, colocaria em risco a liberdade de expressão — seja da imprensa, seja do cidadão empoderado na mídia digital. No texto, ele lembrava que o país foi pioneiro na definição de direitos digitais ao aprovar o Marco Civil da Internet ainda em 2014, quando criou uma ampla garantia de liberdade de expressão on-line. "No entanto", continuava, "o novo projeto de lei de notícias falsas contornaria a estrutura, permitindo que os legisladores criassem um mecanismo que poderia ser usado para restringir essa liberdade a milhões de brasileiros."

O projeto, quando em discussão, era vago sobre o que pode ser considerado notícia falsa. Esta é descrita como conteúdo falso ou enganoso com o potencial de causar danos individuais ou coletivos se compartilhado. Onde estava o limite desse entendimento? Para Garcia, essa "ambiguidade" daria ao Estado o poder de decidir que tipo de conteúdo é considerado falso, ou potencialmente prejudicial, e poderia "permitir que aqueles no poder manipulem a definição para ganho político".

Ouvido pela *Folha* em setembro de 2020, o gerente de políticas públicas do Twitter, Fernando Gallo, disse que a internet aberta poderia acabar e que o Twitter correria risco, se o projeto de lei fosse aprovado conforme concebido na época. Para ele, o projeto de lei contra *fake news* também gerava custos que prejudicariam a competição e a inovação. Em suma, o Twitter via aquela versão do projeto como ameaça à competição no mercado das redes sociais e à internet aberta.

Enfim, até que se descubra algum antídoto eficaz para a notícia falsa, caso exista, a maior arma da imprensa profissional contra ela ainda é seu histórico trabalho na busca de credibilidade. O ecossistema digital criou também as agências de checagem de notícia, que funcionam bem, mas nem sempre com a velocidade e a abrangência da detecção das principais informações falsas. Falta-lhes estrutura, falta-lhes financiamento adequado e, pelo modelo adotado até aqui, elas dependem da benemerência dos doadores. Não será nada fácil lidar com este mundo da comunicação pós-Gutenberg, recheado de boatos e mentiras. Nada, contudo, que o profissionalismo empresarial da comunicação não seja capaz de enfrentar com as armas dos fatos, dos dados e da técnica. Desde que, diga-se com ênfase, haja investimento em capital humano e em tecnologia.

6. *Como a indústria do jornalismo conseguiu assistir passivamente a um ataque mortal a seu modelo tradicional de negócio sem reagir à altura?*

Enquanto o mundo lidava com jornais e revistas em papel e com noticiários de rádio e de televisão unidirecionais, tudo ia bem. O jornalista era o emissor da informação e o público, o receptor, como se teorizou por décadas.

Até o final do século XX, os jornais se multiplicavam, as bancas abrigavam cada vez mais revistas, o rádio se impunha, os noticiários locais e nacionais se consolidaram nas emissoras de televisão e a indústria da informação crescia enormemente, desenvolvendo um extenso aprendizado, numa jornada de mais de cinco séculos desde que Gutenberg imprimiu a *Bíblia* com tipos móveis.

Além da receita da venda avulsa, os jornais e revistas adquiriram a prática de rentabilizar suas páginas com publicidade e anúncios classificados, criaram técnicas sofisticadas de captação e renovação de assinaturas, dominaram a logística da distribuição em bancas, produziram máquinas automatizadas para vender jornal nas esquinas, principalmente nos Estados Unidos. Lá mesmo, o *New York Times*, talvez o mais respeitado diário do planeta, faturou 3,5 bilhões de dólares em 2000. Isso sem falar que, no mesmo ano, outro ramo da indústria, o televisivo, que muito aprendeu desde sua popularização nos anos 1930, amealhou 17 bilhões de dólares em receita, contadas apenas as principais emissoras americanas.

E aí chegou a internet. A rede, baseada em protocolos abertos e gratuitos, nasceu no fim dos anos 1960 como experimento militar e depois foi transformada em ferramenta acadêmica de compartilhamento de textos científicos e interligação de institutos de pesquisa. Engatinhou assim até 1995, quando, inventada a *world wide web* (a navegação baseada no clique dos hiperlinks e no uso de imagens), ganhou corpo e começou a crescer. Deslumbrada, a indústria da notícia passou a distribuir por ali sua produção, totalmente gratuita, em sintonia com a gênese da internet.

Lançado em 1998, três anos depois o Google tinha uma audiência capaz de lhe garantir parcos 86 milhões de dólares de receita anual em publicidade digital, algo como 35 vezes menos do que a receita total do *New York Times* — incluídos aí os recursos advindos de venda avulsa, assinaturas e publicidade. A indústria da mídia não se preocupou e se esmerou em oferecer conteúdos para distribuição gratuita na nova e extraordinária plataforma. O Google e os outros mecanismos de busca só ajudavam. Ao procurar informações sobre determinado assunto, o internauta recebia resultados que podiam levar aos sites das publicações. E aí a indústria da mídia teria audiência. E aí poderia também vender publicidade digital.

As publicações tradicionais transpostas para o ambiente da internet não só acompanharam, como noticiaram o robustecimento de até então pequenas empresas de tecnologia que ofereciam serviços inéditos. Coisas do tipo da America Online, da CompuServe, da Prodigy... As duas primeiras eram redes de informação e de serviços e a terceira, uma parceria da Sears com a IBM voltada para o comércio eletrônico, então incipiente. No princípio, essas empresas não estavam conectadas à internet. Utilizavam uma plataforma proprietária de comunicação via computadores, um cenário parecido com o da internet que permitia conectar pessoas e instituições por meio de uma tecnologia que usava igualmente as redes de telefonia. Logo depois, essas empresas, conhecidas como BBS (Bulletin Board System), também abraçaram a internet — aqui no Brasil, as BBSs eram a Mandic e a NutecNet.

Em relação à internet, as publicações viram surgir ainda novas empreitadas voltadas para a indexação e a busca de conteúdos na *world wide web*, como o Yahoo, a Altavista, a Inktomi, além do Google, ou empresas de acesso àquela rede, como a Netscape. Um pouco depois as publicações tradicionais passaram a inserir na capa de seus sites, as ditas *home pages*, botões com link para outras empresas que estavam nascendo e foram batizadas como redes sociais: Orkut, Facebook, Twitter. Essa exposição gratuita nas capas on-line de praticamente todas as publicações de notícias carregou uma boa parte da audiência desses veículos tradicionais para as novas empreitadas digitais. Algumas dessas empresas pereceram, mas as que deram certo deram muito certo. E mudaram os paradigmas da comunicação em todo o planeta.

Se o pessoal da imprensa tradicional tivesse lido e compreendido um pequeno livro publicado em 1995 poderia ter se dado conta de que a coisa ia pegar. E como ia pegar! Nesse livrinho, de apenas 210 páginas, *A vida digital*, um professor do Massachusetts Institute of Technology, o MIT, Nicholas Negroponte, explica a diferença fundamental entre átomos e bits. Entre água, papel, CD, videocassete, vidro, e a menor unidade da informação, o bit. Na página 10, logo na Introdução, Negroponte entrega o segredo de forma cristalina. Uma de suas frases ficou gravada na minha memória de forma indelével: "A movimentação regular de música gravada em pedaços de plástico, assim como o lento manuseio humano da maior parte da informação, sob a forma de livros, revistas, jornais e videocassetes, está em vias de se transformar na transferência instantânea e barata de dados eletrônicos movendo-se à velocidade da luz."[17] Oito páginas adiante ele profetiza com todas as letras que esse futuro seria determinado pela possibilidade de produtos e serviços adquirirem forma digital. Preste atenção nos termos: "produtos" e "serviços". Esses dois termos são a chave para entender o desafio que a digitalização trouxe para a indústria da comunicação como um todo.

Aos poucos a indústria do jornalismo foi vendo suas receitas tradicionais, tanto de publicidade como de venda avulsa e de assinaturas, minguar. Numa perspectiva histórica, o degringolar se deu em pouquíssimo tempo. Como podiam consumir conteúdos informativos gratuitos na web, muitas pessoas deixaram de pagar pelos exemplares ou por suas assinaturas. Na publicidade, empresas como Google, Facebook e Twitter dispararam a conquistar a maioria das verbas publicitárias em todo o globo, dada a escala que conseguiam alcançar, bem como a capacidade de entregar anúncios instantaneamente e com conteúdos que, de alguma forma, interessam especificamente a cada indivíduo, o famoso *microtargeting*.

Os efeitos foram e ainda são devastadores. O diário *The New York Times*, como já disse, faturava 3,5 bilhões de dólares no ano 2000. Em 2013, atingiu o fundo do poço, com faturamento de 1,5 bilhão de dólares. Em 2019, conseguiu elevar esse total para 1,8 bilhão de dólares. Perdeu nada menos do que 1,7 bilhão de dólares de receita por ano em dezenove anos. Enquanto isso, aquela empresinha que em 1998 obteve uma receita de 86 milhões de dólares, o Google, em 2020 ganhou 182,5 bilhões de dólares. No mesmo ano, o Facebook, com apenas quinze anos de vida, chegou a 86 bilhões de dólares; e o Twitter, em quinze anos, alcançou 3,4 bilhões de dólares. Só para lembrar, o *New York Times* completou 170 anos em 2020 e fatura a metade do que fatura o Twitter, a "menorzinha" entre as principais redes sociais.

Desde o começo do novo século, estava instaurada a crise do modelo de negócio. Em dezembro de 2019, uma pesquisa da Escola de Mídia e Jornalismo da Universidade da Carolina do Norte apontou que, nos quinze anos anteriores, mais de um em cada cinco jornais nos Estados Unidos foi fechado, e o número de jornalistas que trabalhavam para jornais foi reduzido à metade. Várias comunidades em todo o país ficaram sem nenhum jornal local.

Questionado sobre a situação da mídia tradicional americana, em entrevista dada a *O Globo* em agosto de 2020, Ken Doctor, diretor do site Newsonomics e um dos mais respeitados consultores de mídia do mundo, foi explícito: "Os jornais *New York Times*, *Washington Post* e *Wall Street Journal* são exemplos bem-sucedidos de transições para uma mídia digital sustentável. Hoje, porém, estão enfrentando novos desafios pela pandemia. Mas, nos três casos, você sabe que eles continuarão aqui, uma certeza que nem todo mundo tem. Outros jornais foram muito enxugados, e muitos posso dizer que não sobreviverão. Os jornais locais, em geral, estão em situação desastrosa. Muitos são controlados por fundos de investimentos, que pensam apenas em números."

E no Brasil? No livro *Jornalismo em retração, poder em expansão*, o jornalista Ricardo Gandour registra que, segundo a iniciativa "Atlas da notícia" (pesquisa coordenada pelo Projor, o Instituto para o Desenvolvimento do Jornalismo), 81 empresas jornalísticas brasileiras fecharam títulos entre 2011 e 2018, 31 dos quais só em São Paulo, 27 em Minas Gerais e nove no Rio de Janeiro.[18] Em dez anos, 78% dos veículos cortaram a quantidade de páginas e 83% reduziram pessoal. Todos acompanhamos, por exemplo, a debacle da Editora Abril. Incapaz de enfrentar a disrupção e recriar um modelo digital, viu-se afundada em crise interminável, ao longo de um doloroso processo de recuperação judicial e brutal encolhimento — hoje é uma sombra triste e reduzida do que foi durante décadas: a segunda empresa de comunicação em faturamento no Brasil, atrás somente do Grupo Globo.

Importante observar que, desde o começo da década de 2010, tanto na Europa como na Oceania, nos Estados Unidos e também no Brasil, as publicações tentam, de alguma forma, ser remuneradas por Google ou Facebook pelo uso de seus conteúdos nos resultados de buscas ou no compartilhamento de notícia. Em junho de 2020, a associação News Media Alliance, novo nome da Newspaper Association of American, protocolou no Departamento de Justiça dos Estados Unidos uma reclamação pedindo investigação sobre "como o Google abusa de sua posição como plataforma dominante no mercado para forçar veículos de notícias e prejudicar o jornalismo".

Em uma investigação que durou dezesseis meses, um relatório de parlamentares americanos acusou Google, Facebook, Amazon e Apple de abuso de poder econômico. O relatório de 450 páginas — baseado em 1,3 milhão de documentos, no depoimento de 38 testemunhas e na opinião de mais de sessenta especialistas em leis antitruste, foi divulgado no começo de outubro de 2020. Segundo *O Globo*, em editorial — a investigação comprovou a "necessidade de impor limites às gigantes digitais". Com os jornais brasileiros a relação com o Google sempre foi pendular. Os grandes jornais já haviam saído do Google News e voltado a ele sem conseguir quase nada do buscador, a não ser uma ação tópica, como na distribuição gratuita de assinaturas de jornal para professores da rede pública, iniciativa da *Folha* em parceria com o Google.

Em junho de 2020, atento à pandemia de covid-19, à aceleração da derrocada de jornais locais, às investidas dos legislativos e dos órgãos reguladores mundo afora, o Google anunciou um programa de licenciamento de conteúdo. Decidiu que pagaria de alguma forma o uso que faz das notícias de veículos profissionais de imprensa. Essa "nova experiência para notícias" veio em outubro. O Google estava destinando nada menos do que 1 bilhão de dólares aos jornais do mundo inteiro que aderissem à sua "nova experiência". Ou seja, olhando mais a fundo, seria 1 bilhão, sim, mas em três anos. Esse montante girava em torno de apenas 0,5% de sua receita anual. A grana viria para ajudar os jornais que topassem entrar para o programa Google News Showcase, ou Google News Destaques, como foi nomeado no Brasil.

"Trata-se de 1 bilhão de dólares que os editores não tinham antes, e é melhor ter 1 bilhão de dólares do que não ter 1 bilhão de dólares. (Ou pelo menos foi o que me disseram.) Estou definitivamente a favor de pegar esse dinheiro", disse Joshua Benton, jornalista e diretor do Nieman Journalism Lab, o prestigioso centro de estudos de mídia da Universidade Harvard.

Conforme noticiado no mundo todo, o novo formato estreou numa quinta-feira, 1º de outubro daquele ano, no Brasil e na Alemanha, para oferecer conteúdos noticiosos e analíticos de autoria dos jornais conveniados. No release, o próprio Google explicava: "Destaques é mais um programa de licenciamento de notícias existentes, o qual paga às publicações por conteúdo jornalístico de qualidade e se soma a outros esforços relacionados a notícias." O Google garantia até então cerca de duzentas parcerias firmadas no Brasil, na Alemanha, no Canadá, na Argentina, no Reino Unido e na Austrália, sendo os quatro últimos países os próximos a receberem o produto, mas com problemas legislativos na Austrália.[19] Depois viriam Índia, Bélgica e Holanda.

No Brasil, além da *Folha de S.Paulo*, aderiram à iniciativa em torno de vinte veículos, entre eles, UOL, *Estadão*, *Veja*, *piauí*, Band, Jovem Pan, *A Gazeta* (Espírito Santo), *Correio* (Bahia), *Correio Braziliense*, *Estado de Minas*, *Folha de Boa Vista*, *Folha de Pernambuco*, GZH (Rio Grande do Sul), *Gazeta do Povo* (Paraná), *Jornal do Comércio* (Rio Grande do Sul), *NSC Total* (Santa Catarina), *O Dia* (Rio de Janeiro), *O Tempo* (Minas Gerais) e *Portal Correio* (Paraíba). Notem que, até então, os veículos do Grupo Globo estavam fora.

Na própria *Folha*, seu colunista de mídia, Nelson de Sá, informou alguns dias depois do lançamento da iniciativa que não seria somente na Austrália que o impasse em relação ao Google prosseguiria. O jornalista deu curso a uma nota agressiva divulgada pelo Conselho Europeu de Publishers contra o Google News Showcase: "Muitos são bastante cínicos sobre a estratégia do Google. Ao lançar seu próprio produto, eles podem ditar termos e condições, minar a legislação destinada a criar condições para uma negociação justa, enquanto dizem que estão ajudando a financiar a produção de notícias."

Paradoxalmente, essa atitude virou um problema, em vez de solução. Em maio de 2018, a revista *Columbia Journalism Review* havia publicado um arrazoado assinado pelo seu redator-chefe da área digital, Mathew Ingram, cujo título esboçava preocupação: "Os patrões da plataforma: como o Facebook e o Google se tornaram dois dos maiores financiadores do jornalismo no mundo." Ele explicava que ambos, o Facebook e o Google, haviam comprometido até então mais de meio bilhão de dólares em vários programas jornalísticos e parcerias de mídia. A conta não incluía o investimento de 1 bilhão de dólares anunciado depois, evidentemente. Mas seu resultado era simples: o duopólio já aparecia então como o maior financiador do jornalismo no mundo.

A revista dava conta também do dinheiro canalizado pelo Facebook para projetos de jornalismo, incluído o da News Integrity Initiative (algo como Iniciativa para Notícias Íntegras), um investimento de 14 milhões de dólares sob a administração da City University of New York, e o do Facebook Journalism Project (Projeto de Jornalismo do Facebook), um empreendimento que a empresa anunciava manter a fim de ajudar as empresas de mídia a "desenvolver novas ferramentas de narrativa e maneiras de promover a cultura jornalística".

Em agosto de 2020, o Facebook anunciou seu plano de lançar o serviço de notícias que vinha testando nos Estados Unidos e em mais cinco países: Reino Unido, Alemanha, França, Índia e Brasil. O serviço, em funcionamento nos Estados Unidos desde 2019, paga aos editores pelo conteúdo, onde se incluem até reportagens originais. Só lá eram mais de duzentos veículos, além de organizações de notícias locais. A reação fazia parte do pacote de novidades propagadas pelo Facebook desde que foi duramente criticado, conforme despacho da agência Reuters, por "sua abordagem negligente a notícias falsas e campanhas de desinformação, que muitos acreditam ter afetado o resultado da eleição presidencial de 2016, vencida por Donald Trump". Foi reagindo a isso que Mark Zuckerberg, o *big boss* do Facebook, prometeu que a empresa priorizaria notícias "confiáveis" em seu *feed* (o local onde aparecem as notícias na plataforma), identificando canais de alta qualidade.

Ainda que ambos os esforços deem certo, infelizmente nada disso, e muito menos o dinheiro investido pelo duopólio, porque ele se pulveriza no ecossistema da notícia, conseguirá deter a marcha da desagregação de veículos editoriais carentes de um modelo de negócio vencedor na área digital. Mesmo com alguma remuneração por parte do Google e do Facebook, qualquer iniciativa será pequena perto das necessidades de redações robustas que trabalhem 24 horas por dia, sete dias da semana, mobilizando profissionais com experiência, com independência para fazer jornalismo investigativo e com capacidade de remunerar dignamente os profissionais — críticos em relação aos poderes constituídos, obcecados em ouvir sempre os vários lados e educados para checar informação antes de publicá-la.

Entre 2001 e 2019, os brasileiros viram fechar as edições impressas da *Gazeta Esportiva*, do lendário *Jornal do Brasil*, da *Gazeta do Espírito Santo*, da *Gazeta do Povo* do Paraná, do *Diário Catarinense*, do esportivo *Lance!* — entre inúmeros jornais locais que simplesmente deixaram de existir ou passaram a existir somente na web, conforme já mencionado. À parte jornais como *The New York Times*, *The Wall Street Journal* e *The Washington Post* (de alcance mundial os dois primeiros e fortemente abastecido de tecnologia o terceiro) e portais como o UOL (cuja receita vem de muitos outros produtos e não somente de publicidade e assinaturas), outras poucas organizações de notícia mundo afora demonstram alguma capacidade de fazer frente ao furacão provocado pela nova mídia.

O que acontece com essa indústria de notícias do ponto de vista da sua sustentabilidade? A resposta é triste: o pior. Publicações em todo o globo estão sendo obrigadas a reduzir seus quadros de pessoal. Dispensam o profissional mais experiente e contratam os mais novos, verdes, inexperientes. Cláudio Abramo costumava dizer que, entre os defeitos, o melhor é o da falta de experiência, porque é o único que melhora com o passar do tempo. Os outros defeitos aumentam, pioram com o tempo. O pensamento positivo não desfaz a má qualidade editorial que a falta de experiência carrega. O corte de custos é implacável. À parte isso, há a questão estratégica.

Nessa indústria jornalística, seus cabeças (donos e acionistas) e seus oficiais (jornalistas e administradores) viram novíssimas empresas digitais de mídia galopar lado a lado e ultrapassá-los na velocidade da luz, criando conglomerados. Os anúncios, cada vez mais "inteligentes", no sentido de dirigirem mensagens personalizadas, se concentraram nos gigantes e se esfarelam, de forma muito menos sofisticada, entre as médias e pequenas empresas. Incluídas aí as remanescentes da velha mídia, que passaram a tentar viver dos caraminguás que sobravam dos aspiradores universais de publicidade como Google (mais YouTube) e Facebook (mais Instagram), para ficar nas duas maiores e sem contar as congêneres chinesas, como a Tencent (dona do WeChat).

Falo de empresas da nova mídia recheadas por faturamentos espetaculares sem despender um único centavo que seja para produzir conteúdo editorial. O Google vive do "trabalho" gratuito em função da curiosidade de pessoas que, ao clicarem em qualquer link de resultado de busca, podem chegar a uma informação publicitária ou editorial. E o Facebook vive dos conteúdos produzidos por seus usuários, pelos quais esparrama publicidade com base nos dados de navegação e nos desejos — escritos ou falados — de cada um deles. Ou seja, como demonstra de forma exaustiva o documentário *O dilema das redes*, cada um de nós — *você* — é o produto que esses gigantes vendem para a publicidade. Os "usuários" das plataformas — palavra comumente usada para identificar tanto viciados em droga como pessoas que usam a internet — é que são a matéria-prima, os trabalhadores gratuitos explorados pelo duopólio Google-Facebook e outras empresas menores de redes sociais.

Para dar consistência ao parágrafo acima, alguns números. Só nos Estados Unidos, a consultoria eMarketer estima que em 2019 Google e Facebook somaram 60% de toda a publicidade digital. Ambos também amealharam 64% da publicidade veiculada em celulares. No caso daquela produzida para circular em redes sociais, o Facebook agarrou 83% da receita. Se se incluir nessa comparação a Amazon (que também trabalha com publicidade, além do seu pioneiro negócio de comércio eletrônico), os três acabam ficando com 70% de toda a publicidade digital difundida no país.

Nos Estados Unidos, dá até para entender tanto faturamento, é a casa deles, afinal. Mas e no mundo? Segundo os analistas da consultoria WARC em seu "Relatório de tendências de publicidade global", a participação do Google e do Facebook no mercado global de anúncios on-line teria sido de 61,4% em 2019, cinco pontos percentuais acima dos 56,4% em 2018. Alguém tem dúvida sobre a expressão "duopólio"?

Mesmo que comecem a apresentar melhores resultados e sejam respeitados e lidos mundialmente, tanto *The New York Times* como *The Washington Post* e *The Wall Street Journal* estão longe, mas muito longe, de alcançar a escala dos gigantes que cresceram à sombra deles. Enquanto o *New York Times*, por exemplo, comemorava 7,5 *milhões* de assinantes pagantes em dezembro de 2020, o Facebook exibia 2,7 *bilhões* de usuários ativos por mês — *bilhões* —, de acordo com seu informe de resultados no segundo trimestre de 2020, garantia da extraordinária receita de publicidade que ostenta. O YouTube tem mais de 2 *bilhões* de usuários. O chinês WeChat, 1,2 *bilhão*. Equação complicada esta do modelo de negócio das empresas jornalísticas que alimentaram esses monstros e agora, praticamente falidas, correm em busca do tempo perdido.

7. Na hipótese de o jornalismo profissional vencer as crises e continuar existindo, qual seria o modelo de negócio sustentável capaz de garantir a sobrevivência das redações?

Como disse páginas atrás, em 2013 passei alguns meses, o fim do verão e todo o outono, na Universidade Columbia, com uma bolsa de pesquisador convidado fornecida pela Fundação de Amparo à Pesquisa do Estado de São Paulo, a Fapesp. Ali funciona a Columbia Graduate School of Journalism, escola de pós-graduação em jornalismo fundada em 1912 pelo jornalista Joseph Pulitzer, sinônimo de liberdade de expressão. É ele quem dá nome ao Prêmio Pulitzer, o mais importante do jornalismo. Até hoje, a Columbia Graduate School é a responsável pela outorga do prêmio.

Na minha estada, investi o tempo em conversas e entrevistas com jornalistas, profissionais do duopólio Google-Facebook, do Twitter, de veículos digitais como o Buzzfeed, e com acadêmicos ligados às escolas de comunicação, além de pesquisar bancos de dados sobre comunicação na internet e na quase tricentenária biblioteca da universidade, o paraíso dos pesquisadores. Como resultado, costurei um relatório intitulado "Um modelo de negócio para o jornalismo digital: como os jornais devem abraçar a tecnologia, as redes sociais e os serviços de valor adicionado". Extenso não apenas no título, com cerca de 65 páginas, o relatório versa sobre um modelo de negócio possível para essa indústria, agora numa era dita "pós-industrial" — conforme conceito desenvolvido por três professores de comunicação em Nova York: Christopher William Anderson, Clay Shirky e Emily Bell.[20]

Esse trio produziu um estudo — talvez o mais abrangente já escrito sobre os desafios editoriais do jornalismo e sua superação no ambiente digital — intitulado *Jornalismo pós-industrial: adaptação aos novos tempos.*[21] Todavia, resolver os problemas editoriais não significava, automaticamente, resolver a perda de receita e a iminente má qualidade editorial dos veículos agredidos tanto na circulação quanto na receita de publicidade. Era esse o problema que eu queria desbravar.

De volta ao Brasil, publicado o relatório, dei entrevistas e palestras sobre a encrenca. Falei para plateias de jornalistas, publicitários e até para os administradores dos principais jornais brasileiros reunidos na ANJ, órgão do qual eu havia sido diretor de estratégias digitais durante dois anos antes de passar a temporada na Columbia. Estranhamente, no entanto, eu percebia, com tristeza, que aquilo que eu falava entrava por um ouvido do público e saía pelo outro. As pessoas pareciam não reter nada do que era dito — provavelmente a falha devia ser minha. Eu não sabia comunicar a dramaticidade do cenário. Em síntese, eu explicava a eles o que explicarei a seguir, com base em outro texto de minha autoria que reverberava meu relatório, escrito para o site da International News Media Association.[22] Vou repetir minha cantilena porque ainda está valendo o surrado ditado de que água mole em pedra dura tanto bate até que fura.

Se o velho modelo de negócio do jornalismo funciona apenas para produtos impressos, quais devem ser, dado que o problema editorial esteja resolvido, os próximos passos para empresas jornalísticas que desejam continuar vivas, mesmo que somente no meio digital? Não existe mais esperança para a saúde financeira do jornalismo industrial, impresso; e o meio televisivo já começa a sentir o baque. No meu entender, porém, ainda há salvação. Não é difícil, mas é trabalhoso e pode desbancar a ideia batida de que o conteúdo é o rei.

A salvação depende da capacidade de a indústria tradicional da imprensa criar novas fontes de receita para recompor o que perde na vida digital, tanto com as receitas de publicidade quanto com as de circulação — dado que o valor da cobrança unitária de uma assinatura digital é significativamente menor do que o da assinatura do produto impresso. Enquanto essa indústria for vista como produtora apenas de conteúdos editoriais, seu valor de mercado será muito baixo, quase nenhum. Três exemplos: em 2013, Jeff Bezos, dono da Amazon, comprou o *Washington Post* na bacia das almas por 250 milhões de dólares. Em 2018, o Grupo Abril foi comprado por 100 mil reais, mas o comprador ficou responsável pela dívida de 1,6 bilhão de reais. O *New York Times*, que havia pagado 1,1 bilhão de dólares pelo jornal *Boston Globe* em 1993, vendeu-o em 2013 pela bagatela de 70 milhões de dólares, perdendo, sem contar a inflação, nada menos do que 1,03 bilhão de dólares. Como contraponto, um único exemplo e só para constar: em 2012, o Instagram, empresa de tecnologia que na época tinha menos de dois anos e uma dezena de funcionários, foi comprada pelo Facebook por 1 bilhão de dólares.

Em outras palavras, para entrar no jogo da nova economia, a indústria do jornalismo precisa ser vista não mais somente como produtora de conteúdo, mas como um *player* de tecnologia. Essa operação exige, além de investimento pesado, uma cabeça estratégica digital. Não se ganha essa guerra com pensamento analógico. E essa indústria vai adquirir escala se souber abraçar as redes sociais, além de unir-se às demais publicações em uma rede de publicidade regional ou nacional para que várias delas, juntas, alcancem, no mínimo, audiência regional ou nacional tão grande quanto a do Google ou do Facebook. Se não dá para combatê-los mundialmente, ao menos pode-se competir com eles no ambiente nacional — se houver a união das publicações, evidentemente, e investimento em tecnologia.

Os editores de veículos impressos teimam em continuar transpondo para os meios digitais a velha fórmula gutenberguiana fundada na antiga cadeia de valor da indústria jornalística. Primeiro, publicam em seus sites os mesmíssimos conteúdos moldados para os impressos. Segundo, recheiam essa produção com *banners* e textos de publicidade (ou o que resta dela). Terceiro, passam a cobrar — como no velho modelo — pela distribuição do produto, que era gratuita até o aparecimento da internet. A maioria das publicações acabou com a moleza de conteúdos gratuitos. Popularizou-se o dito *paywall*, aquele bloqueio do conteúdo quando se acessa alguma notícia sem ser assinante. Você consegue ver apenas o título ou uma quantidade pequena de textos por mês, caso não abra mão de uma graninha para pagar a assinatura da publicação.

Em todo caso, essa indústria, se quiser se reinventar e tornar-se um empreendimento digital de sucesso, deve tomar coragem para abraçar atitudes diferentes da que vem tendo — como aquela da manutenção da fórmula gutenberguiana, completamente esgotada. "É muito duro para essas organizações duplicar os seus modelos de receitas no on-line", me garantiu o professor Bill Grueskin, um dos autores de outro notável estudo sobre o negócio do jornalismo digital, *The Story So Far: What We Know about the Business of Digital Journalism*.[23]

"Desde que existe a imprensa, nunca houve tanta gente consumindo tanto o que nós fazemos quanto hoje", me disse o jornalista Raju Narisetti quando o entrevistei, em 2013. Era então vice-presidente de estratégia da News Corp, empresa do magnata Rupert Murdoch que comprara o *Wall Street Journal*, cuja história serviu de base para a premiada série de TV *Succession*. Depois disso, em 2018, Narisetti passou a lecionar também em Columbia. "Para mim", afirmou na época, "o problema não é que as pessoas não querem nosso conteúdo. O problema é que tem sido muito difícil para a gente fazer dinheiro com isso." Continua sendo. Em geral, as versões on-line das publicações tradicionais não conseguem fazer dinheiro com a boa audiência que o digital comporta, muitas vezes mais do que boa, extraordinária. Basta ver os recordes de audiência das publicações durante a pandemia. Contudo, esse recorde de audiência não resolve a questão econômica.

Para obter lucratividade no ambiente digital, a indústria deve se reinventar. A solução começa pelo entendimento da nova cadeia de valor. Os jornais precisam chacoalhar o seu modo de se relacionar com as pessoas e respeitar as novas formas de consumir informações e serviços relacionados. Em síntese, as empresas jornalísticas têm de mudar seu jeito de ser. A velha fórmula se esgarçou. Vale apenas e ainda para o produto impresso. Não funciona para o produto digital.

O meu relatório apresenta uma estratégia possível para empresas jornalísticas formatarem um modelo de negócio rentável na era digital. A adequada análise da disrupção nessa indústria sugere um modelo de negócio no qual empresas de notícias continuam sendo capazes de produzir jornalismo de qualidade com independência e olhar crítico sobre as instituições do poder.

Com alguns exemplos e dados de mercado, a pesquisa sugere como formular um modelo de negócio estratégico, com base no investimento em tecnologia, e detalha como é possível fazer funcionar a publicidade neste novo cenário, a fim de encarar o duopólio Google-Facebook num mercado carente de larga rede de publicidade formada por publicações de qualidade.

Os *paywalls* são parte da solução e sustentam o segundo elemento captador de receitas.

Resta o terceiro elemento, aquele que será fundamental na estratégia: a produção de serviços de valor adicionado, os SVAs, expressão emprestada da indústria de telecomunicações. Esse movimento transforma a tradicional empresa de informação em empresa de serviços. É aqui que se deve relativizar a máxima de que o conteúdo é o rei.

No decorrer das duas últimas décadas, ficou evidente para as empresas jornalísticas que sua fase áurea definhava e acabava. Elas ainda podem ganhar algum dinheiro com a operação clássica de produção de notícias à custa de cortes no orçamento somados à transposição do modelo clássico para a operação digital. Em contrapartida, os faturamentos decrescem, as margens e os lucros encolhem.

Apesar de tudo, às empresas jornalísticas só resta ir em frente no ambiente digital, se não quiserem morrer. Para produzir jornalismo de qualidade e perpetuar o papel de moderação distanciada e crítica em relação aos centros cada vez mais visíveis de poder, elas têm de encarar, obrigatoriamente, um novo modelo de negócio e outra cadeia de valor.

No Brasil, o UOL, Universo Online, empresa da qual fui um dos fundadores e que dirigi até 2002, é um exemplo de empresa nascida digital e capaz de agregar produtos e serviços para compensar a parca receita oriunda da publicidade e das assinaturas de conteúdo. Gerado dentro de uma empresa jornalística, acabou ficando bem maior do que a empresa-mãe, a que edita o jornal *Folha de S.Paulo*. Nascido portal e provedor de internet em 1996, o UOL é hoje o maior portal de conteúdo do Brasil e, ao mesmo tempo, uma empresa prestadora de enorme variedade de serviços adicionados, só possíveis graças à tecnologia e viáveis em função da vitrine do UOL, chamariz de audiência com escala nacional.

Além de agregar conteúdos jornalísticos com acesso exclusivo, o que inclui a própria edição da *Folha*, o UOL construiu uma carteira de assinantes aos quais presta serviços de valor adicionado, a começar pelo fornecimento do e-mail. Mas muito mais: registro de domínios e hospedagem, construção de websites, plataforma de loja virtual, oferta de antivírus, sistema de pagamento no estilo PayPal (o PagSeguro), assistência técnica para computadores, loja de games, dicionários, uma variedade enorme de cursos on-line, clube UOL, assistência residencial (serviços de chaveiro, vidraceiro, eletricista e encanador), assistência veicular, internet sem fio para estar conectado em qualquer lugar, entre outros serviços, o que inclui a máquina de pagamento Moderninha e até um banco virtual, o PagBank.

O Grupo Globo, maior conglomerado de mídia do Brasil, ensaia desde o fim de 2019 tornar-se uma *media tech*, mistura de empresa de mídia com tecnologia. Adotou um novo modelo de gestão de negócios para reunir numa só empresa a TV Globo, a Globosat, a Som Livre, a Globo.com, a Globoplay e a Editora Globo. "Os modelos tradicionais de TV não davam à Globo a possibilidade de contato direto com o consumidor final, que se tornou essencial na era digital", explicou na época Jorge Nóbrega, presidente executivo do grupo. Na TV aberta, o sinal de radiodifusão não permite essa interface; na TV paga, os clientes são das operadoras de serviços, não dos criadores de conteúdo.

Segundo o jornal *Valor Econômico*, que noticiou e analisou essa importante inflexão empresarial com a mudança de comportamento do público, beneficiado com mais poder de decisão sobre o que quer ver, o objetivo da Globo era mesmo tornar-se uma *media tech*, com foco tanto na produção de conteúdo como em tecnologias que permitam fazer ofertas de conteúdo mais adequadas ao público, com base em suas preferências. O foco em conteúdo e na nova forma de consumi-lo não significa que a Globo esteja visando à criação de uma alta gama de serviços de valor adicionado, ao menos por enquanto. Mas é uma mudança de rumo importante. A empresa se mostra preocupada com a sobrevivência na selva digital. Incrementar a tecnologia, sem dúvida, faz mudar de patamar o valor da empresa, qualquer empresa.

Enfim, os fundamentos para essa nova cadeia de valor, do ponto de vista estratégico, apoiam-se em seis pilares que podem ser resumidos assim:

- não ter medo de reinventar a empresa, de começar do zero, nem de buscar colaboração dos jovens — os nativos

digitais, colaboração não somente operacional, mas estratégica;
- entender que a indústria do jornalismo na era industrial era um negócio de distribuição e que a nova realidade pede um serviço cuja administração da relação digital com o consumidor passa a ser a chave estratégica;
- investir pesado e com constância em tecnologia;
- produzir informação de acordo com o espírito de cabeças nascidas digitais (e não analógicas);
- sintonizar a empresa jornalística com a realidade do compartilhamento da informação e de sua hiperdistribuição — buscar escala na rede e em rede;
- ampliar o leque de serviços que a empresa jornalística tradicionalmente proporciona, no sentido de oferecer novos produtos e serviços — os chamados SVAs, ou serviços de valor adicionado.

O modelo de negócio plausível para uma empresa jornalística no ambiente digital combina receitas de três operações distintas:

- receita de publicidade, nas suas diversas acepções, mas fundada numa ampla rede de publicações independentes, com comercialização comum de publicidade dirigida, regional ou nacional, que lhe dê escala e capilaridade para atingir nacionalmente capacidade de competição com o duopólio Google-Facebook — ao menos no próprio país, dado que investirá pesado em tecnologia;
- receita de assinatura de conteúdos digitais, com desenvolvimento de *paywalls*;
- produtos diferenciados e serviços de valor agregado (incluídas as comissões pela venda de produtos e de serviços de terceiros).

Esse modelo só vingará, no entanto, se as receitas estiverem servindo a uma plataforma de conteúdo adequada ao novo ambiente, vocacionada para o compartilhamento em rede e embasada para a prestação de serviço — ou de serviços.

No estudo, preocupei-me em diagnosticar o erro da transposição do velho negócio da imprensa para o digital e de quanto isso está em dissintonia com o espírito do tempo, além de propor uma modelagem para o negócio do jornalismo no novo ambiente. Nunca é demais repetir: um plano de negócio estruturado nessa nova realidade deve priorizar o investimento tecnológico e a equipe necessária para dar conta da redação e da rede de serviços escolhida para compor o portfólio da empresa.

Não há saída para quem apostar somente numa fonte de receita, como a publicidade. A não ser que a escala garanta um inventário capaz de proporcionar receitas advindas não só de anunciantes de peso, mas também de médios e pequenos, na esteira do modelo que ajuda a sustentar grande parte dos empreendimentos de sucesso no mundo digital.

Não há saída, igualmente, para quem acha que a receita da publicidade própria (sem a ajuda de uma rede independente e abrangente de publicações) mais a receita dos assinantes via *paywall* podem ser uma solução. Não será se não houver escala no mínimo regional.

Não há saída para um modelo alheio à nova maneira de adquirir conhecimento, fortemente digitalizada; indiferente às necessidades das gerações mais novas, nascidas digitais; impermeável ao espírito do tempo — a interatividade é a rainha. Naturalmente, dadas todas as circunstâncias aqui elencadas, veículos tradicionais de imprensa podem até vir a sucumbir, seja pela disrupção que afeta a indústria, seja pelo conjunto de crises, seja pela incompetência na gestão de um novo modelo de negócio. Mas não há dúvida de que o jornalismo produzido com rigor técnico sobreviverá — não importa se em outro modelo ou outro suporte.

Das cinco crises enumeradas no primeiro parágrafo deste capítulo, é possível entender que a mudança geracional pode levar a imprensa a encontrar outro modelo de negócio com uma cadeia de valor digital que implique a prestação de serviços, além do cuidado com os conteúdos — desde que se invista em tecnologia e se abracem as redes sociais. A crise econômica se resolve e se repete com o tempo. A crise do protagonismo resolveu-se por si mesma quando o jornalista passou a ter papel de coadjuvante, e ele terá de se acostumar com isso. A última, a crise tópica de credibilidade, só se administra com e na democracia — e esta depende de uma imprensa livre. Uma ajuda a resolver a crise da outra. Como escrevi na revista *Época* e acho pertinente repetir agora para finalizar este texto: "O jornalismo é o repositório mercurial dos tempos, o alimento da atividade cognitiva, o pão nosso de cada informação."

Notas

1. O conto pode ser lido em *Crônicas de Bustos Domecq: novos contos de Bustos Domecq* (Rio de Janeiro: Globo, 2021).
2. Também usei o conto da dupla Borges/Casares em: Caio Túlio Costa, *Ética, jornalismo e novas mídias: uma moral provisória* (Rio de Janeiro: Zahar, 2009).
3. Robert McChesney, *The Political Economy of Media* (Nova York: Monthly Review Press, 2008).
4. A tese de Tobias Peucer, *De relationibus novellis*, e um preâmbulo do tradutor, Paulo da Rocha Dias, podem ser lidos no meu site: <http://caiotulio.com.br/2012/02/os-relatos-jornalisticos/>.
5. Caio Túlio Costa, op. cit.
6. Cláudio Abramo, *A regra do jogo* (São Paulo: Companhia das Letras, 1988, p. 109).
7. Caio Túlio Costa, op. cit., p. 257.
8. Lira Neto, *Getúlio 1945-1954: de volta pela consagração popular ao suicídio* (São Paulo: Companhia das Letras, 2014, p. 345).
9. O texto de Alzira, escrito com base em informações dos arquivos sobre Getúlio do Centro de Pesquisa e Documentação de História Contemporânea do Brasil da Fundação Getulio Vargas (CPDOC-FGV), pode ser lido em: <https://cpdoc.fgv.br/producao/dossies/AEraVargas2/artigos/EleVoltou/RelacaoImprensa>.
10. Detalhes em: "Um ano sombrio para a liberdade de imprensa no Brasil", RSF, 22 jan. 2021: <https://rsf.org/pt/relacoes/um-ano-sombrio-para-liberdade-de-imprensa-no-brasil-580-ataques-contra-midia-em-2020>.
11. Patrícia Campos Melo, *A máquina do ódio* (São Paulo: Companhia das Letras, 2020).
12. Detalhes desse ferramental em: Brittany Kaiser, *Manipulados: como a Cambridge Analytica e o Facebook invadiram a privacidade de milhões e botaram a democracia em xeque* (Rio de Janeiro: HarperCollins Brasil, 2020). No livro a autora revela seu trabalho na Cambridge Analytica, uma das empresas que marquetearam a campanha de Donald Trump e exploraram o medo dos eleitores de diversas formas. Foi o caso do anúncio sobre imigração "Não podemos colocar nossas famílias em risco. Proteja nossas fronteiras". A Cambridge Analytica acabou falindo em 2018 por causa do escândalo de vazamento de dados do Facebook usados pela empresa em várias campanhas eleitorais.
13. Conforme registrei no relatório da pesquisa que produzi durante a tempo-

rada na Universidade Columbia. Com o título de "Um modelo de negócio para o jornalismo digital", o relatório foi publicado na *Revista de Jornalismo ESPM* (São Paulo, n° 9, ano 3, abr.-mai.-jun. 2014, pp. 51-115).

14. Conforme publicado em: Megan Garber, "The Gutenberg Parenthesis", NiemanLab, 7 abr. 2010.

15. O gráfico, a frase e a análise estão em: Philip Meyer, *Os jornais podem desaparecer?*, cujo intrigante subtítulo é: *Como salvar o jornalismo na era da informação* (São Paulo: Contexto, 2007, p. 27).

16. *Fanpage* ("página para fãs", em tradução literal) é uma página do Facebook criada especialmente para servir de canal de comunicação entre fãs (de empresas, instituições, artistas, celebridades, políticos etc.).

17. Nicholas Negroponte, *A vida digital* (São Paulo: Companhia das Letras, 1995).

18. Ricardo Gandour, *Jornalismo em retração, poder em expansão* (São Paulo: Summus Editorial, 2020, p. 35).

19. O Parlamento australiano trabalha para aprovar uma lei que force Google e Facebook a pagar editores de notícias por seu conteúdo, sob pena de ficarem sujeitos a multas pesadas.

20. Chris Anderson é da City University of New York (Cuny); Clay Shirky, da New York University (NYU); e Emily Bell, jornalista escocesa professora da própria escola de jornalismo da Universidade Columbia, é diretora do Tow Center for Digital Journalism.

21. A tradução para o português do texto sobre o jornalismo pós-industrial saiu em edição anterior da revista que publicou meu relatório, a *Revista de Jornalismo ESPM* (nº 5, abr.-mai.-jun. 2013).

22. A International News Media Association (INMA) é uma organização internacional dos veículos de notícia. O texto — intitulado "6 Pillars of a Revenue-Generating Business Model for Digital Journalism" ("Seis pilares de um modelo de negócio para o jornalismo digital") e publicado em 23 fev. 2015 — pode ser lido em: <https://www.inma.org/blogs/keynote/post.cfm/6-pillars-of-a-revenue-generating-business-model-for-digital--journalism>.

23. Publicado no site da *Columbia Journalism Review*, mai. 2011. Acesso em: <https://archives.cjr.org/the_business_of_digital_journalism/the_story_so_far_what_we_know.php>.

Jornalismo antirracista

Luciana Barreto

Luciana Barreto é âncora da CNN Brasil. Atualmente está à frente dos programas *CNN Nosso Mundo*, *Realidade CNN* e *CNN Novo Dia* e comanda o podcast "Entre vozes". Formada pela PUC-Rio, começou a carreira aos 23 anos, como repórter e apresentadora. Já trabalhou nos canais Futura, GNT, BandNews, na TV Bandeirantes, TVE e TV Brasil. Ganhou o Prêmio Nacional de Jornalismo Abdias Nascimento, em 2012, pela reportagem "Negros no Brasil: brilho e invisibilidade", feita para o programa *Caminhos da Reportagem*. Em 2018, recebeu o Prêmio Sim à Igualdade Racial, na categoria Em Pauta, por seu trabalho na mídia contra o racismo. Também em 2018, assinou o pré-roteiro e realizou entrevistas para o longa-metragem documental *A última abolição*, da Globo Filmes. É mestre em relações étnico-raciais pelo Cefet-RJ e palestrante e ativista de direitos humanos.

EM CONVERSA COM UMA jornalista negra, ex-apresentadora de TV, ao fim de uma palestra sobre a importância da ocupação de espaços por negros nas redações brasileiras, fiquei curiosa para saber o motivo de ela não estar mais "no vídeo". Era desses papos que temos sem amarras, entre iguais, como fazemos à mesa da cozinha de casa com amigos e família. Seguíamos para o estacionamento. Ela respirou profundamente, como quem toma coragem para uma confissão, e me fez um relato: "Antes de desistir fui com meu material de divulgação a uma grande emissora de TV. Me apresentei, falei que gostaria de me candidatar a uma vaga para o jornalismo e fiquei perplexa ao ouvir a resposta: 'Nós já temos a nossa apresentadora negra.'"

A história acima é uma ilustração de todos os elementos que queremos tratar neste artigo. O que Abdias Nascimento, criador do Teatro Experimental do Negro e um dos maiores nomes da luta antirracista, chamava de "racismo escancarado ao olhar mais superficial". O jornalismo brasileiro é parte dessa estrutura, cujo pilar se fundamenta na ideia cunhada no século XX de que vivíamos em uma democracia racial. Uma espécie de "mito cruel" com um único objetivo, tão bem explicado pelo sociólogo Florestan Fernandes nos anos 1970: assegurar a "continuidade da ordem escravagista".

Foi assim que chegamos ao século XXI sem ficarmos estarrecidos ao ver a ínfima presença de profissionais negros na televisão, no comando de programas, na reportagem ou nos bastidores. Olhamos para o lado nas nossas redações e nos acostumamos a ver poucos ou nenhum profissional negro produzindo conteúdo. Criei o hábito de perguntar aos jornalistas com longa experiência em redações — sejam elas de jornal impresso, rádio, TV ou até dos relativamente jovens portais — com quantos jornalistas negros trabalharam. As respostas vinham com certo constrangimento. Às vezes recebia um "nenhum" muito rapidamente, como quem estivesse fazendo uma confissão, daquelas que nos aliviam o peso de pronto. Outras, um pouco mais demoradas, seguidas de um "peraí", um olhar para o teto, um movimento indicando contagem de dedos e uma resposta a conta-gotas, espaçada, após um "olha, eu nunca tinha me dado conta" ou um "teve um cara que passou por lá". Algumas vezes eu abria um leve sorriso ao receber de imediato um "teve o fulano de tal", "grande cara". Meu sorriso oscilava entre quem acabou de receber um aceno positivo e quem se apercebia da presença tão pequena de profissionais parecidos comigo, o que permitia uma resposta quase instantânea. E você, leitor, com quantos jornalistas negros dividiu a redação?

Nas últimas décadas, produzimos as manchetes de maior impacto para, pelo menos, mais da metade da população brasileira. Meu coração ainda dispara quando leio: "negros são as maiores vítimas das ações policiais"; "83% dos presos injustamente por reconhecimento fotográfico no Brasil são negros"; "mortes pela polícia atingem patamar recorde e negros são as maiores vítimas"; "mulheres e negros são os mais atingidos pela fome no Brasil"; "taxa de jovens negros no ensino superior avança, mas ainda é metade da taxa dos brancos"; "morrem 40% mais negros que brancos por coronavírus no Brasil". Sempre me perguntei que tipo de mecanismo utilizamos todos esses anos para produzir as notícias que denunciavam as situações mais cruéis do nosso racismo estrutural sem ativarmos nossa indignação com o impacto do racismo dentro das nossas próprias redações. Volto ao grande mestre Abdias Nascimento e faço das palavras dele a expressão da minha revolta: "O racismo no Brasil se caracteriza pela covardia. Ele não se assume e, por isso, não tem culpa nem autocrítica. Costumam descrevê-lo como sutil, mas isso é um equívoco. Ele não é nada sutil, pelo contrário, para quem não quer se iludir, ele fica escancarado ao olhar mais casual e superficial."

Em 2020, uma campanha de fim de ano do Sistema Brasileiro de Televisão, no Twitter, trazia no centro de uma foto seu ícone e mais famoso comunicador, Silvio Santos. Ele estava rodeado de todo o time de apresentadores do canal. Eram 26. Todos brancos. Imediatamente a foto viralizou, acompanhada do apelido dado pelos internautas à empresa: Sistema Branco de Televisão. Outros diziam que se tratava do canal da Suécia ou da Suíça onde havia "Só Branco Trabalhando". De acordo com o IBGE, os negros são cerca de 56% da população brasileira. Não é necessário fazer uma pesquisa aprofundada para afirmar que o número de profissionais negros nas redações nem sequer chega perto da proporção racial que temos no Brasil. Nosso racismo escancara a resposta. A proporção e a atuação de profissionais afrodescendentes são variáveis: estão vulneráveis à maior ou menor pressão social e ao contexto político. Mas muitas pesquisas indicam que o jornalismo na TV nunca atinge a marca de 10% de profissionais negros.

Para citar um único exemplo, em 2020 os movimentos antirracistas desencadeados pelo assassinato brutal do segurança afro-americano George Floyd, diante das câmeras, por um agente branco da força policial nos Estados Unidos, jogaram luz nos problemas raciais em todo o planeta. Por aqui, a ausência do negro no jornalismo, a falta de vozes para comentar o tema e o desconhecimento das nossas próprias questões raciais envergonharam grandes canais de televisão. Instantaneamente a pauta virou contra quem produz a notícia. Soluções urgentes foram tomadas e quem tinha seus profissionais negros começou a entender o significado e o peso da diversidade. Voltaremos ao tema mais adiante. No entanto, mais uma vez utilizo aqui o alerta de Abdias Nascimento sobre as movimentações nesse jogo de privilégios mantidos pela estrutura racista brasileira: "É claro que, para os beneficiários do racismo, é muito incômodo que mexamos nas estruturas racistas da sociedade brasileira, as quais não são de hoje, vêm desde 1500. Elas se transformam, se modificam, se enriquecem, mudam de tática e estratégia, mas a estrutura do racismo permanece a mesma coisa, desde o tempo da escravidão até hoje. Ela tem feito concessões, como uma manobra para se recuperar depois, mas sempre é assim."

Depois do episódio George Floyd e das manifestações que tomaram as ruas no mundo inteiro, ao menos uma pitada de constrangimento tomou grandes veículos de comunicação e algumas mudanças são perceptíveis. O jornal *Folha de S.Paulo*, um dos mais tradicionais do Brasil, anunciou, por exemplo, um programa de treinamento exclusivo para profissionais negros. Uma explícita tentativa de ter outras vozes em um espaço quase uníssono. Em 2019, um estudo do Grupo de Estudos Multidisciplinares da Ação Afirmativa (Gemaa), da Universidade do Estado do Rio de Janeiro (Uerj), escancarou a cor e o gênero de quem emite opinião no Brasil: homens brancos, em sua maioria. Nomeada de "Jornalismo Brasileiro: gênero e cor/raça dos colunistas dos principais jornais do país", a pesquisa analisou o perfil dos colunistas de *O Globo*, *Folha de S.Paulo* e *O Estado de S. Paulo*. Mais de 70% dos que emitiam opinião nesses veículos eram do gênero masculino: 74%, 73% e 72%, respectivamente. Quando considerada a cor, 91% eram brancos no jornal *O Globo*; 96% na *Folha*; e 99% no *Estadão*.

Ser uma das poucas âncoras negras na televisão brasileira me trouxe inúmeras vezes o "carinhoso" apelido de "Maju da emissora X ou Y". Maria Júlia Coutinho, a Maju, é nossa mais jovem expoente apresentadora do jornalismo. Está ao lado de outro ícone da categoria, que figurou no mesmo canal, o maior do país, como "o grande nome negro" do jornalismo: Glória Maria. Duas profissionais com qualidade ímpar. Nossa escassa presença no comando de programas de televisão faz de nós a "representatividade" para jovens profissionais. Acumulamos, além das nossas funções, os cargos extras de lutar por inclusão, escancarar as dificuldades de trabalho pela ausência de diversidade na produção jornalística, além de "alimentar a esperança" de estudantes e jovens profissionais de comunicação.

Recebo incontáveis mensagens de desistência e desestímulo, em especial de mulheres negras que sonham se aventurar no jornalismo televisivo. Dia desses, uma estudante de uma faculdade do nordeste do Brasil me escrevia, indignada, para dizer que o professor de telejornalismo acabara de dar uma aula e alertar que "uma âncora precisa ser discreta, sem chamar a atenção, e que, portanto, não poderia ter um cabelo *black*". Era uma clara delimitação "nada sutil", como dizia Abdias, de quem deve ocupar, pela ótica do racismo institucional, o espaço das bancadas no Brasil. Em outra mensagem, uma profissional recém-formada desabafava sobre nunca ser escolhida para uma vaga: "Já estou desiludida com a comunicação, acreditando que é só pra gente branca mesmo."

A percepção da jovem estudante é corroborada pelos números. O Departamento Intersindical de Estatística e Estudos Socioeconômicos, o Dieese, mostrou que em 2015 apenas 22% dos jornalistas com carteira assinada no país eram negros. Em São Paulo, encontrar diversidade nas redações é ainda mais difícil: o número não ultrapassa 15%. A pesquisa traz um agravante: jornalistas negros ganham, em média, 30,4% menos. Os anos em que convivo em redações embranquecidas me permitem dizer que há um impacto imediato da ausência de diversidade no conteúdo que produzimos: falta perspectiva do nosso olhar sobre a notícia. Os ambientes jornalísticos brasileiros são uma espécie de bolha branca com pontos de vista e experiências semelhantes. Vivências parecidas que nem sequer conduzem a uma autocrítica. Foi intrigante acompanhar uma colega de apresentação, economista com décadas de experiência, admitir em um programa de TV em rede nacional que "nunca teve uma fonte negra". E, fazendo um gesto de quem estava buscando na memória, completou, cabisbaixa, que "todos os economistas com quem conversava eram brancos".

Curioso, no mínimo, acompanhar de perto o despertar de muitos colegas para a ausência de pluralidade nos espaços do jornalismo. Não menos intrigante eram as reações dos pouquíssimos profissionais negros com os quais tive a oportunidade de trabalhar. Não importa o tamanho da redação, nossos olhares ainda hoje sempre se encontram em sinal de cumplicidade. Lá está o outro jornalista negro. Muitas camadas de subjetividade nos separam e, com o passar dos anos, percebi que é necessário cuidado na primeira abordagem. Até porque nem todo negro sabe que é negro. Como dizia a ativista e intelectual Lélia Gonzalez, a gente não nasce negro, torna-se negro: "A gente nasce preta, mulata, parda, marrom, roxinha dentre outras, mas tornar-se negra é uma conquista."

No Brasil, o racismo deixou heranças perversas sobre a formação da nossa identidade. A miscigenação, por exemplo, criou uma paleta infinita de tons de pele combinados com incontáveis texturas de cabelo, o que embolou não só os processos de identificação de grupos étnicos, como todas as consequências decorrentes deles. O colorismo, que é um conceito contemporâneo e controverso, rejeitado inclusive por parte do movimento negro, tenta explicar a complexidade desse processo e mostra a hierarquização de oportunidades conforme nossa diversidade de tons, na qual o negro com pele mais clara teria mais oportunidades que o mais retinto. A democracia racial, por outro lado, é a crença de que viveríamos em igualdade de oportunidades independentemente de nossa cor. "No Brasil as teorias ajudaram a explicar a desigualdade como inferioridade, mas também apostaram em uma miscigenação positiva, contanto que o resultado fosse cada vez mais branco", explica a historiadora Lilia Schwarcz. Na confusão identitária que se formou, não é incomum encontrar entre os jornalistas negros quem esteja absolutamente mergulhado na engrenagem da estrutura racista.

Ao meu olhar atento, os pouquíssimos jornalistas negros nas redações jamais escapavam. Quando bem jovem, no início da carreira, lembro-me de buscar mais que representatividade, mas também cumplicidade, apoio ou, quem sabe, socorro. Na primeira vez que assumi a bancada de um jornal, em rede nacional, sozinha, experimentei todos esses sentimentos juntos. Foi na emissora com a maior quantidade de profissionais negros que encontrei até hoje. Trabalhavam na pauta, na produção e também à frente das câmeras. Eram dois repórteres e um apresentador. Um apresentador negro retinto, mais idoso e experiente, de pouca fala e pouco aberto ao contato. Com um dos repórteres encontrei o ninho que julguei precisar. Queria ouvir sobre a mesma questão que nos instiga aqui: como é ser um dos raros negros no jornalismo? Ele era um sujeito brincalhão que aprendeu a tornar tudo mais leve. Contava vários episódios de racismo como que tentando me indicar uma escolha de caminho: tem o da luta e tem o do riso. Foi assim que me contou uma das histórias mais surreais de racismo que, já aviso, teve final feliz. Ele havia sido indicado por alguém para trabalhar em uma afiliada de uma emissora em outro estado. Não houve contato, chamada telefônica, nada. Viajou algumas horas já para começar o primeiro dia de trabalho. O contratante, por sua vez, deixou-o do lado de fora do escritório enquanto falava ao telefone e, vez por outra, observava o jornalista negro na sala de espera sem saber de quem se tratava. Depois de um tempo foi atendê-lo e perguntou qual era o assunto daquela reunião. Ao ouvir que tinha acabado de contratar o repórter, soltou um palavrão seguido de um desabafo: "Mas você é negro! Ninguém me disse que você era negro. E agora?!" Escutei essa história do próprio repórter que, entre risos, me confessou que trabalhou por muitos anos nessa emissora e se tornou um grande amigo desse chefe. Me aproveitei da experiência dele por um tempo até descobrir que, de fato, ele não achava nada engraçadas as marcas do racismo na sua vida, porém, como tantos outros, achou um mecanismo próprio de digestão.

Até aqui, nossa reflexão não extrapolou o ambiente interno das redações. No entanto, a pergunta inevitável é: quais são as consequências para o jornalismo brasileiro se fontes, olhares, professores do curso de comunicação, chefes e entorno partem de uma perspectiva "não diversa"? Em uma resposta direta, posso garantir: perdemos todos. Nilma Lino Gomes, intelectual, ativista e ex-ministra da Igualdade Racial, resume o impacto de estruturas racistas em nossas vidas em uma única frase: "O racismo imprime marcas negativas em todas as pessoas, de qualquer pertencimento étnico-racial, e é muito mais duro com aqueles que são suas vítimas diretas." Portanto, ao analisar os caminhos embranquecidos que escolhemos quando produzimos conteúdo jornalístico, não percamos de vista que todos saímos perdendo, mas que existem lá as "vítimas diretas".

Especialmente na última década, aos núcleos de jornalismo comunitário como o Voz das Comunidades, Periferia em Movimento e Favela em Pauta, se juntaram as agências e os portais de jornalismo profissional com temática racial. É o caso do Notícia Preta e do Alma Preta, para citar dois entre dezenas de exemplos. Possivelmente eram os primeiros frutos do aumento da presença de jovens negros nas faculdades de comunicação. Talvez impactados pelo "olhar único" no noticiário, vinham com forte desejo de furar a bolha branca na produção de conteúdo. Em suas missões, esses grupos se contrapõem aos grandes veículos. Enquanto escrevo este artigo, o Alma Preta diz ter como missão "informar a sociedade a partir da perspectiva racial negra e periférica". A agência foi criada em 2015. Um ano antes, a *Folha de S.Paulo* veiculava uma campanha agressiva contra as cotas raciais. Utilizava uma modelo negra em um vídeo na seção "O Que a *Folha* Pensa" com as frases: "Não deve haver reserva de vagas a partir de critérios raciais, seja na educação, seja no serviço público. São bem-vindas, porém, experiências baseadas em critérios sociais objetivos, como renda ou escola de origem. A *Folha* é contra cotas raciais." Em 2021, portanto sete anos depois, o jornal lançou um programa de treinamento em jornalismo diário exclusivo para negros, como citamos no início deste texto. O critério é a autodeclaração. Sobre a campanha do jornal contra cotas, ainda é possível acessá-la. Teria a *Folha* mudado de opinião? O que sabemos é que o treinamento, cujo objetivo foi descrito como sendo o de aumentar a diversidade na redação, é coordenado pela ombudsman do jornal, Flavia Lima, uma mulher negra. Confesso que nunca utilizei a frase da ativista americana Angela Davis de forma tão apropriada como agora: "Quando uma mulher negra se movimenta, toda a estrutura da sociedade se movimenta com ela."

Institutos de pesquisa sinalizam o crescimento robusto da presença de negros nas universidades nas duas últimas décadas. Com as chances multiplicadas de adquirir um diploma de graduação, acompanhamos um nítido crescimento de uma classe média negra — um grupo de profissionais liberais, cientistas e doutores que formou uma massa crítica de leitores e espectadores pouco dispostos a consumir informação não plural. Globalmente, no mundo corporativo, o movimento é orquestrado e grandes corporações vêm adotando gestores de diversidade. Aqui no Brasil, os coletivos negros extravasaram o ambiente universitário e ganharam força em outro formato, no corpo de comitês de inclusão e pluralidade em espaços empresariais para atender os que não toleram mais uma abordagem unilateral do mundo. Na ausência de redações plurais, veículos de comunicação passaram a contratar consultores em diversidade. O desconhecimento de causas, o que é notícia e como encaminhar a pauta, além da busca por múltiplas e diferentes fontes, vêm sendo apontado como os gargalos das estruturas não plurais do jornalismo.

Experimentei, ao longo dos anos, muitos sentimentos negativos nas centenas de reuniões de pauta de que participei. Nem me atrevo a começar essa memória pelo período de estágio. Já profissional, muitas eram as dificuldades de fazer "gente que pensa do mesmo jeito" furar a bolha. Me lembro das tentativas constantes de convencimento de que uma pauta era importante. Me custava estudar todos os pontos, trazer fontes e entrevistados para ouvir um simples "mas onde fica isso?", seguido de um "é longe, não tem equipe". Da perplexidade passei rapidamente pela fase da raiva. Tolerância zero para as "brincadeiras" preconceituosas sobre pautas. Questionava incansavelmente o motivo de a matéria X e Y sempre "caírem" quando o jornal estava "estourado". Passei a uma resignação estratégica até entender dois pontos importantes: o poder de decisão e a força do prestígio. Os dois estão interligados.

Já âncora e editora executiva de um telejornal, passei eu mesma a preparar reportagens especiais sobre o que eu chamava de pautas negligenciadas. Os primeiros prêmios com o jornalismo começaram a vir. Não só mostrava o caminho, mas segurava na mão e caminhava junto com os colegas, muitas vezes. Me pego sorrindo ao me lembrar das vezes em que as defesas de pauta mais pareciam um manifesto por equidade e pluralidade. Fizemos reflexões importantes em conjunto. Uma delas nasceu de um incômodo constante com o olhar para as notícias internacionais. Não se trata do peso que damos à Europa e à América do Norte, mas do constante silêncio com nossas ligações econômicas, culturais e de proximidade com a América do Sul e a África. O continente africano era uma "não notícia" para nós. Nas pouquíssimas vezes em que ocupava o noticiário, violência, fome, corrupção e estereótipos conduziam a notícia, contribuindo com uma imagem negativa também para parte da população afro-brasileira. Como explica o antropólogo e professor Kabengele Munanga, "para ser racista, coloca-se como postulado fundamental a crença na existência de 'raças' hierarquizadas dentro da espécie humana". O jornalismo, ao privilegiar a exibição de imagens negativas do continente africano, contribui intensamente para o racismo no Brasil. O resultado aparece com gravidade na construção da identidade e na vida cotidiana do brasileiro. Como sabemos e, inclusive, noticiamos, em nosso país a aparência do negro e a estética negra são alvos constantes de discurso de ódio. "A alienação do negro tem se realizado pela inferiorização do seu corpo antes de atingir a mente, o espírito, a história e a cultura", diz Munanga.

Depois de alguns anos trazendo para o noticiário um olhar mais plural, questionando por que um atentado terrorista na Somália com centenas de mortos não ganhava um minuto sequer no noticiário enquanto um atentado em Londres com dois ou três mortos permanecia sendo notícia por dias seguidos, passamos a fazer um jornalismo mais atento também ao continente africano. Nessa época, recebi um convite para participar de uma celebração com angolanos no Brasil. O representante do consulado veio explicar a alegria de ver um pouco do seu país em algum noticiário, reconhecendo no Brasil um país extremamente racista, a negligência com os povos africanos e os laços indissolúveis que nos unem ao continente. Por último, me fez um pedido que exemplifica quanto estamos distantes de chegar a um jornalismo plural. Com cuidado e um tanto embaraçado me perguntou se nós poderíamos atualizar nossos arquivos porque o país dele não era mais aquele, as ruas estão diferentes, e disse ainda: "Não temos fuscas por lá desde os anos 1980." Muito envergonhada, me desculpei.

Estamos em processo de avanços na pauta da diversidade dentro do jornalismo no Brasil. De um lado, acompanho o despertar da preocupação mesmo entre gestores de comunicação antes absolutamente alheios a esse debate. Diversidade não era uma questão para muitos deles até bem pouco tempo. No ambiente da redação, com o passar dos anos, acompanhei, várias vezes com lágrimas nos olhos, colegas de trabalho envolvidos e estudando temas que antes nem sabiam da existência. Pautas brotavam sem minha intervenção. Por outro lado, é preciso que não subestimemos as estruturas racistas aqui ou em qualquer lugar deste planeta. Experiente líder na luta por direitos civis, o pastor Martin Luther King Jr. nos ensinou que "as classes privilegiadas jamais abrem mão de seus privilégios sem que haja uma forte resistência".

As primeiras décadas do século XXI poderão ser lembradas pela chegada robusta dos negros nas universidades e todas as consequências positivas desse processo para os afrodescendentes brasileiros. No entanto, o período será descrito também pela resistência à pauta antirracista. Dados do IBGE mostram que entre 2005 e 2015, com a implementação de ações afirmativas como as cotas raciais, o percentual de negros quase dobrou nas universidades, saltando de 5,5% para 12,8% de pretos e pardos na academia. O crescimento dos discursos de ódio contra negros tem acompanhado esse processo. De acordo com a ONG Safernet, que monitora os crimes de ódio e trabalha com dados específicos da web, cerca de 63% das denúncias recebidas pela Central Nacional de Denúncias de Crimes Cibernéticos estão relacionadas ao discurso de ódio. E o racismo corresponde a quase um terço dos crimes, ocupando o topo das denúncias. Seguindo esse movimento, jornalistas negros, especialmente as mulheres, necessitam agregar mais essa habilidade — lidar com os *haters* — para permanecer em postos considerados "chave" para o brasileiro. É o caso do cargo de âncora, com grande visibilidade e ocupado majoritariamente por pessoas brancas no Brasil. Não por acaso, a Maju, já mencionada aqui, é alvo de discursos de ódio orquestrados.

O professor Luiz Valério Trindade, da Universidade de Southampton, na Inglaterra, tem se dedicado a entender o fenômeno e estudou esse comportamento em uma rede social, o Facebook. Na Apresentação do estudo "Formas contemporâneas de racismo e intolerância nas redes sociais", ele destaca que o "Facebook tem se tornado uma espécie de pelourinho moderno para a prática de racismo, diferentes formas de discriminação e atos de intolerância". As vítimas dos odiadores, de acordo com a pesquisa, são, em 81% dos casos, mulheres negras, com ensino superior completo e na faixa etária de 20 a 35 anos. Entre os *haters*, 65,5% deles são homens com pouco mais de 20 anos. Entre os tópicos listados pelo pesquisador como motivação do *hater*, está o que ele chama de "evidência de engajamento com profissões consideradas mais 'nobres' e de prestígio", exemplificadas por ele mesmo como "medicina, jornalismo, direito, engenharia etc.".

Quase todas as vezes que a Maju sofre uma onda de ataques de ódio, posso garantir que uma "marolinha" chega até mim. Parte do público nos vê como extensão uma da outra, em uma demonstração explícita do que conhecemos como "branquitude", um conceito difundido por estudiosos de relações raciais no século passado e que voltou ao debate com força nas últimas décadas. É a percepção de que a pessoa branca é a normatividade, ou seja, é uma naturalização da condição de ser branco. Ser branco se torna regra, ser negro é exceção. O branco não tem raça, quem tem raça é o negro. Sob esse aspecto, em condição alguma alguém ligaria aleatoriamente a fala de uma âncora branca a outra âncora branca. Pelo mesmo motivo, não é possível que um jornalista branco sofra um ataque de ódio e aleatoriamente outro receba também. Aproveito aqui as palavras do filósofo Silvio Almeida: "O racismo não é uma patologia. É uma normalidade, ele constitui não só as ações inconscientes, mas também as que chamamos de conscientes." É esse mecanismo que permite que não entremos em choque ao nos depararmos com uma televisão majoritariamente branca em um país onde mais da metade da população se declara negra. O mesmo raciocínio vale para todos os outros espaços de poder que os negros não ocupam — uma sessão do Supremo Tribunal Federal, uma reunião ministerial ou uma sessão do Congresso Nacional.

Nos últimos anos, vejo o combate ao racismo estrutural como o único caminho para a inclusão e a pluralidade. Ainda comemoro cada contratação que nos leva a um jornalismo mais próximo da realidade brasileira. Celebro a chegada de cada profissional indígena, asiático e negro às redações, especialmente aos espaços mais privilegiados quando consideramos a produção, a circulação de informações, a possibilidade de emitir opinião e o impacto na representatividade para outras gerações. No entanto, não mais me interessam as histórias únicas, casos isolados e exemplos de quem furou a bolha branca do jornalismo, como eu mesma o fiz. Não avançaremos se o nosso norte não for combater estruturas racistas dentro dos próprios meios de comunicação. Recorro aqui, mais uma vez, aos ensinamentos de Silvio Almeida, para quem a luta antirracista é uma luta para transformar as condições do mundo em direção a uma nova humanidade, onde negros deixem de ser negros e brancos deixem de ser brancos e todos saiam da "grande noite". Evidentemente que toda a sociedade sairá ganhando, seja nesta ou em outras gerações. Como explica Silvio: "Pode ser que a gente esteja lutando agora para que quem vier no futuro encontre um mundo melhor do que aquele em que a gente vive."

Não mintam para nós

Público se une a jornalistas em
busca da verdade

Marina Amaral

Marina Amaral começou no jornalismo em 1984 como redatora na *Folha de S.Paulo*. Depois de trabalhar dez anos na grande imprensa (Globo Rural, TV Cultura e Record), juntou-se à equipe fundadora da revista *Caros Amigos*, na qual foi repórter, editora e diretora até 2007. Ao longo desse período teve três reportagens agraciadas com menção do Prêmio Vladimir Herzog. Em 2011 foi uma das fundadoras da Agência Pública, a primeira agência de jornalismo investigativo sem fins lucrativos do Brasil, onde atua como diretora e editora. Organizou o livro *Brasil, direitos humanos*, editado pela Fundação Iberoamericana em parceria com a Secretaria dos Direitos Humanos em 2008-2009, e é coautora dos livros *Jornal Movimento, uma reportagem* e *Por que gritamos golpe?: para entender o impeachment e a crise política no Brasil*.

NO DIA 4 DE JANEIRO DE 2021, a Justiça do Reino Unido negou o pedido de extradição do jornalista e ativista australiano Julian Assange feito pelos Estados Unidos.[1] A decisão poderá levar, enfim, à libertação do editor-chefe e fundador do WikiLeaks, uma pequena organização sem fins lucrativos que desde 2006 publica material confidencial vazado de governos e empresas de espionagem e vigilância. Há dez anos encarcerado — sete deles como asilado político na Embaixada do Equador em Londres e os três mais recentes em um cárcere britânico —, Assange nunca foi condenado, nem sequer julgado, por crime algum. O que ele fez, como o mundo todo sabe, foi liderar extensos vazamentos de documentos sensíveis do governo americano de inegável interesse público. Entre eles, o Cablegate, um acervo de mais de 250 mil telegramas trocados entre o Departamento de Estado e as embaixadas dos Estados Unidos pelo mundo — gradualmente divulgados pelos mais importantes jornais do planeta em parceria com o WikiLeaks a partir de 29 de novembro de 2010.

O protagonismo dos Estados Unidos na perseguição jurídica contra Assange esteve encoberto até recentemente, quando o Departamento de Justiça americano apresentou, finalmente, seu pedido de extradição à Justiça britânica. A trama que o jogou na prisão foi detonada pela Suécia, país que abriga os servidores do WikiLeaks. Em dezembro de 2010, a Justiça sueca emitiu um mandado europeu determinando que Assange fosse detido em Londres, onde estava, para ser interrogado em torno de uma investigação sobre dois supostos estupros. A acusação já havia sido vazada para a imprensa pelos procuradores suecos. Naquele momento, os documentos do Cablegate estavam nas capas dos jornais, nas televisões e na internet e a repercussão foi enorme.

Mas ninguém deu ouvidos a Assange, que, além de se declarar inocente, apontou para a conveniência da acusação em um momento em que o governo americano espumava de raiva contra ele. Também foram ignoradas as ilegalidades gritantes na investigação reveladas pelos advogados de Assange e confirmadas depois pelo professor suíço Nils Melzer, relator especial para a Organização das Nações Unidas (ONU) sobre Tortura e outros Tratamentos ou Penas Cruéis, Desumanas ou Degradantes. Segundo o relator da ONU, desde a emissão do mandado europeu — que deu origem à primeira detenção de Assange, em Londres — até a retirada da acusação pela Justiça sueca, em 2019, o fundador do WikiLeaks nunca foi indiciado pelos crimes alegados. Sem a abertura de um único processo penal contra ele, Assange ficou sob a vigilância britânica por mais de dez anos até que os Estados Unidos pudessem agarrá-lo.

Nem mesmo depois de negar o pedido de extradição a Justiça do Reino Unido libertou Assange, sob o pretexto de que ele teria violado as condicionantes de sua prisão domiciliar (decretada em 2011) ao pedir asilo político na Embaixada do Equador em Londres, em 2012. Ao ser expulso da embaixada pelo novo presidente do Equador, Lenín Moreno, em abril de 2019, Assange foi imediatamente detido pela Justiça britânica e jogado em um cárcere em Londres, onde permanecerá até que os Estados Unidos e a Inglaterra decidam a sua sorte.

Ainda que reconquiste a liberdade, não há como compensar Assange pelos graves danos à sua saúde mental e física provocados pela injustiça da qual é vítima, como constatou o relator da ONU ao visitá-lo na prisão. "Julian Assange foi intencionalmente torturado psicologicamente por Suécia, Inglaterra, Equador e Estados Unidos", concluiu Nils Melzer.

Também não é possível apagar o triste papel desempenhado pelos principais veículos da imprensa internacional que participaram ativamente da campanha pela desconstrução moral do jornalista, facilitando a vida de seus inimigos. A perseguição sofrida pelo fundador do WikiLeaks foi ignorada pelos grandes jornais de todo o mundo — incluídos os brasileiros *Folha de S.Paulo* e *O Globo*. Meses antes, os mesmos jornais haviam divulgado os documentos do Cablegate em parceria com a organização de Assange, expondo mentiras, corrupção, brutalidade e crimes da elite política de cinco continentes para o grande público. A política externa, e em muitos países a interna também, nunca mais seria a mesma. Nem o jornalismo.

A cobertura do caso Assange pela imprensa internacional foi desastrosa.[2] As denúncias dos advogados do WikiLeaks, que relacionavam a perseguição jurídica ilegal detonada pela Suécia com o vazamento dos documentos do governo americano, não eram levadas a sério. Por outro lado, sobraram reportagens superficiais, centradas na personalidade de Assange. Procurado pelos advogados em 2018, Nils Melzer, que só conhecia o ativista pela imprensa, disse em entrevista à Agência Pública que chegou a pensar em recusar sumariamente o pedido deles de que a Relatoria sobre Tortura da ONU interviesse no caso: "Minha impressão, altamente influenciada pela mídia, também foi direcionada pelo preconceito de que Assange era, de certa maneira, culpado e queria me manipular."

Ao revisar os documentos do processo sueco, porém, o relator da ONU ficou chocado. Além de nunca ter sido indiciado pelos propalados crimes de estupro, Assange jamais havia se recusado a depor na Suécia (motivo alegado para sua primeira detenção em Londres). E ainda: os depoimentos das mulheres que deram origem à investigação haviam sido adulterados — elas nunca o acusaram de estupro. "O caso é um enorme escândalo e representa o fracasso do estado de direito ocidental. Se Julian Assange for condenado [nos Estados Unidos], será uma sentença de morte para a liberdade de imprensa", disse Nils Melzer.[3]

É esse o escândalo que o Departamento de Justiça dos Estados Unidos pretendeu contornar ao evitar indiciar Julian Assange pela publicação de informações sigilosas, o que seria um ataque direto à Primeira Emenda da Constituição americana, que garante a liberdade de imprensa. O documento do indiciamento entregue à Justiça britânica para justificar o pedido de extradição o acusa de "roubo" de documentos (Assange teria instigado a soldado Chelsea Manning a *hackear* o computador do governo americano), embora o WikiLeaks os tenha publicado em seu site e parte deles em parceria com os jornais. Nenhum outro jornalista ou veículo envolvido no Cablegate sofreu represálias como Assange, o WikiLeaks e Manning, que ficou encarcerada entre 2010 e 2017, quando o então presidente, Barack Obama, comutou sua pena de 35 anos de prisão.

Justiça através da transparência

Embora tenha proporcionado a outros jornalistas "mais 'furos' em um ano [2010] do que muitos profissionais de imprensa poderiam sonhar obter em uma vida de trabalho", como observou a porta-voz da Walkley Foundation ao conceder ao WikiLeaks o principal prêmio jornalístico de 2011,[4] até hoje as empresas jornalísticas não cumpriram o papel de informar claramente ao público que Assange está sendo perseguido por atuar em prol da sociedade. A narrativa que prevalece sobre a pequena organização que sacudiu o mundo — desmentindo versões de governos sobre as duas guerras mais importantes da virada do século XXI, a do Iraque e a do Afeganistão; desmistificando as relações diplomáticas internacionais; e desnudando a prevalência de interesses políticos e econômicos dos governantes sobre os direitos das pessoas — é a de que ela é formada por um bando de irresponsáveis liderados por um maluco inescrupuloso. E esta é exatamente a narrativa que serve ao governo que o persegue.

Para muitos jornalistas, Assange seria um *hacker* inconsequente que obtinha documentos ilegalmente e expunha pessoas a riscos. O detalhe crucial, no caso do Cablegate, é que o Memorando de Entendimento assinado entre o WikiLeaks e os veículos que divulgariam os documentos — conhecido pela sigla, em inglês, MOU (Memorandum of Understanding) — atribuía aos jornalistas desse *pool* a responsabilidade de tarjar os nomes sensíveis mencionados no material, principalmente os de ativistas de direitos humanos e opositores políticos em ditaduras.

Para Assange e seu grupo, eram os cidadãos — e não os jornalistas — que deveriam estar no centro da cadeia de informações. Em vez de fontes caçadas ou encontradas ao acaso pelo profissional de imprensa, o vazamento das informações de interesse público deveria ser visto como uma iniciativa dos cidadãos, que passaram a dispor de uma caixa postal (*securedrop*) no site do WikiLeaks, que criptografava o material entregue sem deixar rastros dos informantes. O acesso às informações resultantes desses vazamentos também era público, já que as informações eram divulgadas no próprio site e também nas reportagens publicadas nos grandes veículos, que não eram exclusivas porque os documentos eram compartilhados em modelo de *crowdsourcing* (produção colaborativa), amplificando o alcance das informações.

E isso funcionou por um tempo, apesar da tensão provocada pelo WikiLeaks nas redações ao subverter a lógica do jornalismo praticado nas empresas de comunicação: a função dos jornalistas dos veículos parceiros agora já não era "dar o furo", e sim analisar e contextualizar os documentos, transmitir ao público a dimensão política das descobertas e obrigar as autoridades a responder a perguntas sobre seu conteúdo, ou seja, dar significado ao material vazado. Assim, eles precisavam abrir mão do tradicional papel de *gatekeepers* (os que controlam a informação): os documentos deveriam ser publicados na íntegra, com o mínimo de intervenção (tarjando os nomes, por exemplo), e circular livremente entre o público. E, em um momento em que as redações encolhiam pela crise financeira causada pela perda de anunciantes, isso parecia ainda mais desconfortável.

Em fevereiro de 2011, dois jornalistas do *Guardian*, David Leigh e Luke Harding, publicaram o livro *WikiLeaks: Inside Julian*

Assange's War on Secrecy.⁵ Em uma absurda inversão de foco, eles pretendiam expor o líder do grupo, a essa altura já alvo de perseguição, conforme narrado pelo relator da ONU, por causa dos segredos revelados inclusive pelo jornal em que Leigh e Harding trabalhavam. Pior: o livro tornou pública a senha usada pelo *Guardian* para acessar os documentos do Cablegate, que, segundo os autores, teria sido desativada. Meses depois o jornal alemão *Freitag* anunciou ter acessado a íntegra dos documentos em um arquivo criptografado na internet. Foi a vez de o WikiLeaks pisar na bola: em setembro de 2011, todos os documentos do Cablegate foram ao ar sem edição. Não se tem notícia de pessoas que teriam sido prejudicadas pela divulgação desse material.

Não me contem mentiras

O fim de uma das parcerias mais produtivas no jornalismo (entre o WikiLeaks e os jornais) e a atitude enviesada da imprensa na subsequente perseguição a Assange podem ser vistos como emblemáticos do confronto entre duas visões distintas a respeito do papel do jornalismo no mundo transformado pela tecnologia. De um lado, estão aqueles que consideram o jornalismo intrinsecamente dependente dos recursos e métodos das grandes empresas e o veem ameaçado pela abertura da esfera pública de comunicação. De outro, estão os que percebem a internet como uma oportunidade para os jornalistas se aliarem ao público e a outros veículos na produção e na circulação da informação, o que não significa menos rigor na prática do jornalismo investigativo, pelo contrário: no mundo da internet, a independência, condição primordial para esse tipo de jornalismo, ganhou em viabilidade e impacto.

Muito antes de a crise deflagrada pela internet afetar as redações, os jornalistas investigativos já eram *outsiders*, muitas vezes realizando o trabalho por conta própria, à revelia de editores, e tendo de lutar para publicar suas reportagens. É o que mostra o livro *Tell Me No Lies: Investigative Journalism that Changed the World*

("Não me contem mentiras: jornalismo investigativo que mudou o mundo"), publicado em 2005, uma coletânea de investigações de grande repercussão realizadas no século XX e reunidas pelo jornalista John Pilger. Australiano radicado no Reino Unido, Pilger é autor de um dos documentários mais importantes do período, *Year Zero: The Silent Death of Cambodia* (que trouxe evidências da responsabilidade dos Estados Unidos no massacre perpetrado pelo Khmer Vermelho no Camboja entre 1975 e 1979).

Uma das histórias mais famosas da coletânea é a do jornalista americano Seymour Hersh, que revelou o massacre de My Lai, o maior assassinato em massa cometido pelas tropas americanas no Vietnã, quando mais de quinhentos civis, a maioria mulheres e crianças, foram mortos por soldados em março de 1968. Hoje uma lenda no jornalismo, Hersh era então um jovem *freelancer* que "furou", sem sair dos Estados Unidos, os seiscentos jornalistas americanos que estavam no Vietnã. Foi ele o único a dar atenção às denúncias de um soldado americano que havia deixado o Exército e procurado insistentemente a imprensa, inclusive em Saigon, sem que ninguém lhe desse ouvidos. Ao contrário dos seus colegas no Vietnã, habituados a olhar com indiferença as operações militares que rotineiramente matavam civis, Hersh "via o assassinato de pessoas desarmadas como chocante", escreveu Pilger em seu livro. E foi isso que fez Hersh ir atrás da história.

Seymour Hersh, que quarenta anos depois do massacre de My Lai desmentiria a versão oficial do governo americano sobre o assassinato de Osama Bin Laden,[6] reproduzida por todos os principais meios de comunicação do Ocidente, é, assim como Pilger, um dos grandes jornalistas investigativos que criticaram a cobertura do caso Assange pela mídia internacional. Em entrevista ao *El País*, em 2019, ele declarou: "Assange fez o que eu faço para ganhar a vida: pedir às pessoas que me deem informação secreta."

Na Introdução de *Tell Me No Lies*, Pilger explica que o seu critério para selecionar as reportagens que comporiam o livro foi inspirado em uma definição de jornalismo dada pelo correspondente de guerra T.D. Allman, feita em tributo a Wilfred Burchett (o único jornalista, entre centenas incorporados às tropas Aliadas durante a rendição do Japão, em 1945, que escapuliu para Hiroshima a fim de registrar o efeito perverso e duradouro da radiação proveniente da bomba nuclear, até então negado pelos Aliados): "Jornalismo genuinamente objetivo é aquele que não apenas apura os fatos, mas compreende o significado dos acontecimentos. É impactante não apenas hoje, mas resiste à passagem do tempo. É validado não apenas por 'fontes confiáveis', mas pelo desenrolar da história. E dez, vinte, quinze anos depois, ainda serve como espelho verdadeiro e inteligente do que aconteceu." Também por esse critério é inegável a natureza jornalística do trabalho do WikiLeaks, tão inspirador para jovens jornalistas e novas organizações de mídia digital e tão questionado por uma parcela conservadora da grande imprensa.

E o cãozinho?

Aqui cabe um parêntese para explicar o termo "jornalismo investigativo" que, segundo John Pilger, passou a ser usado nos Estados Unidos nas décadas de 1960 e 70, principalmente depois do "furo" gigante dos jornalistas Bob Woodward e Carl Bernstein, que revelaram o Watergate. No Brasil, acho que a expressão chegou mais tarde — não me lembro de ouvir falar em "jornalismo investigativo" antes dos anos 1990. A Associação Brasileira de Jornalismo Investigativo, a Abraji, primeira entidade a reunir esses profissionais no país, foi fundada em 2002 sob o impacto do caso Tim Lopes, repórter assassinado brutalmente no complexo do Alemão, no Rio de Janeiro, quando fazia uma reportagem investigativa para a TV Globo sobre denúncias de abusos sexuais de menores em bailes promovidos por traficantes. Proteger os jornalistas — e a liberdade de expressão — é a principal missão da organização que, desde 2006, promove um concorrido seminário anual sobre jornalismo investigativo no Brasil.

Em 2012, a Abraji fez uma pesquisa com seus associados (jornalistas e estudantes de jornalismo) pedindo que definissem "jornalismo investigativo". Além de diferenciá-lo de outras modalidades, como o jornalismo de notícias (*hot news*) ou o de nichos (saúde, esporte, entretenimento etc.), muitos entrevistados o identificaram com o chamado "bom jornalismo": ético, bem apurado, que vai às raízes dos fatos, com diversidade de fontes, independente, que "incomoda os poderosos". Para mim, significa também um compromisso que o repórter Rubens Valente resumiu de forma bem-humorada nessa enquete: "Diz-se que notícia é quando o homem morde o cachorro. Jornalismo investigativo é indagar o que o cãozinho tem a dizer sobre isso."

A nova mídia digital

A Agência Pública foi fundada por três repórteres mulheres — Natalia Viana, Tatiana Merlino e eu — em março de 2011, sob o impacto que o WikiLeaks provocou no jornalismo. Quando começamos a nos reunir para botar em prática o projeto, há muito acalentado, de fazer jornalismo investigativo independente, a Natalia tinha acabado de chegar da Inglaterra, onde havia trabalhado com o grupo de Assange no Cablegate — foi ela quem sistematizou e distribuiu os arquivos brasileiros.

O WikiLeaks entrou como um sopro de vitalidade para quem, como nós, acreditava que a crise na mídia industrial não representava o fim do jornalismo, apesar de seu declínio nas redações, enxutas e sobrecarregadas. Em 2012, entre outras medidas de corte de custos, 1.230 jornalistas foram demitidos de redações no Brasil, número referente apenas aos que trabalhavam com carteira assinada, como registrou uma reportagem da Agência Pública.[7] Um dos segmentos mais atingidos foi justamente o da produção de matérias mais aprofundadas que poderiam fazer um contraponto com as notícias, atropeladas pela velocidade avassaladora da internet.

Reconhecidamente custoso, o jornalismo investigativo também é demorado e exigente na apuração. Experiências internacionais, porém, já mostravam, naquele início da década de 2010, que a publicidade não é a única maneira de financiar esse tipo de jornalismo. Além disso, no mundo digital não há os custos gráficos nem de distribuição que praticamente inviabilizavam o jornalismo feito fora das grandes empresas, antes da internet. Esses fatores, aliados ao exército de jornalistas desempregados, alavancaram a criação de uma série de organizações jornalísticas, algumas sem fins lucrativos, entre as quais o WikiLeaks era uma das mais conhecidas.

Esse também foi o modelo adotado pela Pública, a primeira agência de jornalismo investigativo sem fins lucrativos do Brasil, inspirada, além do WikiLeaks, por várias iniciativas que surgiram naquele período — da ProPublica, fundada em Nova York em 2008, à britânica The Bureau of Investigative Journalism, criada em Londres em 2010, sob a mentoria do jornalista investigativo americano Gavin MacFadyen, fundador do Centro de Jornalismo Investigativo (CIJ), da City University, em Londres.[8]

Como a ProPublica e o Bureau, a Pública optou pelo licenciamento *creative commons* de seu conteúdo, sistema que permite a republicação gratuita do texto, desde que sem alterações, com crédito dos autores e sem fins comerciais. Ou seja: os outros veículos podem republicar as reportagens gratuitamente, o que preenche as lacunas do jornalismo impactado pelo corte de custos nas grandes empresas, enquanto aumenta a repercussão de reportagens produzidas pelas organizações menores.

Hoje a Pública conta com uma rede de cerca de 1.300 veículos nacionais e internacionais que republicam seu conteúdo. Entre os mais frequentes estão: UOL, Yahoo (Brasil e Estados Unidos), IG, El País Brasil, *CartaCapital*, *Exame*, MSN (Brasil e Argentina), *El Diario* (Espanha), Polígrafo (Portugal), GGN, além de uma rede de doze veículos latino-americanos. Também fizemos parcerias com os jornais *Folha de S.Paulo* e *Valor Econômico* e com a imprensa regional da Amazônia. Uma diversidade que não apenas amplia o alcance do conteúdo, como possibilita que ele seja acessado por públicos bem diferentes.

Dessa forma, rompem-se também os limites que encerram as ideias nas mídias sociais ou nos *paywalls* dos grandes veículos — mesmo quando os parceiros querem exclusividade na primeira publicação, o conteúdo vai ao ar em nosso site, no máximo, 24 horas depois. Essa é a "mágica" que faz, por exemplo, uma reportagem sobre a crescente contaminação de quilombolas pelo novo coronavírus ser republicada na *Exame*, uma revista de negócios, e no jornal on-line GGN, do jornalista de economia Luis Nassif, um dos mais populares entre a audiência de esquerda.

Sobre isso vale contar uma passagem reveladora da polarização do público a partir do que este considera a "ideologia" dos veículos. Em junho de 2015, publicamos um especial sobre a articulação da nova direita brasileira, tema escolhido por leitores que participaram de nossa campanha de *crowdfunding* (uma "vaquinha" virtual). Uma das reportagens, a "Nova roupa da direita",[9] revelou, com base em documentos oficiais americanos e vários depoimentos, que a Atlas Network, uma rede de fundações de direita liderada por grandes grupos empresariais nos Estados Unidos, tinha ligações com movimentos que organizavam as manifestações pelo impeachment de Dilma Rousseff. Quando foi postada em nossa página no Facebook, perfis e grupos identificados com a direita compartilharam a reportagem, que trazia na abertura a foto de Glorita Álvarez — uma universitária guatemalteca escalada para fazer palestras para a juventude de direita na Espanha e na América Latina —, além de entrevistas com o presidente da Atlas Network e outras lideranças admiradas por eles.

Assim que a revista *CartaCapital* republicou a reportagem, porém, o movimento se inverteu: agora a matéria era "mentirosa", feita por "petistas infiltrados" na imprensa. Um dos entrevistados, que contou a história da fundação do Movimento Brasil Livre (MBL), apoiada pela ONG americana Students for Liberty, e da escolha daquele que se tornaria seu rosto mais conhecido, Kim Kataguiri, para "promover a marca", passou a ser assediado para que negasse o que dissera à reportagem. Ao confirmar suas declarações, nosso entrevistado atraiu uma onda de ofensas (ele deixaria o movimento depois). Quando tentei entrevistar outro fundador do MBL, que havia criado um partido (Livres), ele queria a garantia de que a reportagem não seria publicada em veículos "de esquerda". Uma exigência impossível no modelo *creative commons*, que, exatamente por isso, é interessante para a outra ponta — a dos doadores — por aumentar o impacto do conteúdo das organizações que recebem os recursos. A maior parte dos financiadores compõe-se de fundações filantrópicas que apoiam o jornalismo investigativo por sua relevância para a democracia, para a transparência dos governos e a defesa dos direitos humanos.

Entre 2004 e 2018, mais de 1.800 jornais desapareceram nos Estados Unidos, depois de uma queda de receitas publicitárias que as levou para níveis semelhantes aos da década de 1950, segundo o professor de jornalismo Rogério Christofoletti, da Universidade Federal de Santa Catarina (UFSC).[10] Por outro lado, o Institute For Nonprofit News (INN), consórcio fundado em 2009 por 27 organizações de jornalismo independente "sem fins lucrativos, apartidárias e a serviço do interesse público", como se autodefine, hoje reúne mais de 250 organizações de mídia nos Estados Unidos. Entre elas, está a ProPublica, fundada por um casal de velhinhos bilionários, Marion e Herb Sandler, que apoiavam organizações de direitos humanos como a Human Rights Watch e percebiam o impacto do jornalismo para fazer avançar as pautas humanitárias.

Para montar a ProPublica, o casal entrevistou pessoalmente diversos profissionais de imprensa e convenceu-se de que o jornalismo investigativo é a modalidade mais importante para a democracia e a mais ameaçada pela crise da mídia industrial. Com uma dotação inicial de 10 milhões de dólares anuais (valores de 2008), sua redação, dirigida por um jornalista veterano do *Washington Post*, começou com 32 profissionais contratados com salários competitivos. Dois anos depois, a ProPublica ganhava seu primeiro Pulitzer, por uma reportagem sobre um hospital isolado pelo furacão Katrina publicada em parceria com a *New York Times Magazine*.

Hoje a ProPublica tem mais de cem profissionais na redação e acordos de parceria com a maioria dos grandes jornais, emissoras de TV e rádio dos Estados Unidos, e um projeto de apoio ao jornalismo investigativo local e regional. Também conta com 34 fundações parceiras, além da Sandler Foundation, incluindo a Fundação Ford e a Open Society Foundations (OSF), que também são as principais financiadoras do jornalismo sem fins lucrativos na América Latina.

Segundo a fundação ibero-americana SembraMedia, até 2020 já havia 747 veículos jornalísticos independentes em língua espanhola na América Latina e no Caribe. Cerca de um terço desses veículos não tem fins lucrativos e é financiado por fundações, doações individuais diretas ou através de *crowdfunding* (muitas vezes a mesma organização utiliza todas essas fontes, como faz a Agência Pública). Alguns ainda utilizam um modelo híbrido (com rendimentos comerciais e doações), caso do site salvadorenho El Faro, referência em temas como crime organizado, migrações e violações de direitos humanos na América Latina.

Pioneiro no jornalismo on-line, o El Faro — que teve a excelência de seu jornalismo reconhecida pelo Prêmio Cabot já em 2009 — revela o caminho que o jornalismo independente teve de percorrer desse lado do globo para chegar à sustentabilidade. Fundado em 1998 pelo jornalista Carlos Dada e pelo empresário Jorge Simán, o site de *"periodismo incómodo"*, como eles definem, funcionou à base de trabalho voluntário por sete anos — até receber a primeira doação, da Open Society, em 2005. Hoje, 63% da receita do grupo vem de fundações, 18% da venda de publicidade, 12% de oficinas e eventos, 4% dos leitores e o restante da comercialização de livros, documentários e conteúdos.

Em 2020, o El Faro sofreu um golpe violento que revela outra ordem de dificuldades para fazer jornalismo investigativo na América Latina. Incomodado com suas reportagens sobre negociações do governo com a maior facção criminosa de El Salvador (o governo oferecia benefícios penitenciários em troca de redução dos homicídios e apoio eleitoral), o presidente Nayib Bukele anunciou a abertura de uma investigação sobre uma suposta lavagem de dinheiro promovida pelo site. O El Faro entrou então com um pedido de amparo por "auditoria agressiva" no Supremo Tribunal Federal de El Salvador, requerendo também medidas cautelares para evitar que o Tesouro solicitasse informações não relacionadas às declarações fiscais.[11] Em 4 de janeiro de 2021, a Comissão Interamericana de Direitos Humanos outorgou medidas cautelares em favor de 34 membros do El Faro por considerar que se encontram em situação grave e urgente de risco de dano irreparável a seus direitos. Dois meses depois, em 5 de março, a Corte Suprema de El Salvador acolheu o pedido do El Faro contra o Ministério da Fazenda e exigiu que a solicitação de documentos para a auditoria fosse imediatamente interrompida.

Apesar das dificuldades políticas, a mídia digital floresce até em Cuba, dominada pelo jornalismo oficial e com internet precária (são 21 sites independentes, segundo o levantamento da SembraMedia); e na Venezuela, onde a politização da mídia tradicional contra o governo Hugo Chávez detonou uma progressiva e odiosa censura. Uma das 48 iniciativas independentes no país, o site Efecto Cocuyo, fundado em 2015 por três jornalistas mulheres (Luz Mely Reyes, Laura Weffer e Josefina Ruggiero) e financiado por doações individuais, ganhou o Prêmio Gabo em 2018 com o especial "Venezuela a la fuga", sobre a diáspora que já levou 3 milhões de venezuelanos para fora do país. Em 2019, foi a vez do site cubano Periodismo de Barrio, que, conforme divulgado em seu site, recebe recursos da Fundação Sueca de Direitos Humanos e da Embaixada da Noruega. A reportagem premiada pela Fundação Gabriel García Márquez, "La sangre nunca fue amarilla", assinada por Mónica Baró Sánchez, revelou a grave situação de moradores de um bairro de Havana contaminado por chumbo.

Essas duas premiações confirmam uma tendência observada desde 2016: a de que a maioria dos vencedores do Gabo, mais importante prêmio do jornalismo na América Latina, integra a mídia digital independente. A ONG Repórter Brasil, o Projeto Colabora e a Agência Pública estão entre os premiados brasileiros.

Soros e outros demônios

No Brasil, o Mapa do Jornalismo Independente,[12] lançado em 2016 pela Agência Pública, computava 79 veículos digitais. Hoje, com a contribuição do público, registramos quase duzentos veículos de DNA digital não ligados a empresas ou instituições. Menos de 30% deles são sem fins lucrativos. Muitos adotam modelos híbridos ou comerciais (alguns inclusive com *paywall*), como o jornal digital Nexo e o site Jota, este especializado na cobertura do Judiciário. Outros funcionam como startups, caso da organização de *fact-checking* Lupa, incubada na revista *piauí*. Mas, a exemplo de outros países, o jornalismo investigativo continua a ser financiado, majoritariamente, por fundações, exatamente pelas características que inviabilizam sua produção nas empresas jornalísticas: custos altos, tempo de apuração longo e independência absoluta — e isso inclui não ter que publicar diversas reportagens por dia nem usar títulos caça-cliques para atrair as audiências voláteis da internet.

Estão nesse grupo, além da Pública, a Repórter Brasil, referência mundial em trabalho escravo; a Ponte Jornalismo, fundada por repórteres de polícia e especializada em segurança pública e direitos humanos; a agência Amazônia Real, criada em 2013 por jornalistas mulheres para investigar questões da região e de sua população; a Marco Zero, fundada em 2015 em Recife com foco em investigações em torno de direitos humanos e questões urbanas, principalmente no Nordeste. Outro exemplo interessante é o site Fiquem Sabendo, do jornalista Léo Arcoverde, que trabalha principalmente com a Lei de Acesso à Informação, uma das ferramentas mais importantes para o jornalismo investigativo.

Hoje a Agência Pública conta com dez fundações parceiras, incluindo a Fundação Ford, a primeira a financiar o projeto, ainda em 2011. Como a OAK Foundation, sediada na Suíça, que se tornou nossa parceira em 2015, a Ford é uma financiadora institucional (*core*), ou seja, suas doações são recorrentes e cobrem a maior parte das despesas fixas da Pública. Outras fundações, como a Climate Land Use Alliance (Clua), a Open Society Foundations e a brasileira Ibirapitanga, de Walter Moreira Salles, financiam projetos específicos: a Clua, nossos projetos de investigação na Amazônia; a OSF, os laboratórios e projetos de inovação em jornalismo; e a Ibirapitanga, uma investigação de dois anos (2019 e 2020) sobre agrotóxicos, realizada em conjunto com a Repórter Brasil.

A OSF, do megaespeculador financeiro húngaro George Soros, é a mais polêmica dessas fundações e a principal financiadora do jornalismo na América Latina (mas não no Brasil). Tendo atuado pela derrocada do comunismo em seu país, Soros era visto pela esquerda como bicho-papão, apesar de sua atuação filantrópica — um orçamento de 1,2 bilhão de dólares distribuído em mais de 50 mil doações. Apenas 2,1% desse orçamento — o equivalente a 26 milhões de dólares — é doado ao jornalismo. Entre os que recebem recursos da OSF está o International Consortium of Investigative Journalism (ICIJ), que reúne 267 jornalistas de cem países, sete deles brasileiros.[13] O trabalho do ICIJ se tornou conhecido mundialmente em 2016 pelo vazamento dos Panama Papers, um conjunto de 11,5 milhões de documentos que expuseram políticos e personalidades do mundo todo com negócios em paraísos fiscais. A OSF também é doadora da ONG Repórteres Sem Fronteiras e de outras entidades de proteção à liberdade de imprensa, além de ajudar grandes organizações de direitos humanos e de defesa de refugiados políticos, como a Anistia Internacional.

À medida que a direita passou a disseminar *fake news* e a odiar a imprensa, Soros, que já era detestado pelos ultranacionalistas até por ser judeu, tornou-se o grande satã, como o pintou em outdoors o governo de extrema direita de seu país natal, liderado pelo primeiro-ministro Viktor Orbán. No Brasil, o gesto foi imitado pelos apoiadores do presidente Jair Bolsonaro nas redes sociais. Em muitos dos ataques sofridos pela Agência Pública e por outras organizações de jornalistas que recebem ou receberam doações da OSF, foi utilizada a figura de Soros para manchar a credibilidade de seu jornalismo.

Em 2020, a *Folha de S.Paulo* publicou uma série de reportagens, desenvolvidas em países de quatro continentes, sobre os efeitos das políticas para drogas no mundo. Corretamente, o jornal colocou logo na apresentação que o especial havia sido financiado pela OSF. Durante dias as redes sociais foram inundadas por agressões ao jornal, que, já malvisto (por suas qualidades) pelos apoiadores de Bolsonaro, passou a fazer parte da "conspiração de Soros para corromper o mundo".

Antes disso, ainda na campanha presidencial de 2018, no auge da polarização, houve uma investida violenta dos cabos eleitorais de Bolsonaro contra as agências de *fact-checking*, depois que o Facebook anunciou uma iniciativa coletiva para detectar *fake news* — que seriam bloqueadas nas redes (promessa jamais inteiramente cumprida). Os principais alvos das agressões foram a Agência Lupa, da coautora deste livro Cristina Tardáguila; a Aos Fatos, da jornalista Tai Nalon; e a Agência Pública, que, durante cinco anos, inclusive naquelas eleições, manteve um grupo de checagem de fatos, o Truco, que não participava do projeto do Facebook. Um dos posts mais agressivos trazia uma ilustração das três organizações, todas dirigidas por mulheres, como se fossem cadelas sendo levadas pela coleira por George Soros. Detalhe: nem a Lupa nem a Aos Fatos recebem ou receberam doações da Open Society Foundations.

Violência machista e *fake news* à parte, todos os acordos da Agência Pública com as fundações obedecem a uma política de financiamento que garante a independência de nosso jornalismo: a) os projetos e temas a serem investigados são sempre propostos por nós, jamais encomendados, sequer sugeridos; b) não se permite qualquer tipo de interferência no conteúdo jornalístico — da seleção de pautas à publicação das reportagens; c) ninguém tem acesso ao conteúdo antes de sua publicação; d) não recebemos recursos de fundações vinculadas a nenhum tipo de órgão público, incluindo as estatais (com exceção de editais públicos); e) doações provenientes de empresas e outras organizações com fins lucrativos só são possíveis por meio de editais, patrocínio a eventos ou doação única sem contrapartida; f) todos os financiadores da Pública são identificados claramente em nosso site e/ou nos projetos por eles patrocinados.

Essas seis regrinhas foram respeitadas integralmente nesses dez anos e não me lembro de nenhum caso em que esses limites tenham sido testados pelos doadores. Hoje, com o conhecimento que temos das fundações que nos apoiam e apoiaram com recursos, não tenho dúvida de que a parceria entre essas entidades e as ONGs de jornalismo se dá por uma coincidência de agendas: valorizar o jornalismo para qualificar o debate democrático, combater a desigualdade, exigir transparência de governos e corporações e, sobretudo, denunciar a violação de direitos humanos de pessoas que quase sempre não podem se defender porque não têm acesso à Justiça. Nem à imprensa.

Poucas vozes, muito público

Há mais um motivo para as fundações Ford e Open Society investirem nas organizações de mídia digital na América Latina e no Caribe: ambas atuam pelo direito à informação e à comunicação, ameaçado pela concentração dos veículos de maior influência sobre a opinião pública nas mãos dos mesmos proprietários, o que reduz drasticamente a pluralidade de visões, esvaziando o debate democrático. Também falta transparência para que os cidadãos e os jornalistas saibam de quem é o controle da mídia em seus países, conforme explica a ONG Repórteres Sem Fronteiras no site do projeto Media Ownership Monitor (MOM), que, desde 2017, monitora a propriedade de mídia em cinco países da América Latina (Brasil, Argentina, México, Peru e Colômbia) e em nações da África, Ásia e Europa Central.

No Brasil, o monitoramento é feito em parceria com o Intervozes — Coletivo Brasil de Comunicação Social, que realiza o trabalho de campo no país segundo os critérios estabelecidos pelo MOM. Desde 2009, o Intervozes, que também recebe doações da Fundação Ford, trabalha pelo direito à informação. Em 2019, quando foram publicados os primeiros resultados do levantamento, a concentração de mídia no país foi avaliada com alerta vermelho, ou seja, de alto risco. Um resultado que mostra que a internet ainda não conseguiu alterar o panorama que vigora há décadas no Brasil, pelo menos no que se refere ao consumo de notícias. Os cinquenta veículos brasileiros analisados que aparecem no MOM pertencem a 26 empresas ou indivíduos, sendo que *cinco desses proprietários concentram mais da metade dos veículos*, destaca o relatório. Mais do que isso, funcionam como monopólios: "Como não há restrição à propriedade cruzada, a não ser no segmento da TV a cabo, os líderes de mercado dominam diversos segmentos — de emissoras de TV a jornais e portais na internet. Além disso, nenhuma pessoa negra figura no quadro societário dos veículos de comunicação brasileiros analisados. No quesito gênero, pouquíssimas mulheres aparecem como proprietárias de meios de comunicação", conclui o monitoramento do MOM.

Um dos efeitos mais evidentes dessa concentração é a coincidência de visões sobre as questões nacionais entre os principais veículos, "o que constrói (artificialmente) a noção de 'consenso'". E não apenas sobre determinados temas, mas também sobre prioridades para o país, conforme observou o Intervozes em um relatório, publicado em setembro de 2019, sobre a cobertura da reforma da Previdência nos três principais jornais brasileiros (*Folha*, *Estadão* e *Globo*) e em três emissoras de TV — SBT, Record e Globo (*Jornal Nacional*). Todos os meios de comunicação pesquisados apresentaram a reforma ao público como obrigatória e prioritária, e a maioria deles fez a mesma crítica pontual — a de que os militares deveriam ser incluídos na perda de direitos previdenciários. E isso se deu tanto por meio de opinião expressa em editoriais quanto pela escolha dos especialistas a serem entrevistados para as reportagens. Em média, os jornais apresentaram mais de 72% de entrevistados a favor da reforma do governo Bolsonaro (64% totalmente favoráveis e 8,5% parcialmente favoráveis) e apenas 19% críticos ou contrários (e nesses se incluem os que faziam a mesma objeção ao tratamento diferenciado aos militares).

O relatório do Intervozes no MOM também destaca a editorialização das reportagens sobre o tema e expõe um exemplo contundente: uma matéria de maio de 2019 sobre os atos unificados no Dia do Trabalho por dez centrais sindicais que se opunham à proposta de reforma da Previdência do governo foi acompanhada de um box que trazia opinião contrária à dos sindicalistas, atribuída a "especialistas, *não nominados*, sugerindo este consenso entre aqueles e aquelas que têm conhecimento do assunto em questão". Além disso, observa o relatório, ao contrapor os "especialistas" às falas dos sindicalistas que constavam da reportagem principal, produziu-se "o efeito discursivo de uma falsa polarização: se, de um lado, estão os 'especialistas' (conhecedores do assunto, tecnicamente), de outro estão os 'não especialistas', ou seja, aqueles que não detêm legitimidade para opinar". Outra revelação importante: embora as mulheres sejam as mais afetadas pela reforma previdenciária,[14] 88% dos especialistas entrevistados pelos jornais eram homens. Uma falta de diversidade que espelhava a cadeia de comando nas redações — dos proprietários aos editores, estes ainda são majoritariamente homens.

A pesquisa "Mulheres no jornalismo", feita pela organização digital Gênero e Número, especializada em jornalismo de dados sobre desigualdade entre gêneros, constatou que, segundo 65% das jornalistas mulheres que participaram da enquete, há mais homens do que mulheres em cargos de liderança em seu ambiente profissional — e elas trabalham em 271 veículos distintos. Uma percentagem equivalente (65,7%) afirmou ter tido sua competência ou ter visto uma colega ter sua competência questionada por chefes ou colegas homens. Além disso, 73% relataram já ter ouvido comentários sexistas nas redações e 84% afirmaram já ter sido alvo de violência psicológica no trabalho (insultos, humilhação, abuso de poder ou de autoridade, ataques à reputação). Outro dado chocante é que 85% das jornalistas revelaram não ter filhos menores de 18 anos: em pesquisas qualitativas, muitas contaram episódios em que foram preteridas em aumentos de salário e promoção de cargos por estarem grávidas, fato que levou à demissão de 2,3% das mulheres ouvidas.

Mulheres no comando

A prevalência de homens no comando não é uma particularidade da mídia tradicional. Segundo a SembraMedia, apenas 30% das novas organizações foram fundadas por mulheres, como a Pública, que, aliás, também sempre foi dirigida por mulheres — Natalia e eu (Tatiana Merlino saiu do grupo em 2011 para compor a Comissão da Verdade em São Paulo). Desde 2019, a Pública passou a ser comandada por um conselho deliberativo de cinco pessoas, quatro delas mulheres, que também são a maioria (70%) na organização. E esse é um traço do jornalismo que produzimos, ainda que não seja especificamente voltado para a questão de gênero, como a já citada Gênero e Número e a AzMina, uma revista digital feminista independente, criada em 2015, que faz "jornalismo em defesa da mulher". Mas, como jornalistas e mulheres, percebemos o papel da imprensa na perpetuação das desigualdades e da discriminação contra as mulheres, vivenciadas nas próprias redações.

É esse olhar "genuinamente objetivo", que "não apenas apura os fatos, mas compreende o significado dos acontecimentos", como dizia T.D. Allman, que nos permite ver o machismo impregnado nas instituições brasileiras e tantas vezes tratado com naturalidade, ou seja, como uma "não notícia" nas redações tradicionais. Um exemplo: em 2013 a Pública postou uma reportagem de grande impacto sobre violência obstétrica, tema até então praticamente inédito na imprensa. Construída com depoimentos de mães que tiveram filhos no sistema público de saúde e no privado, a reportagem trouxe como título "Na hora de fazer não gritou".[15] A frase simboliza a violência obstétrica vivida pela autora do texto, Andrea Dip (uma das diretoras da Pública), durante o parto de seu bebê, marcado pela indiferença no atendimento, adoção de procedimentos cirúrgicos sem consentimento, separação de mãe e bebê no pós-parto. "Faz exatamente nove anos que tudo isso aconteceu e hoje é ainda mais doloroso relembrar porque descobri que o que vivi não foi uma fatalidade, ou um pesadelo: eu, como uma em cada quatro mulheres brasileiras, fui vítima de violência obstétrica", concluía Andrea Dip na reportagem, ainda hoje citada em teses acadêmicas e artigos em jornais, além de ser utilizada como argumento em debates legislativos. Também provocou uma enxurrada de matérias em outros veículos sobre a violência sofrida no parto, incentivando o debate público sobre o assunto.

No ano seguinte, a reportagem "Dor em dobro" tocava em outro tema tabu, que provocaria um debate que se estende até hoje: o direito constitucional ao aborto por mulheres que engravidaram de estupro.[16] A reportagem, que ganhou o Prêmio Roche de Saúde, atribuído pelo júri da Fundação Gabriel García Márquez, mostrou a dificuldade dessas mulheres para acessar os serviços públicos de saúde. Trata-se de um direito constitucional do qual estão privadas mais da metade das mulheres vítimas de estupro, muitas vezes obrigadas a recorrer ao aborto clandestino (quando têm recursos para isso) ou a levar a cabo uma gravidez fruto de violência.

Além de provocar uma investigação do Ministério Público Federal, a reportagem sobre o aborto legal trouxe um efeito inesperado: uma mensagem de socorro postada em nossa página no Facebook por uma moça grávida em decorrência de estupro em Goiás, que teve seu direito ao aborto legal negado pelos hospitais de sua cidade. A vítima chegou ao site da Pública depois de pesquisar a internet em busca de ajuda — a reportagem "Dor em dobro" foi a única que ela disse ter encontrado sobre o tema, mesmo dois anos depois de sua publicação. Encaminhada para a ONG Artemis, que atua na promoção da autonomia feminina através de políticas públicas, ela, finalmente, conseguiu ser atendida no Hospital Pérola Byington, em São Paulo.

São os temas espinhosos, evitados pela mídia por enfrentarem rejeição da opinião pública, caso do aborto, que dão consistência à nossa cobertura. A Agência Pública aborda ainda outras questões ignoradas, como os abusos do Estado contra os direitos de mulheres presas — uma de nossas reportagens, sobre revista vexatória, tornou-se mote de uma campanha pelo fim desse procedimento.

Outras matérias trataram das condições degradantes de mulheres que dão à luz nos presídios (até então, no estado de São Paulo, elas eram algemadas durante o parto, o que foi proibido depois) e o não cumprimento do direito à prisão domiciliar de mães grávidas ou com filhos menores de 12 anos, o que acabou sendo alvo de um *habeas corpus* coletivo no Supremo Tribunal Federal em fevereiro de 2018.

Mesmo quando o noticiário é favorável à vítima, como aconteceu em 2020 no episódio de uma menina de 10 anos do município de São Mateus, no Espírito Santo, grávida em decorrência de estupro e assediada por grupos conservadores para que desistisse do direito ao aborto legal, a superficialidade da maioria das reportagens pode prestar um desserviço para as mulheres. O sensacionalismo que cerca a figura do estuprador — nesse caso, o tio da menina —, quase sempre apresentado como "monstro", "pedófilo", "pervertido", sem que se toque no contexto patriarcal e machista em que as violências domésticas e sexuais são corriqueiras, é um exemplo.

Essa condenação individual, desvinculada da responsabilidade da sociedade e do Estado pelas condições em que tais crimes acontecem, é o tipo de denúncia que agrada aos conservadores, que clamam por soluções cruéis e ilusórias, como a castração dos culpados, em vez de pressionar por mudanças sociais, pelo avanço da legislação em defesa da autonomia da mulher, por políticas públicas que façam valer a rede de proteção aos direitos das mulheres e das crianças. Voltando ao caso da menina: uma apuração da Agência Pública mostrou que, na mesma São Mateus, 158 meninas com até 14 anos engravidaram e tiveram que levar a gestação até o fim nos últimos dez anos. Foram seis casos em 2020, dez em 2019 e catorze em 2018.

Esse é o problema social para além do crime do tio, conforme reconheceu o Ministério Público do Espírito Santo, que, depois da reportagem, pediu esclarecimentos à Secretaria Municipal de Saúde, à Delegacia de Polícia, ao Cartório da Vara da Infância e Juventude e ao Conselho Tutelar de São Mateus, entidades que compõem a rede de proteção às meninas. O fato de essa rede falhar mais uma vez traz consequências sociais maiores do que o crime de um indivíduo específico, que será condenado judicialmente, como prevê a lei.

Foram os avanços dos conservadores sobre os direitos das mulheres que levaram a Agência Pública a investigar outro tema, que se tornaria ainda mais relevante a partir da campanha de 2018: a "evangelização" da política brasileira. Não por acaso foi Andrea Dip, principal repórter e editora das pautas de mulheres, quem escreveu a reportagem "Os pastores no Congresso", publicada em 2015, que revelou o projeto político de igrejas evangélicas e suas consequências nefastas para a democracia e os direitos das mulheres no país. Também foi o ponto de partida para o livro *Em nome de quem?*,[17] escrito por Andrea, e se tornou um tema prioritário para a Agência Pública principalmente depois da escolha da pastora Damares Alves para comandar o Ministério da Mulher, da Família e dos Direitos Humanos, alvo de diversas investigações da Pública por ferir os direitos de quem deveria proteger — desde as próprias mulheres a vítimas da ditadura militar.

E essa não é apenas uma questão brasileira, como apontou em 2019 o projeto Transnacionais da Fé, uma colaboração de dezesseis meios latino-americanos sob a liderança da Columbia Journalism Investigations, da Escola de Jornalismo da Universidade Columbia, nos Estados Unidos. As relações entre líderes evangélicos próximos ao então presidente do país, Donald Trump, e os políticos brasileiros e de outros países da América Latina e os interesses econômicos desses grupos estão entre as revelações do especial, que também trouxe outras reportagens produzidas pela Pública, algumas em parceria com a *Folha de S.Paulo*.

Homens, brancos e empresários

O consagrado jornalista Cláudio Abramo, que, embora se declarasse marxista e trotskista, dirigiu e inovou dois grandes jornais brasileiros (o *Estadão* e a *Folha*), enunciou em texto publicado no livro *A regra do jogo* as relações entre jornalistas — e jornalismo — e os patrões.[18] Ao se empregar em uma empresa jornalística, "está subentendido que [o profissional] vai trabalhar de acordo com a norma determinada pelo dono do jornal, de acordo com as ideias do dono do jornal", disse Abramo, que aconselhava os jornalistas a fazerem "um armistício consigo mesmos" sem abrir mão de seus princípios.

E os donos dos jornais — como comprova o já citado monitoramento da organização Repórteres Sem Fronteiras, por meio do MOM — são homens, brancos e empresários. Os valores que advêm dessa condição vão influenciar a linha editorial na seleção de pautas, na hierarquia das notícias, na escolha das fontes que terão suas versões e opiniões manchetadas. Muitos profissionais nunca desistem de romper esses limites — e conseguem, conforme mostram boas reportagens publicadas todos os dias na mídia tradicional. Mas basta ler os jornais ou acompanhar o noticiário da TV com regularidade para perceber que a visão hegemônica prevalece. E por isso é tão importante o jornalismo independente.

Como explicar, por exemplo, que, mesmo as mulheres sendo maioria nas redações, o machismo seja ignorado em reportagens que tratam de outros temas, como a reforma da Previdência? Ou que a maior parte dos jornalistas busque o equilíbrio ao retratar os fatos, enquanto os jornais insistem em fórmulas como "manifestantes e policiais entram *em confronto*" em situações de evidente desbalanceamento de forças? Ou que a maioria dos jornalistas defenda os direitos humanos, enquanto a desigualdade e a injustiça social são ignoradas em reportagens sobre despejos, protestos e conflitos fundiários? Ou ainda que se faça uma distinção entre mortos pela polícia "inocentes" e assassinados com ficha policial, como se estes últimos tivessem menos direito à vida? Será que são os jornalistas que acreditam nisso?

Desde o primeiro site da Pública, em 2011, nossa apresentação diz: "Todas as nossas reportagens são feitas com base na *rigorosa apuração dos fatos e têm como princípio a defesa intransigente dos di-*

reitos humanos." E isso, sobretudo no Brasil, significa muito. Ao contrário de outros países em que apenas a extrema direita contesta o valor dos direitos humanos abertamente, aqui, antes mesmo da disseminação do discurso truculento de Jair Bolsonaro, seu sentido já havia sido amesquinhado com o objetivo de endossar a violência policial e rotular os que a denunciam como defensores de "direitos de bandidos". E, para além de certos programas policiais de rádio e TV, que batem nessa tecla de maneira totalmente irresponsável, a mídia sempre teve muito cuidado ao pôr a mão nesse vespeiro.

Lembro-me de uma história contada por um ex-ministro que, preocupado com o odioso refrão "direitos humanos para humanos direitos", que se multiplicava no rádio e na TV durante o governo Lula, procurou uma emissora que, naquele momento, fazia uma campanha sobre valores sociais como solidariedade, cidadania e por aí afora. Sugeriu então a inclusão de "direitos humanos" entre esses valores retratados como positivos pela emissora para quebrar o preconceito. Recebeu de volta sorrisos amarelos e a explicação de que o público daria uma "conotação pejorativa" ao termo.

Os direitos humanos até hoje não são compreendidos por aqui como o mínimo imprescindível para garantir a vida, a liberdade e a dignidade das pessoas, tal como concebidos na Declaração Universal dos Direitos Humanos, em 1948. Os direitos atribuídos a todos os cidadãos — saúde, moradia, educação, segurança, liberdade de expressão, direito à informação — são vistos como uma bandeira política da esquerda, uma realidade que precisa ser urgentemente alterada se quisermos ser uma nação menos desigual e mais democrática.

Para nós, jornalistas, a palavra das vítimas sempre é a mais importante. E isso não significa fazer proselitismo, deixar de ouvir outros lados, de confrontar versões e de buscar fontes primárias como documentos e dados que tragam luzes sobre a situação. Ouvir os invisíveis — os indígenas, as mulheres, os negros, os funcionários públicos com baixos salários e alto valor social, como garis, merendeiras, policiais, professoras e enfermeiras, as vítimas de violência policial ou de conflitos fundiários, os adolescentes em confronto com a lei — é fundamental para qualquer tentativa de transmitir uma visão mais completa e coerente da realidade.

Nosso cartão de visitas, quando a Pública engatinhava, eram as seis premiações e menções honrosas no Prêmio Vladimir Herzog que acumulávamos, as três repórteres, em 2011 — todas conquistadas na revista *Caros Amigos*, onde trabalhamos em diferentes períodos. Destaco essa premiação porque ela não leva em conta apenas a qualidade do trabalho jornalístico, mas também seu impacto na defesa e garantia dos direitos humanos, que era justamente o foco da revista fundada e comandada por Sérgio de Souza, um dos jornalistas mais talentosos do país. Em seus melhores anos — de 1997 a 2008, quando Serjão faleceu —, a revista foi o projeto mais robusto de jornalismo independente no Brasil, embora sempre tenha lidado com dificuldades financeiras, uma realidade entre os veículos independentes que só a internet foi capaz de mudar.

Na *Caros Amigos*, investigamos o massacre de Eldorado do Carajás, no Pará (onde dezenove integrantes do Movimento dos Trabalhadores Rurais Sem Terra, o MST, foram assassinados por forças policiais em 1999); a expulsão de quilombolas por militares no entorno da base de Alcântara, no Maranhão; o assassinato do prefeito Antônio da Costa Santos, de Campinas, no interior paulista, praticado em 2001 por criminosos em conluio com a Polícia Civil; as relações entre a organização criminosa conhecida como Primeiro Comando da Capital, o PCC, com o governo do estado de São Paulo; a juventude da periferia que despontava na música e na política com o hip-hop, enquanto era assassinada pela polícia; o radicalismo religioso do Opus Dei; o feminismo das mulheres muçulmanas; o subemprego; os sem-teto; a fome dos indígenas; a evasão escolar; a gravidez de adolescentes pobres, sem perspectiva de uma vida melhor.

Mesmo sem recursos, o que nos obrigava a fazer malabarismos, por exemplo, para viajar, a independência dos repórteres e a gana de mudar o mundo fizeram da revista uma referência em um momento em que a grande imprensa já substituía a poeira das estradas pelo telefone. Além de buscar outro modelo de negócios, tínhamos uma visão crítica sobre a isenção da pequena e da grande imprensa em um momento em que o país começava a se polarizar. Queríamos fazer jornalismo "puro", sem o alinhamento dos veículos "de esquerda", como a própria *Caros Amigos*, e livre dos compromissos das empresas de jornalismo com a agenda do mercado: o enxugamento do Estado, a meritocracia, as privatizações, a redução de impostos e de direitos trabalhistas, a marginalização e/ou criminalização de movimentos sociais, a primazia do desenvolvimento econômico sobre as questões socioambientais.

Uma pesquisa do Intervozes, publicada em junho de 2020 sobre a cobertura da imprensa a respeito do vazamento de óleo na costa do Nordeste, concluiu: "Além do atraso de quase um mês na divulgação dos fatos pela mídia, seja nos veículos de alcance nacional ou nos de alcance regional, *em média 60% das vozes ouvidas foram de autoridades públicas, e apenas 5%, aproximadamente, representavam os povos e comunidades tradicionais diretamente afetados.*"

Desde o primeiro grande projeto de investigação da Agência Pública, realizado a partir de 2012, sobre os preparativos para a Copa do Mundo de 2014, privilegiamos essas vozes esquecidas. Enquanto a cobertura investigativa da imprensa concentrava-se em obras superfaturadas ou suspeitas de desvios — o que, sem dúvida, é de interesse público —, nós investigávamos as violações dos direitos das comunidades, despejadas ou afetadas negativamente por obras dentro do mesmo contexto de corrupção: as expulsões muitas vezes tinham como objetivo dar lugar a empreendimentos bilionários que enriqueceriam empresários e políticos.

Também foi pelo ângulo dos direitos humanos que, oito anos depois, cobrimos a pandemia gerada pelo novo coronavírus,[19] um grande desafio para os que não estão acostumados à urgência do jornalismo diário. Aliás, vale notar, a produção de notícias, pelo menos no Brasil, é inteiramente feita pela mídia tradicional e pelos maiores portais da internet, o que ajuda a explicar a dificuldade de fazer jornalismo investigativo nesses veículos. Durante os quatro primeiros meses da pandemia, a Pública pôs no ar pelo menos duas reportagens por dia (contra uma média habitual de três por semana), a maioria apurada a várias mãos e com o uso do jornalismo de dados, uma ferramenta eficiente para testar hipóteses e antecipar tendências que se confirmariam ao longo da disseminação da epidemia.

Logo na chegada do coronavírus ao Brasil, uma reportagem de dados publicada em 13 de março de 2020 apontava as enormes desigualdades entre os sistemas de saúde regionais, especialmente frágeis no Norte do país. Tal desnível resultaria, pouco depois, em uma calamidade pública em Manaus, com corpos sendo enterrados em valas comuns. O genocídio indígena foi acompanhado pela agência Amazônia Real, sediada em Manaus, que fez uma cobertura detalhada do impacto da pandemia entre as comunidades tradicionais. A tragédia voltaria a se repetir na região na virada para 2021.

Quatro dias depois abordamos a contaminação nos presídios, enquanto ainda se discutia sobre a soltura dos presos de grupo de risco pela Justiça. E seguimos mostrando o impacto potencialmente desigual da pandemia, relacionado às condições precárias de moradia das periferias; a disseminação de *fake news* e a reação dos comunicadores populares para que suas comunidades recebessem informações corretas. Fizemos também uma reportagem participativa que nos levou a cidades que, por influência do presidente da República, Jair Bolsonaro, adotaram a cloroquina, até preventivamente, como forma de combate à doença, apesar das provas científicas em contrário.

Entre as histórias que investigamos em campo, sobre uma das primeiras mortes por coronavírus no Rio de Janeiro, está uma reportagem que talvez seja uma das mais simbólicas da pandemia no Brasil. A vítima era uma empregada doméstica que havia se contagiado porque a patroa, contaminada na Itália, não a dispensou do trabalho e sequer a orientou a se proteger, como contaram parentes e amigos ouvidos pela repórter Mariana Simões. O médico que a atendeu disse que se ele soubesse que a patroa dela tinha sido contaminada, teria tido mais chance de salvá-la. Nenhum outro veículo de imprensa procurou o médico e a família dela.

Jornalismo de dados com pé no chão

As apurações jornalísticas evoluíram anos-luz com a internet e são ainda mais eficientes quando juntam as técnicas de investigação do jornalismo de dados — que exploram o volume gigantesco de documentos e informações disponíveis virtualmente — ao jornalismo da "velha escola", que vai ao local dos fatos, conversa com as fontes, confronta informações e mostra o significado do que foi apurado na vida das pessoas. Essa tem sido uma conclusão recorrente nos simpósios de jornalismo investigativo, impulsionados por instituições como o Centro Knight para o Jornalismo nas Américas, na Universidade do Texas, fundado pelo jornalista brasileiro Rosental Calmon Alves.[20] O Knight organiza o Simpósio Internacional de Jornalismo On-line (ISOJ, na sigla em inglês), uma das conferências mais importantes do mundo no segmento e um território fértil para a inovação nas técnicas de apuração, nos modelos de negócios, nas formas de interagir com o público (das ferramentas responsivas, como infográficos, mapas, vídeos 360 graus, às newsletters e podcasts).

Comunicar-se com o público é um dos maiores desafios do jornalismo investigativo, que pode ser maçante justamente pelo volume de informações. A solução não é simples: há textos caudalosos, mas sedutores, e também conclusões telegráficas acompanhadas de ótimos infográficos que permitem aferir rapidamente uma série de dados — um recurso muito usado pelo Nexo, por exemplo, que faz jornalismo explicativo (*explanatory journalism*), como definiu o site de notícias americano Vox. A Pública utilizou essa técnica em um de seus projetos especiais, o "Amazônia em disputa", publicado em 2017 e 2018, período em que produziu animações curtas para destrinçar dois conceitos importantes e alvos de muita desinformação: a questão indígena e a grilagem de terras. Os vídeos tiveram mais de 500 mil visualizações e alcançaram mais de 2 milhões de usuários nas redes sociais, então uma média alta para nossas publicações.

Mas é o impacto que a reportagem provoca, e não o número de acessos, a recompensa do jornalista. Uma das cenas mais emocionantes que presenciei na profissão foi quando um rapaz, acompanhado da mãe, foi à redação agradecer pessoalmente aos repórteres da Ponte Jornalismo (em seu primeiro ano, incubada na Pública) pela publicação de uma reportagem provando que ele, que até então estava preso, era inocente. Mesmo quando não temos o privilégio de receber uma visita dessas, sabemos que são muitos os procedimentos judiciais, as audiências no Congresso, as mudanças de legislação e até a abertura de CPIs provocados por reportagens investigativas. Nesse mesmo especial da Amazônia, por exemplo, as bases de dados do Cadastro Ambiental Rural (CAR) e o programa desenvolvido por nós para operá-las foram solicitados por uma ONG especializada em dados da região, o Imazon. Esse compartilhamento possibilitou descobrir que em mais de dois terços dos imóveis rurais no Pará havia pelo menos uma sobreposição com comunidades tradicionais, assentamentos e áreas de proteção ambiental; e pelo menos vinte registros definitivos validados em terras indígenas, o que é proibido.

Outra reportagem, "A guerra secreta pela bauxita", em Oriximiná, também no Pará, levou a uma recomendação do Ministério Público Federal para suspender as licenças do Platô Monte Branco, requeridas pela Mineração Rio do Norte (MRN), em conflito com um território quilombola. E aqui eu gostaria de chamar a atenção do leitor para outro ponto: a grande imprensa brasileira pode derrubar presidentes, como aconteceu com Fernando Collor e Dilma Rousseff, mas, geralmente, só investiga empresas quando elas estão em conexão com a corrupção de governos e políticos. Já as violações de direitos humanos por corporações só costumam ser reportadas em casos extremos.

Para ficar em um exemplo: antes do rompimento das barragens de Mariana e Brumadinho, em Minas Gerais, a mineradora

Vale não era foco de matérias investigativas, embora já houvesse um bocado de denúncias sobre violações ambientais e de direitos humanos em relação a seus procedimentos. Denúncias que vinham sendo feitas por ribeirinhos, indígenas, moradores de comunidades cortadas pelas ferrovias da companhia na Amazônia, no Espírito Santo, em Minas Gerais e até em Moçambique, onde a Vale tem a maior mina de carvão a céu aberto do planeta. Em janeiro de 2012, a companhia foi eleita a Pior Empresa do Mundo pelo Public Eye People's por gerar impactos socioambientais negativos, recebendo o troféu no Fórum de Davos.[21] Por aqui, no entanto, a Vale recebeu por cinco vezes consecutivas (de 2011 a 2015) o troféu Empresas Que Melhor Se Comunicam Com Jornalistas, atribuído pela revista *Negócios da Comunicação*, em uma eleição com a participação de 2.500 jornalistas das maiores redações do país.

Desde 2012, publicamos duas dezenas de reportagens mostrando que a Vale é recordista de multas na Floresta Nacional de Carajás, no sul do Pará, onde estão instaladas suas principais minas de minério de ferro; que expulsou comunidades no Brasil e em Moçambique; que poluiu o principal manancial das aldeias Xikrin, também no Pará; que espionou movimentos sociais e jornalistas; e que promoveu acordos espúrios em detrimento dos atingidos pelo mar de lama em Minas. Não estou dizendo, porém, que a grande imprensa protege empresários nem tampouco sugerindo que isso possa ter alguma relação com os anunciantes. Acho que a questão é de mentalidade: os brasileiros tendem a achar que corporações não são obrigadas a seguir a mesma ética dos governos. A edição mais recente do estudo "Edelman, Trust Barometer", feito pela agência de comunicação global Edelman, que realiza pesquisa sobre a confiabilidade nas instituições em 28 países, mostrou que as empresas gozam da maior confiança entre os brasileiros (61% dos entrevistados), muito mais do que a imprensa (48%) e os governos (39%). Afinal, quem se importa, para além da corrupção, com os malfeitos da goiana JBS, uma das maiores indústrias de alimentos do mundo, que sempre comprou gado de áreas protegidas e terras indígenas invadidas na Amazônia?[22]

Lava-Jato x Vaza-Jato

No jargão profissional, "chutar cachorro morto" é criticar o que já foi publicado — muitos erros jornalísticos são descobertos apenas nesse momento, e isso é completamente diferente de mentir propositadamente, como acontece com quem fabrica *fake news*. Na urgência do jornalismo diário, pode ser difícil ouvir a necessária variedade de fontes, situação que se complica com a concorrência pelo "furo": publicar antes do outro ainda é mais valorizado do que publicar melhor. E aí ganha a fonte que tiver mais informação, se for considerada fidedigna, e os membros do Ministério Público e da Magistratura estão nessa categoria.

Mas há um perigo óbvio para o jornalismo, velho conhecido dos repórteres de polícia, obrigados a lidar com informações das quais muitas vezes policiais e promotores são as únicas fontes. As autoridades têm suas prioridades, sejam políticas, sejam pessoais, e a imprensa pode ser uma mão na roda para realizar suas pretensões. Por isso a regra número um dos jornalistas é tanto desconfiar de versões oficiais (principalmente quando feitas em *off*, isto é, com a condição de que o jornalista não revele quem as prestou) quanto "cercar a pauta", procurando outras fontes para, no mínimo, checar informações e averiguar interesses em jogo. Acho que esse foi o grande erro da cobertura da Lava-Jato. Sem entrar em considerações políticas, podemos dizer que a imprensa passou por cima dessa precaução e "comeu na mão" do então juiz federal Sergio Moro, assim como do procurador Deltan Dallagnol e do procurador-geral da República, Rodrigo Janot. E isso corrompeu a narrativa sobre um escândalo que atravessou a política nacional como um raio e com imensas consequências para o país.

A cobertura da Lava-Jato também não foi nada transparente quanto a seus métodos, como observou a então ombudsman da *Folha de S.Paulo*, Paula Cesarino, em sua coluna de 19 de março de 2017 com o título "Um jato de água fria". Naquele momento, a operação completava três anos e Rodrigo Janot havia enviado ao Supremo Tribunal Federal o pedido de abertura de 83 inquéritos contra políticos (com foro privilegiado, portanto). Oficialmente, por meio de nota, a Procuradoria-Geral havia informado que não seria possível "divulgar detalhes sobre os termos de depoimentos, inquéritos e demais peças enviadas ao STF por estarem em segredo de Justiça". Mas, como escreveu a ombudsman, "a cobertura dos principais órgãos de comunicação — impressos, televisivos e eletrônicos — trazia versões inacreditavelmente harmoniosas umas com as outras", o que ela qualificou de "um jato de água fria em quem acredita na independência da imprensa". E detalhou: "Das dezenas de envolvidos na investigação, vazaram para os jornalistas os mesmos dezesseis nomes de políticos — cinco ministros do atual governo, os presidentes da Câmara e do Senado, cinco senadores, dois ex-presidentes e dois ex-ministros. Eles estavam nas manchetes dos telejornais, das rádios, dos portais de internet e nas páginas da *Folha* e dos seus concorrentes, *O Estado de S. Paulo*, *O Globo* e *Valor*."

Em seguida, Paula Cesarino botou o dedo na ferida: "Por que tanta coincidência? A ombudsman apurou que a divulgação da chamada segunda lista de Janot se deu por meio do que, no mundo jornalístico, se convencionou chamar de 'entrevista coletiva em *off*'. Após receberem a garantia de que não seriam identificados, representantes do Ministério Público Federal se reuniram com jornalistas, em conjunto, para passar informações sobre os pedidos de inquérito, sob segredo, baseados nas delações de executivos da Odebrecht [...]. Qual o sentido de se deixar conhecer só alguns dos envolvidos? Qual a estratégia dos procuradores, parte interessada do processo, ao divulgar uns e omitir outros? Por que não liberar, por exemplo, os que estão nos pedidos de arquivamento? O resultado desse tipo de acordo subterrâneo é que o jornalista se submete a critérios não claros da fonte, que fornecerá as informações que tiver, quiser ou puder. O repórter concorda em parar de fazer perguntas em determinado momento. Para o leitor, resulta em história contada pela metade. Informação passada a conta-gotas tira o entendimento do todo e levanta a desconfiança de manipulação. Na intrincada narrativa da Lava Jato, a dependência dos repórteres para com fontes e investigações oficiais tem sido grande demais."[23]

Em junho de 2019, o site The Intercept Brasil informou ter obtido um enorme acervo de áudios do aplicativo Telegram de diálogos entre Sergio Moro e Deltan Dallagnol e outros membros da força-tarefa do Ministério Público. Àquela altura, Moro havia se tornado ministro da Justiça e Segurança Pública do governo Bolsonaro, renunciando à condição de juiz e escancarando pretensões políticas das quais já havia motivos de sobra para se desconfiar: basta lembrar a gravação ilegal da conversa entre a então presidente Dilma e o ex-presidente Lula, que tratava da indicação de Lula para ministro da Casa Civil, liberada para a imprensa em março de 2016, influenciando a opinião pública durante o processo de impeachment. Ou a delação do ex-ministro Antonio Palocci, ainda hoje sem desdobramentos judiciais, divulgada às vésperas das eleições presidenciais de 2018.

Depois, o próprio vazamento do Intercept — batizado de Vaza-Jato — mostraria que a força-tarefa sabia que Lula, que teria a posse como ministro cancelada pelo ministro do Supremo Gilmar Mendes, relutara em aceitar o cargo, ao contrário do que diziam os procuradores e a imprensa para dar a conotação de que ele pretendia escapar das investigações, já que na condição de ministro ele teria foro privilegiado. Também mostraria que o próprio Dallagnol tinha dúvidas sobre a solidez das provas no processo do tríplex no Guarujá (SP) que levaria Lula à cadeia, como revelaria uma matéria do UOL, um dos veículos parceiros da Vaza-Jato, além da *Folha de S.Paulo*, da revista *Veja*, do blog do jornalista Reinaldo Azevedo, do *El País* e da Agência Pública.[24]

Já na primeira reportagem, publicada pelo Intercept em junho, apareceram diálogos em que os procuradores tramavam para derrubar a decisão do ministro Ricardo Lewandowski, do Supremo, que, em 28 de setembro de 2018, havia permitido que o ex-presidente Lula, já preso, concedesse uma entrevista à jornalista Mônica Bergamo, da *Folha*. Às vésperas da eleição que levaria Jair Bolsonaro ao poder, os motivos dos procuradores para evitar a entrevista de Lula eram eminentemente partidários, como se deduz da leitura dos diálogos. A procuradora Laura Tessler chegou a dizer: "Sei lá... mas uma coletiva antes do segundo turno pode eleger o [candidato do PT Fernando] Haddad."

Outra revelação, quase um segredo de polichinelo, mas com implicações jurídicas, foi a de que Moro comandava a força-tarefa, embora, teoricamente, sua função de juiz o impedisse de atuar nas investigações. De acordo com os diálogos vazados, ele sugeriu a mudança de fases da operação, orientou investigações, pediu à acusação que incluísse provas nos processos que chegariam depois às suas mãos e fez pressão para que determinadas delações não andassem (incluindo a do ex-deputado Eduardo Cunha), como *Veja* reportou, concluindo: Moro "comportou-se como chefe do Ministério Público Federal, posição incompatível com a neutralidade exigida de um magistrado".[25]

Todos os jornalistas que participavam da cobertura tinham conhecimento dessas ações, conforme observou Vasconcelo Quadros, repórter veterano da Pública em Brasília, em texto escrito para uma de nossas newsletters durante a Vaza-Jato: "Os jornalistas que passaram a integrar o *pool* com acesso privilegiado aos bastidores da operação sempre souberam que Moro era o chefe, de fato, da operação. Na medida em que a operação foi ganhando os aplausos da população, regras elementares do jornalismo foram sendo deixadas de lado. Enquanto o Ministério Público Federal e a Polícia Federal se utilizavam de táticas proibidas — como grampos ilegais, pressão psicológica, cerceamento da defesa — e concentravam sua atuação basicamente nas delações, a imprensa incensava Moro, dando a ele o papel central da Lava Jato. Não foi só a pauta enviesada. A imprensa não amarrou a operação a episódios como as manifestações contra a corrupção, a campanha do MPF iniciada em 2013 para tornar-se protagonista das investigações, as tentativas de interferir no resultado da eleição presidencial de 2014, no impeachment da ex-presidente Dilma Rousseff e, finalmente, na ascensão da extrema direita ao governo, em 2018."

A defesa de Lula teria acesso ao conteúdo dos vazamentos em 2021, por determinação do ministro Lewandowski, reforçando os argumentos dos advogados do ex-presidente que pedem a suspeição do juiz Sergio Moro desde 2018. Em março de 2021, o Supremo Tribunal Federal começou a julgar a ação que poderá anular definitivamente todas as condenações do ex-presidente na Vaza-Jato.

A crise de confiança na imprensa

Entre as instituições, foi a imprensa quem mais perdeu com o processo que levou Bolsonaro à Presidência. A rede Voces del Sur, que monitora a liberdade de imprensa em dez países da América Latina (a brasileira Abraji faz parte da rede), registrou um aumento de 243% de alertas para violações da liberdade de imprensa de 2018 para 2019 em toda a região. De acordo com a entidade, o Brasil é o país que mais reportou alertas para discurso estigmatizante (cometidos por autoridades públicas) contra jornalistas, desde casos de insultos ou desqualificações por parte de autoridades e/ou outras figuras públicas influentes até campanhas sistemáticas de desprestígio do trabalho jornalístico. Mais da metade dos ataques desse tipo (58%) partiram do presidente Jair Bolsonaro.

Para muitos jornalistas, porém, a imprensa teve sua parcela de responsabilidade na eleição de Bolsonaro — e não apenas pelos erros cometidos na cobertura da Lava-Jato e do impeachment de Dilma. Em outubro de 2018, a jornalista e então diretora da Abraji, Fabiana de Moraes, escreveu uma coluna na revista *piauí* com o título "A imprensa tem que fazer sua autocrítica",[26] em que apontava a complacência da imprensa com "o comportamento tantas vezes inaceitável do candidato do PSL à Presidência da República", que, entre outras façanhas, prometeu "metralhar a petralhada", seus adversários políticos petistas na campanha presidencial. "Quando a imprensa diminui o tom violento dessas falas e as classifica como 'polêmicas', 'controversas', 'da zoeira', termina vendendo como outra coisa as atitudes frequentemente criminosas de um homem público. O que é vendido só como 'sem noção', meio engraçado, vai se materializar, por exemplo, no joguinho de videogame lançado nesta semana, em que o candidato surge espancando mulheres, negros, ativistas, LGBTs. Ou no funk cantado em passeata na rica praia de Boa Viagem, em Recife, no qual ouvíamos mulheres serem chamadas de 'cadelas'. O vídeo foi compartilhado pelo filho do candidato, eleito senador, que elogiou a letra."

Em seu texto, a jornalista mostra ainda como essa atitude acabou recaindo sobre a própria imprensa, perseguida por Bolsonaro e seus apoiadores: "Nesse panorama, surgiu outro 'inimigo' a ser enfrentado: a própria imprensa. A Associação Brasileira de Jornalismo Investigativo, a Abraji, registrou que, desde o início de 2018, foram 138 ataques a jornalistas, todos realizados no contexto político-eleitoral. [...] Como instituição, a imprensa vem sendo atacada e sua legitimidade jogada na lata do lixo por milhões de pessoas que, na função *repeat*, preferem dizer que tudo o que ela publica é *fake news*, enquanto se informam por memes. Mas, também como instituição, a imprensa se apequena e se autoimplode quando não cumpre seu papel fundador: o do esclarecimento [...]. Diferentemente de dezenas de revistas e jornais ao redor do mundo que usam as palavras certas para falar do candidato do PSL à Presidência (extrema direita, ameaça, perigo, autoritarismo) [...] essa imprensa precisa fazer sua autocrítica."

No mesmo dia a ombudsman da *Folha*, Paula Cesarino, escrevia a coluna "O que é ser de extrema direita",[27] em que questionava a decisão editorial da *Folha* de não tratar Bolsonaro como representante da extrema direita: "A candidatura do PSL representa corrente política militarista com demonstrações explícitas de defesa da violação dos direitos humanos, de questionamento dos direitos das minorias, que nega a ditadura militar e a ocorrência comprovada de torturas e que mantém reiterados flertes à quebra da normalidade democrática. Esses pontos factuais somados parecem mais do que suficientes para definir uma candidatura como sendo de extrema direita, aquela que opta por estratégia extrema, além do eixo construído no consenso democrático por direita e esquerda. Órgãos de imprensa do mundo todo — dos economicamente liberais de direita aos abertamente progressistas de esquerda — concordaram com essa apreciação. A meu ver, a *Folha* e os principais órgãos da imprensa brasileira se equivocam em não fazê-lo e não parecem preocupados com a dimensão histórica desse entendimento."

Em uma disputa dramática como a que vivemos nas eleições de 2018, a imprensa, ao abster-se de cumprir sua função de esclarecimento, atribuiu o papel de radical ao PT de Fernando Haddad, em vez de mostrar objetivamente aos eleitores por que tipo de agenda estavam optando ao votar em Bolsonaro. As consequências viriam a galope, infelizmente atingindo uma jornalista investigativa que nada tinha a ver com as decisões editoriais do jornal. Quatro dias depois dessa coluna da ombudsman, entre o primeiro e o segundo turnos, a repórter Patrícia Campos Mello publicou o maior "furo" jornalístico da campanha, revelando a compra de disparos em massa de mensagens contra o PT no WhatsApp por empresários que apoiavam Bolsonaro, procedimento flagrantemente ilegal. A violenta reação de Bolsonaro e seus apoiadores ao "furo" de Patrícia é relatado em detalhes no capítulo de Caio Túlio Costa desta coletânea.

Apesar da denúncia, só em dezembro de 2019 o Tribunal Superior Eleitoral proibiria os disparos em massa e, ainda assim, não adiantou muito. Em 5 de outubro de 2020, a mesma Patrícia escreveria uma reportagem revelando que a "indústria de mensagens eleitorais por WhatsApp e de extração de dados pessoais de eleitores por Instagram e Facebook" continuava operando.[28] A batalha contra a manipulação e as *fake news* está longe de acabar.

A palavra é: colaboração

A crise de confiança entre o público e os veículos de comunicação também tem um papel nesse universo de mentiras e manipulações, apesar do peso cada vez mais decisivo das plataformas das *big techs* — que vêm assumindo o papel de "editoras", à medida que são responsabilizadas pelo prejuízo que causam à democracia. Vejam, por exemplo, as páginas de Facebook em apoio a Donald Trump, derrubadas por serem mentirosas, e o bloqueio de usuários do Twitter, pelo mesmo motivo, durante as eleições norte-americanas de 2020. Teriam sido essas plataformas a dar o exemplo para emissoras de TV que interromperam a transmissão de um discurso de Trump com falsas denúncias de fraude no dia das eleições?

O grau de confiança na imprensa como instituição sempre foi baixo no Brasil, de acordo com o Índice de Confiança na Justiça (ICJ), da Fundação Getulio Vargas, que, embora tenha seu foco voltado para o Judiciário, mede a confiabilidade nas principais instituições do país. O último levantamento publicado é de 2017, mas revela um dado importante: naquele momento a imprensa escrita obtinha 35 pontos de confiança: cinco pontos acima das emissoras de TV; dois abaixo das redes sociais.

E isso não se explica apenas pelo nível de polarização política, como indica outra pesquisa, esta do Instituto Reuters, que mede a confiança do público em diversos países. De acordo com o seu Digital News Report,[29] que monitora esses índices desde 2013, em 2020 a percentagem das pessoas que acreditavam na "maioria das notícias na maior parte do tempo" atingiu seu menor patamar: 38%, quatro pontos abaixo dos registrados em 2019. Quando a pergunta se refere aos veículos que a própria pessoa escolhe para se informar, o índice sobe para 46% em média, resultado ainda assim muito baixo, já que pressupõe uma afinidade entre os veículos e o público.

Há dois fatores a ponderar: o primeiro é que esses índices melhoraram significativamente nos países em que a Reuters refez a pesquisa depois do advento da pandemia de covid-19 (Argentina, Estados Unidos, Espanha, Reino Unido, Alemanha e Coreia do Sul), o que pode significar que quando cumpre seu papel de esclarecer os fatos a imprensa ganha a confiança do público. Outro ponto é que, no Brasil, os levantamentos sinalizam uma situação melhor: são 54% os que confiam nos veículos que elegem para se informar. Entre os quarenta países pesquisados, o Brasil também obteve o maior índice de pessoas preocupadas com o que é verdadeiro e falso na internet: 84%.

Esses dados são especialmente relevantes porque, segundo a mesma pesquisa da Reuters, mais da metade dos *publishers* declararam acreditar que os leitores serão a principal fonte de recursos de seus veículos. Para eles, as assinaturas e o *paywall* têm se mostrado mais promissores do que a publicidade: apenas 14% confiam exclusivamente em anúncios para financiar os veículos que dirigem. Mas, ainda que as assinaturas tenham conseguido diminuir o impacto da crise da mídia tradicional — o *New York Times*, por exemplo, que afundava em dívidas há menos de dez anos, obteve um lucro recorde em 2018 —, a grande maioria do público não paga (nem pretende pagar) pelo conteúdo jornalístico que consome. Os Estados Unidos, por exemplo, têm 20% de pagantes; e o Brasil, pasmem, 27%. Talvez por falta de opção. No Reino Unido, onde 56% se informam semanalmente pela rede BBC, pública e gratuita, apenas 7% pagam pelo conteúdo lido, segundo o Digital News Report.

Não sou teórica de comunicação e acredito que há vários coautores deste livro que poderão explicar melhor esse fenômeno. O que me chama a atenção, porém, é o fato de as empresas jornalísticas brasileiras terem escolhido como estratégia de marketing para captar assinaturas o termo "jornalismo profissional" — referindo-se ao conteúdo, produzido por elas e pago pelos leitores, como sinônimo de qualidade. A pergunta que se impõe é: qual seria esse jornalismo "amador" que se contrapõe ao "profissional"? Seria uma tentativa de diferenciá-lo dos veículos disseminadores de *fake news*? Mas eles não fazem jornalismo, como concordamos todos, e menos ainda são "amadores", já que são contratados e pagos por políticos profissionais ou mantidos por partidos.

O jornalismo amador seria então aquele que não cobra pela veiculação de seu conteúdo? Não faz sentido, quando pensamos em veículos como BBC Brasil e El País Brasil, que também não usam *paywall* para restringir o acesso às suas páginas com informações igualmente produzidas por jornalistas e de qualidade comprovada, assim como a mídia digital, cuja riqueza espero ter revelado para os leitores. Organizações como a Agência Pública e o Intercept Brasil recebem doações espontâneas e recorrentes mesmo sem exclusividade de conteúdo: os leitores pagam porque querem fortalecer o jornalismo produzido por esses veículos e não porque essa é a única forma de acessá-lo. Uma experiência, aliás, que merece a atenção dos *publishers*, que buscam maneiras de se aproximar do público para sobreviver.

Quanto a veículos classificados como "ativistas", que se contraporiam aos ditos "profissionais", discordo que o engajamento os desqualifique por princípio. Muitos deles pretendem cobrir pautas que consideram mal trabalhadas pela imprensa — como os feministas, os que cobrem movimentos sociais ou o meio ambiente. Basta ver quantos ex-profissionais empregados em empresas jornalísticas criaram veículos tido como "ativistas", em contraste com as posturas parciais que atribuem à mídia tradicional. Se há os de má qualidade, o mesmo pode ser dito sobre determinados veículos da grande imprensa. Seria por exemplo "ativista", ou simplesmente "parcial", o jornalismo da Record, TV dominada por evangélicos e ostensiva apoiadora de Bolsonaro?

Não é reforçando o marketing das empresas — que atribuem a si mesmas o monopólio do jornalismo de qualidade para justificar o *paywall* como a única maneira de manter os negócios — que vamos criar um ambiente saudável para o jornalismo no século XXI. A livre circulação da informação é um direito que não se pode retirar do público. Além disso, a parceria entre empresas de comunicação e novas organizações de mídia digital tem trazido frutos importantes, como mostram os acordos comerciais entre as agências de *fact-checking* e os veículos, ou os das organizações que produzem jornalismo investigativo sem fins lucrativos com a mídia tradicional.

Não parece necessário criar distinções entre os jornalistas, mas, sim, entre verdade e *fake news*, manipulação e informação.

Já vimos as consequências dessa discriminação no caso do WikiLeaks, que começou pela fórmula "Assange não é *jornalista*" e acabou por se sobrepor ao interesse público das revelações.

Depois de 39 anos de profissão — doze na grande imprensa, sete como *freelancer* para diversos veículos e vinte na imprensa independente —, tenho a convicção de que a ética jornalística não depende do modelo de negócio. Mais: a colaboração entre todos os jornalistas e, sobretudo, entre os jornalistas e o público, parece ser o maior trunfo para enfrentar o sequestro da informação pelas *big techs*, que ameaçam agora a própria verdade factual, nossa matéria-prima.

Mais do que nunca é preciso confiar que o jornalismo, simplesmente honesto, pode mudar o mundo.

Notas

1. No momento em que escrevo, os Estados Unidos ainda podem recorrer da decisão da Corte britânica de impedir a extração de Julian Assange.
2. Veja os erros na cobertura do caso apontados pelo jornalista australiano radicado no Reino Unido John Pilger na matéria "Eyewitness to the Agony of Julian Assange", publicada no site Independent Australia em 4 de outubro de 2020: <https://independentaustralia.net/life/life-display/john-pilger-eyewitness-to-the-agony-of-julian-assange,14374>.
3. As explicações sobre o processo feitas pelo relator da ONU estão detalhadas na reportagem "Relator da ONU: o caso de Julian Assange é um enorme escândalo", de Daniel Ryser, publicada pela Agência Pública em 4 de fevereiro de 2020: <https://apublica.org/2020/02/relator-da-onu-o-caso-de-julian-assange-e-um-enorme-escandalo-se-ele-for-condenado-sera-uma-sentenca-de-morte-para-a-liberdade-de-imprensa/>.
4. Estes são os prêmios atribuídos ao WikiLeaks e a Julian Assange: The Economist New Media Award (2008); The Amnesty New Media Award (2009); Time Magazine Person of the Year, People's Choice (highest global vote) (2010); The Sam Adams Award for Integrity (2010); The National Union of Journalists: Journalist of the Year (Kristinn Hrafnsson) (2011); The Sydney Peace Foundation Gold Medal (2011); The Martha Gellhorn Prize for Journalism (2011); The Blanquerna Award for Best Communicator (2011); The Walkley Award for Most Outstanding Contribution to Journalism (2011); The Voltaire Award for Free Speech (2011); The International Piero Passetti Journalism Prize of the National Union of Italian Journalists (2011); The Jose Couso Press Freedom Award (2011); The Privacy International Hero of Privacy (2012); The Global Exchange Human Rights People's Choice Award (2013); The Yoko Ono Lennon Courage Award for the Arts (2013); The Brazilian Press Association Human Rights Award (2013); The Kazakhstan Union of Journalists Top Prize (2014); além de indicações para o Prêmio Nelson Mandela, da ONU (2015) e de seis indicações consecutivas para o Nobel da Paz (2010-2015).
5. O livro de David Leigh e Luke Harding foi publicado no Brasil com o título *WikiLeaks: a guerra de Julian Assange contra os segredos de Estado* (Campinas: Verus, 2011).
6. Em português, a história pode ser lida na reportagem "Os EUA mentiram sobre a morte de Osama Bin Laden?", publicada por *Época* em 11 de maio de 2015: <https://epoca.globo.com/tempo/filtro/noticia/2015/05/os-eua-mentiram-sobre-morte-de-osama-bin-laden.html>.
7. "A revoada dos passarralhos", reportagem de Bruno Fonseca, Camila Ro-

drigues da Silva, Luiza Bodenmüller e Natalia Viana publicada na Agência Pública em 10 de junho de 2013: <https://apublica.org/2013/06/revoada-dos-passaralhos/>. Outros 2.300 jornalistas foram demitidos entre 2012 e 2018, segundo dados do projeto A Conta dos Passaralhos, do Volt Data Lab, reproduzidos pelo professor Rogério Christofoletti em seu livro *A crise do jornalismo tem solução?* (São Paulo: Estação das Letras e Cores, 2019).

8. Gavin MacFadyen foi conselheiro da Agência Pública até seu falecimento, em 2016.
9. "A nova roupa da direita", reportagem de Marina Amaral publicada na Agência Pública em 23 de junho de 2015: <https://apublica.org/2015/06/a-nova-roupa-da-direita/>.
10. Rogério Christofoletti, op. cit.
11. "Comunidade internacional se solidariza com El Faro enquanto os ataques do governo salvadorenho contra a imprensa independente aumentam", reportagem de Paola Nalvarte publicada no Latam Journalism Review em 2 de outubro de 2020: <https://latamjournalismreview.org/pt-br/articles/comunidade-internacional-se-solidariza-com-el-faro-enquanto-os-ataques-do-governo-salvadorenho-contra-a-imprensa-independente-aumentam/>.
12. Ver o Mapa do Jornalismo Independente em: <https://apublica.org/mapa-do-jornalismo/>.
13. Entre eles, duas mulheres, Angelina Nunes e Natalia Viana.
14. Essa é a conclusão de um relatório do Departamento Intersindical de Estatística e Estudos Socioeconômicos (Dieese) de 2019.
15. "Na hora de fazer não gritou", reportagem de Andrea Dip publicada pela Agência Pública em 25 de março de 2013: <https://apublica.org/2013/03/na-hora-de-fazer-nao-gritou/>.
16. "Dor em dobro", reportagem das jovens jornalistas Anna Beatriz Anjos, Gabriela Sá Pessoa e Natacha Cortêz publicada pela Agência Pública em 29 de maio de 2014: <https://apublica.org/2014/05/dor-em-dobro-2/>.
17. O livro de Andrea Dip intitula-se *Em nome de quem?: a bancada evangélica e seu projeto de poder* (Rio de Janeiro: Record/Civilização Brasileira, 2018).
18. Cláudio Abramo, *A regra do jogo* (São Paulo: Companhia das Letras, 1988).
19. A série de reportagens foi agraciada com a Menção Honrosa do Prêmio Roche de Saúde, criada especialmente para premiar a melhor cobertura sobre a pandemia na América Latina. Ver em: <apublica.org/especial/coronavírus>.
20. Rosental também integra o conselho do International Consortium of Investigative Journalism (ICIJ) e de outras organizações, como o conselho do organismo chileno Centro de Investigación e Información Periodística (Ciper), fundado em 2006 pela jornalista Mónica González, consagrada

por suas revelações sobre a ditadura Pinochet. Participa ainda do conselho consultivo da Agência Pública.

21. Premiação realizada desde 2000 pelas ONGs Greenpeace e Declaração de Berna. Em votação aberta ao público, a Vale foi eleita com 25 mil votos. O segundo lugar ficou com a empresa de energia Tepco, que opera as usinas nucleares de Fukushima, no Japão, com 24 mil votos.

22. "Lavagem de gado dentro de terra indígena no Mato Grosso foi parar na JBS", reportagem de Thiago Domenici e Rafael Oliveira publicada pela Agência Pública em 5 de agosto de 2020: <https://apublica.org/2020/08/lavagem-de-gado-dentro-de-terra-indigena-no-mato-grosso-foi-parar-na-jbs/>.

23. A coluna "Um jato de água fria" pode ser lida na íntegra em: <https://www1.folha.uol.com.br/colunas/paula-cesarino-costa-ombudsman/2017/03/1867852-um-jato-de-agua-fria.shtml?origin=uol>.

24. A Pública entrou no *pool* em setembro de 2019. A reportagem mais importante realizada a partir dos arquivos da Vaza-Jato pela agência provou a participação dos agentes do FBI na força-tarefa sem a autorização do Ministério da Justiça. Assinada por Natalia Viana, a reportagem "O FBI e a Lava-Jato" foi publicada em 1º de julho de 2020 pela Agência Pública e recebeu o Prêmio Herzog de 2020. Ver em: <https://apublica.org/2020/07/o-fbi-e-a-lava-jato/>.

25. "Novos diálogos revelam que Moro orientava ilegalmente ações da Lava-Jato", reportagem de Glenn Greenwald, Edoardo Ghirotto, Fernando Molica, Leandro Resende e Roberta Paduan publicada pela *Veja* em 5 de julho de 2019: <https://veja.abril.com.br/politica/dialogos-veja-capa-intercept-moro-dallagnol/>.

26. Uma das jornalistas mais premiadas do Brasil, a pernambucana Fabiana de Moraes faz parte do conselho consultivo da Pública desde 2019. A íntegra do seu texto "A imprensa precisa fazer autocrítica" está na *piauí* de 14 de outubro de 2018: <https://piaui.folha.uol.com.br/imprensa-precisa-fazer-autocritica/>.

27. Paula Cesarino passou a compor o conselho consultivo da Pública em setembro de 2020. A íntegra do seu texto "O que é ser de extrema direita" está na *Folha* de 14 de outubro de 2018: <https://www1.folha.uol.com.br/colunas/paula-cesarino-costa-ombudsman/2018/10/o-que-e-ser-de-extrema-direita.shtml>.

28. "Empresas burlam regras e mantêm disparos em massa de mensagens eleitorais", reportagem de Patrícia Campos Mello publicada na *Folha de S.Paulo* em 5 de outubro de 2020: <https://www1.folha.uol.com.br/poder/2020/10/empresas-burlam-regras-e-mantem-disparos-em-massa-de-mensagens-eleitorais.shtml>.

29. A pesquisa do Digital News Report está disponível em: <https://www.digitalnewsreport.org/>.

O estado da profissão, ou... Dos males, o melhor

Pedro Bial

Pedro Bial atua em comunicação, na TV e no cinema, como diretor, roteirista e documentarista, e é escritor, com vários livros publicados. Nascido no Rio de Janeiro em 1958, formou-se em jornalismo na PUC, em 1980. Desde 1981 trabalha na TV Globo, onde começou como *trainee*, foi editor, repórter, correspondente e apresentador. Hoje comanda o *talk show* diário *Conversa com Bial*. Escreveu *Leste Europeu, a revolução ao vivo*, com Renée Castelo Branco, e *Crônicas de repórter*, sobre sua experiência internacional. Biografou Roberto Marinho, em livro, e Jorge Mautner, em documentário. Sua experiência nos dois lados do jornalismo, como noticiador e noticiável, enriqueceu-se com sua participação, por catorze anos, no comando do famigerado campeão de audiência *Big Brother Brasil*.

"Não conheço um jornalista que
acredite em alguma coisa.
Pelo menos não um bom jornalista."
Paulo Francis

— NUNCA VI JORNALISTA que acreditasse em alguma coisa. Pelo menos, nenhum bom jornalista. Nada, não acredito em nada, a começar por ceticismos absolutos, ateísmos militantes, niilismos. Jornalista não tem de servir a causa nenhuma, coisa nenhuma. A não ser, talvez, à causa de informar. E olhe lá. Informar, impor forma, sei lá dessa origem das palavras. Dizem que o negócio ganhou fôlego ali no início da Revolução Industrial, quando se tornou necessário anunciar os excedentes que as fábricas agora passavam a produzir, desencalhar estoques, daí começaram a imprimir essas folhas com anúncios dos produtos armazenados. Só que ficava um negócio muito sem graça pra quem lia; lia um e já sabia o que esperar dos próximos reclames. Até que alguém teve a ideia de tornar aquele impresso mais atraente, salpicando notícias entre os anúncios, notas com o que de mais importante teria acontecido na véspera. Ora, o mundo desde sempre em desordem, caótico, ganhava aparente ordem naquele pedaço de papel informativo — o que aconteceu, onde, quando, com quem, como, por quê; informação. Etimologia costuma ser um descarado exercício de ficção, tanto quanto boa parte da historiografia, mas vá lá: informar seria impor forma... Pois bem, então. Entre aqueles produtos anunciados, oferecia-se esse novo produto, irresistível, a realidade mastigada, servida em doses palatáveis, resumida, hierarquizada, organizada, explicada, revelada — a notícia. Esse outro descarado gênero de ficção.

— Cuidado para não deixar o cinismo abafar sua lucidez. Você sabe muito bem que notícia não é ficção. Por mais que você conteste o jornalismo, e tem boas razões para isso, não vá jogar fora o bebê, quer dizer, sua inteligência, com a água do banho.

— Minha inteligência já foi água abaixo, aliás, álcool abaixo, neurônios afogados nas profundezas abissais de um cérebro sequelado.

— Escuta. Você sabe bem como eu te respeito, mas me poupe dessa dramatização pirracenta, clássico sintoma neurótico. Ainda prefiro seu cinismo, pelo menos tem humor e uma autossacanagem bem mais saudável.

— *Meu ódio é o melhor de mim, com ele me salvo, e dou a poucos uma esperança mínima.*

— *Os ferozes padeiros do mal, os ferozes leiteiros do mal...*

Ficaram os dois em silêncio pela primeira vez desde que tinham se sentado frente a frente, como se à mesa de um bar, havia quase uma hora. Os copos, latas e garrafas a dividir o espaço com o teclado do computador contribuíam para a simulação de botequim via *zoom*. O mais jovem, que não seria chamado de jovem na época em que o mais velho era jovem, buscou qualquer coisa no caderno de notas do celular e puxou o assunto que, afinal, motivara o encontro.

— Além do quê, com todo o respeito, o "mercado de notícias", como esquerdistas e direitistas estatistas chamam o jornalismo com desdém até hoje, o "mercado de notícias" surgiu na Europa do século XVI, como consequência inaudita da prensa de Gutenberg. Tanto já existia, e com vigor, no protocapitalismo mercantil, que o maior rival de Shakespeare, Ben Jonson, esculhambou o jornalismo na comédia *The Staple of News*, traduzida aqui com alguma maldade como *O mercado de notícias*, quando o mais honesto e preciso seria *Notícias básicas* ou *O básico das notícias*. Tô com isso tudo fresquinho aqui do meu dever de casa para a palestra que vou fazer sobre liberdade de expressão, jornalismo pós-pandemia e *fake news*. Escuta só, na segunda cena do primeiro ato: *Where all the news of all sorts shall be brought, And there be examined, and then registered, And so to be issued under the seal of the office* (*Onde notícias de todos os tipos serão trazidas, E assim examinadas, e então registradas, E assim divulgadas sob o selo da firma*, ou melhor, *sob a chancela da empresa*, traduzo aqui de supetão quebrado...). Na cena 5 do primeiro ato, o emissário da corte, Fitton, não condena as mentiras que ele próprio confessa produzir no governo, mas o fato de serem impressas: *It is the printing we oppose* (*É à sua impressão que nos opomos*). No que o editor-chefe, Cymbal, rebate, com hilariante esgrima lógica: *When news is printed, it leaves, Sir, to be news. While 'tis but written...* (*Quando a notícia é impressa, deixa, senhor, de ser notícia. Assim que estiver escrita...*), no que é interrompido e secundado por Fitton: *Though it be ne'er so false, it runs news still* (*Embora nunca tenha sido tão falsa, não deixa de ser notícia*).

Regalado, o mais velho interrompeu:

— Que delícia... Ben Jonson não tem pudor de explorar paradoxos, como se pegasse justo no calcanhar de Aquiles do jornalismo, a sua pretensa objetividade. E, na primeira frase, talvez o sentido, perdido na tradução, seja *quando a notícia é impressa, deixa, senhor, de ser... "novidade"*. Não sei... A aparente contradição entre dizer que, impressa, a notícia deixa de ser notícia, ou novidade, e a afirmação seguinte, de que, ainda que falsa, não deixa de ser notícia, dá a impressão de que a objeção central de Jonson era à possível perenização do enunciado no papel. Imprimindo-se, permanece... Talvez já fosse o embrião do que hoje se chama de "direito ao esquecimento".

— Uma das citações mais comuns da peça, até hoje usada por quem quer atacar o jornalismo, é do terceiro ato, cena 2. Numa espécie de reunião de pauta em que os mais variados assuntos são citados, a maioria de caráter amalucado, de pouca verossimilhança, o herdeiro do negócio, Peniboy Junior, pergunta *Is't true?* (*Isso é verdade?*), para Fitton rebater de pronto: *As true as the rest...* (*Tão verdade quanto todo o resto...*).

— Saboroso demais... Mas, se você está tão afiado nessa pesquisa, deve saber também que Ben Jonson escreveu essa sátira movido mais por ressentimento e esnobismo do que por amor à verdade. Jonson achava um absurdo o jornalismo ganhar o status prestigioso, quase sagrado, da palavra impressa e rejeitou a novidade porque lhe parecia competir com a literatura e a ciência, desvalorizando-as, vulgarizando-as...

— Isso, exatamente: "vulgarizar", segundo a acepção aqui no Aurélio: "tornar comum". Sim, é por aí. Jonson considerava os jornais uma ameaça à comunicação civilizada, mas nem era isso o que mais o irritava. Sua oposição principal centrava-se no fato de que as notícias, verdadeiras ou falsas, eram tratadas como mercadoria. E talvez fossem, e ainda sejam... Jonson, que era ator e dramaturgo bem-sucedido, treinado para identificar e satisfazer os anseios da plateia, pensava que, diante da palavra impressa, o público não teria discernimento para distinguir verdade de mentira — não saberia separar conhecimento de notícia. Escuta o que diz um estudioso da cultura jornalística com quem topei na pesquisa para a palestra. O sujeito parece brilhante, ultrarrigoroso, é um professor holandês, da Universidade de Groningen, Marcel Broersma:

> *Ao disseminar notícias, desafiava-se a ordem de origem divina que Jonson apoiava* [o poder monárquico e aristocrático]. *Gente comum podia agora obter toda espécie de informação antes inacessível. As pessoas eram confrontadas com várias interpretações dos acontecimentos do mundo social e encorajadas a pensar por si mesmas. Assim procedendo, os jornais estimulavam a ascensão do ceticismo e do debate público. Jonson se opôs a isso, crendo que esse debate era indesejável, pois desembocaria em distúrbios. Dependente da informação corrompida oferecida por jornais, seria impossível o povo começar a pensar por si.*

O mais velho surpreendeu-se de nunca ter ouvido falar do holandês, ainda mais que seu pensamento soava familiar demais às suas próprias desconfianças. Parou para pensar, seu rosto se iluminou:

— Sim! E o que torna tudo ainda mais divertido: justo em reação aos ataques recebidos, de que seriam mais fiéis às causas do lucro e à conquista de influência do que à verdade, os primeiros jornais principiaram a forjar, como de costume pela negação e oposição, sua identidade central — a de veículos consagrados à busca da verdade. Até hoje vivem desse lero.

Apesar do pejorativo "lero", mais do que uma crítica era perceptível o tom de resignação e até de orgulho profissional nas últimas palavras do mais velho. Que nem era tão velho quanto maltratado, daquele maltrato que se tem em alta conta, como se o esmerado descuido consigo próprio configurasse ausência de vaidade. Tinha parado de fumar, mais uma vez, e nessas pausas na conversa sacudia-se de abstinência, inda mais se qualquer coisa vermelha entrasse em seu raio de visão, despertando o receptor cerebral *marlboroide*. Roía as unhas, sempre as roera, assim como arrancava as cutículas, e tinha nos dedos bandeides com figurinhas de super-heróis emprestados dos netos.

A diferença entre gerações fazia do mais jovem velho o bastante para ser fumante e jovem o bastante para usar um vaporizador; sacou do *gadget*.

— Não incomodava tanto o caráter mais falso ou mais factual das notícias, mas o fato de serem tratadas como mercadoria. Parece que o pensamento dito progressista herdou do esnobismo aristocrata o desprezo pelo comércio. Até hoje, esquerdistas e similares demonizam a mercadoria, enquanto continuam a cultuá-la como fetiche, com mais ardor até do que aqueles a quem acusam de adoradores do mercado, os "mercadólatras". A eles, contraponho apenas a história da arte. Só.

Buscou um livro na estante ao lado, volume surrado de tão lido, vaporizou e acrescentou a citação de um autor que seu sênior provavelmente desconhecia:

— Dave Hickey, o pensador da cultura americana que tanto prezo — aquele que ficou quase vinte anos na Universidade de Nevada, pois dizia que Las Vegas era a melhor lente de aumento para enxergar os Estados Unidos —, demonstra com elegância e limpidez que o livre-comércio fez muito mais pela arte do que todas as academias e museus do mundo. Penso que algumas de suas formulações sobre produção artística caberiam sem grandes emendas no esforço de compreensão da história do fazer jornalístico. Alguns exemplos aqui, catados nos post-its grudados há décadas neste livro de 1997, nunca traduzido: *Air Guitar: Essays on Art & Democracy* (Air Guitar: Ensaios sobre arte e democracia). São respostas de um crítico de arte *bad boy* aos estamentos da elite cultural americana: *A arte comercial que promoveu as commodities americanas ganhou as qualidades e funções que a "arte religiosa", a "arte cortesã" e a "arte oficial" tinham noutras eras.* Fica difícil não concordar com essa clara linha de tempo de mecenatos clérigos, aristocráticos e burgueses desembocando na forma capitalista, e democratizante, da arte popular contemporânea. O pop é indissociável da modernização do capitalismo e da expansão da classe média, do gosto médio e de suas repercussões — mediocrizantes talvez, pois o que atende à média não pode deixar de ser médio. Mas ser medíocre não é o mais significativo, como destrinça um generoso Andy Warhol: *O mais estranho sobre os anos 1960 não é que a arte ocidental tenha se comercializado, mas que o comércio ocidental tenha se tornado tão mais artístico.* Gosto de buscar analogias entre o mercado de arte e o negócio jornalístico, porque o tal "mercado de notícias" se tornou a sede do "mercado de ideias" por excelência, comportando e expondo desde teses geradas no seio da academia ao conhecimento produzido em esferas informais, porém não menos representativas. Fica, portanto, evidente a interdependência entre arte, digo, entre jornalismo e democracia, pois a livre circulação de ideias depende de mecanismos da mídia. Ou dependia.

— Ainda depende, não acha? A web se alimenta do que chama de "mídia convencional" e segue a devorando para, assim, negá-la e declarar que está obsoleta. De mau humor, eu classificaria isso de parasitismo...

— Então segura mais uma citação de nosso querido Hickey, que demonstra como o mercado de arte é o espelho dramatizado e contrastado do mercado, da "lei do mercado": *Nada mais perigoso que um fórum democrático de livre opinião que, na sua vitalidade solta e multiforme, só pode se expandir, e se expande, e persiste ainda hoje em toda a discussão cotidiana sobre arte popular.*

— Você não vai levar a sua palestra para esses lados de símiles de artes plásticas, vai? Podem parecer, e são, eu mesmo os considero, muito pertinentes e interessantes, mas você há de convir que complicam um bocado a exposição demandada.

— Professor, através dos tempos, a arte sempre foi uma linguagem do poder. No furdunço da democracia, parece ter sido inevitável a confusão em que a arte do século XX se jogou (e a nós). Como o jornalismo é arte *kitsch*, e é poder, expressa e explora essas contradições voluntária e involuntariamente. Talvez um dia eu consiga botar essas coisas no papel... Um ensaio, quem sabe? Título: "Jornalismo, o *kitsch* da palavra". Falar do *kitsch* na produção de conhecimento é falar de jornalismo, em geral, e de televisão, em particular.

O velho professor quase suspirou com a menção a seu xodó...

— Minha querida televisão... que me deu independência, graças à sua, por tanto tempo marginal e irrelevante, presença jornalística. Você sabe, o pessoal da imprensa escrita desprezava, ou fazia que desprezava, repórteres de TV, como eu. Você sabe, fui um dos pioneiros.

— Como esquecer aquele seu desabafo que bombou no Face?

— Mas ali eu gemia as dores que sofri por ter largado a esquerda. E, por consequência, ter sido pisado por ela, por meus amigos.

— Eu tenho aqui, recuperei em minha pesquisa. Quer ouvir?

— Não. Ainda bem que era 2010, pouca gente tava nas redes...

— Quer ouvir?

— Não... Quero.

— Lá vai:

Nunca fui da turma. Sempre estive à parte. Preconceituosos, bestas do senso comum, pretensos detentores da verdade, os jornalistas. No Brasil, talvez por nossa condição periférica e subdesenvolvida, talvez pelo autoritarismo crônico e pela longa ditadura militar, talvez por nossa tragédia social, aqui não havia escolha. Assim como entre os artistas, os jornalistas que não comungassem de ideário de esquerda seriam expurgados, no mínimo calados, sempre ignorados. Liberais também não mereceriam crédito. A superioridade moral era monopólio exclusivo dos que, apiedados e autoabsolvidos pela própria indignação e pelo sentimento de culpa social, concordassem e reconhecessem as bandeiras "progressistas" (esse eufemismo fraudulento para a santa causa da esquerda). Intolerância disfarçada de *wit* e cinismo. E tem mais: com um mínimo de honestidade intelectual e exame criterioso dos fatos históricos, o retrospecto factual é evidente e demonstra como o jornalismo errou muito mais do que acertou em seus primeiros rascunhos da História. Errou e continua mais errando que acertando no julgamento moral de personagens da política. Demonizando, endeusa, e endeusa para depois demonizar.

— Assim foi com Roosevelt, Getulio, com Lula, até com Moro.
— Sim, mas segue seu texto:

Aferrados a seus preconceitos de classe para cima e para baixo, jornalistas e sua pouca ciência, escudados por ideias empalhadas de intelectuais progressofóbicos, resistiram, como ainda resistem, e tardam demais a usar novas lentes de interpretação diante de um sempre renovado estado de coisas, o permanente rearranjo que é a realidade, em seu desequilíbrio sustentável. Quem, com as armas translúcidas da lógica e dos dados estatísticos, vier a demonstrar, como Steven Pinker, que o mundo está melhor do que jamais esteve, ao contrário do que martelam jornalistas no estreito campo de visão das primeiras páginas, será ignorado, ridicularizado, silenciado. Contra seus argumentos, nenhum fato prevalece: ainda que reiterados eventos históricos demonstrem que a economia de mercado trouxe — e distribuiu! — infinitamente mais riqueza do que planejamentos socializantes autoritários. Não importa, não interessa, o monopólio do bem segue firme em sua obtusidade disfarçada de generosidade cristã. Generosidade cristã, aliás, que, diferentemente do dogma realista-socialista, patrocinou a subversão genial de grandes artistas...

— ...e uns poucos santos...
— Sim, e uns poucos santos.

Quem, como Paulo Francis, reconhecesse que, a despeito e muito além das certezas teóricas, na vida real os seres humanos só desejam paz e prosperidade, e que, como consequência, abraçasse a apostasia, migrando de Trótski a Friedman, só sobreviveria se, como Francis, fizesse de sua inteligência uma assustadora autocaricatura de ataque como defesa. Há que ser um gigante intelectual, como Francis então, e Demétrio Magnoli hoje, para não ser expurgado pela hoste preconceituosa e discriminatória. Em comum com Francis, Magnoli cultiva o gosto por brigar com as melhores cabeças. Em oposição, o fato de quase sempre ser mais rigoroso que Francis. Demétrio parece mais apaziguado também, ou talvez seja só o abismo entre os estilos e sensos de humor.

— Magnoli é a exceção que confirma a regra: consegue usar o instrumental acadêmico e traduzi-lo para o texto jornalístico.
— Bem, depois disso, em seu desafogo de anos atrás, você enumera alguns grandes "furos" que se revelaram "barrigas" proverbiais e conclui de forma magistral: *Quando erra pequeno, o jornalismo se corrige. Quando erra grande, insiste e sustenta o erro, amplificando suas consequências.*
O autor interrompeu a leitura que o mais jovem fazia de seu texto, descartando-o:
— Textão de *feicibuque*...
— Você sabe que é mais que isso. E quer saber mais que isso? A virtude cardeal desse seu desabafo meio confuso é sua raiva juvenil.
Comovido, o velho professor escondeu seu olhar buscando nada sobre a mesa. Ainda sem encarar o interlocutor, voltou ao verso de Drummond:

— *Os ferozes padeiros e leiteiros do mal* somos nós. Mas... de quem é a fome, de quem é a sede? De quê? A lei do mercado é tão irrevogável quanto a lei da gravidade, meu querido. Com isso os paladinos da "justiça social" não se conformam; aliás, de que a esquerda jamais alguma vez se conformou? Talvez das ordens do partido, e este sempre se conformou ao pragmatismo mais imoral, a serviço de seus sempre mais elevados ideais e do futuro radiante do socialismo. Ninguém mais disciplinado que os comunas nas redações, caninamente confiáveis, sua ética justificada pelo tarefismo, pelas "condições objetivas", pelas circunstâncias como lambuja existencial.

Do outro lado da tela, ele viu um sorriso amoroso do ex-aluno, que lhe dizia:

— Você não perde essa capacidade maluca de falar como se estivesse escrevendo, foi a primeira coisa que me espantou em você, fiquei besta com aquele cara que falava como quem ditasse uma matéria. Quando te disse isso pela primeira vez, você rebateu que...

— ...que jornalista é tão cheio de si que chama o que produz de matéria, como se fosse um criador divino, como se fosse Deus...

— Isso. O que depois entendi tratar-se de clássica construção reativa de quem, na verdade, se tem em péssima conta e sabe que produz o embrulho do peixe do dia seguinte. O que agora, aliás, nem isso.

— Nem isso, agora a matéria jornalística fica apodrecendo eternidade cibernética afora, nas catacumbas do Google.

Essas lembranças universitárias aproximaram os dois. No calor da nostalgia, amainaram.

— O que eu dizia é que essa sua palestra não pode ficar com jeito de artigo para suplemento cultural, naquele texto truncado que quer ser acadêmico sem deixar de ser jornalístico e vira uma arara de gralhas, empolado, sem a pretensa substância nem a legibilidade. Você vai falar puro ou vai apelar pro famigerado *pauerpointi*?

— Vou só falar. Vou ler, na verdade, então não me avexo de ser um bocadinho literário, público de palestra gosta, se sente inteligente...

— Confirmando Nietzsche: *O leitor gosta de texto obscuro, pois, mesmo sem compreender picas, sente-se inteligente como que tendo sua diligência reconhecida.* E Nietzsche escrevia claro! Pensava complexo, mas escrevia limpo.

— Nessa acepção, como é "picas" em alemão?

Riram os dois e aproveitaram para renovar os copos de cerveja.

— Qual é mesmo o título da palestra?

— "Jornalismo pós-pandemia — A verdade morreu?"

— Uau, meio melodramático, né não?

— Talvez "Jornalismo pós-pandemia — O futuro da verdade".

— Melhor, mais obscuro, literalmente promissor. E "O futuro da verdade" soa como nome de filme ou livro, velho recurso, surrado, de título de jornal. Sempre funciona. Pobre Guimarães Rosa, quantas matérias você já leu com o título de a hora e a vez disso e a hora e a vez daquilo?

O mais jovem se aprumou, deu um gole, bochechou a cerva, pôs os óculos de leitura, prótese recente, pitou do *vaper*.

— Acho que vou aproveitar na palestra algumas ideias de uma apresentação que fiz para a minha equipe. Foi uma preleção, na intenção de questionar e conter os ímpetos e as boas intenções de jovens jornalistas com ganas de militância, soldados do politicamente correto mal digerido. Penso em amalgamar os dois bifes, escuta um tico:

> Sei que cada um aqui se sente envolvido, identificado com um lado da guerra cultural em curso. Mas nosso programa deve pretender ser um farol ou, no mínimo, uma torre, a observar de ponto de vista privilegiado, acima das trincheiras, o desenrolar das batalhas. Não deixem suas simpatias ou antipatias guiarem nosso texto e nossa abordagem. Busquem discrição na compreensível solidariedade a causas civilizatórias, como a da emancipação feminina, a do LGBT e a do antirracismo, mas não se deixem cair na esparrela do identitarismo. Nem depois das trágicas surras do Brexit, de Trump e de seus ecos no mundo, os autoproclamados progressistas conseguiram fazer genuínos exames de consciência ou reavaliação com mudança

de métodos. Não. Espero que todos aqui tenham lido as famosas últimas palavras de Bari Weiss em sua carta de demissão do *New York Times*, de julho de 2020:

Fui contratada com o objetivo de trazer vozes que não chegavam às suas páginas: escritores estreantes, centristas, conservadores e outros que habitualmente não pensariam no Times *como seu lar. A razão desse esforço era clara: o fracasso do jornal em antecipar o resultado da eleição de 2016 mostrou que não detinha uma compreensão clara do país que cobre. [...]*

As lições que deveriam ter se seguido à eleição — lições sobre a importância de entender outros americanos, a necessidade de resistir ao tribalismo e a centralidade da livre troca de ideias para uma sociedade democrática — não foram aprendidas. Ao contrário, um novo consenso emergiu na imprensa, talvez principalmente neste jornal: o de que a verdade não é um processo de descoberta coletiva, e sim uma ortodoxia já conhecida por alguns iluminados cuja missão é informar todos os outros disso.

[...] O Twitter tornou-se o editor final do New York Times. *[...] As matérias são escolhidas de modo a satisfazer a mais estreita plateia, em vez de permitir que um público curioso leia sobre o mundo e então chegue às suas próprias conclusões. [...]*

Não posso mais fazer o trabalho que vim aqui fazer, descrito na famosa declaração de Adolph Ochs: Fazer das colunas do New York Times *um fórum para a consideração de todas as questões de importância pública, e com esse fim convidar discussão inteligente de todas as nuances de opinião* [nota minha: Adolph Ochs estabeleceu esse compromisso ao tomar posse como proprietário do *NYT*, em 1896].

A ideia de Ochs é uma das melhores que já encontrei. E sempre me reconfortei com a noção de que as melhores ideias prevalecem. Mas ideias não podem prevalecer sozinhas. Elas precisam de uma voz. Elas precisam ser ouvidas. Acima de tudo, elas precisam ser apoiadas por gente disposta a viver por elas.

E o mais jovem prosseguiu com a leitura de suas anotações para a palestra:

A editorialista se demitiu do *New York Times* por considerar que este se pauta e fecha baseado em *trending topics*, mas ela bem poderia estar falando da *Folha de S.Paulo*, do UOL ou da GloboNews, ao afirmar, numa entrevista para a própria *Folha*, em dezembro de 2020: *As pessoas que dirigem o NYT tinham um autêntico desejo de expor seus leitores a um espectro mais amplo. O problema é que muitas das pessoas mais jovens que contrataram têm uma visão diferente. Entraram no jornalismo para advogar coisas, estar do lado certo da História. Era inevitável que isso fosse resultar em algum tipo de conflito.*

Cinco dias depois, Demétrio Magnoli bem observou, em sua coluna no jornal, que a *Folha* dá de dez no *New York Times* no quesito diversidade de seus "opinionistas". Mas indicou na *Folha* a mesma distorção, até mesmo ampliada: o monopólio de uma visão de mundo, consagrada como verdadeira e justa, na orientação de sua pauta e reportagem. Em resumo, na posição editorial que dita a seleção e a abordagem de assuntos, entregue e submissa aos ditames da nova esquerda identitária. Citando Demétrio:

Reza a sabedoria convencional que o advento das redes sociais provocou a crise existencial da imprensa em curso. O fenômeno é mais complexo: a crise deve-se, essencialmente, à resposta adaptativa escolhida pelo jornalismo profissional ao desafio posto pelas redes.

Diante da perda dramática de receitas publicitárias, os jornais engajaram-se na fidelização de leitores ou espectadores. Na batalha de vida ou morte, descobriram um atalho: falar, preferencialmente, para um segmento da sociedade definido por certas visões de mundo. Ou, dito de modo diferente, confirmar e reforçar as coleções de ideias dominantes no público-alvo.

Magnoli lembra o sucesso comercial das opções à direita, Fox à frente, e, à esquerda, o *NYT* à proa, apontando a encrenca em que se nos meteram:

[...] O atalho conduz a uma armadilha fatal. As pautas, os enfoques e a linguagem do jornalismo profissional tendem a se submeter à lógica discursiva das redes sociais.

[...] A ferida situa-se no núcleo do fazer jornalístico, não em editoriais apropriadamente duros [...], ou na indispensável denúncia das torrentes de fake news. O ponto crucial é que o universo da notícia sofre uma compressão e uma amputação.

O jornal que pronuncia sermões imita a linguagem do pregador ou do militante — e, nesse passo, inclina-se a conceder a eles um palanque desproporcional à influência que exercem. As pautas identitárias extremas saltam da periferia do debate público — isto é, de obscuros refúgios acadêmicos — para o centro do palco. A reportagem sujeita a trama factual a uma mensagem apriorística. O comício deles contagia, infecta, espalha o vírus; a nossa manifestação de protesto purifica, liberta.

Suspiraram quase ao mesmo tempo, precisavam tomar fôlego. A expressão de amargor do mais velho pareceu antecipar a frase seguinte do menos velho:

Sei que não é agradável ouvir verdades a que não estamos habituados. Mas... vocês já me ouviram várias vezes alertar que aqui é jornalismo, não é militância, não estamos aqui para apoiar causa nenhuma, nem a mais justa. E que esse espírito de militância chega trazido por jovens que ingressam no mercado crentes que o mundo é um campus universitário dilatado. Não, não é, ainda que os radicais das "causas justas" estejam conseguindo contrabandear suas ideias e, principalmente, suas práticas de intolerância contra intolerâncias — jogo que não dá em zero a zero, ao contrário, é gasolina no fogo da guerra cultural. Mais um trecho de Bari Weiss, na *Folha*, tentando evidenciar a diferença entre a luta antirracismo e as manifestações do Black Lives Matter, e entre o antimachismo e as posições do Me Too:

Sou a favor de qualquer movimento que tente expandir a noção do que é possível, que mostre que pessoas foram excluídas do contrato social, que diga que temos de entender uns aos outros. O que acho perigoso em muitos dos atuais movimentos é que dizem algo muito niilista. Basicamente, que todos estamos condenados, ou restritos, ao modo como nascemos, que não há motivo para entender as outras pessoas, que estamos presos num tipo de luta de poder de soma zero de um contra o outro. É medieval dizer que alguns de nós nasceram com algum tipo de pecado original, pelas circunstâncias, ou pela cor de nossa pele.

Diante de uma pausa de seu antigo aluno, à cata de anotações extraviadas, o mais velho aproveitou para exercitar sua forma de afeto, a implicância, mais ou menos branda.

— Rapaz, não me lembro de ter feito preleção, como você chama, ou, com perdão da expressão, deitação de regra tão comprida nos meus tempos de chefia. Qual foi a reação da moçada?

— Olha, apesar de românticos, parece que são democratas. Ouviram, pediram que eu esclarecesse dúvidas, ponderaram, mas sobretudo se disseram muito estimulados pelas "provocações". O que me traz ânimo de seguir acreditando na inquietação intelectual, e existencial, que leva alguém a escolher essa profissão.

— Sim, que é um estranhamento fundamental diante da realidade. Depois, "com o tempo e seus mecanismos", essa tal angústia ganha técnica e método, e o que causa estranheza ganha o título de notícia.

— É bonita a natureza desse nosso ofício.

O silêncio meio embaraçado diante do raro evento de louvores em causa própria foi a deixa para o menos velho retomar sua meada.

— Agora vem a parte que fez os olhos da redação se arregalarem, quando lembrei que...:

Não se esqueçam de que nazismo e fascismo principiaram como movimentos identitários. Não se esqueçam de que o projeto de nação é, ou deveria ser, maior que os projetos de grupos, minoritários ou não. Não venho aqui convencer ninguém, não é preciso concordar com a linha editorial que procuramos conduzir, mas é preciso conhecê-la, melhor ainda, compreendê-la. E esta, entre aspas, "linha editorial" não busca retidão, essa falsa virtude — linha reta pra mim é aquela com um som agudo contínuo, o bip sem pulsações da monitoração hospitalar, fim dos sinais vitais, a morte. Que nossa linha ondule no centro, atraída ora para lá, ora para cá, como naquele bonito, e malandro, aforismo confucionista vertido pelo filósofo francês François Jullien: *O justo meio está na igual possibilidade dos extremos*. É de interpretação traiçoeira esse dito, parece afirmar que o centro só existe porque existem, ou podem existir, os extremos... Ora, mais uma vez só sabemos nos definir pela oposição? Só sei o que sou ao afirmar o que não sou? Talvez, numa leitura mais sofisticada, trate de se deixar pendular, ora para a esquerda, ora para a direita, em movimentos magnéticos de repulsa e atração. Assim, pode-se operar no mercado de ideias, como um agente corretor, ou corregedor.

O mais jovem calou, esperou uma reação do antigo mestre, silêncio. Deu um gole. Continuou, como se falasse para sua equipe:

Bom, deixemos a filosofia de lado um pouco, esta sempre nos acompanha mesmo, e não é feita de crenças. Nossa sinuosa "linha editorial" nos permite abraçar, dar as mãos, assentir ou descartar o que venha, vindo do lado que vier. Afortunadamente, a atividade jornalística prescinde de convicções. Mais: ela as rejeita, é preciso que as rejeite, mesmo porque a certeza é o túmulo do pensamento. Só nos move a admissão de nosso desconhecimento, de nossa ignorância, antes de qualquer motivação mais nobre. Convicções são precipícios íntimos, poço que cada um cava por e para seu pensamento, onde o enterra — e digo "poço" para não dizer "cova". Não deixem de submeter suas convicções à sua inteligência, do contrário sobrevém o desastre de submeter a inteligência às convicções. Não seria eu, nem serei, a desaconselhar os conselhos da paixão. Sou também movido a elas, mas, entre tantas paixões, a maior tornou-se a desconfiança. Desconfiança cevada a letras miúdas de tantos livros, de tanto querer saber. E, como sabe quem sabe um pouco mais que pouco, não há certezas no caminho do conhecimento. Não se tiram dúvidas — se as incluem.

Recomendo apenas, como quem recomenda a leitura de um poema ou a visita a um restaurante, recomendo apenas que se submeta essa incontrolável vontade crítica de nossos tempos às lentes, aos martelos e bisturis da razão. Principalmente, que se preste atenção e se entenda de uma vez por muitas: indignação não absolve ninguém. Ninguém é inocente, e isso já é mais que absolvição suficiente. Fazendo o que fazemos, nós...

— ...gosto muito de *Não se tiram dúvidas, se as incluem*. E gosto da citação à maior frase do maior filme de Glauber, *Terra em transe*, quando, em resposta ao governador Vieira-José Lewgoy, ao dizer não querer derramar o sangue dos inocentes, o poeta Paulo Martins-Jardel Filho retruca com a pergunta terrível: *E quem são os inocentes?*. Continua, vai.

— Tá... depois... volto à palestra em si. E aí, em seguida, estou na maior dúvida. Se faço uma citação terrível do prêmio Nobel *Sir Peter Medawar*, gênio da medicina e da biologia que nasceu e viveu em Petrópolis até a adolescência. Conheci essa frase do Medawar via Richard Dawkins, que não disfarça seu deleite ao reproduzir a violenta constatação de seu guru petropolitano. Dawkins, o ateu mais praticante do mundo, recorre ao mestre para defender seu modo próprio de tutorar, sua opção pela sofocracia...

— Opa! Sofocracia? Alguma coisa a ver com Sófocles?

— Desculpe, eu sei que está rebuscado, mas é assim que se chama o "governo dos sábios" proposto por Platão: sofocracia.

— Obrigado, seu *dotô*, a compreensão dos pobres mortais agradece.

— Ora, vá se... Escuta, vale a pena. O sofocrata Richard Dawkins define a formulação medawariana como uma *observação perversamente astuta*. Diz *Sir* Medawar: *A propagação da educação secundária, e ultimamente da terciária, criou uma vasta população de pessoas, frequentemente com gostos literários bem desenvolvidos e eruditos, que foram educadas muito além de sua capacidade de empreender o pensamento analítico.*

— *Ouch...* Perverso *indeed...* mas bastante preciso em seu diagnóstico. Carradas de letrados e semiletrados prenhes de espírito crítico, sem a mínima capacidade analítica que deveria precedê-lo: o que mais são as redes sociais? Talvez, se você contextualizasse ou desse exemplos...

— Contextualizar? Exemplos? Não sei, melhor investir na hipótese, que se impõe, de que aí mora o pecado original, ou melhor, um dos pecados originais do jornalismo: ao promover a vulgarização do saber, administra doses palatáveis de conhecimento (artigo que não costuma ser de fácil apreensão), o que equivale a dizer que entrega pouca ciência a quem tinha nenhuma. Não é para macaquear Ben Jonson, longe de mim, mas, como sabemos, pouca ciência é bem mais perigoso que nenhuma. Agora, então, com a difusão espiroqueta de pílulas de caquinhos de ciência em pó para as massas das redes sociais, estamos feitos!

— Pois não estão aí os *jênios* antivacinais? Mas, pera aí, pra não perder os fios de suas errâncias: talvez coubesse aqui mais uma ou duas citações sobre o paradoxo do conhecimento. Em linguagem de dia de semana: o jornalismo trai o conhecimento por ser incapaz de lidar dialeticamente com o paradoxo — já nos acomodamos a chamar de paradoxo aquilo que nossa inteligência não tem rebolado para esgrimir.

— Sim, tô com uma penca de bons aforismos...

— Como por exemplo?

— Do *Eclesiastes*, por exemplo: *Quanto maior a sabedoria, maior o sofrimento; e quanto maior o conhecimento, maior o desgosto.* Ou aquela manjada, mas pungente, de Emil Cioran: *O conhecimento, em pequenas doses, encanta; em grandes doses, torna-se repulsivo. Quanto mais sabemos, mais queremos saber menos. Quem não sofre por causa do conhecimento nada terá conhecido.*

— *Quanto mais sabemos, mais queremos saber menos,* que primor... Manda ver. Pode sair todo mundo correndo, mas manda. A gente vive em tempos de hedonistas cheios de boas intenções — isso, sim, é paradoxo — e você quer vir falar em sofrimento. O século XXI é o império das boas ações movidas mais a ressentimento que sacrifício. Não existe essa modernice de "fazer o bem e sofrimento 'nem'...". Para servir, é imperativo se submeter à dor. Desculpe, vez em quando um menino jesuíta ainda grita nesta velha carcaça. Venho dizendo e repetindo há décadas, fazem ouvidos moucos, não quer saber ou finge que não é com ele: "Quer fazer o bem, faça bem o que tem para fazer." Aí quando o possesso, de razão, do Jordan Peterson fala em "arrumar o próprio quarto antes de mudar o mundo", chamam de reacionário. Peterson pode ser conservador, reacionário não, muito pelo contrário.

— Professor, não posso me desviar demais, não quero discutir o que faz de alguém um progressista, quero fazer um jornalismo melhor e...

— Hahahaha... e um mundo melhor para nossos filhos... hahaha.

O mais jovem se calou, sorriu, ia se fazer de ofendido, mas teve preguiça de fazer fita. Pensou em como "fazer fita" é uma expressão datada, em como ele já estava mais próximo dos velhos que dos jovens, em como é melhor deixar tudo isso se embaralhar na cabeça dos outros, não na sua.

— Um jornalismo melhor, sim, mas não movido a idealismos vãos, autocomplacentes, jornalismo de qualidade por pragmatismo, para atuar no mercado e atrair para o produto os possíveis ouvidos dessa Babel feita só de bocas, a internet.

— Sei, desculpe, não era deboche, ri de bobo. Continua?

— Sim... pois... Então, antes de citar o Medawar, penso em expor a contradição fundadora do nosso ofício de informar: para que a notícia seja notícia, é necessário apagar o passado. Para que pareça novidade, a notícia faz, da negação da História, método.

— Como já bem expôs meu amigo Leão Serva em seu livro de 2005, *Jornalismo e desinformação*...

Mais uma vez, o ex-professor adivinhava o desdobramento do raciocínio do antigo aluno. Contente com a reafirmação da velha sintonia, abriu o dito livro:

— Amo a citação que Leão traz de Ortega y Gasset: *O adágio alemão afirma que as árvores não deixam ver o bosque. Selva e cidade são duas coisas essencialmente profundas, e a profundidade está condenada de maneira fatal a converter-se em superfície se quiser se manifestar...*

— *A profundidade está condenada de maneira fatal a converter-se em superfície se quiser se manifestar!* Isso é praticamente a absolvição do jornalismo!

— Acrescente um pouquinho de Oscar Wilde: *Só pessoas muito superficiais não julgam pelas aparências...* Portanto, e por outros motivos dignos, o pecado original não é a superficialidade, ao contrário, esta é, como você disse, um excelente argumento em sua defesa. Escuta meu encaminhamento:

Andamos tomando muita bordoada por aí, mas, sendo quem são os que brandem os tacapes, tais golpes só fazem nos engrandecer. Não sabem esses detratores do jornalismo que ninguém pode ser tão mordaz e implacável com o próprio ofício do que *nosotros, los periodistas*... Os pobres-diabos usam o método trumpista de classificar de falso, de *fake news*, qualquer notícia que contrarie sua versão dos fatos e seus interesses (sem o saber, Trump age qual disciplinado leninista, acusando seus opositores dos crimes que deveras comete. Já Bolsonaro aprendeu isso com o renitente leninista, vira-casaca mas sempre leninista, Olavo de Carvalho). Não, entre os pecados originais do jornalismo, não figura a notícia errada ou imprecisa — algo muito diverso de *fake news*, importante ressaltar. *Fake news*, em bom português — Gustavo Binenbojm já solucionou a tradução —, são "notícias fraudulentas".

— Achado de tradução.
— A partir daqui, penso em ampliar a discussão:

O jornalismo não perde valor quando aborda a realidade com leveza. É bela a superfície das coisas, e aí se justifica e ganha sentido a superficialidade das notícias. É um traço de humildade do repórter diante do caos que pretende e finge domar. Perigosamente ridículo é passar a impressão de que se tem a receita de adestramento do caos. E ainda mais desinformativo é nosso pecado original: tirar de contexto dado evento ou declaração e carregar no contraste para que tenha aparência de coisa nova, recém-desentranhada da desordem invencível do mundo. Isso é ignorar a História para ter uma história para contar. Na formulação mais elegante de Leão Serva:

As notícias não deixam ver a história. Ao contrário, o sistema das notícias encobre a lógica profunda que está por trás da cortina de novidades. Essa lógica subjacente parece ser compreensível apenas a quem observa os fatos por outra lente que não a do jornalismo — o que explica a referência do jornalista Robert D. Kaplan ao dissidente iugoslavo Milovan Djilas, que "estava sempre certo", "era capaz de prever o futuro", porque "ignorava os jornais diários e pensava apenas historicamente".

Eu já disse, e repito sempre como homenagem saudosa a meu amigo Geneton Moraes Neto, que o bom jornalismo faz a arqueologia do instante, é o texto noticioso que confere ao presente recente o status de passado. Podemos tentar compreender o passado, talvez até o futuro, mas o presente é incompreensível. O que nos traz de volta ao livro do Leão e à sua conclusão, a partir do oportuno excerto de István Jancsó, segundo o qual "os fragmentos de passado apenas podem adquirir sentido se pensados na sua estrita historicidade": *Seria ainda mais preciso se dissesse que os fragmentos só poderiam adquirir sentido se pensados em sua historicidade. Como a História não é parte dos componentes essenciais do jornalismo, por omissão, sonegação, submissão ou redução, a capacidade de compreensão do mundo é virtualmente impossível — ao menos àqueles cuja janela para o mundo sejam os meios de comunicação atuais.*

Espreguiçando-se, o mais velho cutucou:
— Xi... virou aula de jornalismo comparado... Agora, você tem que explicar, nem que minimamente, essas categorias aí, de omissão, sonegação, o escambau...
— Pois não, é exatamente o que faço já, meu senhor, assim, a ver:

Cabe aqui uma breve e abrutalhada recapitulação dos conceitos expostos e elucidados por Leão Serva:
1. Omissão: ausência de informação por falta de condições para obtê-las.
2. Sonegação: ausência de informação que o veículo de imprensa tinha, mas que não foi provida ao público, por algum motivo, incidental ou não.
3. Submissão: informação que tem seu entendimento prejudicado por decisões de edição.
(Essas três categorias podem se misturar e alternar.)
4. Redução: trair o paradigma original da notícia para transmitir a informação, deformada. (Por exemplo, forçar a barra na comparação entre Bolsonaro e Hitler.)
Sem esquecer a saturação, que é a indiferenciação, pelo excesso, entre notícias relevantes e irrelevantes.

O mais velho tomou a palavra, Leão Serva e ele tinham sido companheiros de correspondência internacional:

— Não por acaso, Leão se vale das guerras de desintegração da Iugoslávia para fundamentar e ilustrar sua análise. Também estive em Sarajevo, na mesma época dele. Se não foi ali que a coisa desandou, foi onde se percebeu que tinha desandado. Até a Guerra da Bósnia, no início dos 1990, ainda se podia recorrer ao jargão *Don't shoot! Press! (Não atire! Imprensa!)*. Pouco depois, na Bósnia, em geral, e em Sarajevo, em particular, os repórteres viraram alvo preferencial. Não precisou internet para envenenar o ambiente, bastou a CNN. Os sérvios da Bósnia puderam pela primeira vez assistir, em "tempo real", à cobertura ocidental da guerra. Ao constatar seu assumido viés antissérvio, sentiram-se não só livres, como compelidos mesmo a desrespeitar a ideia de neutralidade jornalística. Convenhamos, a meta da neutralidade pode ser ética e simpática, mas, além de ser só uma meta, não ajuda na hora de contar uma história para o grande público, americano ou não (*Homersimpsoniamente*, o espectador quer saber por quem torcer). Essa repulsa visceral à imprensa floresceu no Oriente Médio, onde não podia ter se criado maior abismo entre a compreensão local do conflito árabe-israelense e a percepção hegemônica ocidental.

— E mais: pode-se inferir daí que a mídia e sua atual condição de alvo de idiotias, de direitas e de esquerdas, são a consequência anabolizada desse processo que começa no Oriente Médio, se intensifica nos Bálcãs e se materializa no 11 de Setembro...

Calaram-se. Estavam os dois cansados. Amavam a profissão. Desprezavam a profissão. Conheciam os melhores motivos para amá-la e também as razões de seu desprezo — motivos e razões que, diga-se, não eram tão diferentes daqueles que habitam a consciência silenciosa de políticos, diplomatas, economistas, intelectuais e artistas. Quem não sente a dor da própria mordida não sabe o que fazer com os dentes, atira a esmo.

O mais velho serviu-se agora de uísque.

— Opa! Vamos ao estilo japa-Bukowski-Jorge Ben? Uísque com cerveja e outras milongas mais?

— Sim, eu vou. Você, só se me prometer concluir seu bendito esboço de palestra sobre verdades e mentiras do jornalismo, meu Orson Welles.

— Quer saber? Vou mudar de abordagem... Vou acabar falando de pandemia e *fake news*, sim, mas só depois e a partir de uma explanação sobre "liberdade de expressão"! Pois é essa a discussão interminável e, por isso mesmo, mais consequente. De antemão, basta um pingo de honestidade para reconhecer que não há conclusão possível no debate sobre liberdade de expressão e de impressão, com duplo sentido, por favor.

O antigo professor virou um copinho de uísque, a caubói. O antigo aluno catou um volume fininho num canto da mesa, exibiu na tela o quilométrico título: *A Free and Responsible Press — A General Report on Mass Communication: Newspapers, Radio, Motion Pictures, Magazines, and Books By the Commission on Freedom of the Press* (*Uma imprensa livre e responsável — Um relatório geral sobre comunicação de massas: jornais, rádio, filmes, revistas e livros pela Comissão sobre Liberdade de Imprensa*). Abriu o livrinho de 133 páginas, folheou-o, deteve-se aqui e ali, examinou o próprio texto na tela. Pensou alto:

— Os últimos parágrafos serão os primeiros, vou inverter tudo.

— Manda aí.

O mais jovem pigarreou, como fazem as pessoas nos livros, e engatou:

Para ilustrar a permanência e o caráter cíclico da preocupação da sociedade na discussão, preservação e regulação da liberdade de expressão, trago ideias e formulações presentes num documento precioso, elaborado durante a Segunda Grande Guerra, nos Estados Unidos. À época, a imagem do jornalismo era péssima. Numa pesquisa de 1936 sobre as instituições que os americanos consideravam estar abusando de seu poder, a imprensa foi nomeada em primeiro lugar, à frente até dos banqueiros. Preocupado com a crescente desconfiança pública diante da mídia, Henry Robinson Luce, dono dos mais poderosos veículos de comunicação americanos, tinha contratado, em dezembro de 1942, o mais célebre intelectual americano então, o filósofo da educação Robert Maynard Hutchins, reitor da Universidade de Chicago.

— Henry Luce, o fundador da revista *Time*?
— Sim, o próprio. Henry R. Luce é um dos gigantes da história do jornalismo, americano nascido na China, uma biografia extraordinária. Além da *Time*, criou a *Fortune*, a *Sports Illustrated*, e reformatou a *Life* como revista de fotografias. Mais que proprietário, era editor de todas elas e fechava, pessoalmente, suas edições semanais! Já Robert Hutchins, 1m92, era conhecido pela erudição, pela beleza e pela marra. Vivia em modo sardônico e desprezava o jornalismo. Dizia que as escolas de jornalismo eram as instituições mais suspeitas do mundo universitário — sob seu comando, Chicago não tinha tal coisa. Apesar de, ou por causa de seu rigor, autoridade e estatura intelectual, era tão respeitado que muitos defendiam sua candidatura à Presidência — inclusive Luce, mesmo sendo republicano, e Hutchins, democrata. Os dois tinham sido colegas de universidade, eram bons amigos...
— E, afinal, quais foram as bases do contrato entre os dois?
— Primeiro, Hutchins relutou, achava um tema menor, mas a insistência e o dindim generoso oferecido dobraram os preconceitos do *scholar*. Escuta:

Luce encomendara a Hutchins um estudo multidisciplinar, de ambições filosóficas, sobre a função social da imprensa. Financiado por Luce, Hutchins compôs um painel de notáveis para estudar em profundidade questões relativas ao que deve a mídia à sociedade, para cumprir seu papel de forma "livre e responsável". Ressalte-se que nem a televisão ainda existia como elemento dessa mídia, definida na época pelo conjunto de rádio, jornais, filmes, revistas e livros. E entenda-se também o subentendido: que, entre liberdade e responsabilidade, a motivação não era dar mais liberdade para a imprensa, e sim menos, buscando formas para que respondesse por seus abusos, isto é, fosse mais "responsável". Talvez por causa desse viés, o relatório final da Comissão sobre Liberdade de Imprensa tenha se tornado um documento mais de interesse acadêmico do que de consulta e referência práticas e acabou quase esquecido. Depois de divulgadas, as conclusões da comissão, ainda que ambíguas, foram trucidadas por todos os donos de jornais, unânimes em invocar a Primeira Emenda da Constituição americana.

A Comissão Hutchins unira os mais proeminentes nomes da *intelligentsia* americana sem a presença de um jornalista sequer. Foi formada então o que o professor Stephen Bates chamou de *Uma aristocracia de críticos*, título de seu livro de 2020. Havia os melhores e mais respeitados de suas áreas: um economista, um teólogo especializado em ética, um cientista político, um historiador, o diretor da Biblioteca do Congresso (poeta Prêmio Pulitzer), mais um filósofo da religião, um jurista, um antropólogo, um estatístico, um reitor universitário católico e um perito em propaganda.

Ao longo de três anos eles tiveram dezessete encontros, de dois a três dias de duração cada, ouviram 58 testemunhas, além de conduzirem ou supervisionarem 225 entrevistas adicionais e 176 documentos. O resultado desse esforço de pensamento e aprofundamento foi publicado num volume delgado, em 1947, quando o fantasma dos totalitarismos já tinha sido derrotado nos campos de batalha da Europa e da Ásia.

A apresentação do trabalho diz montes, numa só frase. O teólogo Reinhold Niebuhr assim introduziu o resultado final de três anos de reflexão das melhores cabeças de sua geração: *Nós enfrentamos um problema insolúvel, talvez respostas definitivas estejam além de nosso alcance.* E prosseguia: *Se você tem um problema insolúvel de grandes complexidades, e você ilumina essas complexidades, você pode ser capaz de dar mesmo uma grande contribuição.*

À época, uma das questões centrais parece hoje diametralmente oposta ao que nos desafia. Se, no presente momento histórico, encaramos o desafio de decidir e definir o que pode e o que não pode ser livremente expresso nas redes sociais, onde virtualmente qualquer um bota a boca no mundo e diz o que bem pretende, naquela América em guerra o chamamento dirigia-se aos proprietários e administradores das grandes empresas de mídia. Escutemos o que diz o relatório, com ouvidos virgens, como se não soubéssemos que estava a se referir a poderosas agências e empresas de comunicação: *Seu alcance e poder crescem a cada dia com os novos instrumentos que se tornam disponíveis. Esses instrumentos podem espalhar mentiras mais rapidamente e mais longe do que poderiam sonhar nossos ancestrais quando consagraram a liberdade de imprensa na Primeira Emenda de nossa Constituição.*

Não parece estar falando do Twitter? Mais que ironicamente familiar, soa como um sinal trocado, como as letras de um livro refletidas num espelho. Talvez nem se trate tanto de ironia quanto de repetição de temas e dilemas sobre liberdade de expressão. Como bem identifica Stephen Bates, ainda na introdução de seu livro sobre o muito que foi discutido na comissão e que ficou de fora de seu relatório final: *Ao denunciar os gigantes da mídia como ameaças à democracia, os membros da comissão usaram os mesmos argumentos que os comentaristas de hoje usam para denunciar os gigantes das mídias sociais como ameaças à democracia.*

Da mesma forma, acusavam articulistas de serem propagandistas disfarçados, como hoje tememos e denunciamos robôs cibernéticos e suas orquestrações de notícias fraudulentas e *trolls*. Formulavam críticas como se estivessem falando do Facebook: *As tradicionais e orgânicas formas de coesão social estão sendo suplantadas por formas de união sintéticas, mecanicistas e artificiais.*

— Nada como um dia depois do outro...
— Com uma noite no meio... Mas não me deixa perder o embalo:

Naquela década de 1940, uma das motivações da reflexão conduzida pela comissão de notáveis era o imperativo de a mídia, em geral, e os jornais, em particular, consagrarem espaço para a pluralidade de expressões de ideias, pensamentos e propostas políticas. Como se afirma no trecho a seguir:

A influência tremenda da mídia moderna faz com que seja imperativo que as grandes agências de comunicação de massa demonstrem hospitalidade a ideias com as quais seus proprietários não compartilham. De outro modo, essas ideias não terão uma chance justa.

O que pode nos levar a pensar que, se hoje temos os novos instrumentos da internet para essa livre, indiscriminada e democrática exposição, com suposto cotejamento de ideias, ainda estamos longe de conseguir equilíbrio que viabilize o funcionamento, por natureza meio caótico, do mercado de ideias.

Do tanto que não perdeu atualidade, ao contrário, ganhou em urgência, destaca-se no relatório a investigação da razão mesmo de ser da liberdade de expressão. Textualmente, na exposição da Comissão Hutchins:

A sociedade civilizada é um sistema de ideias em progresso. Vive e se transforma pelo consumo de ideias. Portanto, é preciso assegurar que o maior número de ideias possível seja expresso pelos seus membros e circule para que estejam disponíveis e sujeitas a avaliação.

Para ficarmos todos na mesma página, vamos ao senso comum da bendita Wikipédia, que nos lembra que o conceito de "mercado de ideias" é a justificativa central da liberdade de expressão:

O conceito, emprestado da Economia, propõe que verdades surgirão da competição entre ideias, num debate público e transparente, chegando-se à conclusão de que ideias e ideologias serão descartadas de acordo com sua superioridade ou inferioridade e aceitação ampla entre a população. O conceito é frequentemente aplicado a discussões das leis de patentes, assim como da liberdade de imprensa e das responsabilidades da mídia numa democracia liberal.

— Que, espero, ainda seja o modelo de democracia que o Brasil deseja cultivar...

— *Hopefully!* Sigo em minha falação:

Como entre os membros da comissão havia uma maioria de profissionais ligados à educação, há um mea-culpa que ainda pode ser oportuno. Dizem eles: *Se as escolas fizessem um serviço melhor na educação de nosso povo, a responsabilidade da mídia em elevar o nível da cultura americana, ou mesmo fornecer aos cidadãos informação social, econômica e política, correta e completa, essa responsabilidade seria substancialmente alterada.*

O mais jovem parou como se para tomar fôlego, mas não, atropelou-se ele mesmo, buscando mais um livro na estante:

— Ajuda, autoajuda! *Notícias: manual do usuário*, do brilhante Alain de Botton:

> *Com toda a sua falação sobre educação, as sociedades modernas negligenciam o exame dos meios mais importantes pelos quais a população é educada. Seja o que for que aconteça nas salas de aula, o tipo de educação mais corrente e potente se dá nas frequências de rádio e nas telas.* [E acrescento: micro-ondas, e cabos, e fibras ópticas e que tais...] *Encasulados em salas de aula por apenas nossos primeiros 18 anos ou coisa assim, nós efetivamente passamos o resto de nossas vidas sob a tutela de entidades noticiosas que exercem influência infinitamente maior sobre nós do que qualquer instituição acadêmica. Uma vez que nossa instrução formal se encerra, o jornalismo é o professor.* [...] *[A mídia] é a principal criadora da realidade política e social.*

— Será ainda?

— Ainda. O principal combustível para a algaravia internética é o que passa na televisão e/ou é noticiado pelas grandes empresas jornalísticas. A depender de sua própria produção, as redes sociais sufocariam em citações falsas e pelos de gato. Mesmo a liberdade trazida para o usuário de escolher suas próprias notícias pode resultar em afogamento, saturação à enésima potência. Como disse o filósofo William Ernest Hocking, da Comissão Hutchins: *A cura para informação distorcida pode ser mais informação; mas qual é a cura para informação demais?* A tecnologia mostrou a todos que jornais, telejornais, radiojornais, boletins, blogs, sites e portais são apenas punhados de informação escolhidos na oferta oceânica de notícias por editores correndo atrás de *deadlines* — profissionais que nem sempre acertam. Ainda assim, os algoritmos, que parece terem suplantado os falhos editores humanos e tomado o controle dessa curadoria, os algoritmos apenas reforçam nossos gostos, preferências e preconceitos. Como se as notícias não mais servissem para nos trazer o saber que não sabemos, mas para confirmar aquilo de que desconfiamos, baseados apenas em evidência anedótica. Assim, só pode "dar ruim"... Conforme escreveu De Botton, antes do Brexit, Trump e seus simulacros, em 2014: *Longe de nos ajudar a desenvolver uma individualidade rica e complexa, as "notícias personalizadas" podem acabar agravando nossas patologias e nos condenando à mediocridade.*

— Li esse livro do De Botton na época. Minha lembrança das conclusões das quais se aproxima é de que não há moral nessa história, nem conclusão, só um constante exame, reexame, autoexame, cuidado e atenção.

— Isso mesmo. Nos últimos parágrafos, Alain de Botton lista os diferentes ramos do jornalismo e como deveriam ser, idealmente, para atender aos melhores interesses coletivos. E então ele chega à última frase do livro: *"Mas mesmo se, por uma sucessão de milagres, o jornalismo conseguisse um dia fazer tudo dito acima de maneira segura, ainda assim teríamos um bocado de razões para permanente cuidado."*

Uísquão batendo, o mais velho cantarolou em falsete:

— *É preciso estar atento e forte...*

— Bola pra frente aqui, dá licença de voltar à minha vaca-quente:

Não há progresso, evolução nem renovação possível sem a mais ampla e mais equânime circulação de ideias e propostas para nossos projetos de sociedade. A liberdade de expressão está na base de qualquer desejo de realização social, nacional ou planetária. Temos de nos habituar, em exercício cotidiano de humilhação de egos, a submeter nossas práticas ao primeiro mandamento da democracia, que não é poder dizer livremente o que bem se entender, mas poder ouvir, disciplinada e civilizadamente, o que nem sempre se espera ou se deseja escutar. Isso vale para todos, independentemente de posição na hierarquia social ou na escala de poder, econômico ou político. Não há projeto coletivo sem o indivíduo, sem a liberdade individual, sempre acompanhada de sua irmã superegoica, a responsabilidade, nessa ponte entre o que quer o indivíduo e o que pode quando dentro do coletivo.

— Gostei, bastante discursivo, mas cabe, comunica, esclarece.

— Pois é, o tom de discurso é quase inevitável, levanta a bola para a cortada final:

Eis mais uma formulação do relatório sobre uma imprensa livre e responsável, enunciada há quase oitenta anos:
A liberdade de expressão é o direito político de onde florescem todas as outras liberdades, aquela que promove e protege todo o resto. E a liberdade de expressão, da qual a liberdade de imprensa é uma parte, sempre esteve ameaçada. Com efeito, esta comissão não consegue conceber um estágio da sociedade em que a liberdade de expressão não esteja ameaçada. O desejo de suprimir a opinião diferente da nossa é inveterado e provavelmente inerradicável.

E, acrescento eu, esse desejo é aquele pequeno gesto fascista que todos, todos nós, carregamos em nosso íntimo. É da natureza humana.

— Isso tá com cara de fim de exposição.

— Sim, era o fim, mas vou dar um jeito de jogar pro começo, estou tentando trazer a reflexão para a História brasileira. Puxando pra algo assim:

O jornalismo brasileiro deve nos lembrar e relembrar que somos todos parceiros na construção de uma nação que, durante seus primeiros séculos de Colônia, sequer tinha como ou onde se expressar, pois era proibido imprimir aqui qualquer coisa, livro ou cartaz, panfleto ou jornal. E nem se tratava de prerrogativa colonial exclusiva. Mesmo nas metrópoles centrais europeias, só mais tarde, bem recentemente, a ideia de livre expressão aparece, vem se impor, ou melhor, a sua demanda se impõe.

Bom exemplo disso é avaliar quão recente é o célebre, e igualmente folclórico, mas não menos simbólico, Speaker's Corner, no Hyde Park, em Londres, onde qualquer um pode subir num caixote, ou banquinho, subir também a voz e dizer o que bem entender — contanto que não fale mal da Família Real... Esse lugar e esse hábito só se impuseram e se consagraram em meados do século XIX, uma consequência aparentada da imprensa e da livre expressão, que passou a sustentá-la. Aliás, mesmo o Speaker's Corner, essa alegoria viva da liberdade de expressão, não serviu de muito quando, em 2003, a polícia ali proibiu uma manifestação contra a Guerra do Iraque.

A discussão sobre a liberdade de expressão se parece com a discussão sobre os limites do humor: não tem fim, nem devemos esperar sua conclusão. *Livre pensar é só pensar*, vale-nos o gênio da raça Millôr Fernandes. Jornalista-artista que, mesmo sob censura, mantinha-se indômito, uma inteligência superior que os censores não alcançavam. Para três parágrafos que julgavam subversivos e diligentemente cortavam, deixavam passar outros tantos — julgavam que se não os entendiam, ora, o leitor também não lograria compreender. A imbecilidade é mesmo um filtro implacável. O mesmo modo bedel, de deixar passar frases que não são entendidas para cortar as que julga compreender, equivale em vice-versa a cortar porque se tem medo do que pode, ou não, ter-se entendido. É a atitude Bartleby diante da vida: "Melhor não." Bartleby, o escriturário delineado por Herman Melville que, frente ao risco, prefere abrir mão da vida.

— Você conheceu o Cláudio Melhor Não?

O menos velho deu uma risada.

— Hahaha. Não conheci. Quem é o Cláudio Melhor Não?

— Foi editor-chefe importante! Uma besta. Que se achava muito hábil politicamente, equilibrado... Um cagão! Cofiava a barba, manja? E dizia, como se tivesse refletido profundamente sobre o assunto: "Melhor não..." Quando eu era *reportero*, vivi a amarga experiência de ser chefiado por esse boçal, que repetia Bartleby pelo menos uma vez por dia. No dia 1º de agosto de 1990, enviei de Paris a notícia de que tropas iraquianas avolumavam-se, ameaçadoras, na fronteira do Kuwait. O tal editor decidiu não dar a notícia, manteve seu mantra roto: "Melhor não." Na tarde do dia seguinte, lá ia eu a jato pro Golfo Pérsico, cobrir a crise subsequente à invasão do Kuwait pelos soldados de Saddam Hussein.

Possível lição dessa história? Liberdade expressa? No jornalismo, quase sempre, há muito mais chances de lamentar o que não foi expresso do que o que foi. Maior é o pecado da omissão, filha da covardia, irmã da burrice.

— Meu poeta...

O mais velho não comprou a provocação, encheu mais um copinho de uísque, levou ao nariz, ficou só apreciando o aroma, pediu ao amigo que prosseguisse.

— Prossigo:

Se "livre pensar é só pensar", "livre expressão" não é só expressão. Livre expressão é liberdade. E liberdade, bem, para defini-la é melhor recorrer ao Barão de Itararé, que a comparava ao açúcar, assim o descrevendo: *É uma substância que torna muito amargo o café, em se não lho pondo.* Podemos não saber dizer o que é liberdade, mas reconhecemos fácil e rapidamente a ausência de liberdade. Faz parte da liberdade de expressão até a liberdade de pronunciar-se contra a liberdade de expressão. O que pode nos levar a debater o célebre enunciado: *A democracia só pode aceitar democratas.* Sim, "a democracia só pode aceitar democratas", assentiria uma alma mais cansada, sem deixar, porém, de replicar: "Mas onde estão eles?" O que nos faz lembrar de Mario Quintana, sempre tão vivo: *Amar o semelhante, sim, mas onde está ele?* Bom, talvez o semelhante esteja aqui entre nós, num desses milhares de quadrados pixelados que são hoje nossas janelas para o mundo. Nós, que estamos dispostos a pensar e dizer mais e sempre sobre o inescapável perigo de dizer o que se pensa. E dizer o que se pensa pode ser, se não diferente, diverso de dizer o que se deseja.

Na busca de regras claras para a livre expressão, talvez a gente chegue a um punhado de clichês e obviedades. Que seja então! Viva o "óbvio de Colombo"! Essa procura já se justifica, se for original e inspiradora. Numa palavra, renovadora. Talvez a uma conclusão moral se aplique a mesma lógica do fazer artístico. Como bem demonstra Ariano Suassuna — por quem todos nos empenharíamos para garantir sua expressão e liberdade —, o conceito de progresso não se aplica à história da arte. Se compararmos as inscrições e desenhos da caverna de Lascaux ou de nossa serra da Capivara a certas obras de Kandinsky ou Klee, podemos até nos confundir entre quem fez o quê e quando. À arte não se aplica a ideia de inovação — renovação nos serve melhor. Da mesma forma, entre a ética e as moralidades, pode-se tentar resgatar sentidos e significados gastos, recobertos pelas camadas do tempo, para ali se descobrirem valores que nos servem de forma simples e cristalina ainda hoje e no futuro. Os costumes regulados pela moral consuetudinária...

— Opa! O latim da plateia tá enferrujado...
— Sei, sei... vá lá:

Costumes regulados pela moral consuetudinária (a moral fundada nos costumes cotidianos) mudam conforme tempo e lugar, têm avanços e retrocessos; o que era indecente há meros cem anos hoje é pudico. A formulação a que, creio, podemos chegar é a de que, mais adiante dos códigos morais perecíveis e renováveis há o sentido ético, com o qual podemos concordar, propondo, por exemplo, que "imoral é apenas o que causa dano injustificado". Outra formulação a que podemos chegar é a de que a surrada baliza de comportamento "não faça a outro o que não queres que façam a ti" serve tão bem à hora do recreio no jardim de infância quanto ao banho de sol no presídio. A propósito, trago uma contribuição ao debate sobre livre expressão extraída das paredes de uma penitenciária de segurança máxima. É de clareza infantil e exemplar, num universo em que, sabemos, a lei de Talião vige...

— Olho por olho, dente por dente...
— Em caligrafia tosca e ortografia banguela, está lá, a ver:

REGRAS DE CONVIVÊNCIA:
. NÃO PODE BILISCA
. NÃO CHUTAR. MOSTRAR A LÍNGUA.
. NÃO PODE MORDER

. *NÃO PODE DIZER QUE VAI MATAR OS COLEGAS*
. *NÃO PODE FICAR EMBURRADO*
. *NÃO APILHIDAR, OS COLEGAS*
. *NÃO IMPLICAR COM COLEGAS*

Para nós, e nosso fim hoje aqui, o terceiro "mandamento" (*NÃO PODE DIZER QUE VAI MATAR OS COLEGAS*) pode servir de matéria rica para reflexão. Entre criminosos perigosíssimos, alguns com farta coleção de homicídios nas costas, exprimir ameaças sem que se vá cumpri-las é rasgar as normas da expressão e da liberdade. E, sabemos, não há lugar em que se fale mais de liberdade do que dentro de uma prisão. Assim como nunca se fala tanto de saúde quanto no evento da doença; nem muito menos da vida e da paz quanto no império da morte, seja numa pandemia ou na guerra.

Uma ameaça já é crime suficiente para gerar uma punição. Está aí um exemplo bastante transparente de uso possível, corrente nas redes sociais dos dias de hoje, do abuso da liberdade de expressão: ameaçar impunemente, como se a ameaça não configurasse séria agressão, danosa e irremediável — mesmo que jamais perpetrada!

O barulho de uma porta batendo assustou os dois. Chegava em casa a filha do mais jovem, uma moça de menos de 30 anos que não tirou a máscara para ir dizer "alô" na mesa de botequim eletrônica.

— Salve, salve! Pelas garrafas e copos, a filosofia tá rolando alta esta noite. Vocês têm ideia de que horas são?

Da tela, o mais velho a interrompeu.

— Nem me conte! Sei é que é tarde para uma menina estar na rua em tempos de pandemia.

— A menina pegou a estrada noturna, pra fugir do tráfego do *rush* pandemônico na entrada de São Paulo pandêmica.

— Tava trabalhando?

— Sim, matéria para domingo sobre o impacto da pandemia no preço de propriedades rurais.

A moça tinha contraído a profissão do pai, era jovem repórter de uma revista voltada para o Brasil rural, em geral, e o agronegócio, em particular. Sentou-se, tirou a máscara, deu um beijo no pai. Da tela, veio quase um grito.

— E pode dar beijo, chegar perto assim?

— Deixa eu ganhar meu carinho, estou com os anticorpos lá em cima, não lembra? Passei muito medo, mas tô legal. Lá se vão já dois meses, e IGM/IGG reagentes e bem dispostos...

A recém-chegada se distanciou do pai, por instinto.

— E o que reúne vocês dois, ilustres velhos lobos da imprensa, nesta madrugada vadia?

Fizeram o resumo possível de conversa tão cheia de perguntas quanto de arestas, de inspiração e de fios soltos. Falaram da preparação da palestra sobre liberdade de expressão, da discussão sobre a suposta obsolescência da mídia convencional frente à internet e suas mídias sociais, repetiram motes sobre as contradições do fazer jornalístico, do amargor da profissão e, um bocado amolecidos pelo álcool e pela saudade de algo que nunca existiu, irromperam numa gargalhada, ao se ouvirem dizer:

— Ah, os bons tempos...

A "foquinha" da turma também riu gostoso, enternecida de ver o pai gargalhando, não se lembrava da última vez que isso tinha acontecido. Feliz a seu modo todo próprio, o mais velho provocou:

— E você, o que passa na cabeça de uma mulher de sua tenra idade para escolher uma carreira dessas?

Ela deu um sorriso diplomático, foi servir-se de cerveja na geladeira, custou a responder. De volta, folheou os livros e documentos sobre a mesa, tirou o celular do bolso, fotografou a tela.

— Vocês se têm em conta alta demais, se levam a sério como o diabo. Eu só faço o que tenho que fazer e faço direito, tá bom?

— Tão menina e já citando Bob Dylan...

— Pois o vosso Dylan, nosso, se me permitem, fez a crítica mais original ao jornalismo nessa entrevista que ele deu na quarentena. Uma observação só na aparência ligeira, que aprofunda e renova velhas restrições à natureza de nosso ofício. Falando de música, ele escancarou o que acontece quando critérios jornalísticos se baseiam em crenças ideológicas, em preconceitos arraigados e espalhados desde o jornalismo cultural até as notícias em geral. Douglas Brinkley, o professor de história que conduziu a entrevista, perguntou por que não se prestou a atenção devida à fase *gospel* da música de Little Richard. Deixa eu ler aqui a resposta de Mr. Zimmerman:

Provavelmente porque a música gospel é a música das boas notícias, e nesses dias não há nenhuma. Boas notícias no mundo de hoje são como foragidos, são tratadas como bandidos, postas pra correr. Castigadas. Tudo o que se vê são notícias que não servem pra nada de bom. E temos que creditar a indústria da mídia por isso. Mexe com a gente. Fofoca e roupa suja. Notícias trevosas que deprimem e horrorizam. Por outro lado, as notícias do gospel são exemplares. Podem dar coragem. Você pode pautar sua vida de acordo com elas, ou pelo menos tentar. E você pode fazer isso com honra e princípios. Há teorias da verdade no gospel, mas isso é desimportante para a maioria das pessoas. Suas vidas são vividas muito rapidamente. Muitas influências ruins. Sexo e política e assassinato são o jeito, se você quer atrair a atenção das pessoas. Mexem com a gente, esse é o nosso problema.

— Hummm. Quer dizer que o velho judeu continua chegado aos evangélicos?

— Não é isso, aqui ele não tá falando de religião, tá falando das repercussões políticas e sociais da música popular, e de como os jornalistas não conseguem compreender isso, logo os jornalistas culturais, que adoram pagar o mico de cobrir cultura com o mesmo rigor com que se cobre a política profissional. Certo deve estar o Jon Stewart, que botou a culpa de nossa distopia atual na CNN e em outros canais de notícias 24 horas.

— O que foi mesmo que ele disse, filha?

— Peraí, vou traduzir simultâneo, cadê?, guardei aqui nas notas: *Canais de notícias 24 horas foram criados para uma coisa: o 11 de Setembro. Há muito poucos eventos que justifiquem cobertura 24 horas por dia, sete dias por semana. Então, na ausência de urgência, há que se criá-la. Você cria urgência através do conflito.*

— Ele diz isso porque não acompanha o noticiário político brasileiro...

A jovem abriu um sorriso largo de concordância com o tio adotivo, mas voltou a seu fluxo de pensamento:

— Olha, vocês sabem, jornalismo e política têm a mesma origem no paleolítico: a fofoca. E, se não dá para falar de jornalismo sem falar de política, também não dá para fazer jornalismo, nem viver, politizando todos os aspectos e as manifestações da vida.

— Bom, filha, mas aí você bem sabe que essa é uma obsessão de sua geração, de seus tempos.

— Sei, é verdade, mas então eu, repórter especializada em roça, sou uma estranha nesse ninho! Assim como vocês são exceções que confirmam a regra: dois jornalistas que não são de esquerda? Que espanto!

— Mas também não sou de direita!

— Nem eu!

A chegada da moça tinha despertado os dois velhos amigos. Ela pegou o livro da Comissão Hutchins, abriu ao léu.

— Nunca tinha ouvido falar desse livro, nem ninguém que eu conheça na redação ou tenha conhecido na faculdade, aluno ou professor. Quando dei com ele aqui em casa, devorei, e de vez em quando volto a consultá-lo. Na primeira vez que li, soava datado. Nos últimos anos, só vem se tornando mais e mais oportuno. Coisas que eu ouvia, e dizia, em mesas de bar, depois de fechamentos noturnos, como se fossem grandes sacadas, iluminações, já aparecem aqui, escritas 75 anos atrás. Como, por exemplo, nosso desencanto com a... deixa eu achar um adjetivo... pretensa, suposta, autoimposta, almejada, declarada...

Os dois veteranos ouvintes completaram, ao mesmo tempo:

— ...objetividade!

— Sim! O conceito não é neutralidade, isenção, nem mesmo equilíbrio, isso tudo vem depois da ideia de objetividade. Antes de tudo, primeiro, e lá já se vão cem anos, veio a célebre investigação de, peraí, tenho isso gravado aqui... a investigação de... Charles Merz, do *New York World*, e Walter Lippmann, da *New*

Republic, tá aqui! Eles pesquisaram e fizeram uma lista dos inúmeros desacertos da cobertura que o *New York Times* fez da Revolução Russa. Olha aqui, na maravilhosa citação que Michael Luo fez na *New Yorker*: *No geral, as notícias sobre a Rússia foram um caso de ver não o que havia, mas o que se desejava ver. Seres humanos são testemunhas falíveis, perdem facilmente o rastro, são facilmente traídos por preconceitos pessoais, profundamente influenciados por seu ambiente social.*

Da tela, o velho professor deu um sorriso malicioso, entre o orgulho indisfarçável e o pudor afetado:

— Mais uma chegada a citações... Isso ela puxou de você e, se me permite, de mim também...

Fez-se um breve silêncio terno, quente. Pássaros começavam a cantar lá fora, na madrugada ainda escura. A menina estava embalada.

— Lippmann então propôs um jornalismo praticado dentro de rigorosos métodos científicos: *Os melhores repórteres não são sujeitos manhosos em busca do "furo", mas pacientes e destemidos homens de ciência que trabalham para ver o mundo como ele realmente é.*

O pai pegou o exemplar do relatório Hutchins, para lembrar:

— E, menos de trinta anos depois, a Comissão Hutchins avançou nessa ideia, propôs sua superação, ou aperfeiçoamento. Procura por aqui, na página 22...

— Sim, aqui, nas recomendações para separar fato de opinião: *Não há fato sem contexto, nem relato factual que passe incólume pelas opiniões do repórter. A descrição de um fato isolado, por mais precisa, pode ser enganadora e, com efeito, falsa.* Olha como já se falava de um Estados Unidos fraturado. Diante do que chama de "complexidade das sociedades modernas", a comissão sugere: *Não é mais suficiente reportar **o fato** fielmente. Agora é necessário reportar **a verdade sobre o fato**.*

Da tela, veio a voz já rouquenha e meio arrastada:

— Ora, com um pouco de malícia, pode-se dizer que isso avaliza as pretensões da nova turminha das redações, de cobrir os fatos a partir de uma "clareza moral"...

A moça não deu bola para a ironia, mero humor defensivo, como é do feitio da ironia...

— Com um pouco de malícia, mas nem tanto... Escuta o Prêmio Pulitzer Wesley Lowery, jornalista mais ou menos da minha idade, que, diferentemente da comissão de quase oitenta anos atrás, exclusivamente masculina e branca, é negro, e hoje trabalha na CBS, depois de sair do *Washington Post*:

O que é considerado verdade objetiva é decidido quase exclusivamente por repórteres brancos e seus chefes brancos. E essas verdades seletivas são calibradas para não ofender as sensibilidades de leitores brancos. Durante anos estive no coro de jornalistas da mídia convencional, que vêm apelando para que nossa indústria abandone a aparência de objetividade como meta de padrão jornalístico, e para que, em vez disso, repórteres foquem em ser justos e dizer a verdade, tão bem quanto puderem, baseados em contexto e fatos disponíveis. O "jornalismo objetivo" neutro é construído sobre uma pirâmide de decisões subjetivas: que matérias cobrir, que intensidade dar a essas coberturas, que fontes buscar e incluir, que nacos de informação destacar e o que desprezar. Nenhum processo jornalístico é objetivo. E nenhum jornalista individualmente é objetivo, porque nenhum ser humano é. A objetividade neutra insiste em eufemismos esfarrapados como "tiroteio com policiais envolvidos". Clareza moral e uma aderência fiel à gramática e sintaxe exigiriam que usássemos palavras que mais precisamente significassem o que estamos tentando comunicar: "A polícia atirou em alguém."

O mais velho estava bem informado sobre o debate nas redações americanas:

— Mas ele só foi chamado para escrever esse artigo de opinião no *New York Times* depois de ter botado a boca no mundo do Twitter. Olha a dialética aí...

— No Twitter, naturalmente, ele foi mais incisivo, mandou brasa: *Essa visão onisciente, obcecada com "objetividade", do jornalismo americano de "dois lados", é um experimento fracassado. Precisamos redefinir as normas de nossa profissão. Precisamos reconstruir nossa indústria como uma que opera de um lugar de clareza moral.*

— E foi aí, nessa expressão "clareza moral", que ele ficou vulnerável. Tom Rosenstiel, um dos mais respeitados críticos da mídia americana, jornalistão, brancão, cabeção do Instituto Americano da Imprensa, escreveu em apoio a Lowery, mas não deixou de alertar: *Se jornalistas, no lugar de uma compreensão fracassada de objetividade, buscarem refúgio na subjetividade, e pensarem que suas opiniões têm mais integridade que a genuína investigação, o jornalismo estará perdido.* Pois... não é mesmo? Se fica demonstrado que "objetividade jornalística" é algo subjetivo, nem é preciso demonstração para ver quanto é ainda mais subjetiva a ideia de "clareza moral".

O sol já ameaçava nascer, uma claridade trêmula invadiu a sala e ofuscou a imagem do mais velho na tela. Ele estava um pouco bêbado, mas sem sono nenhum, sobre suas olheiras um brilho de menino entre as pálpebras avermelhadas. O pai da jovem repórter também calara, de um cansaço feliz.

Foi a deixa para ela pôr para tocar "Tempo do mar", do sublime disco de Tom Jobim *Matita Perê*:

— Escuta Tom...

— Uma beleza de música para fazer o dia nascer...

— Pai, outro dia achei num de seus baús uma entrevista do Tom, de 1968. Fiquei chapada, parece que ele tá falando de hoje, escuta só:

Li no jornal que tudo que tem mais de cinco minutos de existência deve ser destruído. Quer dizer, toda obra que exige muito tempo, como um romance, por exemplo. Você vê, nós pensamos hoje em termos de leitura dinâmica, de informação, de passar a vista em quatro ou cinco jornais, três revistas, e se libertar daquilo o mais rapidamente possível e, ao mesmo tempo, estar informado para estar por dentro, não é? Eu não creio que essas coisas levem à criatividade. O indivíduo que sofre de superinformação, de superalimentação, de supertrabalho, superócio, ele está sempre dirigido, entende? O ser humano está cada vez mais cerceado na sua liberdade individual, por qualquer radicalismo e por qualquer centrismo. De uma maneira geral, o que eu estou observando no mundo é que o indivíduo está cada vez mais pressionado, seja por uma ideologia, seja por uma indústria, o fato é que as liberdades individuais estão desaparecendo. Inclusive a liberdade de você ficar quieto, nem essa existe mais. Nem o direito ao silêncio você tem.

O crescendo da música trouxe ritmo à jovem, não parava de falar. Sua torrente de pensamento parecia um epílogo não só daquela noite, mas de uma era. Seu humor era duro, mas não amargo.

— Não se trata apenas de o jornalismo buscar obedecer às regras "moralmente claras" do politicamente correto. Depois que as receitas publicitárias despencaram, fugindo para googles, faces e youtubes, os jornais se tornaram mais dependentes dos assinantes. E os leitores adoram opinião. Talvez por isso seja cada vez mais difícil separar fato de opinião.

Ela buscou mais termos do relatório de 1947 para falar da crise do jornalismo na sociedade contemporânea. Reconheceu que a credibilidade em baixa foi reabilitada em parte pela pandemia, mas que as divisões políticas só se aprofundaram.

— E, mais assustador que tudo, hoje há desacordo a respeito dos fatos mais básicos da vida. No mundo virtual, e fora dele, imperam meias verdades, mentiras inteiras e propaganda. Nosso sistema de notícias se queda assoreado.

Las cosas se quedan peludas foi o sussurro que se pôde ouvir pelo computador, antes do som de mais uma golada de uísque. Ou já seria água, àquela altura da matina? A voz feminina se elevou:

— O que eu sei é que até se pode fazer jornalismo sem jornais, mas não sem jornalistas. E o que eles não sabem é que nós, jornalistas, somos tão confiáveis quanto bancários, esses heróis do capitalismo. Passam por nossos dedos a seiva da convivência, um valor sem preço estampado em papel. Nos retratos mais ou menos instantâneos que produzimos a nação se reconhece, ou se estranha.

Prosa da cria, o pai quase que jogralizou:

— Culpam o espelho, castigam o mensageiro. Mas não vivem sem esse reflexo. A nós, cabe insistir nessa vã antropologia, pilotos e tripulantes de um farol biruta que ora ilumina, ora deixa no escuro o que ontem esteve sob seu holofote. Entre o desejo de democracia e o ofício pautado pela sofocracia, os jornalistas são platônicos, perseguem as sombras, crendo que atrás delas estão guardados os ideais que buscam.

— Humildade — soou a voz do mais velho, agora firme e clara.

Começaram a apagar as luzes, recolher copos e garrafas, juntar pilhas de papel e livros. A jovem falou baixo e devagar:

— Sim, é isso, meu velho. Humildade. Quanto mais um repórter sabe sobre um assunto, mais ele sabe como é fugidia a verdade.

O saber é humilde, como é o amor. Uma notícia breve. À qual devemos a vida. Os três disseram-se boa-noite. Digo, bom-dia.

Diversidade na pauta e nas redações

Helena Celestino

Helena Celestino é jornalista, colaboradora da revista de cultura do *Valor Econômico* e prepara o livro *Envelhecer não é para fracos*, sobre o envelhecimento de feministas da geração 68. Helena foi editora executiva de *O Globo* por treze anos, manteve de Londres uma coluna sobre assuntos internacionais no jornal, foi correspondente em Paris e Nova York, participou de inúmeras coberturas internacionais. Com mestrado em antropologia, etnologia e ciências da religião na Universidade Paris VII, é formada em comunicação pela UFRJ.

Tribuna da Imprensa, 21 de dezembro de 1981

Senhor Redator, eu tive o desprazer de ler uma reportagem neste jornal sobre um grupo de mulheres que quer combater a violência que elas dizem sofrer. O nome desse grupo é SOS Mulher e fala em agressões que as mulheres vêm sofrendo há muito tempo, desde agressões físicas até discriminação no trabalho. Minha verdadeira impressão é que as mulheres que compõem esse grupo não têm o que fazer em casa. Nem mesmo sexo, pois devem ser solteironas (ou desquitadas), classe média, extravasando esse complexo através do que dizem ser "uma luta" contra a violência. Só porque uma ou outra mulher andou levando uns tapas de seus maridos, possivelmente com razão, elas se acham no direito de reclamar e pichar muros pela cidade (vi na foto da reportagem).

ESSA CARTA, DE UM LEITOR INDIGNADO, é lida no último capítulo do podcast "Praia dos Ossos", sucesso da Rádio Novelo garantido por 1,2 milhão de downloads a cada episódio. Em oito capítulos, a produtora carioca reconta o assassinato da bela, sedutora e rica Ângela Diniz, morta com quatro tiros disparados contra ela no penúltimo dia de 1976 por Raul Fernando do Amaral Street, o namorado playboy de Ângela, conhecido na sociedade carioca como Doca Street. O crime aconteceu horas depois de uma discussão entre eles, numa casa à beira-mar em Búzios, balneário do Rio de Janeiro. Ao narrarem essa história, a tradutora e jornalista Branca Vianna e a pesquisadora Flora

Thomson-DeVeaux fazem uma maravilhosa reconstituição do machismo da elite da época e de seu estranho hábito de andar armada. Mostram como esse assassinato e seu julgamento marcaram uma virada no tratamento dado às mulheres pelos meios de comunicação brasileiros, pressionados por um movimento feminista fortalecido ao expor a "justiça patriarcal". Os jornais ainda chamavam os feminicídios de "crimes passionais", e a genialidade do advogado Evandro Lins e Silva transformou um assassino confesso num legítimo defensor da sua honra, afrontada pela vítima.

"Raul Street confessa crime em Juízo e sai aplaudido na saída", manchetou o *Jornal do Brasil* em 9 de fevereiro de 1977. Como o *JB*, a imprensa foi receptiva à narrativa sobre Doca e Ângela construída pela defesa do assassino. A vítima seria uma mulher fatal que enlouquecera aquele pobre homem, enredado na teia tecida por ela. Já Doca seria um ser passional, o herói trágico que destrói sua vida ao destruir a de Ângela. "Essa tese foi 'comprada' pela mídia profundamente machista daqueles anos. Dá para ver o Judiciário operando a imprensa", comenta Branca. Ao fim do julgamento, em outubro de 1979, Ângela Diniz estava condenada, o machismo, absolvido, e Doca Street tinha virado um herói romântico, livre para escolher uma vida nova.

Só que o clima mudou. Foram dois anos entre a primeira e a segunda vez de Doca nos tribunais mas, nesse meio-tempo, a História acelerou. "Parecia outro país", diz no podcast um advogado que participou dos dois julgamentos do assassino de Ângela Diniz. A ditadura militar caminhava para o fim, a Lei de Anistia fora assinada naquele 1979, os exilados políticos voltavam e, entre eles, as brasileiras que viveram o feminismo em Paris. Até então dispersas, elas se uniram e, em um abaixo-assinado publicado no mesmo *JB*, declararam que o julgamento de Doca expressava a maneira pela qual a sociedade no Brasil resolvia as relações de poder entre os sexos: "O sexo masculino, aqui representado pelo senhor Raul Fernando do Amaral Street, pode impunemente punir uma mulher que não corresponde a seu papel tradicional."

Na volta de Doca ao tribunal, em novembro de 1981, as feministas em vigília o esperavam, com cartazes e faixas: "Sem punição, mais mulheres morrerão"; "O silêncio é cúmplice da violência". Outros grupos saíram às ruas em protestos e cobriram com grafites os muros de Rio de Janeiro, Recife, Belo Horizonte, São Paulo. "Quem ama não mata", as mulheres gritavam e grafitavam as cidades. Doca Street foi condenado a quinze anos de prisão e saiu do Fórum vaiado pelo povo que antes o aplaudira. Foi nesse contexto que o leitor, revoltado, escreveu a carta para a *Tribuna da Imprensa*. "Aqui em casa não tem nada disso, e minha patroa está mesmo preocupada é em cuidar das crianças e da casa, dentro de princípios cristãos, respeitando a propriedade alheia e as vontades do seu marido", acrescentou.

Aquela velha palavra de ordem das redações, de que o leitor tem sempre razão, não encontrou o menor eco dessa vez. O movimento feminista saiu vitorioso e a imprensa acompanhou o espírito do tempo. "A cobertura do segundo julgamento foi menos espetaculosa do que a do primeiro, era muito mais equilibrada", avalia a pesquisadora Flora. Foi um momento simbólico. Nunca mais as mídias publicaram que uma vítima de feminicídio merece morrer porque é uma "vadia" nem ousaram chamá-la de "prostituta escarlate". Era a nova mulher entrando na pauta da mídia, em consonância com os novos valores e os ventos de liberdade soprando pelo mundo.

Mais de quarenta anos depois, o lado arcaico do Brasil de 1976 ainda perdura e, pior, fortaleceu-se após 2018-2019. A guinada ultraconservadora do governo Jair Bolsonaro provocou recuos nas políticas públicas, ameaçando direitos já conquistados por mulheres, negros, pela comunidade LGBTQIA+, por indígenas e ambientalistas. Eleito em outubro de 2018, com forte discurso em defesa da família tradicional e com apoio dos evangélicos, o presidente fez das questões de direitos humanos, de gênero, sexo, raça e meio ambiente os alvos maiores de uma guerra cultural, replicando o manual dos regimes populistas de extrema direita.

A agenda extremista e o ambiente hostil às liberdades individuais impostos ao país tiveram efeitos inesperados no jornalismo.

Atacadas e acusadas de todos os males pelos bolsonaristas, a mídia tradicional e as startups de jornalismo adotaram uma posição de resistência aos retrocessos e negacionismos saídos do Executivo. Pela primeira vez, a velha e a nova mídia aproximaram-se com a adoção de pautas similares: ambas reagiram ao autoritarismo e assumiram a diversidade como causa e valor civilizatório — com exceção, claro, das atreladas ao governo.

Mais dúbia tem sido a posição dos grupos de comunicação tradicionais ao tratarem da inclusão, como cidadãos, dos moradores de áreas periféricas, constantemente na mira da violência policial, das milícias e dos grupos armados. Deveria ser uma obviedade a mídia se posicionar contra o racismo, o extermínio dos povos indígenas, a violência que mata pobres nas periferias. Ou defender os direitos humanos, as liberdades individuais, a igualdade de direitos, independentemente de gênero, classe social e raça. Só que não. É em torno da criminalização dessa agenda civilizatória que o governo Bolsonaro energiza seus apoiadores e as bancadas "da bala", "da Bíblia" e "do boi" no Parlamento.

Também são esses os temas que vêm redesenhando a geografia da alma brasileira, revelando-a menos parecida com o modo como gostávamos de nos ver: menos generosa e mais intolerante, menos afetiva e mais violenta do que os estereótipos que nos mostravam como povo alegre, sem preconceitos e aberto ao mundo. É esse também o foco dos movimentos sociais e da maioria das startups de jornalismo, muitas delas fundadas por profissionais saídos da grande mídia por discordarem do espaço e do tratamento dado até há pouco a essas pautas.

Nos Estados Unidos da era Trump, a mídia também ficou menos neutra ao cobrir a gestão do então presidente, modelo inspirador de Bolsonaro. Diante das absurdas distorções da realidade do agora ex-inquilino da Casa Branca, o *New York Times* recorreu a denúncias constantes contra ele e à checagem de fatos a cada tuíte ou discurso do então chefe do Executivo. Aposentou, assim, a velha norma de ouvir o outro lado sempre que alguém é acusado — e Donald Trump sempre estava acusando ou culpando alguém ou algum país por problemas causados por ele próprio ou por suas políticas. "Trump fez a imprensa ser grande de novo, em parte por sua obsessão com ela", disse Ben Smith, colunista de mídia do *New York Times*.[1]

O *Washington Post* contou diariamente as mentiras de Trump: 22 mil até agosto de 2020, mês da nomeação dele pelo Partido Republicano para disputar a reeleição à Presidência naquele ano. Sob pressão de uma nova geração de jornalistas, a mídia passou a chamar mentira de mentira e racismo de racismo ao reportar os discursos e tuítes de Trump. Esse *modus vivendi* estabelecido entre os jornalistas e o presidente radicalizou-se quando, logo após as eleições, as televisões cortaram a palavra do candidato republicano por ele denunciar, sem prova alguma, fraude na votação. E virou guerra aberta a partir da convocação de Trump a seus aliados para uma invasão armada do Capitólio, sede do Parlamento. Pediu que "lutassem como loucos por seus direitos", isto é, que impedissem a confirmação dos democratas Joe Biden e Kamala Harris como presidente e vice dos Estados Unidos na cerimônia no Congresso do dia 6 de janeiro de 2021.

Na confusão, morreram cinco pessoas e Trump tornou-se o primeiro presidente americano a sofrer dois processos de impeachment. A maioria dos jornais, das televisões e dos sites considerou o tumulto um ato de terrorismo doméstico, incitado pelo ainda presidente e por seus delírios com roubo de votos republicanos. "Trump é culpado pelo ataque ao Parlamento", acusou o *New York Times* em editorial no dia seguinte. "Um presidente fora da lei, imoral e aterrorizador tem de deixar o cargo imediatamente", sentenciou o colunista Bret Stephens. Apesar de terrível, a ação armada no Parlamento era uma consequência previsível das teorias conspiratórias da extrema direita e do próprio Trump veiculadas pela internet e pela mídia aliada durante anos.

A radicalização política, incentivada no Brasil por Bolsonaro e nos Estados Unidos por Trump, aumentou a procura por jornalismo confiável e alavancou o crescimento das mídias aqui e lá. Desde a eleição de 2016, da qual Trump saiu vitorioso, os grandes grupos de comunicação americanos viram aumentar exponencialmente as assinaturas digitais e/ou audiências: a Fox News, quase um braço de propaganda da gestão Trump, manteve sua liderança e elevou o faturamento do grupo em 18% só no último trimestre de 2020. Na CNN e na MSNBC, foram as inúmeras horas devotadas a críticas a Trump que levaram os dois canais de assinatura a bater recorde histórico de audiência no período, o melhor resultado, respectivamente, em quarenta e 24 anos. "Era a terapia noturna dos progressistas", disse-me, em entrevista, Todd Gitlin, professor da Escola de Jornalismo da Universidade Columbia.

O *New York Times*, também extremamente crítico ao populismo de direita do governo, dobrou o lucro e as assinaturas digitais, pela primeira vez em maior número do que as da versão em papel do jornal. Nos Estados Unidos, esse fenômeno foi batizado de "Trump Bump" e, mesmo sem esse nome, repetiu-se aqui.

No ano em que mais interagimos com o mundo através das telas, os sentimentos fortes despertados pela polarização política e pela pandemia de covid-19 nos levaram à busca incessante por informação. Isso fez de 2020 um ano de revitalização do jornalismo e das mídias no Brasil, tanto as tradicionais quanto as startups. Prova são os recordes de audiência e o aumento do número de assinantes. A GloboNews exibiu o melhor desempenho dos seus 25 anos de existência, com 30 milhões de espectadores ligados no canal por assinatura, segundo informações do Grupo Globo. A audiência do *Em Pauta*, programa de análise de notícias do canal, aumentou 43% e o *Jornal Nacional*, da TV Globo, foi visto por 44,2 milhões de pessoas, o maior público diário em catorze anos. O G1, site de notícias do grupo, também apresentou recorde durante a cobertura das eleições municipais, em novembro: foram 93 milhões de visitas. O mesmo aconteceu com os três maiores jornais, que registraram avanços nas assinaturas digitais: crescimento de 31% em *O Globo*; 20% na *Folha de S.Paulo*; e 13% em *O Estado de S. Paulo*, segundo o Instituto Verificador de Comunicação (IVC).

Num outro distante ponto do planeta mídia, o The Intercept Brasil — site fundado pelo jornalista americano Glenn Greenwald e focado em pautas investigativas — teve um pico de assinaturas no dia da posse de Bolsonaro, em 1º de janeiro de 2019. E ainda um segundo *boom* em junho, com a publicação das matérias da Vaza-Jato, série de reportagens com base no vazamento da troca de mensagens, no aplicativo Telegram, entre o então juiz Sergio Moro, à frente da Operação Lava-Jato, o promotor Deltan Dallagnol e outros participantes da força-tarefa de Curitiba.

O apoio ao Intercept foi também uma reação às ameaças do presidente Jair Bolsonaro de mandar Glenn para a cadeia. Nessa mesma época, o jornalista foi recebido como herói na Festa Literária Internacional de Paraty (Flip), no litoral sul fluminense: enquanto uma multidão aplaudia suas primeiras palavras, bolsonaristas, ao som do Hino Nacional e de fogos ensurdecedores, o impediam de discursar. Inicialmente financiado pelo criador do eBay, Pierre Omidyar, o Intercept foi o site com a maior arrecadação mensal no período: 270 mil reais. O Colabora, dedicado à defesa do meio ambiente, viu aumentar seus leitores em 10% em 2019 e 39% em 2020, impulsionado sobretudo pela cobertura da pandemia.

As críticas contundentes e a desconfiança dos movimentos sociais em relação à grande mídia não foram esquecidas, continuam vivas e afiadas. "Ao longo do século XX, ao narrar a história dos meninos negros, a imprensa povoou o imaginário das classes médias com pivetes e menores abandonados; jornais e TVs fundiram essa imagem com arrastões e levaram a classe média a pedir mais punição", resumiu Matheus Gato de Jesus, sociólogo e professor da Universidade Estadual de Campinas (Unicamp), citado em artigo da jornalista Flavia Lima publicado na revista *piauí*.[2] As festas e os bailes funk da periferia, os "pancadões", foram criminalizados até muito recentemente, e só nos últimos anos essas manifestações criadas nos territórios — palavra usada pelos movimentos sociais para se referir às favelas — passaram a ser "tendência" e "o novo" nas coberturas culturais da mídia. "Uma coisa é certa: teremos a periferia ditando a moda cultural do momento", concluiu a *Folha* em sua retrospectiva da década 2010-2020.

A adoção de um discurso antirracista e de defesa da igualdade de gênero pelos meios de comunicação tradicionais levou a uma espécie de trégua tênue com as organizações sociais. Mas um certo resgate da credibilidade da imprensa se deveu principalmente à cobertura da pandemia: pesquisa do Instituto Datafolha realizada em março de 2020 indicou que a maioria dos entrevistados considera a mídia de legado, isto é, a grande mídia, a mais confiável para se informar sobre o novo coronavírus. Esse foi um momento em que o jornalismo cumpriu bem seu papel, ao organizar um *pool* para levantar os números de infectados e de mortos pela covid-19 em todo o Brasil — realidade que o governo tentou esconder. Também foi vigilante contra as *fake news* em torno do assunto, defendeu e acompanhou a vacinação e publicou, ou levou ao ar, entrevistas contínuas com cientistas, num esforço para esclarecer os perigos do vírus e combater os negacionismos de Bolsonaro.

O jornalismo vinha de um momento muito difícil. A mídia foi surpreendida pelos protestos populares de 2013 — chamados de "marcha da insanidade" pelo *Globo* — e falhou nessa cobertura. Tratou os manifestantes de vândalos, minimizou a dimensão política daquelas jornadas de junho e demorou a entender os seus desdobramentos. Emendou com a defesa unânime do impeachment da presidente Dilma Rousseff e a reprodução sem críticas ou checagens dos vazamentos da Lava-Jato, operação cuja imparcialidade está sob suspeita. Vida que segue, mas esse passado não passou: deixou marcas e abalou a credibilidade das empresas tradicionais de mídia entre os leitores, especialmente os progressistas, que cobram uma reflexão sobre esse passado recente.

Se antes as críticas partiam da sociedade, agora o governo também aponta sua artilharia contra a mídia. A extrema direita vê o jornalismo dominado pela esquerda e, portanto, como uma ameaça a ser combatida. Vagamente inspirado na teoria do filósofo Antonio Gramsci — de que o Estado e as classes dominantes mantêm seu poder por meio de uma cultura hegemônica que transforma em senso comum seus interesses —, o ideólogo e ex-astrólogo Olavo de Carvalho fez da deslegitimização do jornalismo um dos alvos principais do bolsonarismo. "Eleger o presidente da República antes de dominar uma parte da mídia é loucura, está se entregando o presidente aos lobos", disse Olavo em "Retrato narrado", podcast sobre a trajetória de Bolsonaro assinado por Carol Pires na Rádio Novelo.

Os lobos somos nós, os jornalistas, e nossas críticas às ameaças constantes de Bolsonaro à democracia e à vida dos brasileiros. Se esse posicionamento levou à recuperação de parte da credibilidade dos grupos de comunicação tradicionais, também aprofundou os conflitos entre o presidente e os jornalistas, sempre amplificados pelos apoiadores dele nas redes sociais. Para Olavo de Carvalho, a esquerda — e, portanto, a mídia — deixou de ser antiamericana, como nos anos 1970, para virar "gaysista, abortista, feminista e defender a negritude". Ou seja, para os bolsonaristas, é toda a agenda ligada a direitos humanos que deve ser apagada na vida real e atacada na mídia.

Os tempos são de turbulência e, esperemos, de transformação. O processo para aumentar a diversidade nas pautas e nas redações começou sob pressão dos movimentos sociais e das redes. O debate público polarizou-se, mas, em compensação, os meios de comunicação de massa cresceram em progressão geométrica, e um vozerio agora domina a esfera pública. Os jornais, as televisões e os rádios dos grandes grupos que pautavam o mundo perderam a proeminência na formação da opinião pública na era da internet. Acabou o tempo em que éramos nós, os jornalistas, produtores, editores — majoritariamente brancos e saídos das melhores universidades —, que decidíamos com base em nossas vivências e nossos valores os conteúdos a publicar ou a transmitir. Claro que existiam limites e injunções — palavra mágica para se referir a proibições — criadas pela linha editorial das empresas de comunicação e repassadas por osmose aos recém-chegados.

Com a revolução digital, a esfera pública ampliou-se, como é indispensável a qualquer sociedade democrática e multicultural. Incluiu mulheres, negras e brancas, negros, pardos, gays, trans, populações das periferias, indígenas até então silenciados. Finalmente, eles estão em todos os lugares: nas múltiplas plataformas de mídia independente, nos jornais comunitários, nos canais de YouTube, nas redes e, mais recentemente, em podcasts de rádios digitais. Combatem criticamente as várias formas de opressão, de maneira independente e apartidária. São autônomos, mas reconhecidos pelos movimentos sociais; ganharam espaço na sociedade; influenciam a grande mídia com suas pautas, sua estética e ética, seu formato e seus discursos alternativos. Provaram que não é mais possível ficar surdo às suas vozes.

A internet trouxe com ela, como sabemos, as *fake news* e as campanhas de ódio, muitas ligadas ao governo Bolsonaro ou a partidos que o apoiam: como desvendar essa teia não é o objetivo aqui, vamos deixar os sites e as plataformas da extrema direita fora desta conversa.

A primavera feminista

Há momentos em que cinco anos parecem cinco décadas. Às vésperas das eleições presidenciais de 2018, as mulheres foram para as ruas gritar "Ele não", num protesto gigante contra o candidato Jair Bolsonaro. Eram milhares delas em todo o país; jovens e não tão jovens; pretas, brancas; muitas levando carrinhos de bebê; casais gays e héteros; grupos com bandeiras; gente sozinha. Foi talvez um dos últimos atos da primavera feminista, herdeira das jornadas de junho de 2013 que voltou a tomar as ruas dois anos depois. Em marchas e campanhas nas redes, as mulheres saíam em protestos e gritavam juntas contra as ameaças do projeto de Eduardo Cunha, então presidente da Câmara dos Deputados e depois presidiário. "Tira o seu rosário do meu ovário", repetiam, repudiando a manobra de Cunha — um evangélico — para dificultar o acesso das vítimas de estupro ao aborto legal. O "não passarão" das mulheres foi a fagulha da explosão de muitos feminismos:[3] negro, trans, branco, evangélico, indígena, LGBTQIA+ e outros.

Fortalecidas, as mulheres tomaram também as redes, numa poderosa campanha com narrativas sobre o "primeiro assédio": pelo Facebook, muito antes do movimento Me Too, milhares delas romperam o silêncio, relataram dolorosas histórias de abusos sexuais e fizeram a vergonha mudar de lado. A essa campanha seguiu-se a do "meu amigo secreto", um bem-humorado inventário de frases e atitudes machistas consagradas como naturais pela sociedade, tipo "mulher desacompanhada não pode ir beber no bar" ou "meu amigo secreto acha que em briga de marido e mulher não se mete a colher".

Enquanto isso, nos jornais e nas revistas viam-se os homens de sempre, eventualmente falando sobre como era importante o que as mulheres estavam berrando nas ruas. Mas "era abrir os jornais, olhar e dizer: a gente não está aqui", lembra Antonia Pellegrino, roteirista e escritora, uma voz de destaque naquela primavera. Antonia foi uma das que arquitetaram a ação de guerrilha contra o domínio masculino nesses quadrados. Em outubro de 2015, para marcar a ausência das mulheres nas seções de opinião, elas ocuparam durante uma semana as colunas dos jornais, os espaços dos "machos brancos", no jargão da militância.

A ofensiva começou com cumplicidade do humorista Gregório Duvivier: ele não mandou sua crônica semanal para a *Folha de S.Paulo* e, no seu quadrado, saiu um texto de Mano Miklos, feminista e especialista em relações internacionais. No dia seguinte, foi a socióloga Julita Lemgruber quem ocupou a coluna do deputado Marcelo Freixo, também na *Folha*; Antonia assumiu o lugar do então deputado Jean Wyllys na *CartaCapital*, e assim continuou. Um a um, os colunistas foram convencidos a abrir mão de seus lugares para as vozes femininas ecoarem em centenas de jornais, revistas, blogs, perfis de Facebook, sem respeitar editorias ou poderes estabelecidos. Era um susto para os leitores ver, por exemplo, o texto de Merval Pereira — vizinho aqui neste livro — substituído pelo da imortal Ana Maria Machado no *Globo*.

Deu certo. Com narrativas contra o assédio, contra o silenciamento, e em defesa dos direitos reprodutivos, elas exigiram ser ouvidas e provaram que lugar de mulher é onde ela quiser. Pressionadas, as mídias tradicionais abriram espaços para as mulheres, como titulares, em colunas e blogs. Na época, elas trabalhavam em grande número nas redações e já ocupavam cargos de editoras, mas ainda eram poucas a expressar opinião.

Em 2020 a mudança já estava consolidada, a paridade não: na *Folha*, as mulheres correspondiam a 32% dos 167 colunistas; e eram 29 entre os 60 blogueiros. No *Estadão*, 13 mulheres e 30 homens estavam listados; no *Globo*, elas eram 18 dos 57 colunistas. Também ocupavam em menor número os cargos de poder no *Extra*, na *Época* e no *Globo*: 12 contra 17. Não por coincidência, os principais executivos nessas redações eram, majoritariamente, homens, brancos e héteros.

Marielle vira símbolo

Na sequência desses intermináveis anos em que o país tremeu com as jornadas de 2013, o impeachment/golpe contra a presidente Dilma em 2016, o crescimento da extrema direita, a primavera feminista e a polarização política, foi um choque para a opinião pública o assassinato da vereadora carioca Marielle Franco, em março de 2018. Mulher, negra, lésbica, nascida na favela da Maré, mãe sozinha de Luyara, ex-camelô e dançarina de funk na produtora carioca Furacão 2000, Marielle formou-se socióloga, destacou-se como ativista e, eleita com uma montanha de votos, lutou no seu curto tempo de mandato contra todos os preconceitos que bem conhecera, combateu a violência da polícia e a extorsão dos milicianos nas favelas. Como sabemos, ela e o motorista Anderson Gomes foram mortos a tiros num atentado na região central do Rio de Janeiro. Uma multidão foi para as ruas em protestos comovidos, com centenas de pessoas chorando ou se abraçando em silêncio.

No dia da morte de Marielle e nas semanas que se seguiram, as homenagens e os protestos correram o país e o mundo. A Organização das Nações Unidas, o Parlamento da União Europeia, a mídia brasileira, os principais jornais da Europa e dos Estados Unidos, todos se mostraram escandalizados com o assassinato da vereadora e do motorista. A TV Globo, com seu Globocop, filmou do alto a multidão na Cinelândia — tradicional espaço de protesto popular no Centro do Rio —, e no seu bar mais famoso, o Amarelinho, centenas de pessoas se aglomeravam e aplaudiam a cada aparição da vereadora na tela da televisão. A mídia tradicional, as emissoras de TV, startups e redes repetiram por mais de mil dias a pergunta: "Quem mandou matar Marielle?"

"Foi um crime político, um recado à esquerda. E foi também uma vingança", concluíram Chico Otavio e Vera Araújo, repórteres do *Globo* encarregados de cobrir as investigações policiais em torno do crime e autores do livro *Mataram Marielle*.[4]

As milícias do ódio

Aí começou o *backlash*, palavra usada pelo movimento feminista para se referir aos retrocessos após um período de avanços na luta das mulheres. Antes mesmo de Bolsonaro tomar posse, as milícias digitais de sua campanha eleitoral já insultavam e ameaçavam as feministas nas redes, manipulando as fotos do protesto "Ele Não" e botando meninas de seios nus com a intenção de ligar o ato político à promiscuidade. Para o presidente e seus partidários, a mídia virou inimiga, exceção feita às emissoras consideradas aliadas, como Record e SBT. As críticas foram etiquetadas de *fake news* e entendidas como perseguição. "Eles se voltaram contra eixos há muito estabelecidos no debate público. Com isso geraram a impressão de os jornalistas estarem contra eles. Aproveitaram para divulgar esta mensagem e energizar as bases políticas", opina o colunista do *Estadão* João Gabriel de Lima.

No trabalho cotidiano dos jornalistas, os ataques homofóbicos e as piadas machistas viraram rotina, especialmente naquele cercadinho diante do Palácio da Alvorada, onde, até maio de 2020, os repórteres foram obrigados a ouvir ofensas de apoiadores do presidente e do próprio Bolsonaro. "Você tem uma terrível cara de homossexual", disse o chefe do Executivo a um jornalista, quando não gostou de uma pergunta. "Estou com vontade de te dar um tapa na cara", ameaçou a outro.

O plantão no cercadinho foi cancelado por falta de segurança para os jornalistas, mas as milícias digitais, incentivadas pelo Gabinete do Ódio,[5] mantiveram os constantes linchamentos nas redes. As colunistas Debora Diniz, do *El País*, e Ilona Szabó, da *Folha*, foram obrigadas a sair do Brasil por conta de ameaças da milícia bolsonarista contra elas e suas famílias. O motivo da ira era a publicação de textos críticos aos retrocessos na política de gênero e de segurança do governo.

A deslegitimização da imprensa e o comportamento ultrajante em relação aos repórteres foram copiados também pelos indicados para comandar órgãos do governo e pelos "ideólogos". A jornalista Letícia Duarte, por exemplo, foi chamada de "vagabunda, mentirosa, sacana, mal-intencionada, puta e analfabeta funcional" pelo "guru" do bolsonarismo, Olavo de Carvalho, ao entrevistá-lo para uma reportagem sobre democracias desfeitas, publicada na revista americana *The Atlantic*. No podcast "Retrato narrado", Letícia conta que os palavrões e xingamentos foram feitos diante de uma câmera e tendo como plateia toda a família dele, comendo sanduíches enquanto presenciava o show. O repetitivo espetáculo de grosserias nas entrevistas dadas por Olavo costuma ser divulgado por ele nas redes, mas dessa vez não se tornou público, talvez porque Letícia tenha reagido com calma e firmeza.

A escalada de agressões a jornalistas continuou. Foram 428 casos em 2020, o dobro do ano anterior, segundo a Federação Nacional dos Jornalistas (Fenaj). Já a Associação Brasileira de Jornalismo Investigativo (Abraji) registrou 24 violações à liberdade de imprensa só entre março e abril daquele ano. Em outubro, numa audiência da Comissão Interamericana de Direitos Humanos, convocada para apurar ataques à imprensa no Brasil, o editor-chefe da agência de notícias Alma Preta, Pedro Borges, denunciou que foi chamado de "racialista", "vitimista", "segregacionista", "antibranco" e "defensor de bandidos" por Sérgio Camargo, presidente da

Fundação Cultural Palmares, órgão público teoricamente com a missão de promover e valorizar a cultura negra.

A hipótese da professora Ivana Bentes, pesquisadora do programa de pós-graduação em comunicação da Universidade Federal do Rio de Janeiro (UFRJ), é que sob o governo Bolsonaro o país passou a viver um rebote em torno da emergência da pauta da diversidade, fortíssima no Brasil. "Foi a produção cultural das periferias e as pautas de gênero e raça que marcaram a eleição de 2018. A massificação da discussão de gênero pela direita começa com a subida de Bolsonaro ao palanque nacional e a invenção da mamadeira de piroca", diz.

A professora se refere às mentiras e distorções divulgadas por Bolsonaro e pela extrema direita sobre um material didático produzido por organizações LGBTQIA+ em parceria com o Fundo Nacional de Desenvolvimento da Educação, para orientar professores em aulas de educação sexual para alunos a partir de 11 anos. A "mamadeira de piroca" virou apelido para esse material e uma das *fake news* prediletas de Bolsonaro e seus apoiadores. Nos palanques, o então candidato acusava o MEC de distribuir nas escolas textos com incentivo à pedofilia, ao incesto e ao "sexo brutal". E encerrava as mentiras em série com uma pergunta absurda aos eleitores: "Você quer que seu filho tenha aulas de homossexualismo aos 5 anos?" Esse discurso foi reafirmado por Bolsonaro em agosto de 2018, em horário nobre, no *Jornal Nacional*, na série de entrevistas feitas pelos âncoras do programa com os candidatos a presidente.

A revolução no planeta mídia

Como sabemos, a revolução digital mudou o ecossistema do jornalismo. A passagem das grandes marcas da mídia do papel para o digital teve início entre 1995 e 1996, mas até em torno dos anos 2000 só eram consideradas empresas jornalísticas no Sudeste os grupos Globo, Folha, Estadão, Abril, RBS e suas submarcas. Todas as startups que começavam a surgir eram tachadas de "ativismo político". Mas a cena midiática mudou rapidamente, obrigando jornais e revistas a entrar numa briga pela sobrevivência: em quinze anos a circulação dos cotidianos entre a população brasileira caiu de 53%, em 2000, para 17%, em 2015. A mídia tradicional perdeu o monopólio da distribuição dos anúncios e da atenção do leitor e, devido a isso, a própria paisagem das cidades mudou, com o sumiço das bancas de jornal ou sua transformação em pontos de venda de bolsas, mochilas e cartões de loteria.

As novas tecnologias forjaram um novo hábito de ler notícias, gatilho ameaçador para a versão digital da velha imprensa: é por links compartilhados nas redes sociais, por mecanismos de busca ou agregadores que 53% da população do país com acesso à internet lê notícias, segundo o Digital News Report de 2018, citado em *Uma história da primeira página*, livro da jornalista Adriana Barsotti, professora da Universidade Federal Fluminense (UFF).[6]

"Nas redes sociais, jornais e usuários compartilham o mesmo espaço, com mais ou menos destaque nas *timelines*. Nesse mar de hashtags, o indivíduo, mesmo que não perceba, é emissor de informação e é um concorrente, por exemplo, da *Folha*, porque ele também está disputando audiência, credibilidade, opinião. Este é um dos maiores desafios do jornalismo", aprofundou a discussão Bruno Torturra, um dos criadores do Mídia Ninja,[7] no "Café da manhã", podcast diário da *Folha*.

Tudo isso inviabilizou o antigo modelo de negócios, centrado na publicidade, e impactou a identidade da imprensa tradicional. No pós-internet, as assinaturas passaram a ser vitais para a sobrevivência da velha mídia, mas só os maiores jornais de língua inglesa vêm se recuperando da crise, e o motivo é simples: eles têm o mundo inteiro como público-alvo. O *New York Times*, por exemplo, no fim de 2020, tinha 7,5 milhões de assinantes e a receita do digital já era maior do que a da versão impressa — no total o grupo faturou US$ 1,195 bilhão só com assinaturas. Enquanto a maioria das mídias do planeta demitia para cortar custos, o *Washington Post* anunciava a contratação de 150 jornalistas com o objetivo de montar uma equipe de mil profissionais, número recorde na história do jornal.

A mesma tecnologia que levou parte da mídia tradicional às cordas democratizou o jornalismo, deu oportunidade a todos de criar a própria marca e serem produtores de conteúdo, mexida importante num país como o Brasil, em que os meios de comunicação de massa são propriedade de poucos grupos privados. No primeiro momento, a reação das grandes empresas diante da explosão das startups digitais foi desmerecer os recém-chegados ao mercado. O discurso era arrogante e pretensioso. "Todos fazem conteúdo, mas quem faz jornalismo sou eu. Tenho princípios, técnicas e métodos", relembra João Gabriel, do *Estadão*, ironizando a visão dos conglomerados de mídia.

Essa postura já mudou, porém não acabou. A mídia tradicional classificava todos os outros veículos como "não confiáveis". Só que não. São muitas as diferenças entre os dois ecossistemas, mas a confiabilidade não está entre elas: as startups fazem o que chamam de "jornalismo com causa", com matérias apuradas segundo os princípios clássicos das redações. O conceito de notícia da mídia tradicional e da digital não é o mesmo; a intenção dos produtores de conteúdo é contar histórias sobre pessoas sub-representadas nos meios de comunicação tradicionais — sejam elas os povos indígenas da Amazônia, como faz a Amazônia Real; os moradores das favelas, foco do *Voz das Comunidades*, do Nós Por Nós e do Papo Reto; sejam as jovens mulheres, como na Hysteria, uma plataforma feminista criada só por mulheres, com vídeos, textos e podcasts, ligada à produtora Conspiração Filmes. Nem todos nas equipes têm formação de jornalistas nem reivindicam isso. É o caso, por exemplo, da maioria dos que trabalham nas plataformas comunitárias. "A autoridade deles vem do fato de serem vozes que vivem a realidade que pretendem retratar", destaca em sua tese de doutorado Claudia Sarmento, professora do London King's College.[8]

Outras dessas plataformas foram criadas por jornalistas experientes e com longas passagens pelos grupos de comunicação tradicionais. Por não se sentirem identificados nem representados nos trabalhos anteriores, saíram e construíram a própria marca. É o caso da também autora deste livro Cristina Tardáguila, criadora da primeira agência de checagem de notícias no Brasil, a Lupa. Ou do Alma Preta e do Marco Zero, que produzem material com rígidos padrões jornalísticos — de transparência, checagem das informações e ouvindo os citados em denúncias. O mesmo acontece com o Projeto Colabora, voltado para as questões ambientais, e o Jota, com foco no Judiciário.

Todos querem contribuir para acabar com os estereótipos veiculados ao longo de anos pela mídia *mainstream* — aquela que é dominante — e discutir com mais profundidade políticas públicas. Não têm a menor intenção de ocupar o espaço dos veículos tradicionais, mas gostariam de ter reconhecido o valor do jornalismo produzido por eles. "Jornalismo 'profissional' é o muro que o *mainstream* constrói para justificar o 'confiem em mim e em mais ninguém'. O que tem sido bem-sucedido são as parcerias coletivas", diz Nina Weingrill, criadora da Énois, escola de jornalismo para jovens da periferia, e de uma agência para fazer a ponte entre os formandos e as redações.

Essas startups também se diferenciam da grande mídia porque, profissionais ou amadoras, defendem causas, são comprometidas desde sempre com a diversidade e com a defesa dos vulneráveis, muito mais do que com lucro e poder. Ou seja, têm lado, e suas bandeiras estão explicitadas no "quem somos" — o espaço em que expõem valores e propósitos da plataforma —, nas pautas e nas colunas. Mas não estão ligadas a partidos nem aceitam financiamento de órgãos públicos — algumas não aceitam nem publicidade. "Não gosto da expressão 'mídia profissional' nem da expressão 'mídia independente'. Somos todos profissionais e tudo é mídia. Mas os propósitos são diferentes", diz Agostinho Vieira, fundador do Colabora, cuja linha editorial está em sintonia com os dezessete objetivos da agenda 2030 da Organização das Nações Unidas para o desenvolvimento sustentável, um texto aprovado por 195 países, inclusive o Brasil. Entre os objetivos desse programa estão a redução da pobreza e da desigualdade e a universalização do saneamento básico.

A grande mídia advoga imparcialidade e objetividade como cláusulas pétreas. Também diz defender bandeiras só em editoriais, mas isso é uma utopia. O novo mundo é complexo demais para ser resumido a dois lados ouvidos pelos jornalistas ao publicarem algo desabonador para alguém ou para alguma instituição. O objetivo é demonstrar imparcialidade, mas dar voz ao acusado já se tornou um ritual quase burocrático, na maioria das vezes resume-se a uma frase no fim da matéria.

A imprensa diariamente escolhe o que publica e o muito do que não publica. Na edição, seleciona os destaques em títulos, as chamadas da *home* ou da primeira página, impõe uma hierarquização das matérias. E as reportagens também dão destaque ao que os repórteres consideram mais relevante. Ou seja, todos mostram ao leitor a importância dada aos assuntos e, ao fazê-lo, expressam uma visão sobre o país, o mundo, a cultura, a economia. A tal imparcialidade é, cada vez mais, alvo de críticas ácidas pelas startups, pela nova geração de jornalistas e por alguns acadêmicos.

"Ninguém acredita nisso", corta a professora Ivana Bentes.

Em artigo recente no *New York Times*, o premiado jornalista Wesley Lowery diz que os fatos e a verdade geralmente considerados objetivos são centrados na perspectiva dominante de homens brancos, heterossexuais. Numa sociedade polarizada como a atual, isso pode levar a uma visão parcial dos acontecimentos e expor os repórteres a acusações de parcialidade. Já a revista semanal britânica *The Economist*, uma das mais conceituadas no mundo, divide os meios de comunicação entre partidários ou apartidários, ligados a partidos ou independentes. Os apartidários também têm "lado", e o maior exemplo é a própria revista, que declara seu voto em quase todas as eleições ao redor do mundo mas não é fiel a nenhum partido. No Brasil, por exemplo, já foi Lula (PT) e José Serra (PSDB). Uma semana antes da eleição americana de 2020, a manchete de capa da *Economist* era "Por que tem de ser Joe Biden", com a bandeira americana esfarrapada no teto da Casa Branca. Os partidários seriam os ligados a partidos ou governos.

É o caso da Fox News. Talvez pela primeira vez na história

recente, um CEO da grande mídia admitiu que não é imparcial. Lachlan Murdoch, presidente da empresa, afirmou, numa conferência de mídia do banco Morgan Stanley, que o grupo estava focado na extrema direita e faria uma oposição honesta a Joe Biden. "Setenta e cinco milhões votaram por um presidente republicano, apesar de sua personalidade. Eles têm um forte sentimento por essas políticas. Nós os representamos", disse o CEO da Fox News, cujo slogan até 2017 era "justo e equilibrado".

No Brasil, os jornais não declaram voto em candidatos; pela lei eleitoral são obrigados a dar espaços iguais a todos eles, e as linhas editoriais não incluem defesa oficial de uma candidatura. Mas os leitores estão convencidos de que os meios de comunicação entram em campanha por seus políticos preferidos e ficam furiosos quando acham a escolha errada, diferente da deles. Eu, pessoalmente, tenho mais simpatia pelo modelo europeu e americano, no qual a mídia declara voto, pois a transparência reforça a credibilidade.

A imprensa tradicional considera-se defensora de algo entre a social-democracia e a centro-direita, dizem editores. São pela austeridade fiscal e pela democracia. Mais recentemente, muitos já incluíram a diversidade em seus valores editoriais. "Somos conservadores na economia e progressistas nos costumes", resumiu um editor.

Há mudanças a caminho? Esperemos. Há pouco, o Nexo tentou se filiar à Associação Nacional de Jornais (ANJ) e foi recusado sob o argumento de que não publicava nada. Para quem não conhece, o Nexo é um jornal digital, lançado em novembro de 2015, com a meta de "levar contextos às matérias e ampliar o acesso a dados e estatísticas". A resposta ao conservadorismo da ANJ foi a melhor possível: a criação da Rede Brasileira da Mídia Digital, uma associação de 38 empresas, sob a coordenação de Rosental Calmon Alves, professor brasileiro há duas décadas na Universidade do Texas.

Em mensagem enviada aos participantes da associação, Rosental contou que via nessas startups "o lado bom do jornalismo quando pensava lá atrás, nos anos 90, ao falar na democratização, no acesso, na produção e na distribuição de notícias". Com o mesmo enfoque, o Google definiu como prioritária a aproximação do gigante da tecnologia com as mídias digitais por ver nelas o futuro do jornalismo. Não por acaso financia a formação dessa associação das startups no Brasil. Uma das primeiras ações da nova rede foi votar um protocolo para combater o assédio nas redações.

As mídias independentes vêm influenciando a pauta dos grupos de comunicação tradicionais, ajudando a expandir os discursos, a visão da periferia, a visão feminista, a visão dos afrodescendentes, dos povos indígenas e de determinadas regiões do país, sempre fora do noticiário. "Isso vai mudando o jornalismo, eles fazem um trabalho de alta qualidade técnica, atingem pessoas que a grande mídia já não atinge", diz Paula Cesarino, ex-editora de Diversidade da *Folha*. Não é que esses temas não estejam em jornais e televisões: estão, mas seguem o ritmo das *breaking news* — quando a Amazônia queima, todos se voltam para a floresta, logo depois o ciclo da notícia vai tratar do próximo escândalo.

2020, o ano da virada

E os escândalos são muitos no Brasil. Alguns dos mais recentes mostraram como os meios de comunicação tradicionais e as startups tiveram visões convergentes sobre o caso do jogador Robinho. Contratado pelo Santos, ele foi obrigado a sair do clube sob pressão, primeiro dos comentaristas de televisão, quando o canal Sport TV revelou detalhes do processo contra ele por violência sexual na Itália. Mais para a frente, os patrocinadores também reclamaram e ficou impossível manter o atacante no time. A boa novidade é que jornais, TVs, startups, blogs recusaram-se, unanimemente, a tratá-lo como autor de um pequeno deslize numa noite de farra. Já condenado em um primeiro julgamento, Robinho foi visto como criminoso pela opinião pública por fazer parte do estupro coletivo de uma menina embriagada e fora do ar. "A culpa é das feministas", disse, recorrendo a um velhíssimo estereótipo, o de que feminismo é igual a "mulheres histéricas". Mas não angariou simpatias.

Em novembro de 2020, a absolvição do estuprador da promoter catarinense Mariana Ferrer, de 21 anos e virgem, virou um escândalo instantâneo. De novo, foi uma violência sexual contra uma menina inconsciente num fim de festa. Com um agravante: num vídeo, o advogado do agressor humilhava a vítima com frases como "graças a Deus eu não tenho uma filha como você" e "peço a Deus que meu filho não encontre uma mulher que nem você". A indignação levou a história para a capa da revista *Veja*, interrompeu o noticiário sobre a eleição americana nos jornais da televisão do dia 4 de novembro e esteve nas colunas de toda a mídia. Rodrigo Constantino, comentarista da Jovem Pan, foi demitido da rádio e de seus outros três empregos após comentários machistas culpando a vítima. Protestos aconteceram nas ruas de onze cidades.

Não dá para conciliar com a violência contra mulheres e crianças. No Brasil, a cada dez minutos uma mulher é violentada, sendo 57,9% delas meninas com menos de 13 anos. Janeiro de 2021 foi o mês com o maior número de estupros em sete anos em São Paulo: 1.095 casos, registrados pela Secretaria de Segurança Pública. O país é o quinto do mundo em número de feminicídios e, de janeiro a março de 2020, 648 mulheres foram assassinadas por maridos, namorados ou ex-companheiros.[9] Só no Rio de Janeiro, 77 perderam a vida e 271 foram vítimas de tentativa de feminicídio entre janeiro e dezembro, nas mãos de homens enlouquecidos de raiva ou ciúme. Apesar disso, a ministra da Mulher, da Família e dos Direitos Humanos, Damares Alves, gastou apenas 8% do orçamento de sua pasta para combater essa epidemia de violência e a cultura do estupro. E só 7,5% das cidades brasileiras têm delegacias de mulheres, denunciou a filósofa Djamila Ribeiro, uma das principais vozes do feminismo negro, em coluna na *Folha*. "Onde estão as políticas públicas? Quais as responsabilidades das esferas federal, estadual e municipal nessa realidade de morticínio e violação sistemática das mulheres?", cobrou.

A dedicação maior da ministra Damares tem sido para cercear o direito ao aborto legal. Em diretriz, Damares estabeleceu o direito à vida desde a concepção poucos dias antes de o Brasil assinar um acordo com trinta países, entre os mais conservadores do mundo, reafirmando de novo a defesa da família tradicional — formada por homem e mulher — e negando mais uma vez o direito ao aborto. Provocou uma onda de cartas de leitores indignados. "Triste retrocesso, políticas públicas devem ser baseadas em evidências, não em ideologias", escreveu Rafael de Oliveira, em 27 de outubro de 2020, na *Folha*. E Ranilson da Silva emendou, referindo-se aos evangélicos bolsonaristas: "O Brasil com tantos problemas e o presidente apenas ocupado com o seu rebanho." "Voltamos à Inquisição?", perguntou o dominicano Frei Betto, também na *Folha*, em artigo sobre a decisão de um tribunal de exigir a retirada da palavra "católicas" do nome de uma ONG tradicionalíssima chamada Católicas pelo Direito de Decidir.

Enquanto isso, 44 anos depois do crime da Praia dos Ossos, o *Estado de Minas* manchetava numa edição de domingo de setembro de 2020: "Ainda é preciso repetir: quem ama não mata". O fantasma da "legítima defesa da honra" voltou a assombrar: a 1ª Turma do Supremo Tribunal Federal (STF) mantivera a absolvição de um homem que confessou ter tentado matar a mulher a facadas em maio de 2016 por ciúme. "Vários outros júris aceitaram a tese recentemente", garante Branca Vianna, que pesquisou em profundidade esse assunto para o podcast sobre o assassinato de Ângela Diniz.

Foram as últimas sentenças a usar esse recurso. Antes tarde do que mais tarde ainda, sob forte pressão nacional e internacional, o Supremo, por unanimidade, proibiu, no dia 12 de março de 2021, a alegação de legítima defesa da honra para absolver culpados em casos de feminicídios. O relator, ministro Dias Toffoli, considerou a tese um "estratagema cruel, subversivo da dignidade da pessoa humana e dos direitos à igualdade e à vida, perpetuando a violência doméstica e o feminicídio no país". É um marco civilizatório do direito brasileiro, estabelecido sem fanfarras ou manchetes na mídia, só noticiado pelo G1.

O pior é que os assassinatos de mulheres, sabemos, não vão acabar. A mídia, a velha e a nova, tem feito seu papel de fiscalizar e denunciar as violências contra a mulher: editoriais chamam a atenção para o machismo persistente, feministas são convidadas a dar opinião, escrevem artigos, as startups compartilham as matérias umas das outras sobre o assunto, a opinião pública pressiona, as mulheres vão para a rua, lutam. Só que as políticas públicas de proteção a elas foram abandonadas por conta de interesses eleitoreiros e crenças religiosas, traindo o princípio constitucional do Estado laico. A mais longa epidemia no país chama-se feminicídio.

"Cabeças coroadas caem"

Os feminismos entraram definitivamente na pauta e não saem mais: multiplicaram-se e foram encampados como causa democrática. Uma multidão de mulheres negras e pardas abriu a boca — elas são 28% da população —, organizou-se em coletivos e exigiu seu lugar. "O feminismo tem de enegrecer e acho que isso está acontecendo, as negras estão no centro do feminismo e da produção do pensamento, reestruturando a teoria social, repensando as relações sociais e as estruturas de poder", diz Maria Betânia Ávila, socióloga, fundadora do SOS Corpo — Instituto Feminista para a Democracia, em Recife.

A pauta preta avançou muito em 2020. A escritora Djamila Ribeiro já tinha lançado o seu best-seller *Pequeno manual antirracista* (Prêmio Jabuti de Ciências Humanas) e, de sua curadoria na coleção Femininos Plurais, despontaram para o debate público intelectuais pretos como o filósofo Silvio Almeida e o professor Thiago Amparo. Aumentou também o espaço de opinião para mulheres negras na mídia, como Flávia Oliveira — colunista do *Globo* e comentarista da GloboNews — e a psicóloga Cida Bento, colunista da *Folha*.

Quando surfávamos nessa onda no Brasil, o joelho de um policial branco esmagando o pescoço negro de George Floyd conflagrou as ruas americanas. As imagens brutais do racismo e da violência policial fizeram várias vezes a volta ao mundo, convulsionaram as redes sociais e obrigaram as grandes empresas jornalísticas a reagir rapidamente. Aconteceu nos Estados Unidos, epicentro da crise, e repetiu-se com mais moderação pelas redações brasileiras. Os protestos ritmaram mudanças no comando do jornalismo, a reafirmação da diversidade como valor editorial, a contratação de jornalistas negros e a escalação de novos colunistas, comentaristas e âncoras em bancadas de televisão, nas páginas dos jornais e nas telas de startups de jornalismo.

Floyd morreu em 25 de maio de 2020 e os meses seguintes não mudaram o mundo, mas chacoalharam corações e mentes de repórteres, editores e leitores. "Estamos cansados", manchetou acima da foto de um negro de punho levantado o jornal *Cincinnati Enquirer*, no dia 30 de maio. Títulos em letras garrafais, a favor ou contra os protestos, estampavam primeiras páginas dos jornais impressos e *homes* de jornais digitais. "Queimando de raiva", resumiu o *Chicago Sun-Times*. Sim, os prédios queimavam, a raiva dos manifestantes explodia e jornalistas expressavam a frustração com o olhar da "branquitude" sobre o conteúdo produzido por eles.

Cabeças coroadas rolaram. Sob pressão da equipe do *New York Times* — 1.600 jornalistas a produzir o melhor cotidiano do mundo —, a editora de Opinião pediu demissão, após a publicação de artigo do senador republicano Tom Cotton clamando pelo envio de tropas do Exército às ruas para reprimir os protestos ("Send in the troops"). No texto, ele colava nos manifestantes etiquetas de "arruaceiros", "vândalos" e "amotinados". "Jamais imaginei que o *NYT* publicaria artigo em defesa da violência do Estado", escreveu uma repórter no Twitter, uma entre muitos e muitas a violar a proibição de jornalistas expressarem opinião nas redes sociais. Em abaixo-assinado, repórteres advertiram que o jornal botara em risco a vida dos negros nos protestos, incluindo os de sua própria equipe. Em uma hora, 230 assinaturas foram canceladas e, no dia 4 de junho, o *NYT* reconheceu que o "artigo não era compatível com os padrões do jornal".

A polêmica continuou: onde foi parar a tão reafirmada necessidade de pluralidade de opiniões, indispensável a um jornal democrático? Este não era o caso, o antirracismo é uma pauta civilizatória, e sensibilidade era indispensável: com as ruas conflagradas, foi um erro reforçar a violenta repressão no lugar de reconhecer o racismo estrutural no país e demonstrar solidariedade aos manifestantes.

Conflito parecido aconteceu na redação do *Philadelphia Inquirer* depois da manchete "Prédios importam também" — numa paródia de péssimo gosto do "Vidas negras importam", palavra de ordem do movimento em defesa dos negros. Indignados, os jornalistas pretos avisaram que não voltariam a trabalhar até um pedido de desculpas ser formalizado. O jornal publicou nota reconhecendo o erro editorial e o principal executivo do Jornalismo pediu demissão.

Um quase motim irrompeu no *Los Angeles Times*, o quarto no ranking dos maiores jornais americanos. Recém-criado, o grupo de negros da redação lançou uma nota com acusações pesadas: "Estamos cansados de nossos textos e fotos serem torcidos para caberem numa narrativa que não corresponde à realidade, estamos cansados de ouvir que precisamos mostrar os dois lados de questões como o racismo, que não tem dois lados." O diretor de Jornalismo anunciou que se demitiria, sucumbindo às pressões da equipe, que apontava falhas na cobertura dos protestos e acusava-o de racismo por contratar 120 jornalistas, nenhum deles afro-americano. Por exigência do grupo de negros, o jornal publicou um editorial na edição do domingo 27 de setembro, sob o título "Nosso acerto de contas com o racismo", descrevendo sua história como profundamente enraizada na "supremacia branca".

No pedido de desculpas, o *Times* defendeu a tese de que, para chegar à igualdade racial, as redações precisavam reconhecer as injustiças cometidas no passado, na mesma linha do que fizeram, no pós-guerra, intelectuais e artistas alemães ao enfrentarem as atrocidades do nazismo e debaterem a culpa coletiva. O editorial veio acompanhado por uma carta do empresário sul-africano Patrick Soon-Shiong, o primeiro proprietário não branco do jornal.

Às quatro páginas do projeto especial daquele domingo seguiram-se, durante a semana, artigos de jornalistas negros contando como viviam a discriminação racial.

Talvez o mais surpreendente pedido de desculpas tenha vindo da editora-chefe da *Vogue*, Anna Wintour, há três décadas árbitra dos padrões de beleza e elegância para gerações de americanas brancas. No dia 4 de junho, em e-mail, ela reconheceu que não dera oportunidades de ascensão na carreira para editores, jornalistas, fotógrafos e outros criadores afro-americanos, assumindo também a culpa pelo erro de ter publicado matérias intolerantes e dolorosas.

Pouco depois, Anna Wintour, cuja personalidade difícil foi inspiração para o filme *O diabo veste Prada* — com Meryl Streep no seu papel —, voltou a receber uma saraivada de críticas pela capa da *Vogue* com Kamala Harris. A editora foi acusada de ter "embranquecido" a imagem da primeira vice-presidente negra dos Estados Unidos e o Twitter explodiu com posts considerando desrespeitosa a foto de Kamala de tênis, casual demais para marcar o momento histórico que foi a sua eleição nos Estados Unidos. Em entrevista ao *New York Times*, Anna Wintour rebateu as visões negativas sobre a edição de fevereiro de 2021, revelou seu encantamento pela nova vice e contou que participa de comitês de diversidade na empresa.

A valorização da beleza *black* confirmou-se como tendência. As negras estavam em 126 capas de revistas femininas nos Estados Unidos em 2020, mais do que nos últimos noventa anos, segundo pesquisa do Centro de Inovação de Revistas da escola de jornalismo da Universidade do Mississippi. Até a escritora e ativista mais famosa do mundo, a filósofa Angela Davis, estampou a capa da *Vanity Fair*, em agosto.

As mudanças vieram para ficar? Nos Estados Unidos, os sinais na política, na mídia e mesmo nas empresas indicam que sim. Norman Pearlstine, ex-diretor do *Los Angeles Times*, agora consultor do grupo, considera que as métricas do sucesso já são diferentes e questões como inclusão e antirracismo são tão importantes como ter boas credenciais jornalísticas para comandar redações. Segundo ele, a velha hierarquia — quem pode manda; quem não pode, obedece — é coisa do passado. Conseguir a aprovação da equipe é indispensável e isso deve ser levado muito a sério.

Nas eleições de 2020, os debates sobre os privilégios da branquitude foram centrais. Nos Estados Unidos, a expressão "supremacia branca", que no passado se referia à temível Ku Klux Klan e a seus simpatizantes, é usada agora por instituições como o Metropolitan Museum of Art em seu mea-culpa, por escritores como o americano Ta-Nehisi Coates para rever a herança da escravidão e por jornalistas para descrever o momento de turbulência. Todos consideram palavras como "preconceito" ou "discriminação" brandas demais para nomear a realidade selvagem da dominação branca. Só o *New York Times* usou "supremacia branca" setecentas vezes em 2020, contabilizou um artigo do próprio jornal sobre a "poderosa expressão que entrou na retórica nacional".

"Movimento negro tem a força"

Quando o Brasil voltou os olhos para as manifestações contra o assassinato de George Floyd, o menino João Pedro já tinha sido morto havia dez dias, dentro de casa, durante uma operação da polícia, em São Gonçalo (RJ). Testemunhamos diariamente violência contra negros e pobres, mas foi com a tragédia nos Estados Unidos que parte dos brasileiros comoveu-se. Ao olhar para suas equipes predominantemente brancas, a mídia aqui percebeu-se também semianestesiada diante das arbitrariedades das forças de segurança e, acusada de racista pelas redes, em hashtags e protestos, reagiu.

O dia 4 de junho foi marcante na GloboNews. Na véspera, o *Em Pauta* colocara em discussão o racismo, tema obrigatório diante das imagens de ruas pegando fogo nos Estados Unidos. Só que não havia nenhum negro entre os cinco debatedores da bancada. "Só brancos falando de racismo", lançou nas redes um jovem ativista, e o post viralizou. Flávia Oliveira conta os bastidores da frenética movimentação de editores e diretores para, 24 horas depois, botarem no ar o *Em Pauta Preto*, noite em que só negros teriam voz diante das câmeras. "Quando o post viralizou, começaram a me marcar no Facebook e a perguntar 'onde está você?'. Naquela quarta-feira, de manhã, postei no grupo de WhatsApp do programa vespertino em que fazia comentários, o *Estúdio i*: 'Gente, está uma comoção.' Entrei no ar analisando as manifestações americanas e pronto, vida que segue. Fim da tarde, o chefe de redação me perguntou se eu podia participar do *Em Pauta*. 'Sofremos críticas', ele disse, 'vamos responder com um *Em Pauta* especial. Queria que você participasse.' Minutos antes do início do programa avisaram que eu iria entrar para aquele time de comentaristas: 'Estou contando para você não ser surpreendida ao anunciarem ao vivo, tá?' Fui completamente surpreendida; até entrar no ar não entendi que era um programa para discutir o racismo planetário e não sabia daquele elenco todo preto. Tinha o Heraldo Pereira [âncora do *Jornal das 10*], a Maju Coutinho [âncora do *Jornal Hoje*], a Aline Midlej [âncora do *Jornal da Manhã*, em São Paulo], a Zileide Silva [repórter e agora comentarista do *Em Pauta*] e eu. Eram só negros discutindo racismo o programa todo. Foi avassalador", relembra Flávia.

A repercussão do programa surpreendeu. O celular de Flávia recebia mensagens incessantemente: eram fontes, gente branca, gente preta. No dia seguinte, Ali Kamel, diretor de Jornalismo da Globo, avisou-a de que o *Em Pauta Preto* seria reexibido no *Globo Repórter*. "Tem de ter a Glória Maria", Flávia disse. "Glória entrou e fez uma enorme introdução. Foi linda."

Na primeira semana de junho, o movimento negro repetiu a tática de guerrilha das feministas em 2015 e ocupou as contas de celebridades brancas no Instagram. Aqui e nos Estados Unidos. Djamila Ribeiro assumiu a conta de Paulo Gustavo e, por um mês, conversou sobre relações raciais, lugar de fala e racismo estrutural com os 13,8 milhões de seguidores do ator e humorista. Tatá Werneck, também humorista e apresentadora na TV Globo, aderiu ao movimento e cedeu sua conta a Linn da Quebrada, artista multimídia, cantora, atriz e compositora. "Nesse momento de mobilização é fundamental darmos passos adiante novos. Tô seguindo pessoas novas e vendo que preciso aprender muito para pôr em prática atitudes antirracistas", escreveu Tatá, à guisa de até breve.

O ator Bruno Gagliasso passou seus 200 mil seguidores para o seu médico dermatologista, preto e gay, falar de saúde, conceitos e preconceitos. A atriz Ingrid Guimarães entregou suas contas ao youtuber Spartacus, que, imediatamente, começou uma *live* sobre genocídio do povo negro. Nos Estados Unidos, em apoio ao Black Lives Matter, a megaestrela Lady Gaga deixou todas as suas contas serem ocupadas por ONGs que combatem o racismo; a cantora e atriz Selena Gomez, americana de origem mexicana, convidou líderes influentes negros para falar com seus 139 milhões de seguidores.

"Perdão é para se pedir"

No dia 7 de junho de 2020, na edição de domingo, *O Globo* fez uma surpreendente autocrítica. Depois de oito anos, o jornal formalmente reconheceu o erro da campanha mantida contra as cotas raciais até o STF julgá-las constitucionais e, em sentença, ressaltar que eram uma forma de ajudar a reduzir a desigualdade histórica.

Por muito tempo, o Grupo Globo combatera a reserva de vagas para negros, com o argumento de que seria a derrota da meritocracia e serviria de gatilho para tensões nas universidades. No lugar das cotas raciais, defendia as cotas sociais, como se o racismo não existisse. Perdeu. A ação afirmativa mudou a cor da universidade, criou uma juventude negra com autoestima e voz; a convivência no campus de negros e brancos levou à produção de um novo conhecimento e à mudança da pauta e das perspectivas das pesquisas.

Antes da morte de George Floyd, em uma das reuniões das segundas-feiras do conselho editorial, o Grupo Globo já fechara posição sobre a prioridade de contratar negros. A nova política foi simbolicamente oficializada em junho de 2020. Primeiro na TV, no *Em Pauta Preto*, e logo depois no especial *Preto no Branco*, em que nove jornalistas negros da redação do jornal davam depoimentos sobre como vivenciavam as várias formas de racismo. Na abertura do especial, editado, produzido, fotografado, escrito e ilustrado por pretos, o jornal pedia desculpas pela falta de diversidade de sua equipe. "O racismo estrutural está em todos os lugares no Brasil, inclusive na redação do *Globo*. Atualmente, o número de jornalistas negros não chega a 10% do total, muito distante da atual proporção de pretos e pardos no país." E anunciava que o fator representatividade fora incluído nos critérios de seleção de estagiários e *trainees*, "sem abrir mão dos melhores profissionais". Poucas semanas depois, em editorial, apoiava a ação afirmativa da rede de lojas Magalu de convocar somente negros como *trainee* e a considerava positiva para reduzir distorções históricas.

Repetindo o que acontecia nos Estados Unidos, as mulheres negras estavam em muitas das capas de revista aqui. Em julho, Djamila Ribeiro, linda com seu cabelão solto, estava no *Ela*, do jornal *O Globo*, e o título da publicação destacava o "poder da filósofa mais lida da quarentena", referindo-se ao *Pequeno manual antirracista* e a *Quem tem medo do feminismo negro?*, ambos havia meses na lista de best-sellers. Na edição de novembro, mês da Consciência Negra, as revistas *Marie Claire* e *Glamour* traziam mulheres pretas na capa falando sobre racismo, e a *Vogue Brasil* dedicava a sua primeira ao trans maranhense Pabllo Vittar. Todas reivindicam-se revistas da diversidade, e a etiqueta cai muito bem com a publicidade.

"Tentamos não confundir o conteúdo da revista *Ela* com o marketing da diversidade", diz a editora Marina Caruso. *Ela* se preocupa em fazer um *mix* nas capas e assuntos principais ao longo do mês, incluindo negras, brancas, mulheres de tamanhos e idades diferentes, héteros, gays e trans. "As inquietudes das mulheres sempre estarão nas nossas revistas e a diversidade é uma das questões contemporâneas. Mas tem de ser uma constante, não uma bandeira passageira", defende.

Nos Estados Unidos, havia um pacto silencioso entre os chefes brancos das redações e os jornalistas pretos das grandes empresas de comunicação, contou o atual colunista de mídia do *New York Times*, Ben Smith, ao Nieman Lab. Durante décadas ficou combinado que os negros eram superbem-vindos, mas raça e racismo não seriam temas prioritários de matérias nem assunto de reuniões com equipes. O silêncio forçado foi rompido e virou um insulto aos jornalistas afro-americanos.

Aqui o pacto era ignorar as diferenças de cor da pele e, junto, os privilégios dos brancos. O primeiro passo para o negacionismo é este: não ver as diferenças de cor e sua correlação com o espaço ocupado por pretos e brancos. Em *Escravidão*, o primeiro livro de uma trilogia de Laurentino Gomes sobre o tema, o autor mostra como o Brasil foi construído por negros, mas sempre sonhou ser um país branco e tratou os escravizados como exóticos e selvagens ou ingênuos e incapazes.

Pesquisa da Rede de Observatórios de Segurança[10] analisou a cobertura da imprensa sobre violência em cinco estados durante um ano (1º de junho de 2019 a 31 de maio de 2020). Percebeu que, dos 7.062 registros envolvendo policiamento, a expressão "negro" só aparecia uma vez; as palavras "racismo", "raça" e "racial" nunca foram citadas. Para a pesquisadora Bruna Sotero não é um acaso, a ausência desses substantivos exibe o racismo à brasileira, um racismo velado, que se reproduz por não aparecer.

"O racismo no Brasil muda muito devagar. Com quantas desculpas esfarrapadas manteremos o muro que nos apequena?", escreveu a jornalista Míriam Leitão em sua coluna do *Globo*.

A tragédia se repete

George Floyd já fizera a mídia brasileira dedicar mais espaço ao tema do racismo do que em décadas. Foi então que se repetiu a tragédia: a cena vivida pelo negro americano nas ruas de Minneapolis voltou a acontecer, agora com João Alberto Silveira Freitas, na garagem de um supermercado Carrefour gaúcho, na noite de 19 de novembro de 2020, véspera do Dia Nacional da Consciência Negra. Subjugado, o homem preto foi espancado por seguranças na cabeça e no rosto até morrer. O assassinato teve como testemunha a mulher dele, seguranças e vários funcionários do Carrefour, todos impedidos de socorrê-lo.

As imagens despertaram uma onda de indignação, com protestos nas ruas de seis capitais e uma cobertura estrondosa por semanas em toda a mídia nacional. Exemplos? Virou manchete na *Folha*, a única sobre violência contra negros em 2020. Nesse dia, o editorial e mais oito páginas trataram da morte brutal de João Alberto. *O Globo*, em editorial de página inteira, formato reservado para momentos especialíssimos, pediu que a tragédia tirasse o país da letargia para um exame de consciência a respeito do racismo.

Indiferente à emoção pública, o vice-presidente, Hamilton Mourão, declarou simplesmente: "Não existe racismo no Brasil." Mourão mentiu, escondeu a realidade com o velho chavão da democracia racial, que já não encobre o cotidiano de discriminação de pretos e pardos. Aqui existe, sim, racismo estrutural, e a cor da pele pode determinar se um inocente será ou não assassinado como potencial suspeito. Os que se identificam como pretos ou pardos formam 56% da população brasileira, mas são 79,2% das vítimas da violência policial e 66,7% dos presos na cadeia, estatísticas que revelam uma sociedade escandalosamente racista.[11]

"Dez anos em um"

"No ano em que o mundo parou, a pauta antirracista representou praticamente dez anos em um", escreveu a jornalista Luana Génot em sua coluna da revista *Ela*. Tudo ainda é pouco, mas há sinais de mudança. Em qualquer redação do país, a maioria é de brancos e o número de pretos conta-se nos dedos. A morte de João Alberto ampliou a movimentação nas mídias em busca de diversidade e mexeu profundamente com a pauta. Muito lentamente as telas e páginas começaram a refletir uma variedade de opiniões, vivências, olhares, culturas e origens.

"O preto só vai cobrir assunto de preto?", pergunta Flávia Oliveira, desde 2006 colunista do *Globo*, primeiro na seção Negócios

& Cia e, a partir de 2016, com espaço de opinião no jornal. Na GloboNews, foi transferida em 2020 do *Estúdio i* para o *Em Pauta*. Durante anos, como repórter da Economia do jornal, Flávia foi a única negra da redação, e ela fala desse tempo como de muita solidão. "O jornalismo saiu de um apagamento dos afrodescendentes para uma inclusão maior, [mas] ainda falta muito negro no espaço de opinião e isso limita a nossa liberdade, obriga a gente a falar só de racismo", critica.

Como jornalistas ainda somos muito pouco diversos, e isso transparece em vários espaços. Os seminários e debates promovidos pelos meios de comunicação são, agora, uma fonte importante de receita de jornais e costumam aparecer com destaque, em anúncio de página inteira com fotos dos participantes. A maioria dos convidados é de homens brancos. Entre eles, um convidado é negro e, em geral, seu tema é racismo, e uma mulher é chamada para falar de assistência social. Essa é a configuração básica, com variações dependendo do assunto em pauta. Nas plataformas digitais, mesmo sendo mais ágeis para mudar o *mix* racial, as fotos das equipes mostram um quadro pouco diferente do observado nas redações tradicionais. Claro que essa composição não acontece nos coletivos voltados para as questões da negritude.

Um deles é o portal Lójúkójú, palavra iorubá traduzível para o português como "cara a cara abertamente". O portal pesquisou, em dois dos melhores programas de entrevistas da televisão, se a diversidade tornara-se prática no jornalismo audiovisual. Ao analisar 563 edições do *Conversa com Bial* — da estreia na Globo, em 2 de maio de 2017, a 30 de junho de 2020 —, o portal constatou que só 18,67% dos entrevistados do programa eram negros, numa enorme desproporção em relação aos 80,12% dos brancos chamados para as entrevistas com o jornalista — também autor nesta coletânea. No programa, as mulheres ficaram em minoria: eram 30% dos 1.293 entrevistados. Em resposta ao colunista do UOL Mauricio Stycer, o primeiro a publicar esses números, a Globo reconheceu que há muito a fazer, mas informou que já triplicou a contratação de talentos negros nos últimos cinco anos. "É dessa maneira que buscamos enriquecer nossas obras, com olhares e contribuições variadas."

A mesma pesquisa foi feita no *Roda Viva*, programa exibido às segundas-feiras na TV Cultura e autodefinido como um "espaço plural de apresentação de ideias sobre temas de interesse da população". O Lójúkójú analisou 246 edições, entre janeiro de 2016 e junho de 2020: dos 205 convidados para ocupar o centro da roda, 189 eram brancos; 13, negros; 2, asiáticos; 1, indígena. Na bancada, 172 entrevistadores eram brancos e brancas; 12, negros e negras; 1, asiático; nenhum indígena. As mulheres também eram minoria: 21 entrevistadas contra 184 entrevistados; e, entre os 185 debatedores, 34 eram mulheres e 151 homens. Sob pressão das redes, Vera Magalhães, âncora do programa desde janeiro de 2020, respondeu às críticas aumentando o número de convidados negros no fim daquele ano.

No *Globo*, a primeira negra chegou ao cargo de editora executiva há três anos. É Flávia Barbosa, ex-correspondente em Washington e com uma longa carreira na sucursal de Brasília. Em 2020 — conta ela — o jornal recolheu opiniões entre repórteres, editores e todos os negros da redação para formar convicção e fazer um roteiro de mudanças. Flávia acha que o maior mal do jornalismo é confinar as abordagens de questões de gênero e raça à cobertura sobre a desigualdade. Uma das ideias é criar uma mentoria específica no jornal para formar lideranças negras, já que geralmente os pretos vêm de famílias com padrão de renda menor, com menos viagens internacionais e uma rede de contato mais limitada.

Foi em 2019 que começou a se popularizar no Brasil o cargo de editor de Diversidade, criado primeiro na *Folha*, em janeiro, depois no UOL, no fim do mesmo ano, e no ano seguinte na TV Globo, agregando ao comando da emissora uma diretoria com essa função e ligada à área de Recursos Humanos. Virou um imperativo em quase todas as redações direcionar suas políticas para agregar diversidade aos colunistas, às fontes de informação e aos critérios para novas contratações.

No UOL, a partir de 2015 a plataforma saiu à procura de jovens com perfis diferentes do padrão dos formandos nas escolas de jornalismo. A ideia era ter histórias contadas pelos *brothers* da periferia, onde eles estavam criando o novo na cultura, inventando tendências e comportamentos. "É uma primeira geração da periferia que está produzindo o novo", diz o editor Daniel Tozzi, sem vivência nos subúrbios cariocas, onde rola há mais de um século samba, jongo, capoeira e, mais recentemente, o funk e o rap. Aos poucos, Tozzi criou uma rede de colaboradores com histórias de vida diversas para escrever sobre qualquer assunto, não só sobre diversidade. O projeto seguiu e virou o selo Plural, publicado em parceria com várias ONGs — Alma Preta, Nós, Mulheres da Periferia. "Viramos uma gerência de diversidade. Ainda falta muito, mas a redação já tem colunistas negras falando de economia e trans escrevendo sobre tecnologia", conta Tozzi.

Marta Gleich, diretora de Jornalismo de Jornais e Rádio do Grupo RBS, reconheceu, em entrevista em outubro de 2020, que não sabe quantos são os negros na redação e sente-se desconfortável em fazer um censo com pergunta sobre a cor da pele. Mas aprovou, entusiasmada, a criação do grupo de mulheres, batizado de "Jura" em homenagem a uma antiga telefonista da empresa assassinada pelo marido. Os gays da redação criaram o Pride e os pretos reúnem-se no Afro. Cada um deles discute questões específicas à identidade do seu grupo e ao fecharem propostas as encaminham à direção.

Já a *Folha* percebeu que era hora de mudar quando uma pesquisa sobre o perfil do leitor, feita rotineiramente, acendeu a luz vermelha ao constatar a redução do número de mulheres lendo o jornal — elas, que já tinham sido maioria entre as leitoras secundárias, aquelas que pegam carona na assinatura do titular. Começou uma discussão interna para entender esse afastamento e trazê-las de volta. Paula Cesarino foi chamada para assumir o cargo de editora de Diversidade e, com a direção da *Folha*, estabeleceu como meta "abarcar a diversidade social do Brasil, ter um jornal representativo do ponto de vista de gênero, raça, religiões e regiões, incluindo aí as periferias e um Brasil maior do que só Sudeste".

É imperativo, mas ainda há um longo caminho a percorrer. Olhando agora, a sensação é de que as redações sempre foram povoadas por mulheres. Só que não. Foi há mais de cem anos que, pela primeira vez, uma moça trabalhou como jornalista no Brasil: a mineira Eugênia Moreira, mais tarde casada com o escritor Álvaro Moreira, teve a sua primeira reportagem publicada em 1911 na primeira página da *Última Hora*, jornal de Olegário Mariano e Líbero Badaró. Nos anos 20 do século passado, Eugênia também participou ativamente do movimento feminista e da campanha pelo voto das mulheres.[12]

O início da invasão feminina nas redações só foi acontecer na década de 1960 e apenas no meio dos anos 1990 tornou-se corriqueiro mulheres em cargos de poder. A primeira a virar chefe foi Ana Arruda, comandando a reportagem do *Diário Carioca*, jornal considerado o primeiro a trazer uma aragem de juventude e de mocidade até fechar, em 1964. Depois, Ana foi chefe de redação do *Sol*, um cotidiano alternativo de curta duração (de 1967 a 1968), mas marcante para toda uma geração: foi homenageado pelo compositor Caetano Veloso em "Alegria, alegria" e tema de documentário da cineasta Tetê Moraes.

No século XXI, ainda é o primeiro objetivo da editora de Diversidade da *Folha* tornar o jornal mais representativo da sociedade nos seus espaços de opinião, entre as fontes — aqueles que são entrevistados — e entre os personagens das fotos publicadas. Numa parceria da *Folha* com a startup Énois, uma pesquisa entre 17 e 30 de outubro de 2019 analisou as citações às 1.800 pessoas cujos nomes eram publicados nas edições. Os resultados só confirmaram o que todos imaginavam: supremacia de homens brancos em todas as frentes. Eles eram a maioria dos profissionais (63%) que assinavam as reportagens; 75% das fontes ouvidas; 74% dos fotografados; e 76% dos personagens das matérias. No quesito "raça", a desigualdade era maior do que o jornal supunha: os homens negros assinavam só 4% das matérias, fotos ou infográficos; eram 6,2% entre os entrevistados ou citados; e 18,1% dos retratados. Naquele período, eram raríssimas as assinaturas de colunistas, repórteres ou fotógrafas negras; o maior número delas se concentrava na editoria Cotidiano, na qual tinham 5% de participação.

Ou seja, em 2019, a *Folha* refletia a opinião, os olhares e as perspectivas de homens brancos, num país em que as mulheres representam pouco mais da metade da sociedade e em que negros, negras ou pardos são maioria. "Entre outubro de 2019 e 2020, as campanhas antirracistas levaram a mudanças", avalia a editora atual de Diversidade, Alessandra Moraes. As negras passaram a ser 11% dos 167 colunistas; e as mulheres brancas, 21%. Os colunistas negros estão em desvantagem: são apenas 8%.

Em agosto de 2020, o professor Silvio Almeida, da Fundação Getulio Vargas e da Universidade Mackenzie, e a socióloga Angela Alonso assumiram colunas quinzenais na editoria Poder, último bastião do monopólio macho e branco na *Folha*. Silvio sintetizou a dificuldade de todos os colunistas negros neste momento em que ainda são minoria da minoria. "O grande desafio de ter uma coluna é lidar com a complexidade do mundo e lembrar que o negro pode falar de diversos assuntos e não só da questão racial."

Ao pensar em diversidade, as empresas estão olhando também para os entrevistados, as pessoas chamadas a opinar e/ou informar sobre os mais variados assuntos — de energia nuclear a futebol, de moda a política ou taxa de juros. Homens brancos são a maioria dos entrevistados porque estão em cargos de poder ou porque são especialistas no tema em debate. Mas claro que há mulheres competentes em todas as áreas para opinar e tentar mudar essa falta de representatividade de mulheres e negros nas páginas e telas. *O Globo*, a *Folha* e o UOL lançaram catálogos com as coordenadas de mulheres e pretos que poderiam ser entrevistados sobre os mais variados temas.

No jornal carioca, o "Fale com Ela" veio junto com o "Celina", logotipo que circula pelas páginas quando a pauta é mulher — o produto editorial foi lançado no dia 8 de março de 2019. Seria um espaço para tratar também de histórias das mulheres negras. "Hoje estimula a venda de assinaturas", informa Flávia Barbosa. Na *Folha* e no UOL, o catálogo abrange as fontes fora do estereótipo "homem branco hétero" e, por motivos de privacidade, é de uso interno. Mas continua sendo um desafio a multiplicação de entrevistados pelas mídias: pressa e lei do menor esforço levam a uma interminável repetição dos especialistas ouvidos por repórteres, dificuldade mais bem resolvida nas startups, em que há preocupação de acabar com o silenciamento de mulheres, trans, negros e negras e buscar fontes de outras regiões do Brasil.

"No noticiário sobre as queimadas no Pantanal e na Amazônia não se ouvia um sotaque diferente, todos falavam como cariocas ou paulistas", critica a colunista Flávia Oliveira. Também em busca de diversidade de gênero, a BBC demonstrou que mudanças são possíveis até em um curto espaço de tempo. Desde abril de 2018 a televisão pública do Reino Unido implementa o projeto 50/50, cuja meta é chegar à paridade de gênero entre os criadores de conteúdo e na programação exibida. Depois de um ano, 74% das emissoras do grupo BBC ao redor do mundo tinham alcançado a meta e, nas outras 26%, a participação das mulheres estava acima de 40%. O processo foi simples: criou-se um software em que cada jornalista preenchia dados sobre quantas fontes tinha ouvido para as matérias e sobre o gênero dos entrevistados. Esses boletins eram compartilhados com todas as equipes, e, claro, isso foi uma forma de pressão que funcionou bem.

A pergunta que não quer calar: o combate ao racismo estrutural nas mídias é para valer? Pesquisa do Instituto Reuters revelou que diversidade racial é prioridade de quatro em cada dez redações. Foram entrevistados, entre setembro e outubro de 2020, jornalistas em posição de poder em 136 redações de 38 países, entre eles o Brasil. Quase a metade dessas redações tem políticas de inclusão, mas 36% não contam com orçamento para isso e 84% dos diretores acham que a diversidade existe mais entre jovens jornalistas e é rara nos postos de comando.

A tendência é irreversível e as empresas já perceberam isso. Pesquisa da *Harvard Business Review* aponta que os conflitos diminuem pela metade quando há diversidade no trabalho: nesse cenário, 17% dos funcionários se disseram mais motivados a assumir responsabilidades; e as companhias têm chances de ter lucro 35% acima da média no setor em que atuam. "Em matéria de representação, de vermos mais negros em campanhas publicitárias, temos crescido. Não é uma decisão do mercado, quando a sociedade e a mídia se manifestam, as marcas vão junto para não perder a conversa", disse Cida Bento à *Folha* em matéria sobre os privilégios da branquitude.

Sob pressão contínua dos movimentos sociais, a pauta da diversidade marcou o jornalismo brasileiro no difícil 2020, mais um ano que não acabou. Em fevereiro de 2021, no extenso material sobre os cem anos do jornal, a *Folha* anunciou um programa de treinamento para jornalistas negros, a inclusão da diversidade no seu manual de redação e novos colunistas pretos ou pardos. No mesmo mês, *O Globo* mexeu na sua grade de colunistas, aumentando o número de mulheres e negros. Todos os diretores de redação reconheceram que é necessário trabalhar sobre o abismo de raça e gênero nas corporações.

A revisão da História

Num debate na Abraji em setembro de 2020, a jornalista negra do *New York Times* Nikole Hannah-Jones não estava otimista. "Os editores de Diversidade não têm poder, não conseguem cumprir metas e são demitidos", declarou. Ela é uma das autoras e a idealizadora do monumental 1619 Project, uma série de reportagens que recontou a História americana colocando a herança da escravidão negra e a contribuição dos negros no centro dessa narrativa. O projeto foi publicado na revista, em caderno especial, e virou também um podcast do *New York Times*. Vencedor do Pulitzer de 2020 — maior prêmio do jornalismo internacional —, foi leitura obrigatória e tema de discussão inevitável no verão de 2019, criando polêmica entre progressistas e conservadores. Nikole mostra como nada ficou intocado na sociedade americana a partir de 1619, data da chegada à Virgínia dos primeiros negros escravizados saídos de Angola. "A prova de como o país não enfrentou essa ancestralidade são as estatísticas em que os negros são os mais pobres, os com pior nota nas escolas, os que mais morrem no parto, os com pior trabalho e o maior número de prisioneiros", explicou em entrevista à *Folha*. O Projeto de Nikole é também uma prova de que diversidade é fundamental: "Se eu não estivesse no *New York Times*, o 1619 Project não existiria, porque nenhum jornalista branco o faria", disse na entrevista.

No mesmo debate na Abraji, a jornalista Yasmin Santos, recém-formada e negra, contou que, ao ser aceita como estagiária na revista *piauí*, lugar dos seus sonhos para trabalhar, levou um susto ao ver que só um outro preto estava lá, também como estagiário e havia pouco tempo. Com base em sua pesquisa de fim de curso na UFRJ, escreveu "Letra preta", matéria publicada com destaque na *piauí*, na qual relatou a visão de 47 jornalistas negros entrevistados por ela. Mais da metade relatava ter sofrido racismo; só 23 tinham tido chefes negros. Uma perdeu o nome e passou a ser chamada de "Nega", outro ouviu que parecia um bandido. "A sorte da minha geração é a pressão das redes. Na internet, briga-se por tudo mas [ela] é indispensável: para cobrar dos nossos colegas e editores. Isso acaba sendo um apoio para nós."

A política muda devagar

No ano em que a discussão sobre racismo e gênero estava nas mídias em toda parte, os resultados das eleições municipais de 2020 provaram que é lento o aumento da diversidade nas esferas do poder político. Nas prefeituras brasileiras, praticamente ficou estável o número de mulheres, negros e indígenas eleitos, indica pesquisa do Instituto Update elaborada com base em dados do Tribunal Superior Eleitoral (TSE).[13] Já na votação para vereadores, há boas notícias: os negros e pardos são 44% dos eleitos nas capitais e as mulheres ocuparão 18% das cadeiras das Câmaras Municipais nas grandes cidades, constata pesquisa da plataforma Gênero e Número.

Pelos dados do Update, há mulheres eleitas vereadoras em todas as 5.567 cidades do país, mas elas são maioria em apenas quarenta municípios. Apesar disso, ganharam espaço, e os homens brancos perderam alguns lugares. Entre as novas vereadoras, 6,25% declararam-se negras. Indígenas, quilombolas e mandatos coletivos (exercidos por um grupo que se reveza nas votações) obtiveram sucesso em treze capitais. Nas estatísticas oficiais não aparecem as transexuais, mas a presença delas cresceu e muito: trinta foram eleitas. É pouco, mas isso representa 257% a mais do que em 2016, atesta a Associação Nacional de Travestis e Transexuais. E ainda mais significativo: em Aracaju, Belo Horizonte, Niterói e São Paulo elas foram as mais votadas.

Nos Estados Unidos a força do ativismo negro se mostrou com a histórica vitória de Kamala Harris, a primeira mulher e a primeira negra a assumir como vice-presidente do país. "Esperança, nós podemos respirar", declarou em editorial o *New York Times* no dia seguinte à eleição de Kamala e Joe Biden. Foi a realização dos desejos dos progressistas ao redor do mundo, ansiosos por deixarem para trás as pautas de extrema direita de Donald Trump, que, nos últimos quatro anos, foram um apoio para os retrocessos em países como Brasil, Hungria, Polônia. "Já vai tarde" era o título do editorial da *Folha*, ao se tornar conhecido o resultado da votação. "Kamala vice prova que 2020 é o ano das mulheres negras", titulou o UOL. "Embora eu seja a primeira nesse cargo, não serei a última. Toda garotinha que estiver me vendo agora, sabe que este é um país de possibilidades", discursou Kamala logo após a confirmação da vitória democrata. Veio dela o brilho que faltava à campanha de Joe Biden; e agora, como vice, estão concentradas nela as expectativas dos eleitores, especialmente os negros.

Nas primeiras eleições americanas depois dos protestos do Black Lives Matter, a líder desse movimento, Cori Bush, foi eleita deputada, enquanto Sarah McBride tornou-se a primeira senadora transgênera do país. E, mais simbólico, a Georgia deu vitória ao primeiro senador democrata negro no sul dos Estados Unidos — o lugar em que a escravidão deixou marcas mais fortes no país e, não por acaso, onde os movimentos de supremacia branca têm maior adesão.

Pesquisa citada pelo colunista Thiago Amparo na *Folha*, em 9 de novembro de 2020, revela que nove em cada dez eleitores consideraram as manifestações antirracistas na hora de votar. Aqui e lá a imprensa também influenciou os eleitores, ao exercer seu papel de *gatekeeper* (o filtro dos editores ao selecionar e rejeitar as notícias) e não parar de investigar a distopia dos anos Trump e Bolsonaro.

Entre brisas e tempestades

No Dia dos Namorados de 2020, Erick Rianelli e Lívia Torres estavam esperando para entrar ao vivo no *Bom Dia Rio*, na TV Globo. O programa se encaminhava para o encerramento quando eles receberam o aviso de que a conexão estava ruim e provavelmente cairia a matéria sobre o primeiro encontro de dois namorados que se casaram durante a pandemia. "Se cair, improvisem uma declaração ao amor de vocês", orientou, pelo fone, a editora. Erick ficou tenso. A colega falou primeiro e, na sua vez, ele engatou: "Meu marido, Pedro Figueiredo, o nosso colega repórter, meu amor, minha vida." Perto, o cinegrafista, mais velho e também gay, chorava emocionado.

Aí caiu a ficha. Ao "oficializar" o casamento de dois repórteres gays, ao vivo e em cores, Erick tinha vivido um momento simbólico do jornalismo audiovisual, como acontecera antes com o beijo gay em novela no horário nobre.[14] Depois do susto, o casal, feliz, compartilhou o vídeo nas redes. Receberam muitos posts carinhosos, de muitas mães querendo entender melhor o filho, outros de gays se dizendo representados por Erick e Pedro. Uns poucos *haters* atacaram e foram bloqueados. Desde então o casal faz parte das campanhas de diversidade da emissora e Pedro está, pela segunda vez consecutiva, na lista das cinquenta personalidades gays mais importantes do *Guia São Paulo*.

Dá para notar: as reivindicações LGBTQIA+ entraram no rol das causas encampadas pela mídia. Para horror da ministra Damares Alves, no lugar do mundo binário pintado só de rosa e azul, há toda uma escala cromática para falar de gênero. "Somos múltiplos: ao entrecruzar raça, etnia, sexo, faixa etária, classe e lugar de origem, desenha-se um ecossistema da contemporaneidade no Brasil", defendeu o editorial do caderno produzido pela Área de Valor Social da TV Globo em 2017. Nele, foram contadas 37 expressões diferentes para falar de sexualidade e gênero, já prevendo que daqui a pouco serão substituídas, ressignificadas, transformadas e, finalmente, extintas.

Mudanças na sociedade só acontecem quando há mobilização; essa é uma evidência ao olharmos para a comunidade LGBTQIA+. O marco inicial desse movimento foi a chamada Revolta de Stonewall: durante cinco noites, em 1969, as pessoas *queer* de todos os sexos e raças resistiram a um ataque policial ao bar de Greenwich Village, em Nova York, onde estavam reunidas. Não há registro de notícias sobre o motim no arquivo do *New York Times*, apenas referência a imagens do fotógrafo Fred McDarrah e seu lamento, dez anos depois, por nem ter imaginado que testemunhava um momento histórico. Em 2020, cinquenta anos depois da primeira Parada Gay nos Estados Unidos, praticamente toda a mídia brasileira, do SBT à TV Globo, GloboNews, Bandeirantes e CNN, dos jornais impressos às startups independentes, todos se aliaram à causa LGBTQIA+, incluindo-a na pauta da defesa dos direitos humanos.

O marco da aceitação do movimento no Brasil foi a Conferência Nacional de Gays, Lésbicas, Bissexuais, Travestis e Transexuais, realizada em junho de 2008 em Brasília, lembra André Fisher, jornalista, ativista, criador do portal e do festival Mix Brasil, atual diretor do Centro Cultural da Diversidade de São Paulo. Impensável nesses tempos de retrocesso, a conferência teve a presença do então presidente Lula, passeando de mãos dadas com a mulher, dona Marisa, e os anais do encontro foram publicados em documento oficial da Secretaria de Direitos Humanos. Nessa reunião, foi decidido trocar o nome "movimento gay e lésbico" pelo mais abrangente LGBT (Lésbicas, Gays, Bissexuais, Travestis, Transexuais e Transgêneros), já ampliado para LGBTQIA+: Q, de *queer* (quem não se encaixa em nenhum gênero e flui entre eles); I de intersexual (pessoas com variações anatômicas nos corpos tidos como masculino e feminino); A de assexual ou aliado; e o sinal de +, indicando outras possibilidades no campo da sexualidade.

A mídia aderiu muito rapidamente à designação LGBT. Foi uma surpresa para o veterano André Fisher, que tentara convencer o UOL a fazer a mesma mudança, mas a sugestão era sempre recusada por um motivo trivial: o manual de redação vetava o uso de siglas. Na mesma época, uma editora pediu-lhe para mudar num texto a palavra "lésbica", considerada muito forte, por algo mais leve. Jornalistas e âncoras ainda escorregam ao usar termos inapropriados no ar. Por exemplo, no dia em que o *Jornal Nacional* anunciou a morte de Jane de Castro, nomeou-a corretamente no feminino. Mas errou ao dizer que ela era *um* travesti e não *uma* travesti, como manda o politicamente correto. "Causou revolta", conta Pedro Figueiredo.

O seu "lugar de fala" — vendo o entorno como homem gay — faz Pedro perceber que existe certo constrangimento dos colegas ao dar alguma notícia sobre LGBTQIA+ e, para maior segurança, usam o pomposo "homossexual", já fora de moda. Seu olhar treinado o tornou o único repórter a perceber como um vereador ficou escondido e mudo na Câmara Municipal ao ser chamado para votar sobre o pedágio na Linha Amarela do Rio de Janeiro porque o número dele era 24, associado aos gays.

São cenas do dia a dia que evidenciam a resistência do preconceito nas redações e na vida cotidiana. Fábio Alves, colunista do *Estadão* e do Broadcast (serviço de informações em tempo real da Agência Estado), já se acostumou a deixar seus leitores mudos por, pelo menos, dois minutos quando eles insistem em encontrá-lo pessoalmente. São todos profissionais que giram em torno do mercado financeiro, já que as colunas de Fábio antecipam os fatos que podem afetar bolsa, câmbio, juros. "Eles me imaginam branco, velho, de terno e óculos. Ficam mudos quando veem que sou gay. Teve um que me encontrou na academia e, como eu estava com a camiseta do Broadcast, perguntou meu nome. Quando eu disse 'Fábio Alves', ele deu dois passos para trás e nunca mais conseguiu falar comigo", lembra, rindo, o jornalista.

Todos somos uma encruzilhada de identidades que se encontram e se misturam para nos formar. "Reconhecer e abordar a interseção das identidades é uma realidade inescapável para quaisquer discursos que pretendam sobreviver na sociedade contemporânea", analisa Jacqueline Gomes de Jesus, doutora em psicologia social. Era praxe nas mídias pouco atentas à pluralidade reforçar estereótipos, às vezes identificáveis só pela escolha das notícias a botar no ar ou a publicar. É do que reclama Schuma Schumaher, lésbica, ativista há décadas e fundadora da ONG Redeh — Rede de Desenvolvimento Humano. "Como parte da comunidade LGBT, não me sinto representada pela mídia de jeito nenhum, nunca aparece o tema da liberdade sexual, da cidadania, dos direitos, só é notícia quando um gay é assassinado."

São resquícios de um passado que ainda não passou.

Lampião, *o pioneiro*

O dramaturgo, escritor, roteirista, cineasta e novelista Aguinaldo Silva começou a vida profissional no Rio de Janeiro como repórter de polícia no *Globo*. Estávamos em plena ditadura, gays eram perseguidos pela polícia política e alvos da violência homofóbica disseminada na sociedade. Aterrorizado por esse dia a dia violento, Aguinaldo lançou *Lampião da Esquina*, o primeiro "jornal homossexual" — falava-se assim na época —, numa tentativa de mudar a imagem dos gays. No ano de 1978, em editorial, ele perguntava: "Por que um jornal homossexual?" E respondia: "É necessário destruir o gueto e, portanto, sair dele. O que nos interessa é destruir a imagem padrão que se faz do homossexual, segundo a qual ele é um ser que vive nas sombras, que prefere a noite, que encara a sua experiência sexual como uma espécie de maldição, que sempre esbarra em qualquer tentativa de se realizar mais amplamente como ser humano." Naqueles tempos de chumbo, um delegado chamou de "operação limpeza" a caça às travestis em rondas policiais por São Paulo.

O *Lampião* desafiava a ditadura com manchetes críticas e afiadas: "Mais tesão, menos educação"; "O Esquadrão mata-bicha"; "Masturbação é o prazer da maioria". Do conselho editorial, além de Aguinaldo Silva, destacavam-se os escritores Caio Fernando Abreu e João Silvério Trevisan. No início, os jornaleiros se recusavam a vender o tabloide, mas, apoiado por artistas, o *Lampião* furou o bloqueio e chegou a ter uma tiragem de 25 mil exemplares. Fazia campanha contra a violência policial, o racismo e a homofobia. Também defendia a preservação do meio ambiente. A imagem de gays como seres das sombras ficou para trás; a violência contra eles, nem tanto. André Fisher lembra-se de, adolescente, ir até o Centro do Rio comprar o *Lampião*: lia e jogava fora, porque não ficava bem chegar na casa da família com o jornal. Também se recorda do tempo em que a presença LGBT na mídia era restrita às páginas de polícia. Inspirada pelo *Lampião*, a mídia gay foi se expandindo, com *O Tempo* pipocando em Belo Horizonte, depois *O Povo*, no Ceará.

Na grande mídia, a temática ganhou destaque na *Ilustrada*, caderno de cultura da *Folha*, quando a colunista Erika Palomino tinha uma página por semana sobre a noite paulista, na prática, uma cena gay, o mesmo assunto de André Fisher em sua coluna no *Jornal da Tarde* e depois na *Folha*. Na sequência, o jornalismo *mainstream* começou a usar expressões do *underground*, adotadas pouco depois pela dramaturgia da TV Globo, referendando-as, assim, para serem usadas fora do gueto. "E todo mundo começou a usar", diverte-se André. Palavras como "arrasou", "abalou", "bafo", "carão", "odara" e muitas outras, hoje completamente incorporadas ao falar do dia a dia.

O resto é história trágica e bem conhecida: nos 1980, toda a temática LGBT girou em torno da epidemia de aids, uma das mais devastadoras da humanidade. O luto pelos milhões de mortos só começou a abrandar na década seguinte e, a partir de 1993, recomeçaram as manifestações públicas, por meio de festivais — Mundo Mix, em São Paulo, Arco-Íris, no Rio, Dignidade, em Curitiba — e das paradas gays. A crise que atacou a grande mídia devastou também a imprensa de nicho e dizimou revistas, jornais, sites LGBT aqui e no mundo — só nos Estados Unidos permanecem alguns remanescentes. Até a G Magazine, fenômeno brasileiro com sua estética *pornô soft* e tiragem mensal de 180 mil exemplares, fechou em 2012.

Na mídia popular, acabaram as manchetes escandalosas com "bichas" e "sapatões" no título, assim como andam a caminho da extinção as piadas homofóbicas dos humorísticos. Produtores agora consultam se o texto está ultrapassando as fronteiras do bom gosto e empresas pedem consultorias para aumentar a diversidade. Mais simbólica talvez seja a reação a um dos muitos comentários homofóbicos do presidente Bolsonaro, em novembro de 2020, de que o Brasil precisava deixar de ser "um país de maricas" e enfrentar a pandemia de covid-19 "de peito aberto". A repercussão chegou ao tabloide *New York Post* e por aqui foi estrondosa nas redes, nas colunas e nos programas jornalísticos. "Somos todos maricas", foi o tom geral das respostas.

A partir dos anos 2000 a mídia apoiou o bom combate. Mas ainda há perguntas sem respostas. Rafael Lisboa, jornalista da *Exame*, com uma longa passagem pela TV Globo em tempos mais preconceituosos, pergunta-se se um dia será possível um *Em Pauta Gay*, na linha do *Em Pauta Preto*, com todas as comentaristas negras e o âncora também negro discutindo racismo. "Não vejo nada parecido acontecendo em relação aos gays, é um tema que precisa ser discutido, ainda mais com governos conservadores", diz. Schuma também não entende por que faltam âncoras e comentaristas assumidamente LGBT. "Acho um preconceito dissimulado, é como se fosse algo da intimidade das pessoas e, portanto, não deveria ser falado", analisa.

"E será que um gay pode chegar a âncora do *Jornal Nacional*?", perguntou-se Pedro Figueiredo quando passou a aparecer no vídeo e teve a tentação de entrar no armário, pelo menos para o público da televisão. Se valer o exemplo dos Estados Unidos, chegará, sim, o dia de um LGBTQIA+ na bancada de um jornalístico com grande audiência. O âncora do mais importante noticiário da CNN, Anderson Cooper, é gay publicamente assumido e, em maio de 2020, anunciou a adoção de um bebê. O jornal que ele apresenta leva o seu nome — *Anderson Cooper 360* — e tem a maior audiência do país entre o público de 25 a 54 anos, nada menos do que 44,8 milhões de pessoas. Ele é também correspondente do *60 Minutes*, premiado programa de reportagens investigativas.

A vez das trans na política

O ano de 2020 foi também marcante para as pessoas transgêneras. Nos Estados Unidos, por exemplo, Shawn Skelly, ex-comandante da Marinha, foi a primeira trans a assumir um cargo que exige nomeação presidencial. E não era qualquer cargo; ela estava na equipe de transição de Biden para assuntos de Defesa num país em que todas as gerações têm uma guerra para chamar de sua.

Aqui foi um ano com muitas boas e muitas más notícias. Uma boa: a maior parte das trinta trans ou travestis eleitas vereadoras teve votações estrondosas, e sete lideraram em número de votos em suas cidades. Foram dezesseis candidaturas de esquerda, oito do centro e duas pela direita. Erika Hilton, do PSOL, primeira trans negra a ser eleita em São Paulo, tornou-se a vereadora mais votada no Brasil e a sexta entre todos os vereadores na capital. Virou uma estrela da mídia: foi capa da revista *Cult*, estava na primeira página do jornal *Valor Econômico*, na revista *Ela* e no centro do *Roda Viva*. De salto alto e brincões, falante e articulada, ela vê sua montanha de votos como uma reação à perseguição do governo Bolsonaro aos diversos. "Os movimentos sociais e os grupos ditos minoritários entenderam a urgência de se organizar politicamente", disse na entrevista ao *Valor*.

Benny Briolly, 28 anos, travesti, moradora de favela e militante de direitos humanos, também do PSOL e a mais votada para a Câmara de Niterói, teve de enfrentar a milícia bolsonarista: a Ponte, startup especializada em segurança pública, noticiou que ela e as mulheres da sua campanha foram xingadas e empurradas por apoiadores de Bolsonaro, todos homens. Na rede, recebeu ameaças de morte: "Ronnie Lessa está de olho em você", escreveram, referindo-se ao policial militar reformado preso sob a acusação de ter assassinado Marielle Franco e Anderson Gomes.

Essa foi a primeira vez que as trans puderam concorrer usando seu nome social, o nome escolhido após a mudança de sexo, uma autorização só referendada pelo Tribunal Superior Eleitoral em 2018. No ano seguinte que a Organização Mundial da Saúde retirou a transexualidade da lista de doenças mentais da Classificação Internacional de Doença. E, em 2020, segundo a Associação Nacional de Travestis e Transexuais, o número de candidaturas foi recorde — chegou a 294 —, sinalizando um despertar político. "Elas aportam novos significados e desafios para o próprio pensamento feminista na relação corpo/sexualidade", diz Maria Betânia Ávila, do SOS Corpo, de Recife. Todas, candidatas e eleitas, tinham pautas de defesa de direitos sociais e propostas para tornar o mercado de trabalho mais receptivo.

Mas tem a notícia ruim que se repete: a violência continua matando as trans. No mesmo dia em que eram divulgados os ganhos eleitorais, a ONG Transgender Europe, rede de defesa dos direitos das trans, publicava que, pelo décimo segundo ano consecutivo, o Brasil era o país mais transfóbico do mundo, com o assassinato de 175 delas em 2020.

Nas redações, só duas jornalistas se declararam trans no censo interno da startup Énois e do UOL — outras preferiram não definir o próprio gênero. Fora elas, nenhum outro entrevistado foi capaz de se lembrar de algum ou alguma colega que tenha feito redesignação sexual. As matérias sobre trans e travestis ainda são sempre sobre as dificuldades deles e delas na busca pela aceitação e para assumir uma nova identidade. "Olhe no espelho e imagine que o que você vê não é o que você é", explicava um *Globo Repórter* sobre o que é "ser trans". Foi esse também o tom de reportagens recentes exibidas no *Fantástico* e no *Profissão Repórter*, da TV Globo.

A cantora Jup do Bairro é um exemplo. Paulistana, 27 anos, nascida no Capão Redondo, na divisa com Itapecerica da Serra, é um dos nomes da nova cena pop-rap *queer* e foi Artista Revelação do Prêmio Multishow de Música Brasileira 2020. No disco *Corpo sem juízo*, desenvolve poeticamente suas inquietações com o sexo e a identidade trans, negra e periférica. Num debate sobre "Jornalismo tem lado?", respondeu: "Jornalismo tem lado, é só ver como os corpos trans são noticiados. Na televisão, a gente vê nossos corpos tendo como única possibilidade a morte e o crime."[15]

Territórios sob ataque

"Minha mãe nasceu em 1920 no interior de Minas, onde é hoje a região do aeroporto de Confins. Ela conta que até ali pelos seus 7 ou 8 anos, as crianças andavam nuas porque não tinham roupas. O que me impressiona é que nessa mesma data acontecia a Semana de Arte Moderna em São Paulo." A memória de infância contada pela mãe e revelada pela escritora Conceição Evaristo, em entrevista ao *Globo*, é uma dolorosa síntese da desigualdade brasileira: vanguarda artística e literária convivendo no tempo e no espaço com a extrema pobreza de crianças nuas por falta de dinheiro. A imensa desigualdade continua até hoje — o Brasil é o nono país mais desigual do mundo[16] — e a pobreza tem cor e gênero. O total de pobres era de 52 milhões de brasileiros em 2019, 70% deles pretos ou pardos. Na base da pirâmide estão as mulheres pretas e pardas, 39% entre os pobres, embora sejam 28% da população.

O eixo mais difícil da diversidade a ser incorporado à mídia é a cobertura dessa população vulnerável, parte dela vivendo em favelas — no Rio, são 25% dos moradores da cidade. Se cada vez mais mulheres, LGBTQIA+ e, aos poucos, os negros estão representados nas páginas e telas da grande mídia, as populações que moram nos territórios e os povos indígenas ainda são invisíveis ou mostrados de forma estereotipada e desumanizada.

Flávia Oliveira, em sua coluna do *Globo*, cita uma pesquisa do

Data Favela/Instituto Locomotiva sobre a percepção de moradores e não moradores sobre as periferias. A única palavra lembrada pelos dois grupos foi "pobreza", uma realidade reconhecida por toda a população. A turma do asfalto associa violência, tráfico, assaltos a esse lugar; já os moradores das periferias falam de família, alegria, amizade, felicidade, ao pensar nos lugares onde ficam suas casas. A pesquisa revela como a favela se reconhece, o que deseja e o que atrapalha a vida cotidiana. "Parem de nos matar" era a manchete do *Maré de Notícias*, jornal comunitário mensal, com versão em papel e on-line, replicado nas dezesseis comunidades que formam o Complexo da Maré, na Zona Norte do Rio.

Estávamos já na pandemia de covid-19 e dados do Instituto de Segurança Pública indicavam que a violência policial matara 744 pessoas entre janeiro e maio de 2020 no estado do Rio de Janeiro. Como sempre, a maioria dos homicídios era de jovens negros nas periferias da capital, mas, naquele ano, em junho, o Supremo Tribunal Federal proibiu as megaoperações policiais, que aumentam o número de mortes e aterrorizam os moradores. Apesar disso, não causou escândalo nem foi manchete na grande mídia quando em outubro o delegado Allan Turnowski, após assumir a chefia da Secretaria de Polícia Civil do Rio, explicou que, se pudesse, colocaria tanques de guerra no alto das comunidades e dali as tomaria de cima para baixo. Ele ainda usaria helicópteros, "não um, mas três", para atacá-las. Parecia traçar planos para uma superprodução cinematográfica. Só que não: estava se referindo à sua política de segurança para as 1.413 favelas do estado do Rio.[17] Apesar da decisão do Supremo de autorizar essas megaoperações só em situações excepcionais, a autoridade acha tudo excepcional na vida dessas comunidades, olha-as como se fossem territórios inimigos a serem tomados.

Sim, sabemos que existem traficantes na área, mas já está provado que a guerra às drogas não deu certo em lugar nenhum do mundo. "É falida a estratégia de entrar nas favelas atirando. [Os policiais] produzem mortes de moradores e apenas apreendem pequenas quantidades de maconha ou cocaína, sem efeito sobre os grupos criminosos", diz Cesar Munhoz, pesquisador sênior da Human Rights Watch.[18] Inúmeras entrevistas de especialistas, publicadas na mídia, defendem a descriminalização das drogas, o controle do tráfico de armas e o uso da inteligência para reduzir a violência dos grupos armados. "É a impunidade que mantém essa estratégia policial", avalia Munhoz.

Nós, cidadãos, e nós, jornalistas, já nos acostumamos a pensar no Rio como "cidade partida". É esse o eufemismo adotado pelas mídias tradicionais e pela classe média carioca, incluindo os progressistas. Camuflada nesse conceito aparentemente neutro, está expressa também a ideia de que são as comunidades as causas de muitos dos males da "Cidade Maravilhosa". Nessa visão preconceituosa, as periferias seriam lugares de violência, morte, tiroteio, tráfico, de onde viriam todas as ameaças aos cidadãos de bem, os brancos e ricos, moradores das áreas nobres. A polícia aposta no enfrentamento armado, que faz vítimas entre jovens, negros e pobres, para garantir a segurança da elite dos bairros mais ricos, ignorando o direito de viver em paz dos moradores das favelas. Com a proibição das grandes operações policiais nesses territórios, o número de mortes violentas diminuiu 70% entre junho e setembro de 2020, atesta o relatório da Human Rights Watch. Apesar disso, as operações policiais foram responsáveis por 30% das mortes violentas no Rio e por 13% no país.

"Eles lutaram para ter água encanada, escola, posto de saúde. Só vão ter segurança se o Estado reconhecer neles um morador com direitos iguais aos de Copacabana, Leblon, Flamengo", diz Eliana Silva, fundadora e diretora da Redes da Maré. Às vésperas do Natal de 2020, as primas Emily Vitoria da Silva Santos e Rebeca Beatriz Rodrigues dos Santos, de 4 e 7 anos, morreram baleadas pela polícia em Duque de Caxias, na Região Metropolitana do Rio, enquanto brincavam no quintal de casa. No dia 2 de janeiro de 2021, a tragédia se repetiu. Entre as chamadas de primeira página do *Globo* sobre a posse dos novos prefeitos no Brasil no dia anterior, em uma pequena nota de pé de página era noticiada a morte de Alice da Silva, 5 anos, no colo da mãe, atingida por um tiro disparado por traficantes que comemoravam o Réveillon no Morro do Turano, na Tijuca.

Na ausência do Estado para garantir segurança, os grupos armados ocupam o espaço deixado pelo poder público e os moradores são ameaçados por traficantes, por milicianos e pela violência das forças policiais. O crime organizado destrói emprego e renda nas comunidades pobres, dificulta o acesso dos serviços privado e público, aumenta a insegurança dos moradores nesses territórios. Números do governo do Rio, publicados pela *Folha*, revelam que 81% das favelas sofrem com as facções e 18% com milícias, estimando que existam 56.620 bandidos com armas de grosso calibre nessas periferias.

Só de janeiro a outubro de 2020, dezessete meninos e meninas foram feridos ou mortos por confronto entre grupos armados. Na véspera do Dia das Crianças, Leônidas, de 12 anos, chegava, acompanhado da avó, a um supermercado na avenida Brasil, a maior da cidade. Foi baleado e morto por homens trocando tiros de dois carros; a polícia garante que não entrou no tiroteio. A tragédia mereceu uma pequena nota na versão on-line da editoria Rio do *Globo* e dois dias depois o jornal, em editorial, cobrou da polícia o fim das "balas perdidas". É mais um eufemismo da grande imprensa para se referir à morte de cidadãos por grupos armados ou pelas forças de segurança.

A mídia é contra os exageros da polícia, defende o trabalho de inteligência, é contra os "caveirões", mas as mortes nas periferias são banalizadas nas matérias publicadas. No Rio, das 6.134 notícias sobre mortes por bala perdida no acervo do *Globo* de 1970 a 2019, apenas 211 chegaram à primeira página. Na *Folha*, uma única notícia sobre a violência contra negros virou manchete em 2020, aquela da morte de João Alberto: "Homem negro morre espancado por seguranças do Carrefour".

As Unidades de Polícia Pacificadora (UPPs)[19] receberam apoio rasgado da grande mídia, unânime na esperança de ter segurança sem tiros e mortes, mesmo se não acalentasse a ilusão de que acabariam com o tráfico. A aposta era diminuir drasticamente a violência. Já os moradores acreditaram menos nesse "milagre", e tinham razão porque a corrupção e os desmandos autoritários voltaram rapidamente.

Gizele Martins há onze anos é diretora do jornal da Maré Nós Por Nós, em que a população da favela é a protagonista da cobertura. "Nós viemos para dizer que somos parte do país, dizer que somos iguais, temos força. A população branca é minoria e estamos fazendo jornalismo nas favelas", apresentou-se ao participar do debate "Jornalismo tem lado?". Ela tem uma visão extremamente crítica do que chama de "a outra mídia", referindo-se aos veículos tradicionais de imprensa e às emissoras de rádio e TV. Na mesma época em que a grande imprensa apostava suas fichas no sucesso das UPPs, Gizele e outros jornalistas eram ameaçados pelos policiais dessas novas unidades de polícia e muitos tiveram de deixar a comunidade e mudar de atividade. "A outra mídia se diz imparcial, mas tem lado e, historicamente, está ditando regras, controlando nossos corpos e nossos saberes. Destrói tudo que construímos, criminalizando-nos como violentos e bandidos."

Um exemplo? Ela cita o portal G1 de notícias, no qual a Maré foi chamada de "bunker de bandidos" num momento em que as associações estavam trabalhando duramente para socorrer os moradores em meio à pandemia. A criminalização do lugar de moradia de 140 mil pessoas criou uma revolta que se espalhou por várias favelas do Rio. "A gente teve de se defender e pedir resposta. [Eu] disse que éramos um bunker de potência", comenta Gizele. Ela está longe de ser uma voz isolada.

O trauma com o bárbaro assassinato do jornalista Tim Lopes em 2002, com extrema crueldade, no Complexo do Alemão, ainda paira sobre as redações e, por questões de segurança, os repórteres não entram até hoje nesses territórios. Nas raras vezes que chegam lá, vão acompanhados pela polícia. A consequência é uma narrativa sobre segurança pública ancorada, quase sempre, nas vozes e versões da polícia e no apagamento dos saberes e das culturas criadas nesses territórios. Olhamos para as favelas como se fossem todas semelhantes, uma prova do nosso desconhecimento e da ignorância do Estado sobre a realidade nessas comunidades.

A colunista do UOL e professora da Universidade Federal de Pernambuco Fabiana Moraes também cobra outra postura: "Chegou um momento irreversível, de pressão externa do movimento social de gênero e raça, para o jornalismo se reposicionar. São mais 30 mil mortes neste início de 2020, mostrou o Anuário de Segurança Pública. Temos de falar todos os dias sobre isso."

Muitos dos jornalistas e/ou líderes comunitários têm uma "lembrança inesquecível" da desumanização do povo das favelas ao ser retratado em reportagens sobre a vida cotidiana ou em embates para a sobrevivência. "A sociedade de hoje é preconceituosa, racista, e tem muita contribuição da mídia para isso", acusa Rene Silva, há quinze anos líder do jornal *Voz das Comunidades*. Um marco disso, para ele, foi uma capa do *Globo* nos anos 1990 na qual o Complexo do Alemão era rotulado de "quartel-general do tráfico" e de "lugar infernal". "Décadas se passaram, continuam reproduzindo isso", critica. "O jornalismo reforça uma imagem negativa das periferias e dá uma ideia equivocada dos pobres", lamenta Eliana Silva, da ONG Redes da Maré.

O Rio é apenas um microcosmo da violência nacional e um emblema do fracasso do Estado em garantir a segurança das periferias em todo o país. A geografia da cidade, em que os territórios entremeiam os bairros ricos, torna impossível para a grande mídia apagar a precariedade dessas comunidades, evidenciando a desigualdade no país. Com um olhar distante, só muito recentemente os jornalistas começaram a valorizar a cultura, a arte e a inovação pulsando nessas periferias. E a reconhecer a resiliência e a solidariedade entre as pessoas para suprir a falta de investimentos e a ausência do poder público.

No noticiário dos veículos tradicionais, jovens negros com drogas são traficantes; brancos com drogas são estudantes. Pobres são revistados sempre, e os sem documentos vão parar na cadeia. Carros de polícia estacionados na entrada das comunidades marcam a fronteira simbólica entre os dois mundos. Inúmeras vezes os jovens pretos são presos por "engano", depois de "reconhecidos" em fotos de fichas criminais. Aconteceu, por exemplo, em setembro de 2020, com Luiz Carlos Justino, 23 anos, músico da Orquestra de Cordas da Grota. Ele foi preso enquanto tocava na rua e "reconhecido" por foto como ladrão, apesar de estar no mesmo dia do roubo apresentando-se com a orquestra longe do ocorrido. Só foi solto três dias depois, por conta de uma campanha do *Globo* e da TV Globo. Vai processar o Estado por racismo, disse. Para pressionar a opinião pública e a mídia a abrir espaço para essas injustiças, um grupo de artistas, com Caetano Veloso à frente, começou uma campanha contando as histórias de inocentes presos. Em uma delas, o jovem já estava na cadeia havia dez meses.

Em São Paulo as comunidades pobres, geralmente distantes do Centro, são apagadas da cobertura jornalística da cidade. Mas não puderam ser ignorados os nove assassinatos promovidos pela polícia no bairro de Paraisópolis, no fim de 2019, para reprimir o "pancadão", criminalizado por reunir multidões em espaços inadequados, onde roubos e "arrastões" acontecem. Pode ser, mas o Carnaval e o Réveillon provam que, com policiamento civilizado, milhões se reúnem em paz e os eventuais crimes são reprimidos. "Quando as tragédias acontecem, todos gritam, mas depois esquecem", critica Eliana.

A força dos jornais comunitários

O *Maré de Notícias* reflete o trabalho de base e de resistência organizado pela Redes da Maré, instituição com legitimidade e visibilidade conseguida com o espetacular trabalho comunitário realizado no complexo de dezesseis favelas. Durante a pandemia, já em março de 2020, a Redes lançou o Conexão Saúde, desdobrado em boletins com informações sobre o novo coronavírus em podcasts — "De olho no covid" — e na criativa ideia de aproveitar jovens de bicicletas com megafones para reforçar a necessidade de cuidados e, eventualmente, chamar a equipe de socorro em casos de urgência médica. O trabalho de base da Redes garantiu segurança alimentar a 17 mil famílias, testagem e isolamento dos contaminados, atendimento psicológico e de saúde em convênio com a Fiocruz, além da produção de relatórios para sistematizar todo esse aprendizado. O *Maré de Notícias* e os podcasts foram um importante canal de comunicação para também manter a rede de solidariedade e as doações, uma tentativa de ampliar o atendimento aos 150 mil moradores do complexo, no subúrbio do Rio.

Pouco disso chegou à grande mídia, mas fortaleceu o jornalismo comunitário, já reconhecido como meio para amplificar a voz das periferias e desconstruir as narrativas da branquitude no imaginário popular. O *Voz das Comunidades* também é uma referência com o seu jornalismo hiperlocal. Foi notícia no *New York Times*, ao dar show de cobertura nos dias tensos da intervenção militar no Morro do Alemão, em 2010. Rene, na época com 17 anos, relatava pelas redes sociais, em tempo real, a ação na comunidade, num marcante contraste com a dificuldade dos repórteres da grande mídia para ter acesso às informações.

Ao contrário das empresas jornalísticas tradicionais, o *Voz das Comunidades* está em crescimento contínuo: fez a transição para o digital, mas mantém a versão mensal em papel, porque a conexão na área nem sempre é boa. O jornal on-line é replicado em dez outras favelas, onde trabalham trinta correspondentes e duzentos voluntários. Em plena pandemia, lançou um aplicativo, desenvolvido numa parceria proposta pelo Consulado americano, interessado, como Rene, em combater as *fake news*. Ele aproveitou o aumento das doações para dobrar a equipe, porque percebeu o importante papel a ser desempenhado pelo jornal: manter atualizado o número de infectados e de mortos nas várias comunidades. Paralelamente, Rene montou um gabinete de crise para distribuir alimentos aos que perderam renda e também não deixar faltar álcool gel, sabonete líquido e material de proteção para os moradores, as Unidades de Pronto Atendimento (UPAs) e os hospitais da região.

E, como alegria e esperança são bens de primeira necessidade, junto com os serviços de utilidade pública o jornal continuou cobrindo os sucessos de jovens e menos jovens na rubrica "Perfil dos favelados". No mesmo dia em que os 89 anos do Cristo Redentor eram celebrados no alto do Pão de Açúcar, uma transmissão ao vivo mostrava a inauguração de um Cristo em neon em cima de um contêiner, no alto da Vila Cruzeiro, já com a placa de reconhecimento da prefeitura de que ali nascia mais um ponto turístico do Rio. "Nós mostramos o lado positivo das favelas, os projetos, os talentos, a potência que são esses territórios. E falamos dos problemas sociais que vivemos de uma perspectiva humanista", diz Rene.

Rene é um empreendedor social, com visão de negócios. Seu jornal é financiado pela publicidade vinda dos comerciantes locais e de uma lista de empresas equivalente à dos grandes grupos de mídia: Tim, Nextel, Coca-Cola, Sebrae, além de uma dotação anual em dólar do Twitter. Na redação, só cinco jornalistas são assalariados e, entre eles, não está Rene, uma bem remunerada estrela no circuito de palestras e um ex-consultor em novelas e programas da Rede Globo.

Os jornais comunitários fazem diferença e estão em expansão. Salvador tem o *NordesteuSou*; São Paulo tem o *Vozes da Periferia*; e Brasília, o *Diário de Ceilândia*. Nos muitos momentos de crise vividos nas favelas por conta da violência, falta de serviços básicos e pobreza, os jornalistas comunitários têm meios de se contrapor à versão oficial, com uma narrativa própria e distribuída por seus canais de comunicação. "Por causa da tecnologia, a gente tem um acesso mais rápido e consegue mostrar um outro lado da versão oficial", afirma Eliana, referindo-se à polícia e às grandes mídias.

Numa dessas aterrorizantes operações policiais em que morreram crianças na escola, as cenas gravadas pela Redes da Maré foram as imagens mostradas no *Jornal Nacional*. Lá estava a escola pública cheia de buracos deixados pelos tiros disparados de helicópteros em horário de aula. Eram os representantes da comunidade que narravam, sem filtros, a sua própria história. O *Voz das Comunidades* manteve durante um ano e meio uma parceria com a TV Globo: as reportagens produzidas por eles eram reproduzidas no *RJ TV1*. Não tinham contrato nem eram pagos por isso; os repórteres recebiam só os salários do *Voz*, mas a televisão também não detinha exclusividade — mostrava material já divulgado nas redes sociais e no portal.

"Não conseguimos passar nosso conteúdo como agência de notícias, sendo pagos pelo trabalho feito em parceria com emissoras. Mas foi interessante", avalia Rene. Ele sabe do poder de gritar e, imediatamente, sua voz estar em todos os meios, "no *Globo*, no *Extra*, na coluna do Ancelmo [Gois]", enumera. Os seus planos são grandiosos e factíveis: ter mais de cem pessoas Brasil afora com um kit de reportagem — celular com câmera e um computador —, fazendo uma revolução no jornalismo comunitário.

Jornalismo e arte nas periferias

Énois é também uma startup digital e talvez seja a única escola voltada para a formação de jovens jornalistas negros das periferias. Existe há onze anos, lançou um curso on-line quando ainda não se falava nisso e, com esse programa de um ano, formou 4 mil estudantes. Dos cursos presenciais, saíram mais de mil jovens com trajetórias completamente diferentes daquelas percorridas pelos profissionais das redações dos grupos de comunicação tradicionais. A cada ano, a startup seleciona dez alunos para um período de formação mais intenso e, como num estágio, eles entregam três projetos jornalísticos a serem acompanhados pela equipe da escola e publicados em veículos parceiros da grande mídia.

Daí surgiu uma agência. Reportagens remuneradas e assinadas por eles foram veiculadas pela BBC, publicadas no *Guardian*, no Intercept, no UOL. Pautas que jamais seriam pensadas pelos repórteres e editores habituais das televisões ou dos jornais e que, ao serem editadas, conseguem engajamento acima da média — em número de *likes*, comentários e leitores. Um exemplo? "Arquitetos das quebradas usam criatividade para construir na periferia", matéria publicada no UOL a partir da pauta de uma repórter cujo avô era pedreiro. Com ele, a neta aprendeu e contou como pessoas sem nenhum estudo desenvolvem projetos nas comunidades, construindo casas umas coladas nas outras, em que é exigido um saber para botar a janela num lugar exato para permitir a entrada de luz. A reportagem narrava ainda o trabalho junto com os vizinhos, chamados para "bater a laje" da casa.

Muito antes do assassinato de nove pessoas pela polícia em Paraisópolis, a pauta foi uma reportagem sobre como os "pancadões" impactavam a vida econômica nesse lugar. Era como se fosse um Carnaval por semana — mostrou a matéria —, e um comerciante contou como tirava dessas festas o sustento de uma família de dez pessoas. Mais uma? Os desertos de internet de São Paulo, reportagem que mudou a percepção segundo a qual a ausência de rede era coisa de lugares geograficamente distantes. A periferia não tem acesso à banda larga também porque não tem estrutura de cabeamento, pois não interessa às operadoras gastar com infraestrutura, se sai mais barato oferecer o 3G. Só que esse é um serviço limitado e, por conta disso, empreendedores locais começaram a tirar licença na Anatel (Agência Nacional de Telecomunicações) para construir seus próprios sistemas. A reportagem fala desse lugar do empreendedor, de personagens que jamais entraram na pauta ou nas telas da grande mídia.

Por que isso é importante? Porque muda a visão estereotipada das favelas, leva diversidade para as redações, abrindo-as para informar sobre lugares tão perto e tão longe da vivência dos jornalistas, formados nas universidades de elite, morando quase sempre nos mesmos bairros da cidade. É simples assim e faz a maior diferença.

Nesses territórios tem criação, pensamento, economia e inovação. Por toda parte há MCs, grupos fazendo hip-hop, saraus, teatro em casa, filme, dança, rap, cinema, slam, circo, moda, bibliotecas, pré-vestibular e produção do saber. "Por que o lançamento de um livro na Saraiva ou na Travessa é mais importante do que no Alemão?", pergunta Rene, referindo-se a duas livrarias da cidade que costumam reunir, em seus lançamentos, diversos representantes da *intelligentsia* carioca. "Há seis ou sete anos contribuo com SBT, Globo, Record, Band. Mantenho com eles uma contribuição genuína e crítica, eu e outros comunicadores da favela tentamos desconstruir a visão da grande mídia", reforça.

"Representatividade negra e antirracismo são as palavras da vez aqui na terra onde supostamente não existe racismo", escreve com ironia Jairo Malta na coluna "Sons da Perifa", na *Folha de S.Paulo*. Dois mil e vinte foi mesmo o ano em que artistas, escritores e pensadores negros tiveram maior visibilidade em filmes, propaganda, livrarias, museus, *lives* e, consequentemente, também na mídia. O artista carioca Maxwell Alexandre, por exemplo, foi sucesso de público e crítica com sua exposição *Pardo é papel* no Museu de Arte do Rio (MAR), com narrativas construídas a partir das cenas da vivência dele na cidade e na Rocinha, favela onde nasceu, mora e tem ateliê. Já tinha exposto suas obras na França, mas foi a primeira vez no Brasil.

O ano de 2020 foi também definido por editoras como o do "letramento antirracista", e as páginas e telas dedicadas à cultura foram povoadas por escritores da periferia, como José Falero, que pinta um retrato sem fantasias do território onde habita no romance *Os supridores*. E houve o relançamento de autores clássicos da negritude, como o psicanalista martiniquense Frantz Fanon, autor de *Pele negra, máscaras brancas*; ou o celebrado americano James Baldwin; a feminista Audre Lorde; e a brasileiríssima Lélia Gonzalez, esparsamente editada, mas inspiração para o movimento negro e citada por Angela Davis em palestras no Brasil.[20] Revelados um pouco antes pela Flup, a Festa Literária das Periferias, alguns escritores criados nas comunidades já ocupam permanentemente colunas no *Globo*, como Geovani Martins, autor de *O sol na cabeça*.

O filme mais cultuado de 2020 foi o documentário *Emicida: AmarElo — É tudo para ontem*, do rapper Emicida, em que reconta a história do Brasil com os negros como protagonistas. E foi na reinterpretação dele que "Sujeito de sorte", de Belchior, tornou-se o Hino da Virada para 2021, segundo *O Globo*. "Ano passado eu morri, mas esse ano não morro", diz o refrão. Sampleada por Emicida na faixa-título, *AmarElo* ganhou o Grammy Latino 2020 de Melhor Disco de Rock ou Música Alternativa em Língua Portuguesa.

Luiza Duarte, curadora e crítica de arte, do grupo de trabalho que visa criar um memorial em homenagem aos mortos pela violência na Maré, aponta um impasse na luta por mais pluralidade. "Enquanto estas pautas da diversidade estiverem capturadas de maneira dócil pelo mercado, talvez essas lutas fundamentais por representatividade, por maior igualdade entre gêneros, por mais espaços para negros e LGBTs não consigam transformar a estrutura de uma sociedade extremamente desigual. Mexer na pobreza e na desigualdade é o coração da transformação da sociedade, porque aí vêm junto os negros, os brancos, os gays", diz.

O jornalismo reflete esse dilema ao abordar a diversidade. Há muito a melhorar.

Tão longe, tão perto

"A oralidade é uma linguagem que toca e se conecta com o nosso coração Awaete." Foi por isso que o pajé Timei escolheu o podcast como nova forma de narrar, através da cosmovisão da etnia Awaete-Asurini, do Xingu, no Pará, o atual momento do mundo. Impactado pela destruição causada no meio ambiente pela construção da hidrelétrica Belo Monte[21] e pelos imensos desmatamentos na floresta, o pajé conta, num podcast bilíngue, em cinco episódios, a história do povo Asurini e os desafios presentes e futuros de sua construção social.

A Amazônia foi destaque em todas as mídias internacionais em 2019 e 2020, mas ninguém provavelmente conseguiu reportar de forma mais precisa o estado desse mundo como o pajé, entrevistado pela Amazônia Real — agência de notícias com reportagens investigativas sobre os nove estados da Amazônia Legal.[22] É o hiperlocal revitalizando o jornalismo regional, depois que as mídias de legado foram obrigadas a fechar os escritórios na região por causa da crise.

Não por acaso, foi por procurarem uma voz mais comprometida com a história a ser contada que os grandes grupos internacionais de mídia entregaram a jornalistas e cientistas brasileiros algumas das coberturas especiais na Amazônia, confiando no olhar nativo para narrar fatos de impacto universal. O *New York Times*, por exemplo, acoplou brasileiros ao correspondente deles no Brasil para dar cor amazônica às reportagens. Publicou material superespecial assinado por Bruno Carvalho, professor em Harvard especializado em urbanismo, e Carlos Nobre, um dos mais reconhecidos climatologistas. Eles foram didáticos: "Algumas pessoas podem pensar que a floresta é um lugar distante e desconectado do cotidiano urbano. Mas na floresta amazônica residem milhões de pessoas em cidades e assentamentos de enorme variedade. Muitas lidam com condições precárias e são tratadas como fonte de mão de obra barata. A floresta é às vezes destruída em nome delas, com a justificativa do desenvolvimento econômico. No Brasil, o desmatamento quebra recordes. Se continuarmos destruindo a floresta, podemos aguardar consequências tenebrosas — e não só para a região, mas para o planeta."[23]

É enorme assim, sabemos. A floresta amazônica é nosso maior patrimônio natural, ocupa 49% do território brasileiro,[24] mas, no cotidiano, a floresta, os povos indígenas e os quilombolas ficam semiesquecidos. A crise da indústria obrigou a mídia brasileira a fechar as sucursais pelo país e, em 2016, a *Folha* foi o último veículo a acabar com o escritório no Amazonas. *Globo*, *Estadão* e *Veja* já tinham encerrado anteriormente as operações locais. O orçamento apertado também tem impedido as empresas de pagar longos voos, alugar carros e barcos para mandar repórteres a territórios remotos e de difícil acesso. A mesma estratégia de corte de gastos foi usada em quase todos os estados. As sucursais só permanecem abertas em São Paulo, no Rio e no centro do poder, Brasília. Hoje só o G1, site criado em 2006, e a TV Globo mantêm cobertura nacional: o site compartilha 53 redações com as televisões locais; a rede tem cinco emissoras e 115 afiliadas no país.

A extensa rede faz os brasileiros partilharem, do Oiapoque ao

Chuí, memórias deixadas por novelas, humorísticos e séries popularizados pela televisão e vistos, em média, por 44,8 milhões de espectadores. Mas, salvo em momentos de crise, o dia a dia nos estados pouco entra no *Jornal Nacional*; é do Sul/Sudeste, com extensão em Brasília, que o Brasil hoje é coberto pela mídia — ou ignorado, na maior parte das vezes. No domingo 7 de novembro de 2020, enquanto os jornalistas do mundo estavam obcecados com as eleições presidenciais americanas, a editora Kátia Brasil, cofundadora da Amazônia Real, adiava a entrevista comigo porque o apagão no Amapá piorara. "Tem protestos em uma cidade quilombola a cem quilômetros de Macapá e a polícia foi para lá com armamentos pesados. A polícia está atirando com balas de borracha contra os manifestantes. Hoje é o sexto dia que as pessoas estão sem luz, sem água e sem comida", contou.

Naquele dia, a tensão dela contrastava com a indiferença do resto do Brasil. Os outros jornais entraram na história com três dias de atraso. O *Estadão* e a *Folha* mandaram repórteres, e o *Estadão* viu Macapá como uma "zona de guerra". Se fosse no "Sul Maravilha", viraria uma comoção nacional, mas, para o "periférico" Amapá, as autoridades não se apressaram a dar explicações, mesmo as não convincentes. Foi desleixo na manutenção do sistema de energia e a falta de cuidado marcou toda a resposta à crise.

São infinitas as pautas nesses territórios desconhecidos para a maioria dos brasileiros, onde crimes vêm sendo cometidos há séculos. Toda a mídia publica matérias frequentes sobre as ameaças à floresta e aos povos indígenas, mas a maioria obtém informações em Brasília, divulgadas por fontes oficiais ou movimentos sociais e ONGs. Ou seja, de longe e de vez em quando. A mídia tradicional só chega lá nos grandes incêndios, num conflito de terra grave, nos recordes de desmatamento, num ritual chamado por Kátia de "cobertura sazonal".

O Amazônia Real, criado em 2013 por Kátia e Elaíze Farias, foca os povos indígenas e ribeirinhos, as mulheres, os imigrantes e os quilombolas, populações que, com razão, elas consideram invisíveis para o Brasil. A agência mantém uma rede de jornalistas em oito dos nove estados da Amazônia Legal, todos morando nos lugares de onde mandam matérias. Da equipe fazem parte ainda doze colunistas, além de fotógrafos e editores, num total de quarenta pessoas. "A nossa ideia sempre foi suprir a falta de acesso à mídia de parte da população local e falar da Amazônia, dos seus povos e saberes", conta Kátia.

Os anos Bolsonaro começaram na região com dois eventos simbólicos: no dia seguinte à posse do novo presidente, uma aldeia Guarani e Kaiowa foi atacada a tiros por seguranças particulares de fazendeiros na Reserva de Dourados (MS), ferindo diversos indígenas. A escola e o posto de saúde foram incendiados em um território dos Pankararu, em Pernambuco; várias equipes do Ibama foram atacadas, prédios queimaram e novos atentados aconteceram no Maranhão e em Rondônia. Dados do Conselho Indigenista Missionário[25] revelam que, em 2019, 110 indígenas foram assassinados no Brasil. E que 217 atos de violência foram registrados contra eles — mais que o dobro do que em 2018.

A biografia de Bolsonaro já anunciava tempos macabros: quando ainda era um deputado inexpressivo, em 1999 ele lamentou a Cavalaria brasileira não ter sido tão eficiente quanto a americana no extermínio dos indígenas. Ao virar presidente, prometeu que não demarcaria nem um centímetro de terras para reservas e ameaçou: "Índio não pode ficar nas suas terras como um ser pré-histórico." O território não demarcado fica, claro, mais vulnerável à ação de qualquer pessoa. A consequência foi o aumento de desmatamento, invasões, grilagens de terra. Tudo isso funcionou como uma licença para invadir, desmatar, matar. E hoje os indígenas estão muito ameaçados — para eles está perigoso até andar nas estradas.

Todas essas informações viraram reportagens em que os indígenas são os personagens e suas falas são reproduzidas em textos compridos, para que suas histórias sejam de fato narradas por eles. Estão no site da Amazônia Real, vencedora, em 2019, do Prêmio Rey de España, como meio de comunicação de maior destaque da Ibero-América.[26] O site tem um trabalho longo e minucioso, em que ganhar a confiança dos indígenas é fundamental: o medo de jornalistas foi criado por anos de preconceito e falta de informação da mídia sobre esses povos. Agora repórteres só chegam às aldeias convidados por suas lideranças; é preciso saber se a conversa reflete a opinião de toda a comunidade e, às vezes, convencê-los da importância de abordar temas dolorosos, como a morte por covid-19. No princípio estavam extremamente reticentes. Só começaram a falar sob o argumento de que o silêncio significaria apagar a trajetória de seus povos, como aconteceu durante a gripe espanhola, cuja história só se refere, genericamente, a "índios dizimados". "E eles estão contando as histórias de seus mortos, já nos enviam até fotografias", relata Kátia.

A chegada da pandemia de covid-19 às aldeias foi mais uma consequência do desleixo do poder público para com esses povos, infectados pelo pessoal da saúde. No Xingu, os próprios indígenas bloquearam o acesso às suas terras e organizaram a sua quarentena. A sociedade civil e ONGs como o Greenpeace montaram redes de solidariedade para levar ajuda ao interior da Amazônia. Em determinado momento de abril de 2020, o sistema funerário entrou em colapso na região e não havia caixão nem cova para enterrar os mortos por covid. As jornalistas então tiveram de entrar em ação e apoiar os indígenas, ligando para funerárias, tirando atestados de óbito e laudos, pagando cartão de telefone para eles terem internet no celular. "Se isso é ativismo, vou continuar assim, não tem nada melhor para defender a causa de um cidadão do que o jornalismo", diz Kátia, respondendo à desconsideração frequente da grande mídia com o trabalho de startups como a dela, etiquetando-as pejorativamente de "ativistas".

Oito meses depois do início da pandemia, *O Globo* cobrou em editorial que o governo cumprisse a ordem do STF de proteger os indígenas da contaminação do novo coronavírus. No caso deles, "isso significa adotar medidas de segurança sanitária e alimentar, acrescidas da guarda dos povos isolados e de recente contato, que vivem sob constante ameaça de invasores de terras, grileiros, madeireiros e garimpeiros. O governo não tem plano decente até hoje. É inadmissível", advertiu.[27]

Enquanto um colunista da Amazônia Real, com 100 mil usuários mensais, detalhava a relação entre o desmatamento e o preço das *commodities*, uma turnê pela floresta com embaixadores de dez países, organizada pelo vice-presidente, Hamilton Mourão, tinha a intenção de demonstrar como eram falsas as notícias sobre o desmatamento. Sobrevoou três estados, evitou as áreas desmatadas ou queimadas e não permitiu contato dos diplomatas com os movimentos sociais da região. Não convenceu: ainda há os que não vivem no mundo pós-verdade, entre eles o embaixador da Alemanha, Heiko Thoms, que agradeceu o passeio mas criticou a ausência de um plano de ação contra desmatamentos e queimadas, com medidas concretas e metas, noticiou a *CartaCapital*. A operação de marketing foi desmascarada pelo *El País*, o Greenpeace reagiu e o assunto virou tema do *Em Pauta*. À espera de seriedade no trato da floresta, os 3 bilhões de dólares do Fundo Amazônia, doados por Alemanha e Noruega, continuam bloqueados desde o início do governo Bolsonaro.

A escritora e repórter especial do *El País* Eliane Brum, com um histórico de matérias fundamentais sobre a ecologia da região e os povos indígenas, sintetiza em um parágrafo o que o governo Bolsonaro não consegue aprender há dois anos: "Grande parte das forças progressistas do planeta já compreenderam que a batalha pela Amazônia é a grande batalha deste momento — e não apenas no sentido dos limites geográficos da floresta que regula o clima, mas no sentido de amazonizar o pensamento para a criação de uma sociedade humana capaz de viver sem destruir nem a casa onde vive nem as espécies com quem divide a casa."[28]

Parcerias, parcerias, parcerias

Parcerias entre os grupos de comunicação tradicionais e as plataformas digitais é o que se imagina para o futuro de uma mídia com maior representatividade da sociedade. As grandes empresas entram com o holofote e a mídia independente com a diversidade de vozes. "Acabou o tempo em que se dava a certas instituições um status especial para narrar o mundo, um privilégio acima dos relatos dos indivíduos vivendo nesse mundo." Este é um recado do escritor e professor Chris Atton,[29] da Edinburgh Napier University, para as grandes mídias, se é que elas ainda não descobriram isso. A revolução tecnológica soltou as amarras da mídia às gráficas e da distribuição em mãos. Com isso, mudaram as fronteiras do jornalismo e houve um início de democratização dos meios de comunicação, cuja propriedade estava concentrada na mão de poucos grupos privados. O tsunami digital está longe de ter decretado uma sentença de morte à mídia de legado, mas esta pode ser a hora de abandonar velhos preconceitos. Parcerias longas com as startups digitais parecem importantes para aumentar a credibilidade do jornalismo tradicional e tentar falar com uma sociedade multicultural como a do Brasil.

"Em meio ao declínio da confiança nas instituições, aí incluída a mídia tradicional, as startups de jornalismo são uma arena para as minorias se fazerem ouvir, construírem identidades e se unirem contra as experiências de preconceito e opressão", diz Claudia Sarmento em sua tese de doutorado. Diversidade de vozes é a palavra-chave. Ao agregarem as nativas digitais às coberturas, as mídias *mainstream* teriam mais representatividade, falariam com pessoas e em lugares que já não alcançam. Em contrapartida, a mídia tradicional daria mais visibilidade às startups e as faria destacar-se em meio ao vozerio do mundo digital.

Ao se ampliarem os canais de trocas, mudam-se também as formas de trabalho, que passam a ser em rede com as várias plataformas, cada uma delas voltada para questões específicas, trocando informação, produzindo juntas, fazendo jornalismo investigativo juntas. Ou vendendo serviço, não como as agências de notícias do passado e seus despachos telegráficos, mas com conteúdo produzido pelos atores sociais com lugar de fala, análise e intimidade com a história a ser contada. Ou usando formas a serem descobertas ao longo do rico processo de formação das parcerias. Não dá mais para pensar em mídias abarcando e processando todas as informações do mundo, sem o olhar local — na Amazônia, no Alemão ou num bairro londrino.

O local custa caro e não se improvisa. A redação do *New York Times* tem 1.600 jornalistas; as do *Globo*, da *Época* e do *Extra*, juntas, têm em torno de 451 profissionais e eles produzem para as versões em papel e digital, enviam posts para as redes e reciclam o material para cada uma das mídias. Foi-se o tempo em que os maiores grupos de comunicação mantinham sucursais nos estados do Brasil e em países estrangeiros. A crise no modelo de negócios ancorado, principalmente, na publicidade fez do corte de custos uma preocupação permanente. As sucursais regionais foram as primeiras a serem fechadas e, na sequência, os correspondentes nacionais e internacionais passaram por drástico corte, sendo mantidos só em lugares muito estratégicos. Na maioria dos casos, sobraram os *freelancers*, acionados apenas para grandes coberturas, como a eleição americana. Pelo menos desde 2014, as redações das mídias tradicionais demitem anualmente dezenas de jornalistas, com frequência os de salários mais altos, e reduzem a remuneração dos colunistas, em geral contratados como empresas. A mesma política, com os mesmos critérios, ceifa as redações das televisões, que enfrentam agora a concorrência dos serviços de *streaming* e da recém-chegada CNN Brasil.

A maioria dos grupos de comunicação compra os serviços de jornais, como *New York Times* e *Washington Post*, isto é, tem licença para reproduzir reportagens e colunas nas mídias brasileiras, em certos casos com pagamento extra por um material especial — o *El País* fazia parte desse seleto grupo até lançar uma plataforma em português e disputar aqui os leitores qualificados. São todos ótimos, mas falta o "olhar brasileiro", repetindo aqui o mantra das redações em tempos mais pródigos. Pelo menos uma plataforma, a Red Line, liderada por jornalistas brasileiros, está sendo testada como agregadora de conteúdos produzidos por startups aqui e ao redor do mundo. Inovadora, tenta repetir o modelo de negócios do Mediapart, um influente nativo digital francês, com uma longa lista de "furos" que mexeram com a República e sustentado apenas por seus 140 mil assinantes. O Red Line, no início de 2021, estava no ar em versão provisória.

Aqui, várias parcerias estão acontecendo. Por exemplo, a formada entre a Amazônia Real, o Colabora, a Ponte, o Portal Catarinas e a agência de conteúdo Eco Nordeste para, juntos, mapearem em todo o país dados e histórias de vida de mulheres vítimas de violência, evitando que sejam apenas um número. A cada quatro meses lançam uma edição de "Um vírus e duas guerras", com gráficos, ensaios fotográficos e ilustrações para suavizar a memória da dor. Ou a parceria da grande mídia, unida no Consórcio de Veículos de Imprensa para apurar os números de casos e mortes por covid-19, assim que o agora ex-ministro general Eduardo Pazuello assumiu o Ministério da Saúde e uma de suas primeiras providências foi alterar o boletim estatístico dos óbitos da pandemia. Quando a vacinação começou, os veículos acompanharam a evolução da imunização dos brasileiros nos vários estados.

As parcerias, na verdade, já começaram há muito tempo, com o chamado "jornalismo cidadão". Na Guerra do Iraque, em 2003, BBC e CNN usaram material sobre o cotidiano de Bagdá produzido por blogueiros da cidade para conseguirem se manter 24 horas no ar. No início, era um desafio constatar a veracidade das informações, mas as emissoras aprenderam e hoje, em qualquer acontecimento inesperado, recorrem aos moradores locais ou a eventuais testemunhas.

Cidadãos de diferentes classes sociais, ao adotarem novas tecnologias para contar histórias, são cada vez mais importantes para complementar ou se contrapor às narrativas oficiais ou oficialescas. Esse tipo de parceria já acontece com as plataformas de notícias das periferias, como o *Voz das Comunidades*, o Rocinha.org ou o Papo Reto, todos no Rio de Janeiro. Ou com ONGs como a Redes da Maré e seus canais de informação. Mas falta formalizar o vínculo. As startups, sem maiores dificuldades, já fazem isso, ao divulgar os conteúdos umas das outras e, agora, 38 delas estão associando os respectivos CNPJs para terem maior representatividade e resolverem problemas comuns.

A *Folha* é talvez a mais adiantada nesse tipo de colaboração: a primeira parceria foi feita há dez anos com a Agência Mural de Jornalismo das Periferias, hoje um blog sobre os bastidores do cotidiano desses territórios. Entre os "independentes" abrigados na *Folha*, muitos tratam de negritude e feminismo, mas entram sem periodicidade fixa na capa do site, no papel ou na *newsletter* diária com o melhor do dia.

Não dá mais para pensar que um punhado de jornalistas, a maioria morando nos mesmos bairros, tendo passado pelas mesmas universidades, frequentando os mesmos lugares, consiga relatar a vida nas periferias, onde, muitas vezes, nem é possível entrar, ou em comunidades ribeirinhas no interior do Amapá. O ritual tradicional de mandar um enviado especial hoje é pouco útil, diante das complexidades do mundo contemporâneo. É como se um habitante de Urano desembarcasse em Roraima para se informar sobre a vida no planeta Terra.

A polarização política acabou com a simpatia pelos jornalistas entre a população; a desconfiança e, às vezes, a animosidade são grandes. Há muitas razões para isso. Erramos muito, especialmente quando pretendemos falar em nome de todos e acabamos reproduzindo preconceitos. Uma oportunidade de recobrar a confiança parece estar se desenhando, é hora de repensar tudo, exatamente como esperamos que o país faça. Com o governo Bolsonaro e suas práticas autoritárias, com a destruição de políticas públicas que garantiam direitos aos mais vulneráveis, a mídia tem mesmo de aprofundar o papel de fiscalizar o governo, ficar do lado da democracia e dar voz aos mais frágeis e às suas lutas por direitos.

Notas

1. Ben Smith, em entrevista ao Nieman Lab, antes de assumir como colunista do *New York Times*, em 1º de março de 2020.
2. Flavia Lima, "Redações brancas", *piauí*, jul. 2020.
3. "Explosão feminista" é o título de um livro coordenado pela professora e escritora Heloisa Buarque de Hollanda, em que mulheres representantes dos vários femininos contam sobre os movimentos (*Explosão feminista: arte, cultura, política e universidade*, São Paulo: Companhia das Letras, 2018).
4. Chico Otavio e Vera Araújo, *Mataram Marielle: como o assassinato de Marielle Franco e Anderson Gomes escancarou o submundo do crime carioca* (Rio de Janeiro: Intrínseca, 2020).
5. Gabinete do Ódio. É assim que integrantes do governo se referem ao grupo formado por três servidores ligados ao vereador do Rio de Janeiro Carlos Bolsonaro (PSC), o filho 02 do presidente. São eles: Tércio Arnaud Tomás, José Matheus Sales Gomes e Mateus Matos Gomes. Eles produzem relatórios diários com interpretações sobre a conjuntura brasileira e mundial e são responsáveis pelas redes sociais da Presidência da República. Há ainda um quarto membro do Gabinete do Ódio: Filipe Martins, assessor especial de Jair Bolsonaro em 2019 e chefe da Secretaria Especial de Comunicação Social (Secom) em 2021. Todos foram acusados, em depoimento na Comissão Parlamentar Mista de Inquérito (CPMI) do Congresso, pela deputada federal e ex-bolsonarista Joice Hasselmann de produzirem notícias falsas.
6. Adriana Barsotti, *Uma história da primeira página* (Florianópolis: Insular, 2018). O Digital News Report é um relatório do Instituto Reuters que analisa, anualmente, o consumo de mídia em vários países.
7. Mídia Ninja é um coletivo jornalístico que teve grande impacto na cobertura dos protestos de 2013, ao fazer transmissões ao vivo e sem edição. Bruno Torturra é hoje diretor do Estúdio Fluxo e editor-chefe do programa *Greg News*.
8. Claudia Sarmento, *An Alternative Press? New forms of News Reporting in Brazil*, tese de doutorado defendida no King's College em 2019.
9. O Brasil ocupa o quinto lugar no ranking mundial de feminicídio, segundo o Alto-Comissariado das Nações Unidas para os Direitos Humanos (ACNUDH). O país só perde para El Salvador, Colômbia, Guatemala e Rússia em número de casos de assassinato de mulheres. Em 2019, a Comissão Interamericana de Direitos Humanos constatou 1.314 feminicídios. Os casos aumentaram 1,2% de janeiro a março de 2020, de acordo com o Atlas da Violência do Fórum Brasileiro de Segurança Pública. Os dados sobre estupro também estão no Anuário do Fórum.

10. A Rede de Observatórios de Segurança reúne cinco organizações, de cinco estados (Bahia, Ceará, Pernambuco, Rio de Janeiro e São Paulo), cujo objetivo é acompanhar e difundir informações sobre segurança pública, violência e direitos humanos. A Rede é uma iniciativa de instituições acadêmicas e da sociedade civil desses estados.
11. As estatísticas sobre a violência e a prisão de negros são do Anuário do Fórum Brasileiro de Segurança Pública de 2019.
12. Eugênia Moreira foi a primeira mulher jornalista, informa o *Dicionário mulheres do Brasil*, organizado por Schuma Schumaher e Érico Vital Brazil (Rio de Janeiro: Zahar, 2000). Era muito jovem quando publicou sua primeira matéria na *Última Hora*, jornal fundado em 1911 e fechado nesse mesmo ano.
13. Os dados do Instituto Update, com base nos resultados do TSE, mostram que em 2020 e 2016 a percentagem de mulheres eleitas prefeitas foi a mesma: 11,8%. Entre os homens e mulheres eleitos, um número maior deles se declarou preto e pardo em 2020: respectivamente 2,1% e 29,7%. Em 2016, eram, respectivamente, 1,7% e 27,4%. Entre as vereadoras, quando se olha o país todo, elas conquistaram 16% dos lugares do plenário; antes da eleição tinham 13,5% das cadeiras nas Assembleias Municipais. Os homens brancos perderam alguns lugares: de 57,1%, em 2018, passaram para 54%, em 2020. Os pretos e pardos eram 44,6% em 2020 (contra 42,1% em 2016).
14. O primeiro beijo gay em novela brasileira foi exibido pela TV Globo em 31 de janeiro de 2014, no final de *Amor à vida*, de Walcyr Carrasco, entre os personagens Niko (Thiago Fragoso) e Félix (Mateus Solano).
15. O debate "Jornalismo tem lado?" integrou a programação do *Fala!*, festival on-line sobre o futuro do jornalismo idealizado e organizado pelos coletivos Marco Zero Conteúdo (PE), Alma Preta (SP), Papo Reto (SP) e Ponte Jornalismo (SP) e realizado pelo Sesc em outubro de 2020.
16. A informação de que o Brasil é o nono no ranking da desigualdade foi divulgada pelo Instituto Brasileiro de Geografia e Estatística (IBGE) em dezembro de 2020, com base em dados do Banco Mundial referentes a 2019.
17. É do governo do estado a informação de que existem 1.413 favelas no Rio de Janeiro: em 81% delas há grupos armados ligados ao tráfico e em 19% atuam milícias. A informação foi dada em outubro de 2020 à *Folha de S.Paulo*.
18. Human Rights Watch é uma ONG com sede em Nova York e representações ao redor do mundo, incluindo São Paulo. Há trinta anos faz relatórios anuais sobre os direitos humanos. O de 2020, divulgado em janeiro de 2021, tinha setecentas páginas.
19. UPPs: projeto que tentou instituir polícias comunitárias nas favelas cariocas a partir de 2008.

20. Os autores negros citados e relançados em 2020 já morreram: Frantz Fanon, em 1961; James Baldwin, em 1987; Audre Lorde, em 1992; e Lélia Gonzalez, em 1994.
21. A hidrelétrica de Belo Monte foi construída no Médio Xingu, região que abriga uma das mais ricas biodiversidades da Amazônia. Em coluna no *El País* intitulada "Como uma empresa pode controlar a vida e a morte?" e publicada em 10 de dezembro de 2020, a jornalista e escritora Eliane Brum descreve o "ecocídio" cometido na região. Um trecho do seu texto: "Dentro desse pequeno grande mundo atingido por Belo Monte, há um microuniverso que é ainda mais brutalmente atingido, conhecido como Volta Grande do Xingu. Com extensão de 130 quilômetros de uma beleza acachapante, a Volta Grande é morada de dois povos indígenas, os Yudjá e os Arara, e de vários grupos ribeirinhos, considerados população tradicional da floresta, além de camponeses agroecológicos e pescadores. Também é fortemente atingido o rio Bacajá, afluente do Xingu, do qual depende a vida do povo Xikrin. Em uma década, o universo desses milhares de pessoas entrou em colapso provocado por Belo Monte. [...] O Ministério Público Federal, que já moveu 24 ações pelas violações cometidas na implantação de Belo Monte, chama os acontecimentos ocorridos na Volta Grande de 'ecocídio'. O conceito contempla o extermínio de um ecossistema ou bioma com todas as espécies que o constituem e busca a responsabilização dos agentes de destruição — pessoas, empresas, corporações, governos."
22. A Amazônia Legal é composta por 772 municípios nos seguintes estados: Acre (22 municípios); Amapá (16); Amazonas (62); Mato Grosso (141); Pará (144); Rondônia (52); Roraima (15); Tocantins (139); e parte do Maranhão (181, dos quais 21 foram parcialmente integrados).
23. Bruno Carvalho e Carlos Nobre, "Amazon 4.0 — How to Reinvent the Rainforest", *The New York Times*, 2 out. 2020.
24. A floresta amazônica cobre 49% do território brasileiro, segundo o Serviço Florestal Brasileiro, com base em dados do IBGE de 2018.
25. O Conselho Indigenista Missionário (Cimi) é um órgão criado na década de 1970 pela Conferência Nacional dos Bispos do Brasil (CNBB) com a função de defender a diversidade cultural dos indígenas.
26. O Prêmio Rey de España, promovido pela Agência EFE e pela Agência Espanhola de Cooperação Internacional para o Desenvolvimento, é a mais importante premiação de jornalismo nas línguas portuguesa e espanhola.
27. O editorial do *Globo* foi publicado em outubro de 2020, depois de o governo ter entregado dois planos com medidas para proteger os indígenas da covid-19, ambos considerados insuficientes pelo STF. O terceiro plano, entregue em 16 de março de 2021 — um ano após o início da pandemia

—, foi parcialmente homologado pelo ministro Luís Roberto Barroso, que deu prazo para o Ministério da Justiça e a Polícia Federal apresentarem um novo plano de isolamento dos invasores nas terras indígenas.

28. Eliane Brum, "Como uma empresa pode controlar a vida e a morte?", *El País*, 10 dez. 2020.
29. O professor é citado por Claudia Sarmento, op. cit.

Jornalismo: ética e responsabilidade

Merval Pereira

MERVAL PEREIRA participa do conselho editorial do Grupo Globo. É membro das Academias Brasileira de Letras, Brasileira de Filosofia e de Ciências de Lisboa. Recebeu os prêmios Esso de Jornalismo e Maria Moors Cabot da Universidade Columbia. É colunista do *Globo* e comentarista da CBN e da Globonews. É autor de *A segunda guerra, sucessão de Geisel*; *O lulismo no poder*; e *Mensalão — O dia a dia do mais importante julgamento da história política do Brasil*.

OS JORNAIS, QUE SURGIRAM como instrumento de defesa de setores da sociedade, no século XIX ganharam um impulso tecnológico com a invenção do telégrafo e, a partir daí, o conceito de liberdade de expressão passou a fazer parte das instituições da democracia moderna. A "opinião pública" se formou, principalmente, a partir da difusão da imprensa, como maneira de a sociedade civil se contrapor à força do Estado e legitimar suas reivindicações no campo político.

No mundo atual, em que governos autoritários querem impor sua vontade sobre as instituições democráticas, o jornalismo, mais do que nunca, tem a missão de defender as instituições. Diante de um mundo em intensa transformação, com a crise gerada pela pandemia do novo coronavírus, tem o compromisso com o debate de temas como ciência, diversidade, desigualdade e educação. Informar e formar, como define o filósofo alemão Jürgen Habermas, este é o caráter cada vez mais essencial do jornalismo neste momento de massificação de distribuição de notícias, falsas ou não.

Não basta informar, é preciso desmoralizar as *fake news* através da informação. É preciso, inclusive, repensar o uso dessa expressão, pois, na maior parte das vezes, lidamos com notícias produzidas intencionalmente para atingir reputações e não apenas com notícias que podem ser fruto de um erro. É preciso separar o erro da má intenção. Um erro pode ser corrigido, já a fraude é deliberadamente feita para arranhar reputações, ou vencer eleições de maneira ilícita. São notícias fraudulentas, como quer Carlos Eduardo Lins da Silva, jornalista estudioso da profissão.

O papel do jornalismo profissional é cada vez mais fundamental, a começar pela defesa da democracia, uma conquista que parecia consolidada entre nós desde a Constituição de 1988. No entanto, as instituições e a democracia, embora sólidas, dão sinais de fraqueza. Durante a pandemia, a busca pelo jornalismo profissional cresceu, demonstrando a necessidade do cidadão de ter fontes confiáveis de informação numa era de desinformação.

A responsabilidade das redes sociais, plataformas que permitem essas fraudes e os discursos de ódio, ficou comprovada pela ação irregular e ilegal de grupos políticos em eleições pelo mundo, inclusive nos Estados Unidos, na teoria uma democracia que tem condições de se defender desses ataques. Mas sem a colaboração dos novos meios, como Facebook e Twitter, não há possibilidades de contenção das milícias digitais. Essa atuação conjunta começou a ser realidade nos últimos anos, quando as empresas que se recusavam a combater as *fake news* se viram na obrigação de aderir a essa luta da sociedade mundial, pressionadas pela opinião pública e pelo sistema Judiciário, que define meios coercitivos para conter a enxurrada de *fake news*.

O paradoxo de se defender a liberdade de expressão ao mesmo tempo em que se combate a indústria de *fake news* é um dos desafios dos novos tempos. Não é possível aceitar campanhas organizadas, orquestradas em todas as redes sociais contra a própria democracia e suas instituições, como o Congresso e o Supremo.

Experimentamos um retrocesso civilizatório, não apenas no Brasil, mas sobretudo entre nós, depois de um longo período de avanços. A era digital deu voz a qualquer cidadão que queira participar do debate político, o que pode ser bom, mas abriu as portas do inferno para aqueles que trabalham contra a democracia, elevou ao infinito a capacidade de espalhar boatos.

Acabar com as *fake news* é uma tarefa de todos, não apenas dos jornalistas. Este é um fenômeno mundial, que o ex-presidente dos Estados Unidos Donald Trump levou ao extremo, conseguindo abalar, em quatro anos, as instituições da maior democracia do mundo. No passado dizia-se que um país podia passar do subdesenvolvimento ao desenvolvimento em uma geração, cerca de trinta anos, que poderiam ser encurtados pelas novas tecnologias. Mas também é possível retroceder muito em quatro ou oito anos.

A pandemia deixou clara a necessidade de os países investirem em ciência e tecnologia, setores nos quais o Brasil aplica pouco. A saúde pública, tão afetada, e a educação, que sempre serviram de base para retóricas eleitorais, mas nunca foram prioritárias de verdade, mostraram-se fundamentais. O Sistema Único de Saúde (SUS), que prestou um serviço crucial à sociedade brasileira. Esses temas vão ter de dominar o jornalismo pós-pandemia. É assim que uma sociedade moderna se forma, com base nesses pilares. Discutir distribuição de renda, que arreganhou a face tenebrosa da desigualdade para a sociedade brasileira ao longo da pandemia, é outra função primordial da imprensa no Brasil.

A importância do jornalismo na defesa da democracia ficou demonstrada com a atitude inédita e drástica das três redes de televisão aberta dos Estados Unidos — ABC, CBS e NBC — de tirar do ar o pronunciamento do então presidente Donald Trump, que acusava fraudes na apuração da eleição presidencial sem apresentar a menor prova. Uma decisão radical, combinada anteriormente na antevisão de que Trump poderia se valer de seu púlpito presidencial para colocar em risco a credibilidade da eleição e, em consequência, a segurança nacional, ao dizer que estava sendo roubado, incentivando protestos de seus eleitores.

O temor de vandalismo que levou diversas cidades dos Estados Unidos a proteger suas lojas e casas com tapumes, inclusive Washington com a Casa Branca, numa triste imagem espalhada pelo mundo, motivou a atitude das redes de televisão. O resultado desse estado de coisas na maior democracia do mundo foi uma inédita e assombrosa invasão de vândalos ao Capitólio, sede do Congresso dos Estados Unidos, incitados por um discurso ignóbil de Trump, àquela altura já derrotado nas urnas por Joe Biden, mas insistindo em anular as eleições com mentiras e ilações que se demonstraram perigosas, porém inócuas.

É preciso ainda levar em conta o alcance da audiência das televisões abertas, muito maior, e por isso mesmo a repercussão de um pronunciamento presidencial tem a capacidade de impactar diretamente milhões de pessoas, o que aumenta o risco de uma convulsão social, como se viu na tristemente histórica invasão do Capitólio. A censurar o presidente, seria preferível desmenti-lo em seguida. De qualquer maneira, a iniciativa das gigantes americanas da comunicação abriu um novo tempo na relação do jornalismo com os governantes. Tornou realidade o que o cidadão contribuinte moderno interiorizou: não há mais a sacralidade do poder presidencial, pelo menos quando esse poder é corroído pela falta de compostura do presidente. Um presidente de uma República não é um imperador absoluto; ele tem que se confrontar com os limites que a democracia lhe impõe. Tanto Bolsonaro quanto Trump não gostam desses limites e entram em disputa permanente com a "grande imprensa", na definição de Trump, ou "a urubuzada", na versão tropical de Bolsonaro.

Como se vê, nada mudou na relação da imprensa com os poderosos, mas o modelo de negócio da imprensa mundial foi abalado pela ruptura de paradigmas surgida com a revolução digital que está transformando profundamente o mundo em que vivemos. Não se trata de uma simples evolução tecnológica, que dá seguimento às evoluções do século passado; é muito mais do que isso, é a repartição de poder dos meios de comunicação de massa com os indivíduos. Estamos saindo de uma cultura de meios de massa para a de massas de meios, destaca o professor brasileiro Rosental Calmon Alves, da Universidade do Texas, em Austin, um dos maiores especialistas no assunto. Uma revolução que só pode ser comparada, na História das comunicações, com a invenção da imprensa por Gutenberg, em 1440. Rosental lançou o primeiro jornal on-line do Brasil quando era editor executivo do *Jornal do Brasil*, em 1995, já prevendo a revolução que viria.

No ano seguinte, *O Globo* lançou sua versão digital. Eu era diretor de redação e coube a mim levar aos jornalistas a novidade: a partir daquele momento, nenhuma notícia seria guardada para cumprir o ciclo de 24 horas do jornal impresso. Todas teriam que ser publicadas a qualquer hora, na versão digital. Foi um escândalo. Como faríamos com o jornal impresso, o jornal de papel, conforme hoje identificamos essa versão que parece caminhar para a extinção? Naquela época, as dúvidas eram maiores que as que temos hoje. Como se diz popularmente, as aparências enganam. O jornal de papel, embora tenha decrescido de vendagem drasticamente nesses últimos anos, continua tendo um prestígio muito maior do que a versão digital. Um artigo publicado no impresso ganha relevância, a maioria ainda prefere ver sua opinião impressa. É claro que se trata de uma crise geracional, pois a inevitabilidade do digital está demonstrada. O difícil aprendizado passou por várias intempéries, mas hoje já é uma realidade.

A redação integrada faz com que todas as plataformas de notícias trabalhem em conjunto, há métricas sofisticadas para avaliar o alcance da informação. As dificuldades financeiras por que passam todas as empresas de comunicação no mundo, com raras exceções, estão relacionadas à fragmentação dos novos meios, que alcançam um público diversificado. O único jornal que consegue se manter através de assinaturas digitais é, até o momento, o *New York Times*. Os anúncios são dispersos e baratos, não garantem a subsistência das empresas profissionais. E temos ainda questões éticas relacionadas com a separação entre a publicidade e o noticiário, conhecida no ambiente jornalístico anterior ao mundo digital como a distância necessária entre a Igreja e o Estado.

A profissionalização das empresas jornalísticas acabou com o "jornalismo romântico", que não tinha hora para fechar o jornal nem número de páginas definido. Mas algumas medidas tornaram-se ainda mais fundamentais. Quando *O Globo*, nos primeiros anos da década de 1990, instituiu uma remuneração variável para seus quadros, com a distribuição de bônus de acordo com metas a serem atingidas, uma decisão correta que tomamos foi não atrelar os resultados ao número de exemplares vendidos, a fim de evitar decisões populistas para vender mais jornal. Hoje, com o mundo digital dominando as comunicações, a disputa pela visualização de uma reportagem corre sempre o risco de forçar um título mais chamativo, ou mesmo um tema mais popular, em detrimento de um tratamento profissional mais sóbrio. A disputa por *likes* no mundo digital é motivo de críticas e piadas. O prazer imediato e aparente de uma aceitação disseminada pelos internautas não garante a qualidade nem a credibilidade da notícia. Por isso a imprensa profissional tem responsabilidades maiores diante da sociedade. Vivemos novos desafios, como o de explorar uma intensa variedade de meios de levar informação ao leitor (e a oferta de informação só tende a crescer) sem ao mesmo tempo sufocá-lo com informação demais.

A cacofonia surgida dessa ampliação de meios, onde cada indivíduo pode se transformar em fonte de informação para milhares de outros, frequentemente resulta em desinformação que, segundo o filósofo francês Jean Baudrillard, "vem da profusão da informação, de seu encantamento, de sua repetição em círculos". Nicholas Carr, ex-diretor da *Harvard Business Review*, é mais pessimista. Para ele, a internet ocupou um espaço tão grande no cotidiano do cidadão que estaríamos caminhando para uma capacidade cada vez maior de consumir informação fragmentada e desconexa. Mais informação e menos conhecimento e, sobretudo, pouca reflexão. A internet estaria induzindo a um pensamento raso. O escritor Prêmio Nobel de Literatura Mario Vargas Llosa vê o copo meio cheio. Para ele, a revolução digital que estamos vivendo representa uma transformação tão grande em nossa vida cultural e na maneira de operar do cérebro humano quanto a invenção da imprensa por Gutenberg no século XV, que generalizou a leitura de livros, até então exclusiva de uma minoria insignificante de clérigos, intelectuais e aristocratas. A sociedade civil global que está sendo formada, segundo a definição do sociólogo Manuel Castells, da Universidade Southern California, nos Estados Unidos, já tem os meios tecnológicos para se impor sem necessidade das instituições políticas e do sistema de comunicação de massa.

A nova realidade apontada por Castells foi demonstrada pelas manifestações contra a violência policial que matou o negro George Floyd nos Estados Unidos. O vídeo do assassinato gerou convocações digitais que desembocaram em manifestações não apenas por todo o país, como levaram o tema Black Lives Matter (Vidas negras importam) ao mundo. A força das manifestações populares convocadas pelo WhatsApp já havia sido demonstrada em 2010, quando desaguaram na Primavera Árabe ou na vigorosa ação dos "indignados" na Espanha e em outros países europeus. Aqui no Brasil, a mesma movimentação deu-se a partir de 2013. A desinformação espalhada pelas mídias sociais, porém, acabou confundindo os cidadãos, misturando a indignação contra a corrupção na vida política brasileira, refletida principalmente nas revelações da Operação Lava-Jato, com a ação de grupos de extrema direita que, se aproveitando da frustração cívica, levaram ao poder Jair Bolsonaro, um político velhaco.

Esse embate permanente entre o jornalismo e os governantes leva à discussão da ética na política, em que sobressai a clássica definição do sociólogo alemão Max Weber no livro *A política como vocação*, que distingue entre a "ética da convicção", a dos princípios morais aceitos em cada sociedade, e a "ética da responsabilidade", que prevaleceria na atividade política. O filósofo italiano Norberto Bobbio, na sua *Teoria geral da política*, alerta que nenhuma das teses que existem para justificar a disparidade entre a ética da sociedade e a da política "considera que o objetivo da ação política seja o poder pelo poder". Bobbio ressalta em *O final da longa estrada* que, para o próprio Maquiavel, a ação política que ofenda o código moral ao qual se submete o cidadão comum só se justifica se tem por fim "as coisas grandes". A corrupção, que está no centro de toda disputa sobre moral na política, não encontra apoio em teorias. O próprio Max Weber, embora considere a ética da responsabilidade típica da política, diz que na ação de um grande político a ética da convicção e a ética da responsabilidade não podem dissociar-se. Para esclarecer esse traço essencial das teorias morais da política, Bobbio diz que nada é mais útil do que lembrar o pensamento de Kant: a política nos diz "sejam prudentes como cobras"; a moral acrescenta como condição limitativa, "e sem malícia, como as pombas".

O surgimento das novas tecnologias teve grande impacto na relação do jornalismo com a sociedade, pois o papel socialmente relevante de ser um canal de comunicação entre Estado e nação, mas também entre os muitos setores da nação entre si, passou a ser disputado por vários outros *players*. Ao produzir um primeiro nível de conhecimento, é nossa atribuição fazer com que o Estado conheça os desejos e as intenções dos cidadãos, e com que estes saibam os projetos e desígnios do Estado. Ainda, incumbe-nos permitir à sociedade acompanhar, com severidade de fiscal, aquilo que os governos fazem em seu nome. Justifica-se essa definição de nosso papel com o fato de que, no sistema democrático, sendo a representação fundamental, sua legitimidade depende muito da informação, que aproxima ou afasta representados e representantes.

Nesse particular, o vazamento de documentos da diplomacia americana pelo WikiLeaks é exemplar da função de revelar os meandros das tomadas de decisão dos governos, o que colabora para a descoberta da verdade, cuja revelação nunca será total por ser a verdade, por definição, inesgotável. Mas, como comenta Castells, um dos principais estudiosos dos novos meios de comunicação e seus efeitos na sociedade moderna, "nunca mais os governos poderão estar seguros de manter seus cidadãos na ignorância de suas manobras". Ele diz que "seria preciso sopesar" o risco da revelação de comunicações secretas que poderiam dificultar as relações entre Estados "contra a ocultação da verdade sobre as guerras aos cidadãos que pagam e sofrem por elas". Desse ponto de vista, sem dúvida o que Julian Assange e seu blog WikiLeaks fizeram é puro jornalismo, embora, por suas declarações, se possa concluir que a motivação para a exigência de transparência dos governos seja uma ação anárquica contra todo tipo de governo, o que retiraria a característica jornalística de sua atividade para transformá-la em ação política, como muitos a veem.

O filósofo sul-coreano Byung-Chul Han, professor de filosofia e estudos culturais da Universidade de Berlim, ao falar da exigência de transparência na sociedade moderna, adverte que a transparência total pode jogar contra a democracia. Ou contra o indivíduo. Para começar, a exigência de transparência revela, segundo Byung-Chul Han, uma sociedade que desconfia de si mesma. Se não houvesse dúvidas, não precisaria haver essa demanda. Quanto mais transparência, mais o consumidor confia e desconfia da empresa. Estará pagando quanto aos diretores? Protege ou não a natureza? E assim também com o eleitor. Aplicando ao Brasil, a transparência faz o eleitor desafiar o político. Nesse sentido, por exemplo, a Operação Lava-Jato foi mais que combate à corrupção. Foi o maior projeto de transparência política dos últimos tempos. Não querem parar o processo judicial, mas a transparência que produz. Uma maneira culta de dizer o mesmo que o então tesoureiro do PT Delúbio Soares disse durante o processo do mensalão: "Transparência demais é burrice."

A função do jornalismo, como responsabilidade com o cidadão, é buscar a verdade, fornecer informação às pessoas para que sejam livres e capazes de se autogovernar; definição contida num livro essencial, *Os elementos do jornalismo*, dos jornalistas americanos Bill Kovach e Tom Rosenstiel. Essa responsabilidade ganhou outras dimensões diante da nova sociedade civil global que está se formando e que, segundo Manuel Castells, tenta preencher o "vazio de representação" a fim de legitimar a ação política, fazendo surgir "mobilizações espontâneas usando sistemas autônomos de comunicação". Internet e comunicação sem fio, como os celulares, fazendo a ligação global, horizontal, de comunicação, proveem um espaço público como instrumento de organização e meio de debate, diálogo e decisões coletivas, ressalta Castells. Mas é o jornalismo, seja em que plataforma se apresente, que continua sendo o espaço público para a formação de um consenso em torno do projeto democrático.

O jornalismo de qualidade, tão importante para a democracia, teve papel fundamental na divulgação dos documentos do WikiLeaks, e não foi à toa que Assange procurou companhias de jornalismo tradicional, como o *New York Times*, para dar credibilidade a seu trabalho. A tese de que as novas tecnologias, como a internet, blogs, Twitter e as redes sociais de comunicação seriam elementos de neutralização da grande imprensa é contestada pela experiência empírica: internet é a "caixa de ressonância" da grande imprensa. Ela precisa da imprensa para se suprir de informação e para dar credibilidade a essas informações. Não é coincidência que os sites e blogs mais acessados tanto nos Estados Unidos quanto no Brasil, em meio a situações extremas como a pandemia que atravessamos, são aqueles que pertencem a companhias jornalísticas profissionais, já testadas na árdua tarefa de selecionar e hierarquizar a informação.

O jornalismo profissional tem uma estrutura, uma forma particular de colher e checar informações que a vasta maioria dos blogueiros não tem. Para isso, no entanto, é preciso manter um alto investimento nas redações. No século passado, visitando jornais americanos, tive uma interessante conversa com um editor. Ao saber que os preços dos jornais no Brasil eram mais altos do que nos Estados Unidos, ele se entusiasmou. "Continuem assim, notícia tem seu valor. Nós aqui nos acostumamos a vender barato os jornais, e vamos acabar sem sustentação." Não foi só por isso, mas o modelo de negócios baseado em circulação e publicidade ficou espremido com o surgimento das novas mídias, que dispensam uma logística custosa de distribuição dos jornais e revistas, e perdeu a hegemonia dos anúncios para as novas tecnologias, que dão condições a plataformas como Google, Facebook, Instagram e Twitter de venderem anúncios focalizados em grupos de leitores identificados digitalmente.

A questão da privacidade entra nesse debate com papel definidor, e o controle dos hábitos e costumes dos leitores, que permite o oferecimento de anúncios customizados, há muito está em discussão. Os cadernos de classificados foram as primeiras vítimas dessa venda focalizada, e os anúncios de massa continuam resistindo no jornal impresso, mas são insuficientes para a manutenção da estrutura necessária a uma empresa profissional de informação.

O exemplo do *New York Times*, que hoje tem uma redação maior do que nunca teve, pode ser utópico para jornais que não têm o alcance planetário que ele tem, mas é a indicação de um caminho a ser traçado para a recuperação das empresas jornalísticas. O *Times* tem hoje mais assinantes digitais do que no papel, e mais leitores nessa versão que vários jornais concorrentes somados, do nível do *Washington Post* e do *Wall Street Journal*. Os jornais impressos podem até permanecer, mas o futuro é digital. Há ainda uma geração que tem uma relação lúdica com o jornal de papel, que gosta da sensação tátil de suas páginas, do seu cheiro. Mas o destino está traçado.

Uma saída para a penúria do setor pode estar no pagamento pelo uso das notícias que as plataformas digitais utilizam. Movimentos nesse sentido já começaram na Europa e nos Estados Unidos. Há também tentativas de incentivar os jornais americanos, especialmente os locais, que sofrem mais com a crise econômica provocada pelos novos meios. Integrantes do Congresso dos Estados Unidos já começaram a trabalhar junto aos representantes políticos para enfrentar a crise do jornalismo comunitário, que ameaça verdadeiramente a democracia. Uma coalizão denominada Rebuild Local News ("Reconstruir as notícias locais", em tradução livre) tem um plano para permitir que cidadãos possam comprar assinaturas de jornais locais usando um crédito fiscal dado pelo governo, ou fazer uma doação a organizações de notícias sem fins lucrativos.

A ajuda governamental, no entanto, é sempre perigosa para a independência jornalística. A crise do jornalismo e o assédio dos investidores às companhias de comunicação fragilizadas pela competição com as novas tecnologias, provocaram em Jürgen Habermas o temor de que os mercados não façam justiça à dupla função que a imprensa de qualidade, segundo ele, até hoje desempenhou: atender à demanda por informação e formação. Em um texto intitulado "O valor da notícia", Habermas ressalta que um estudo sobre fluxos de comunicação indica que, ao menos no âmbito da comunicação política — ou seja, para o leitor enquanto cidadão —, a imprensa de qualidade desempenha um papel de "liderança". Sem o impulso de uma imprensa voltada à formação de opinião, capaz de fornecer informação confiável e comentário preciso, a esfera pública não tem como produzir essa energia, diz Habermas, sugerindo em seguida que, assim como em relação ao abastecimento de gás, eletricidade ou água, o Estado seria igualmente obrigado a prover essa outra espécie de "energia", sem a qual o próprio Estado democrático pode acabar avariado. Para Habermas, o Estado não comete nenhuma "falha sistêmica" quando intervém em casos específicos para tentar preservar esse bem público que é a imprensa de qualidade.

A mais explícita prova da importância do jornalismo profissional para a saúde da cidadania quem forneceu entre nós foi o ministro do Meio Ambiente, Ricardo Salles, no seu pronunciamento em uma reunião ministerial do governo Bolsonaro cuja íntegra a nação, embasbacada, pôde ver e ouvir. Salles, ao fazer o elogio da esperteza a serviço da imoralidade na ação pública, destacou a importância da suposta "tranquilidade" que a vigilância da imprensa dava ao se concentrar na cobertura da covid-19 para abrir caminhos a medidas que, em tempos normais, encontrariam obstáculos na reação da opinião pública, e dos sistemas Judiciário e Legislativo, alertados pela imprensa. Disse ele, como se desse instruções a comparsas sobre como bater a carteira dos desavisados: "[...] pra isso, precisa ter um esforço nosso aqui, enquanto estamos nesse momento de tranquilidade no aspecto de cobertura de imprensa, porque só fala de covid-19, e ir passando a boiada, e mudando todo o regramento, simplificando normas. [...] Agora é hora de unir esforços pra dar de baciada a simplificação, é de regulatório que nós precisamos, em todos os aspectos."

É justamente essa a atribuição da imprensa, fazer com que a nação saiba os projetos e desígnios do Estado e possa debatê-los. Era isso, exatamente, que o ministro não queria que acontecesse. É por isso que o papel da imprensa profissional é ser o cão de guarda da sociedade, segundo definição clássica do presidente dos Estados Unidos Thomas Jefferson, que dizia que, para cumprir essa missão, a imprensa deve ter liberdade para criticar e condenar, desmascarar e antagonizar. É dessa vigilância cidadã que fugia Ricardo Salles, que já havia mentido oficialmente ao rejeitar as denúncias de ONGs de que o desmatamento da Amazônia estava crescendo muito, depois que justamente ele, aproveitando a preocupação do país com as vidas que estão sendo ceifadas pela covid-19, afrouxou as normas de fiscalização na região.

Como demonstrou o ministro do Meio Ambiente, o jornalismo continua sendo um espaço público em torno do qual se formam consensos para a construção da democracia, e é através dele que a sociedade opina e recebe informações que lhe permitirão tomar posição diante de decisões do governo. O chefe do Gabinete de Segurança Institucional (GSI), general Augusto Heleno, depois de se queixar da imprensa, disse que o governo tem as redes sociais para defendê-lo das críticas. Confundiu militância política e *fake news* com informação de credibilidade. Assim como Bolsonaro confunde os organismos oficiais de inteligência e informação com seu sistema particular que, por ser clandestino e ilegal, não tem credibilidade.

O bom jornalismo depende da credibilidade de quem o faz, e essa credibilidade está posta em xeque pelas milícias digitais a serviço do governo, qualquer governo. É exatamente por isso que é preciso destacar a questão ética, base do êxito no jornalismo. O problema da ética jornalística tem uma complicação própria. É nossa atribuição fazer com que o Estado conheça os desejos e intenções da nação, e com que esta saiba os projetos e desígnios do Estado. Ainda, incumbe-nos permitir à sociedade acompanhar, com severidade de cão de guarda, aquilo que os governos fazem supostamente em benefício da coletividade. Isso não esgota a questão ética da imprensa. A ética do profissional deriva da própria definição da profissão. Uma das mais importantes questões éticas envolve a atitude do profissional em face da profissão e a da empresa em face da atividade, e ganhou outra importância diante dos novos meios de comunicação, que colocam à disposição dos cidadãos a possibilidade de intervir no debate público sem os compromissos inerentes ao jornalismo profissional.

O jornalismo deve ser exercido como direito ou dever? Se for considerado "um direito", há o perigo de abuso de poder, consequência do uso da informação como instrumento político. O sentimento do dever de informar pode transformar-se em subserviência, se não houver uma separação cuidadosa entre a humildade diante de seu próprio poder e a obrigação de informar. Também vale discutir o fenômeno que muitos chamam de febre denunciatória; uma generalizada tendência para supervalorizar denúncias e acusações que há muito é detectada. O jornalismo de denúncia, que produz impacto imediato, mas pode ser superficial, estaria ocupando, segundo queixas frequentes, e não de hoje, o lugar do jornalismo de investigação, mais trabalhoso, porque exige extremo cuidado na apuração dos fatos e critérios rigorosos de avaliação sobre o que se publica.

Em parte, as queixas são procedentes, em parte ajudam aqueles que têm medo do fiscal. Dependendo de como resolvem seus dilemas éticos, jornal e jornalista perdem ou ganham prestígio. Os consumidores, cada dia mais exigentes, sabem melhor como defender seus interesses, acabam abandonando as publicações que não correspondem ao que esperam delas. O exercício da ética na prática cotidiana da imprensa tem um desafio particular: o fato de que enorme parcela da informação de interesse público atinge a privacidade de alguém. Decisões irresponsáveis e levianas provocam, em pouco tempo, a desmoralização dos órgãos de imprensa que se utilizam de escândalos. O jornalismo, instrumento da democracia, não pode se transformar em atividade criminosa. É uma decisão ética obrigatória do jornalista determinar se o interesse público é servido ou não pela invasão da privacidade de alguém.

É o jornalismo, seja em que plataforma se apresente, que continua sendo o espaço público para a formação de um consenso em torno do projeto democrático. E é nos jornais que ainda se abriga a maior parte do jornalismo de qualidade. Da mesma maneira que a internet e as novas mídias sociais permitem que as informações circulem mais largamente, com versões de várias fontes, elas também levam as reportagens da grande imprensa aos recantos mais longínquos do país. Sem falar nas próprias versões digitais de jornais e revistas, que disputam esse novo espaço cada vez com mais afinco. As reportagens da grande imprensa são replicadas no Facebook, no Twitter e em outras mídias sociais, amplificando sua repercussão.

Nunca é demais relembrar o grande jornalista americano Jack Anderson, considerado um dos pais do jornalismo investigativo, que atribui aos pais fundadores dos Estados Unidos a decisão de tornar a liberdade de imprensa prioritária. A necessidade de a imprensa ocupar um lugar antagônico ao governo foi estimulada: "Sem liberdade de imprensa, sabiam, as outras liberdades desmoronariam. Porque o governo, devido à sua própria natureza, tende à opressão. E o governo, sem um cão de guarda, logo passa a oprimir o povo a que deve."

Trago comigo um exemplo de como o jornalismo pode auxiliar essa busca da verdade. Definitivamente, Tancredo Neves, falecido sem poder assumir a Presidência da República para a qual fora eleito, não era um político banal, e eu mesmo tive um exemplo marcante dessa sua argúcia, que me ensinou muito no trato das coisas políticas. Dias depois do atentado do Riocentro, ocorrido em 1º de maio de 1981, peguei o voo para Brasília tendo como companhia o senador Tancredo Neves, que vinha de um encontro no fim de semana com o então governador do Rio, Chagas Freitas. Eu escrevia a coluna da página 2 do *Globo* chamada "Política, Hoje, Amanhã" e passava a semana em Brasília. Fomos conversando sobre a gravidade dos acontecimentos até que, como quem não quer nada, Tancredo comentou: "Homem corajoso esse Chagas. O relatório oficial da polícia confirma que havia mais duas bombas no Puma." Dito isso, mudou o rumo da conversa com a autoridade de quem não queria se aprofundar no assunto. A informação era simplesmente bombástica, sem trocadilho: se no Puma dirigido pelo capitão Wilson Machado havia outras bombas, ficava demonstrado que ele e o sargento Guilherme Pereira do Rosário eram os responsáveis pelo atentado, e não vítimas, como a versão oficial alegava.

Telefonei para a redação do *Globo* no Rio dando a notícia para o Milton Coelho da Graça, que era o editor-chefe na época, e ele, empolgado, disse-me que fosse para o Congresso tentar tirar mais informações de Tancredo. No seu gabinete no Senado, Tancredo estava cercado de pessoas, pois o ambiente político estava bastante conturbado. Consegui puxá-lo para um canto e pedi mais informações "sobre as duas bombas encontradas no Puma". Tancredo me olhou sério, colocou sua mão em meu ombro e perguntou, como se nunca houvéssemos conversado sobre o assunto: "Você também ouviu falar disso, meu filho?"

A notícia foi manchete d'*O Globo*, deixando claro que a versão oficial de que a bomba fora colocada no carro por terroristas de esquerda apenas encobria a verdade da tentativa do atentado. Na mesma edição, o jornal trazia outro "furo" relacionado ao tema. O repórter Marcelo Beraba comunicou a Milton Coelho da Graça: "Tenho uma bomba. Estou com o filme da cirurgia do major Wilson lá no Hospital Miguel Couto. Um médico fez as fotos dentro da sala e me entregou." Enquanto desenhava a primeira página, com a manchete sobre as duas bombas e as fotos da cirurgia no alto, Milton conta que se surpreendeu com a presença no jornal do coronel Job Lorena, responsável pela Comunicação do I Exército e pelo inquérito militar instaurado sobre a explosão. Um contínuo o conduziu até Eli Moreira, chefe da reportagem, e Milton fez uma ligação interna pedindo a Eli "que fosse engabelando" o coronel ao máximo. Mas, pouco depois das 21 horas, o coronel veio, sorridente, apresentou-se e disse: "Eu estava conversando com o Eli, porque pensava que ele era o comandante, mas agora descobri que é você." Disse que sabia da existência das fotos e exigia que não as publicássemos, sob pena de "graves consequências" para o jornal e a equipe do Miguel Couto. Milton, conforme seu relato, explicou que não era comandante, era apenas também um coronel, que obedecia a ordens de dois generais: Roberto Marinho e Evandro Carlos de Andrade, diretor de redação. Evandro estava viajando e o dr. Roberto também já tinha ido embora.

O coronel Job Lorena pediu o telefone do dr. Roberto e Milton saiu do "aquário" — sala envidraçada onde o editor-chefe despachava — para supostamente pegar o número. Ligou para Roberto Marinho e falou rapidamente sobre o material que tínhamos e a edição planejada, "supersensacional", com fotos exclusivas etc. e tal. Explicou que o coronel estava na redação e sugeriu a Roberto Marinho que a partir daquele instante não atendesse mais àquele número. Dito e feito. Job Lorena ainda ficou um bom tempo grudado a um telefone, até desistir.

Pouco depois das sete da manhã do dia seguinte, uma viatura militar foi buscar Roberto Marinho em sua casa, no Cosme Velho, para um encontro nada amistoso com o general Gentil, comandante do I Exército, que durou até o meio-dia. À tarde, pelo relato de Milton Coelho, ele foi chamado à sala do dr. Roberto, que estava claramente de mau humor quando chegou ao jornal. Não disse uma palavra sobre as fotos. Só perguntou por que ele não tinha também lhe contado sobre a manchete em que o jornal fazia a revelação de que havia sido encontrada outra bomba no carro. Esse é que tinha sido o tema dominante da conversa no Palácio do Exército, porque desmontava completamente a farsa que Job Lorena e o serviço secreto do Exército queriam apresentar no inquérito sobre o atentado. Milton alegou que não havia julgado importante consultá-lo, porque a informação tinha sido dada a mim por duas pessoas da confiança dele, Roberto Marinho: o diretor da Polícia Federal e Tancredo Neves. Imediatamente, ele encerrou a conversa em tom de ironia e matreirice: "Então valeu a pena o que passei hoje de manhã?"

Dezoito anos depois, em 1999, *O Globo* deu outro "furo" que provocou a reabertura do caso. A série de reportagens de Ascânio Seleme, Chico Otavio e Amaury Ribeiro Jr. ganhou o Prêmio Esso de Reportagem daquele ano, reconstruindo em detalhes os eventos daquela noite, transformando o capitão Wilson Machado e o sargento Guilherme Pereira do Rosário de vítimas em réus. O crime prescrevera, mas a verdade estava restabelecida. Eu era o diretor de redação de *O Globo* naquela ocasião e senti como se um ciclo histórico tivesse sido fechado, com a minha participação.

A imprensa diária brasileira tem mudado muito nos últimos anos, e deve mudar muito mais. Não é um processo simples nem indolor — para a mídia e para a sociedade. Mas temos o direito de esperar que sejam as dores do crescimento. O jornalismo é uma forma de conhecimento, uma forma de apreensão da realidade. Certamente não é ciência, porém produz conhecimento. O jornalista profissional é aquele que, valendo-se de um conjunto de técnicas, traz ao público uma primeira versão dos fatos. Diante dos acontecimentos, é aquele que primeiro busca traduzi-los, explicá-los, revelá-los, esforçando-se para fazê-lo da maneira mais isenta possível. Não é o conhecimento que a História propicia, mas ajuda a escrever a História. Não é o conhecimento que a filosofia permite alcançar, mas tem na busca da verdade e do bem comum um alicerce filosófico. Estará sempre longe, muito longe, de encontrar toda a verdade. Mas buscá-la é o seu propósito.

1ª edição	JUNHO DE 2021
impressão	SANTA MARTA
papel de miolo	PÓLEN SOFT 80G/M²
papel de capa	CARTÃO SUPREMO ALTA ALVURA 250G/M²
tipografia	DANTE MT